JN050317

視覚障害のための
インクルーシブアート学習
基礎理論と教材開発

〔編集〕
茂木 一司（代表）／大内 進／多胡 宏／広瀬 浩二郎

ジアース教育新社

推薦のことば

全国盲学校長会　会長
東京都立文京盲学校長
木村　利男

　『視覚障害のためのインクルーシブアート学習：基礎理論と教材開発』発刊にあたり、全国盲学校長会を代表して推薦いたします。

　図工・美術教育を担当する教員は、各校において少人数の配置なので、校内外において互いに学び、情報共有するなどの研修機会が限定されています。そうした中、全国盲学校長会の図工・美術研究会は、美術指導に関する疑問や実践などの情報交換を行い、図工・美術科教員としての資質向上を図るとともに、充実した美術教育を行うことを目指して取り組んでいます。また、鑑賞教育についても、地域の美術館と連携するなど、芸術作品のより良い鑑賞方法などについても模索するなど、幅広い活動をしています。

　平成29年に告示された小学校学習指導要領図画工作科の目標には「表現及び鑑賞の活動を通して，造形的な見方・考え方を働かせ，生活や社会の中の形や色などと豊かに関わる資質・能力を次のとおり育成することを目指す。」（1）対象や事象を捉える造形的な視点について自分の感覚や行為を通して理解するとともに，材料や用具を使い，表し方などを工夫して，創造的につくったり表したりすることができるようにする。（2）造形的なよさや美しさ，表したいこと，表し方などについて考え，創造的に発想や構想をしたり，作品などに対する自分の見方や感じ方を深めたりすることができるようにする。（3）つくりだす喜びを味わうとともに，感性を育み，楽しく豊かな生活を創造しようとする態度を養い，豊かな情操を培う。と記されています。

　一般的に図工・美術教育を学習する際には、視覚を活用しての教材が中心となります。そこで視覚障害者のために、図工・美術科教員は、多様な幼児児童生徒の見え方等の実態に応じて、指導・支援の方法や教材選択の工夫をしていく必要があります。

　これまで、視覚障害における図工・美術教育は、「陶芸」などの粘土を使用した作業が中心であるとの一部イメージがありましたが、学校現場においては、陶芸の他に「木工」「絵画」「彫塑」「デザイン」「版画」等、様々な指導内容に対し、教材を工夫しながら指導実践を積み上げてきています。これまで、視覚障害のある幼児児童生徒に対する図工・美術の授業及び指導に関するテキストや情報が少ない状況下において、本書は、見えない・見えにくい幼児児童生徒への指導にあたり大変有効です。

　今回、学校現場の図工・美術科教員にとっては、本書の理論編と実践編を活用することで、自身の指導を振り返り、目の前にいる幼児児童生徒を指導する上での大きなヒントを得ることができます。

　また、本書は、インクルーシブ教育システムにおいてすべての学校に在籍している、見えない、見えにくい幼児児童生徒にとって、有効な図工・美術教育とはどのようなものなのかについて、「インクルーシブアート」という概念を通じて、障害がある、ないに関わりなく、創造的・主体的に芸術活動を展開する様々な実践を紹介しています。

　現在、障害者アートが注目をされ、見えない、見えにくい幼児児童生徒が、独創的なアート作品を制作し、発表する機会があります。今後、全身で感じ、感覚を大切にしながら創造する幼児児童生徒の作品をぜひ鑑賞していただき、視覚障害者のさらに理解が広がっていくことを祈念いたします。

視覚障害のためのインクルーシブアート学習：基礎理論と教材開発の発刊に当たって

前文部科学省初等中等教育局視学官（併）特別支援教育調査官
青木　隆一

　本書を手にした読者の多くは、視覚障害教育に携わっている又は関心のある方だと思います。皆さんにとって、視覚障害のある児童生徒と図工美術教育との源流はどこにありますか。

　私の場合は盲学校に初めて赴任したとき、校内各所に展示されていた盲児による造形作品との出会いがその源流でした。それまで視覚障害教育の経験がなく、美術教員でもない自分にとっての第一印象は「凄い！見えない子供がこの作品を創り出したのか。」という単純なものでした。心地良い独特な曲線で構成された重厚感のある作品が放つ異彩に驚くばかりで、その児童が作品に込めた心の内を察することができなかったと記憶しています。今回、本書編集代表の茂木一司氏から、発刊に向けた熱い思いとインクルーシブアートという言葉を伺ったとき、真っ先にこの時のことが思い出され、当時見える・見えないという狭い物差しで作品を鑑賞した自分がとても恥ずかしくなりました。

　図工美術教育において表現活動をする際、障害の有無等により表現方法は異なるものの、主役となるのはだれもがもつ感性や創造力などです。このだれもがもつ資質・能力が主役となれる図工美術教育を、茂木氏はインクルーシブアート教育と表現し、物差しを変えることの重要性を示唆してくださいました。

　ご存じのように我が国は、平成26年に「障害者の権利に関する条約」の批准国となり、国の重要課題として共生社会の形成を目指しています。共生社会とは、「これまで必ずしも十分に社会参加できるような環境になかった障害者等が、積極的に参加・貢献していくことができる社会である。それは、誰もが相互に人格と個性を尊重し支え合い、人々の多様な在り方を相互に認め合える全員参加型の社会である。」とされています（平成24年中央教育審議会初等中等教育分科会報告）。そこでは、障害の有無・性別・年齢・国籍などではなく、人そのものの存在が重視されます。そして、互いに支えあい、だれもが生き生きと生活し、自己の可能性を発揮し、活躍できる場があり、人生を謳歌できます。「目が見えないのに凄いね」とか「障害がある人は特別だから」という時代ではなくなっていくのです。

　さて、この共生社会の定義を視覚障害のある児童生徒への図工美術教育の視点で読み替えてみてください。どうやら、図工美術教育が果たせる役割は大きそうです。様々な切り口でインクルーシブアート教育に迫る本書は、その際の道標になるのではないでしょうか。

　視覚障害のある児童生徒の教育に携わっている方には、たとえご自身の担当が図工美術教育ではないとしても、本書の理念を感じ取っていただき、今後の御指導に生かしていただきたいと思います。

　結びに、インクルーシブアート教育が四つの「かい」のある教育になることを願い、発刊に際してのメッセージとさせていただきます。

　　子供たちが、学びがいのあるインクルーシブアート教育
　　保護者が、応援しがいのあるインクルーシブアート教育
　　先生方が、教えがいのあるインクルーシブアート教育
　　地域の方が、取り組みがいのあるインクルーシブアート教育

目　次

理論編 Theoretical edition　インクルーシブ教育時代のアートの学びと視覚障害

資料編
Document compilation

はじめに

－インクルーシブ教育時代の視覚障害アート教育をどうしたらいいのか－

跡見学園女子大学教授　茂木一司

　約 30 年前に「盲児の造形教育に関する一考察」(1991)[1] という共同研究（多胡宏、敬称略、以下同様）をしたことがあります。1980 ～ 90 年代当時は、手で見る美術館「ギャラリーTOM」(1984) が村山亜土・治江夫妻により設立され、佐藤忠良、堀内正和ら著名な彫刻家が賛同し、公募型の全国盲学校生徒作品展「ぼくたちのつくったもの」(1986 ～) が開催され、西村陽平（千葉県立千葉盲学校）や山城見信（沖縄県立沖縄盲学校）などの指導による粘土造形による優れた作品が注目を集め、この時代はいわばブームのように、視覚障害児・者の造形美術とその教育に関心が集まった時代でした。共同研究の動機は、群馬県立盲学校での多胡の指導作品が全国盲学校生徒作品展で「TOM 賞」(1986 ～) を受賞したこともあり、きちんと彼の美術教育実践を公開し、批評を受ける必要があると考えたからでした。このブームは、視覚障害者には特別な触覚による造形能力（才能）があるような受け取られ方にマイナスな面もありましたが、視覚障害の存在そのものを世に認知させるのに多いに貢献したと思います。しかし、それとは裏腹にいわゆる視覚はもちろん聴覚、知的、肢体不自由など、すべての障害美術教育のアカデミックな場での研究は皆無という状況で、体系的実証的研究の遅れがこの領域を場当たり的な教育にしてきたことは否めません。

　今日そのような状況はゆるやかにですが、改善傾向がみられます。研究者の微増とともに、美術科教育学会に「インクルーシブ美術教育研究部会」（主査：茂木一司）ができ、専門性に関する議論の場も確保されはじめています。近年の国連「障害者の権利に関する条約」（以下「障害者権利条約」）の批准 (2014) の影響も大きく、その後の施策が障害者の差別問題に対する環境を整えつつあり、芸術文化の分野においては 1990 年以降障害者アート（アウトサイダーアート、アールブリュットなど）が広く受容され、公的支援（厚生労働省「障害者芸術文化活動普及支援事業」(2017)）に発展し、美術館のアクセシビリティ（障害者等への対応）の拡充等を後押ししています。国の教育施策においても、「特殊教育」から「特別支援教育」(2006)へ、そして「インクルーシブ教育」(2012) への移行の施策の中で、いわゆる「共生社会構築」への道筋を探る模索がはじまっています。

「インクルーシブアート教育」ということ

　最近のことですが、障害児者の作品を顔と氏名を出して発信したいと Facebook でつぶやいたら、カナダの当事者の友人からの「日本はまだそんな段階なのですね！」という反応にとても落胆しました。障害者やその家族が差別を恐れ、顔や名前を隠して生活しなければならない日本の社会は（よくも悪くも）欧米のような建前がきちんと整った大人の社会になっていない未熟さを露呈し、そのことをあらためて自覚させられた出来事でした。文化人類学や触文化を研究する視覚障害（全盲）当事者の広瀬浩二郎さん（国立民族学博物館）は、「誰もが楽しめる」ユニバーサル・ミュージアム構想・運動を通して、「障害者が幸福を実感でき

る社会は、きっと万人にとって暮らしやすい社会となるでしょう」[2]と言います。広瀬さんが言うのは、周知のように「人間の多様性の尊重等の強化、障害者が人格、才能、創造性を最大限に発達させ、自由な社会に効果的に参加できる」（障害者権利条約第24条教育より）インクルーシブ（包摂的）な社会のことですが、彼は障害者があくまで支援される対象としてではなく、「当事者の自尊心を育成し、主導権を拡充し、持続力を稽古できる」[3]ような、いわば障害者独自の文化を認め、最終的に健常者と障害者の境界を曖昧にしながら、お互いが尊重し合える社会をめざす主張や運動を展開しています。

　本書の基本理念も、このような当事者による能動的なインクルーシブ社会の実現をめざすためにアート／教育の果たす役割を積極的に見直そうとするものです。わたしは長年多様な障害を持つ子どもたちと協同と表現の学びを実験する中で、アートが差異や多様性を活かし、（障害のあるなしに関係なく）みんなが想像的創造的、主体的になれることをみてきました。インクルーシブ教育の目的が障害者を含むすべての人が豊かに学び、真の自由な共生社会を実現するものであれば、「アート／教育は共生社会構築の基礎になるべきではないか」。そんな主張を「インクルーシブアート教育」（造語）と名づけました。ここでいうアート／教育はもちろん狭義の美術や音楽などの教科学習ではありません。現代は教育をはじめとして、医療や福祉等のさまざまな領域で芸術活動がヒト・モノ・コトをつなぎ「人間が生きるために必要な身体技法」として活用されはじめています。「アート／教育」としたのは芸術活動を現代化し、より軽やかに捉えやすくするためにカタカナ語を用い、また「／」の意味はアートと教育がand/orの関係性の中でお互いの領域を行き来できる運動体＝総体として機能する姿を示したものです（「インクルーシブアート教育」については本文で詳述）。

本書の出版の動機及び構成について

　本書は、「盲児が使える教科書や副読本がない」[4]との声を聞き、専門性の蓄積がない視覚障害美術教育分野の基本的文献（基盤整備）を緊要につくる必要を感じてはじまった企画です。視覚障害教育は医療の進歩やインクルーシブ教育の導入等による児童生徒数の激減や重複障害児の増加、あるいは1990年代に活躍したこの領域のリーダー教員の退職等による専門教育の蓄積の喪失などによって存続の危機に直面しています。きちんと残すべきものを残し、それを検証し新しい叡智を積み上げていくことはどんな分野であっても必要不可欠なことで、今この極小分野では最初で最後のチャンスと思って取り組んでいます。

　本書の目的は、視覚に障害を持つ子どもたちが生涯に渡って、芸術文化に親しみ、豊かな生活を送るために、特に学校の図工美術教育で何が必要なのか、すなわち視覚障害アート教育の基礎とは何かを明らかにすることです。しかし視覚障害者を一方的に支援するマニュアルではなく、障害がある人とない人が真に協働できるベーシックな理念（インクルーシブアート教育）を共有できる実践的な本づくりをめざしています。

　また、本書の大切なポイントして、障害という身体メディアを通してアート／教育を考えることは自分たちこそ健常だと思い込んでいる固定化された思考をアンラーニング（学びほぐす）することです。強弁すれば、いわゆる障害がアートにとって何かデメリットになることはありません。素材（メディア）が違った身体（メディア）を通過するときにさまざまなに

変換されるのをアート活動だとしたら、その出力結果に障害の有無を検証することに意味はなく、わたしたちは「多様性」を力に変えるアートの（教育）力に驚き、この創造力をインクルーシブ社会の基盤にすべきと考えても不思議ではないのではないでしょうか。障害は決して特殊なものではありません。年を取れば誰でもどこかに障害をきたすことは明らかです。障害児やその教育も同様であり、壁をつくってきた自分たちの都合や心に起因する問題点を再確認するとともに、わたしたちの研究（運動）は「障害児者の自立」というゴールに向けてアート／教育は何の貢献ができるのかの挑戦と考えています。すなわち、アート／教育とはすべての人が個人として自立し、社会の中で自由に自己表現をでき、全体の中で調和しながら生きる人間を育てる大きな目的を持っています。そのためにわたしたちはきちんと自己表現できる自立した社会をつくる必要があり、アート／教育の存在意義を自覚し、遠回りでも教育という営みによって、そのような社会に改革するという希望を本書は持っています。

　今までアート／教育のよさばかりを述べてきましたが、実際の学校教育制度に導入された美術教育は長い経過の中で随分と形骸化もしています。いやむしろそのドグマティックな学習が違った身体メディア（視覚障害）に触れることによって、リニューアルされることを期待しています。また、近年ソーシャルビューと呼ばれる作品に触らないで鑑賞する取り組み（対話型鑑賞）が美術館等で盛んに行われるようになり[5]、盲学校との協働が再び注目を浴び、第二次視覚障害美術教育ブーム？の様相を呈しています。しかしながら現場では、新しい鑑賞学習が今までの教育と対立し、触る／触らないという二元論的な葛藤を生みだしてしまうという矛盾も聞いています。この「触る／触らない」はコミュニケーションを言葉で取るか触覚（身体）でするか、もしくはアートとは思考（コンセプト）なのか、モノ（作品）なのかという視覚障害美術教育のキーワードです。両者は二者択一ではありませんが、教材開発の大切なポイントになります。たとえば広瀬さんの「無視覚流鑑賞」のように、触覚だけで鑑賞が成り立つのかを考えるのもおもしろいですね。もうひとつ、本書では「わたしのワンポイント題材」と題して、全国の盲学校現場の実践を収録します。これによって、今まで美術教師の多忙や頻繁な異動等が原因でアーカイブ化ができていなかった題材・教材のデータベースづくりのきっかけができればいいと考えています。

　本書の本当の仕事は、視覚障害アート教育をインクルーシブ教育のいう「終わりのないプロセス」として更新し続けることです。本書が合理的配慮を欠いていると感じる問題点を見える化し、視覚障害特別支援（盲）学校の図工美術教師をはじめ美術館学芸員などに必要な情報を届けるとともに、さらに共生社会を実現させていく過程において、これから視覚障害アート教育に興味を持つすべての人のファーストブックになってほしいと願っています。

※本書では「しょうがい」の表記を法令等に準拠して「障害」とします。

註
1) 多胡宏・茂木一司「盲児の造形教育に関する一考察」『美術教育学』12巻、1991、pp.145-156.
2) 広瀬浩二郎『目に見えない世界を歩く』平凡社、2017、p.148.
3) 同上、p.115.
4) 多胡宏「盲学校における美術教育の取り組み」、第14回ぐんま教育賞優秀賞、群馬県教育委員会
5) 名古屋、岡山、兵庫、京都、水戸などの国立公立美術館の展示・企画、ミュージアム・アクセス・ビュー（京都）や視覚障害者とつくる美術鑑賞ワークショップ（東京）などの市民団体などが実施している。

理論編

Theoretical edition

インクルーシブ教育時代の
アートの学びと視覚障害

インクルーシブアート教育の理念・方法

Q1 インクルーシブアート教材／ワークショップのコンセプトと方法論について教えてください

茂木　一司

「インクルーシブアート教育」については、『美術教育ハンドブック』（三元社、2918）及び『教育美術』（No.911,2018）を参照のこと。

1）高橋巖「シュタイナーの人間観と芸術観」『アントロポス』Vo.2, 1981, p.12.

ルドルフ・シュタイナーの「自由への教育」とは1919年設立の彼の自由ヴァルドルフ学校の理念である。教育を競争による社会の序列化システムにしないで、他者理解と自己教育によって「真に自由な人間」の育成をめざす。別名「教育芸術」と呼ばれ、「精神（Spirit）」と「からだ（Body）」を「こころ（魂 ,Soul）」＝アートで調和させる教育である。

はじめに－芸術とは見えないことを見えるようにすること－

　視覚に障害を持つ人、特に生まれた時から見えない人にとって、視覚芸術である美術を学ぶこととは何をすることなのだろうか？むろんあらためて視覚障害特別支援（盲）学校の図工美術教育の要不要を議論したいわけではありません。でも、教科だからやるのがあたりまえとも考えていません。論点は、この問いの先に見える／見えないを超えた美術教育自体の本質がみえるに違いないと思うことです。見えない身体メディアを対象にした、今回の視覚障害のためのインクルーシブ教材開発研究から明らかになったことは重要なことばかりです。スピードや効率優先の現代教育による視覚障害の排除はむしろ豊かさを切り捨てていろいろなものを見えなくさせ、包摂は豊かな学びの全体性を恢復させます。もともと芸術／教育とは「見えないものを見えるようにする」ことや「見えているその背後にある広大な無意識の（内面）世界を耕す」のためにありました。たとえば、色彩を色相・明度・彩度で体系化した表色システム（色立体）は視覚によって一瞬で色彩世界の構造を把握させますが、色彩が人間の心に生じる曖昧で微妙に変化する感情的なものの響き合いを表現・感受させるのは難しい。美術作品とはそもそも作家による個人と世界（社会）のせめぎ合い（葛藤）がみせる光と闇の戦いにあり、形と色による創造はその表象に過ぎません。美術鑑賞とは作家の表現をきっかけとした再創造であり、そこにはモダニズムが優先する生産性や効率とは別の価値観があるのです。

　「かつて芸術は独立した領域とは考えられていなかった…芸術は全く宗教であり同時に科学であった。」[1] 19世紀末から20世紀初頭に活躍したR. シュタイナー（Rudlf Steiner,1861-1925）は科学によって断片化される世界に警鐘を鳴らし、疎外され冷え切った近代的な人間・社会を暖め、再びつなぎ直すことができるのは感情（愛）による方法論をもつ芸術しかないことを主張しました。科学や宗教がそれぞれ別々の真理を求める一方、芸術はひたすらフォルムの世界

を探求し、独立した世界を形成していきます。自然の模倣から芸術を開放した20世紀の抽象美術の誕生はかたちと色そのものの生命力によって、再び芸術の意味が「精神的もの」に在ることを確認させてくれる出来事でした。カンディンスキー（Kandinsky,W,1866-1944）は音楽を「コンポジション」シリーズに表そうとしました。彼における形態と色彩の分析は科学的で客観的観察に基づいたものではなく、画家自身の内面の表現であり主観的で経験的な表現でした[2]。シュタイナーは現代という時代の特徴を人類のひとり一人が外部からの指示ではなく、内面にある「自由」の衝動にしたがって「自分自身で判断する時代だ」[3]、すなわち「アート／教育の時代」だと言います。つまり外的な環境に自分を適応させることに生きがいを感じるのではなく、内側から必然的にうまれてくるものにしたがって生きようとする魂の時代だというのです。だから均質な平等を基盤とする学校教育制度でリアルな現代アートのもつ生き生きとした力を活かすことは難しい。芸術の根源にある「精神的なもの」が失われ、美術教育は残った美術の知識理解か造形感覚練習が精々です。わたしたちが今心がけなければならないのは、アート（芸術）を人間の生（活）の全体の営みから切り離さないことです。このような芸術活動の意味を考えれば、見えない人のアート／教育が（方法論の多少の違いはあれど）特別ということはありません。

見えない世界から見える世界へ

　障害をめぐる問題には、わたしたちが「見える」マジョリティ側にいるという超えらない問題があります。障害児たちと協働したアートワークショップは本当に「わたしたちごと」になっていただろうか。彼らは多くの場合、支援される対象として存在し、表現力やコミュニケーション能力を持った人としては認知・評価されていません。しかし、見えない、聞こえないだけで彼らの能力が劣っているとは判断できません。それは単なる違いでしかないのではないか。このことを明確に気づかせてくれたのが、伊藤亜紗著『目の見えない人は世界をどう見ているのか』（2015）[4]でした。彼女は美学者の観点から視覚障害者の身体知覚を、「障害者とは、健常者が使っているものを使わず、健常者が使っていないものを使っている人」、

2) Artpedia アートペディア／近現代美術の百科事典 ワシリー・カンディンスキー 純粋抽象絵画の創立者（https://www.artpedia.asia/wassily-kandinsky,2020.6.10）

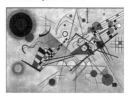

Kandinsky, Composition 8,1922, グッケンハイム美術館蔵（© 2018 Artists Rights Society（ARS）, New York/ADAGP, Paris,https://www.guggenheim.org/artwork/1924）

3) 今井重孝、訳者まえがき、R. シュタイナー『社会問題としての教育』イザラ書房、2017、p.10.

伊藤亜紗、光文社、2015, pp.20 ～ 37.
本書は累計10万部のヒット作です。本書の受容（amazonレビュー）の多くは「見えている人の方が多くを見落としている」、と目から鱗であったという好意的な感想が多い反面、「障害は障害でありきちんと直視せよ」という、「障害」を個人の属性と捉える「医学モデル」の根強い存在も明らかになる。しかし、本書にみる世界観とは対話型美術鑑賞のソーシャルビューが示すように、相手との関係性の中で意味が生まれる社会構成主義的な学習観が今必要であり、障害の「社会モデル」を実践レベルで展開すべき時が来ているのではと考える。

5) 広瀬浩二郎『触常者として生きる　琵琶を持たない琵琶法師の旅』伏流社、2020．p.47.
本書は全盲で国立民族学博物館で日本宗教史、触文化論の研究者である広瀬が見えない人独自の視覚障害を文化の確立と普及のために自らを「触常者」（触覚に依存して生活する人）という理念を提案し、「ユニバーサル・ミュージアム（誰もが楽しめる博物館）」等の普及に挑戦するメッセージ集です。目的は障害理解ではなく、視覚優先主義社会を批判し、インクルーシブ社会を見据えて、健常／障害、強者／弱者などの2元論を越境する触常者と見常者の異文化間コミュニケーションの可能性を提案する。

6) 津田英二、障害の問題についても当事者性は多様な社会問題への認識とどう関わるか、日本福祉教育・ボランティア学習学会研究紀要 15（0）、2010、p.15.

7) 平田オリザ『わかりあえないことから　コミュニケーション能力とは何か』講談社、2012.

8) 「医学（個人）モデル」は障害を個人に属するインペアメント（損傷）と捉えるが、「社会モデル」はインペアメントを持つ人を排除する社会組織によって生み出されるディスアビリティと捉える違いがある。前者は医療やリハビリテーション専門職によって障害を直したり援助することであるが、後者は同じ現象を、社会によって作られた問題とみなし、主として障害を持つ人の社会への完全な統

つまり「（健常者である）自分とは異なる身体を持った存在」であって、障害者が見る（いる）世界は私たちのそれとは違うというあたりまえのことを明らかにしました。たとえば、「見えないことと目をつぶることは違う」。つまり、「見えている状態を基準として、そこから視覚情報を引いた状態」ではなく、視覚情報を持たない身体がつくる世界を基準に世界を構築する。つまり、視覚のある／なしによって人は同じ世界を前者はニュートラルな情報、後者は情報が文脈に置かれた意味（付け）という違う見方をするのです。伊藤は「見える人が見えない人にとる態度が情報ベースになりがちである」とし、健常者が障害者に配慮する（情報への）アクセスのしやすさである「アクセシビリティ」を例にして、情報ベースの関わりが両者を「福祉的な関係」に固定することのデメリットを指摘します。

　この本に対して、視覚障害当事者の広瀬浩二郎は「視覚障害者の『見方』を知る入門書」で「（2016年障害者差別禁止法以降の）合理的配慮を創造・開拓するための対話の書」と評価しながらも違和感を表明する。「『私たち』（健常者）と『彼ら』（障害者）を無意識に分ける発想が内包されている」[5]という彼の言葉にある当事者の複雑な思いをわたしたちもまた複雑に受けとめる。見えない世界から見える世界を想像することのおもしろさ。でも、当事者にとっては自分たちがマイノリティであることの再確認の強要に過ぎないのか。障害児や福祉教育・ボランティア学習の場では、「当事者性」は当該問題を「自分ごと」として受容し参加・同伴し、「新たな当事者」[6]となって新しい連携を広げられるかがその教育目的になると言われています。つまり、「ともに（生きる）」がキーワードになるのですが、そのイメージ（形、範囲・深度）は多様で曖昧です。わたしたちは物事をわかりやすい二項対立の枠をつくり、頭だけで解決しようとしまいがちですが、実践の場では二項対立が越境されることは頻繁に起こります。障害理解を異文化理解と考えるとき、コミュニケーションの根本問題として「わかりあえないこと」（平田オリザ）[7]をありのままに受容し、葛藤が創造を生むための多文化共生の形を探求するのです。人間としての共通性の基盤の上で、困難を楽しみ、相手への想像力と共感によって「ともに生きる」ことが、本当に見えるという世界をつくります。根本的な問題は「障害／健常」の二元論の

固定化で、そう思い込んでいる（自分たちが作ってしまった）健常者中心の社会システムです。障害史の中で「障害とは何か」の問題は「医学（個人）モデル」と「社会モデル」[8] として一見整理されたように見えますが、現実は理論上だけの了解です。つまり、問題を対抗的対峙的に捉えるのではなく、共感・共有しようとしてはじめて本当の問いが立ち現れるのです。

障害当事者／当事者性とアート

　アート（広義）が障害を巡る当事者と当事者性の問題を越境・脱構築する可能性があることはよく知られています。「あたりまえからあるがまま」を理念に地域でアート活動を仕掛ける重度知的障害者福祉施設のレッツ[9] は最近浜松市中心市街地に「たけし文化センター連尺町」(2018) を開設し、重度の知的障害者のシェアハウスと一般ゲストハウスの融合施設という斬新な取り組みを始めました。実際には重度知的障害をもつ息子の壮（たけし）さんの自立生活を専門介護員とそれ以外の外部者とがゆるく協同し見える化する社会実験といったものです。「文化センターが壊す当事者"性"」と題する外部者の報告には、本人の意志を読み取りにくい障害当事者と介護者もしくは親の関係性を2元論に閉じ込めないで、外部（者）や社会に「拓く」ことでそれが演劇のようになることが吐露される。「介助の仕事って閉じられた環境だから…暴力を振るったりしても誰にもわからないですよね。…でも、外の人たちがいるから、私にも『見られてるって感覚』が生まれて自分を抑えることができるんです。外に開かれて、色々な人がいた方がいいんです。」その話から外部者は「介護にも『観客』が要るのだ」と思ってハッとしたという[10]。この仕掛けをつくったのは親である久保田翠であり、彼女はいわゆるグループホームの理念「親亡き後」に対して、「親亡き後をぶっ壊せ」という。「支援者／当事者」ましてや「親／当事者」の場合には重い葛藤や決意がある中で当事者と出来事を切り離し、個人の問題である「当事者"性"」を社会に拓くことで観客（批評者）を生みだし、表現の場を客観化する仕組をつくるのは勇気が必要です。それはまさに表現を行為と捉える「出来事づくりとしてのアート」ではないか。「障害のある人は、他者や自己に対してある種のままならなさを抱えた存在である」がゆえに、周囲を「無際限でか

合の問題として見る。障害は、個人ではなく多くが社会環境によって作り出されるものであり、人権問題＝政治問題として扱う。障害の否定的な側面とそれによる社会的障壁の解消、さらに障害独自の文化の確立をめざし、社会モデルへの転換を試みたのが「障害学」である。障害学は、ゾラ（米）、オリバー（英）らによって発展してきたが、特に英国の障害学は当事者が運動と研究を合体し、障害者自立運動同様、対抗的な色彩を強く持っていた。現在これらを統合する「相互作用モデル（国際生活機能分類:IFC）」(WHO,1980,2001改訂) が提案され、3つのレベルの障害分類（機能障害 impairment，能力障害 disability，社会的不利 handicap:ICIDH）を身体と生活の2つの次元でマイナスな障害 Disability だけでなく、生活機能 Functioning というプラス部分に注目した分類へと改訂が進んでいる。

9) NPO法人クリエイティブサポートレッツ（浜松市、久保田翠代表）は、知的障害をもつ壮君の誕生を機に「障害者のあるがまま社会を変える力にする」ことを理念に設立 (2000)。共生する社会の形成を目指す「たけし文化センター」と障害者の社会的な地位向上を目指す「アルス・ノヴァ」（生活介護、就労継続支援B型等）の2つの事業を中心にして、「やりたいことをひたすらやり続ける」障害者の生きる力が既成概念を壊し、新しい気づきや文化をつくることをアートと捉え、地域でさまざまなアート実験を展開する。詳細は http://cslets.net/ を参照。

「表現未満」とは（表現に至らない表出の状態をいい、それを大事に認める考え方・プロジェクト。

10) 小松理虔、cslets.net/miman/archives/1320（2020.7.17）

11) 中谷和人「アールブリュット／アウトサイダーアート」を越えて、『文化人類学』74／2、2009、p.232.

◎用語解説
「アール・ブリュット」（1945）とは、画家のジャン・デビュッフェ（仏、1901 – 85）が命名した「伝統的な美術史の評価外にある生（き）の芸術」をいい、「アウトサイダー・アート」（1972）はロジャー・カーディナル（米）の英訳。前者が強迫的幻視者や精神障害者の作品を指すのに対して、後者はさらに主流の外側で制作する人々全般を含めた違いがある。日本ではこれらが福祉施設で多く生みだされることに起因し、特にアールブリュットは公的な支援の場でも多く使われ、障害者アートを意味するという誤解があり、批判されている（服部正「障害者の創作行為を個人モデル化しないために」『REAR』2016,pp.24-29）。

12) 佐伯胖「遊ぶ、感じる、学ぶ」『美育文化ポケット』25、2020、p.5.

13) べてるの家及び当事者研究については、多くの文献や Web 情報がある。代表的な出版物として、『べてるの家の「当事者研究」』（2005）、『技法以前 - べてるの家のつくりかた』（2009）、『クレイジー・イン・ジャパン : べてるの家のエスノグラフィ』（2014）、『みんなの当事者研究』（2017）など。べてるねっと https://bethel-net.jp/ を参照。

つ豊かな社会関係の渦に巻き込んでいく」[11] のです。アートの持つ役割は、そこに弱者の自分がいることが許される創造的なカオスの場をつくること、つまり固定されがちな意味を絶えず更新していく力にあるではないのだろうか。意図的な曖昧性は能動でもなく、受動でもない、いわば中動態に意味があることを提示します。すなわち「見る／見られる」のではなく、みんなが当事者性を引き受けるときに自然と「見えている／くる」[12] ものがあるということです。

　同様な事例が「べてるの家」（1984〜）[13] にも強く息づいています。周知のように、べてるの家は向谷地生良が中心になって、北海道浦河町につくられた精神障害者等の生活や活動の共同体であり、「当事者研究」で知られています。当事者研究は幻聴や妄想などに苦しむ精神障害者が抱える問題と当事者を切り離し、「苦労（症状など）」を「自己病名」として名づけ、分解・客観化＝研究化し、当事者たちがみんなで表現し相互コミュニケーションする場づくりによって対処法を探求する創造的な活動です。当事者研究には重要なキーワードがあって、「苦労を自分から引き離す」「弱さの情報公開」「三度の飯よりミーティング」などと、最も重要な「自分自身で、共に」があります。向谷地は精神障害を病を治す医学モデルではなく、患者の自己決定権の復権、グループ活動による患者同士の支え合いの有効性などを基盤とした生活モデルとして捉え直すことで、医療やソーシャルワークという専門性から障害者自身に当事者性を取りもどそうとしました。自己表現とコミュニケーションを基礎とするべてる式の活動全体もレッツと同様、もはやアートとしかいいようがありません。毎年開催される「べてるまつり」は全国からファンが大勢詰めかけ、さながらロックコンサートのようです。フィナーレは毎年選び抜かれた発表者が自分の「幻聴さん」を自慢？しあうバトルである「幻覚＆妄想大会」で、すべてが笑い飛ばされて幕が閉じられます。この催しは1990年のグループミーティングでメンバーの幻覚を聞いて、「これは自分たちだけで聞いていたのではもったいない」ということではじまったそうです。向谷地は「孤独で、将来に希望のないなかで聞く幻聴は、おしなべて「死ね」とか「馬鹿」とか、とにかく嫌なことを言ってくる。ところが、不思議なことに仲間が増え、人とのコミュニケーションが豊かに

なると、幻聴にも愛嬌が出てきたりする」[14] という。アートの持つ遊び性やユーモアは重い問題でもうまくかわす術を持ち、物事を柔らかくする力を持っている。確かに「アートは社会に対して新しい価値観を提示したり、既存の価値観をずらし、つなぎかえたりする」（長津、2018）[15]。それは、アートがポジティブなだけでなく、べてるがこだわる「弱さには弱さとしての価値がある」ことにも創造性があることを示します。「強いこと、正しいことに支配された価値のなかで……「弱さ」の持つ可能性を用いた生き方」つまり「弱さの文化」が多様性を拡張することが実感できるのです。向谷地のべてる式は対抗的で毒の効いたユーモアによって、アートと障害の関係性を考える多くの観点を提供してくれます。

「ともに生きるレッスン」：多様性の時代に必要なインクルーシブアート／教育の役割について

　美術教育をうまい絵を描かせることだという人はもういないと思いますが、アート／教育の本当の役割を理解している人はまだまだ少ないでしょう。今まで述べてきたように、美術教育の本当の存在意義（レゾンデートル）とは「ともに生きるレッスン（練習）」にあります。しかし学校美術教育が縮小していくと同時に教育から自由が失われ、相手との競争の教育は苦行となりました。学びの楽しさの復権のために、どうしても学びをアートにする必要がありました。「ワークショップ（参加協同体験学習）」との出会いはそのような自分にとって必然的なものでした。ワークショップとは協働が生みだすプロセスや関係性の中に意味を見いだす学びで、その研究をする中でこれもまた必然的に出会った障害をもった子どもたちによって、多様性の真の意味や固定化されがちな既成概念がアンラーニングされました[16]。これ以降障害を持った子どもたちとつくる学びの場はワークショップ研究の主要テーマとなり、そこではみんなが主役になれるフラットな場づくりを通して、アート／教育の可能性が拓かれていきました。障害のあるなしに関わらず、だれでもが権利として楽しく豊かに学び、「自由な人間」として自立し、差別のない小さくても豊かな共生コミュニティがその場その瞬間につくられるのです。それこそがアート／教育の役割と考えます。

14）浦河べてるの家『べてるの家の「非」援助論』医学書院 ,2002, p.101.

15）長津結一郎『舞台の上に障害者　境界から生まれる表現』九州大学出版会、2018, p.iii.

◎用語解説
「インクルーシブ教育システム」とは国連の「障害者の権利に関する条約」（2006、日本は 2014 年批准）の具体化のために、24 条（教育）が規定する人間の多様性の尊重等の強化、障害者が精神的及び身体的な能力等を可能な最大限度まで発達させ、自由な社会に効果的に参加することを可能とするとの目的の下、障害のある者と障害のない者が共に学ぶ仕組みであり、障害のある者が一般的な教育制度から排除されないこと、自己の生活する地域において初等中等教育の機会が与えられること、個人に必要な「合理的配慮」（reasonable accommodation）が提供される等を規定している。つまり、障害者を支援受益者ではなく、積極的に社会参加・貢献する全員参加の共生社会構築をめざす理念である。しかし、日本の障害児教育は「特殊教育」（1947、1979）から「特別支援教育」（2006）、さらにインクルーシブ教育」に変わってもむしろ特別学校が増加するなど、分離教育が進む傾向もみられ、「学習、文化、コミュニティへの参加を促す，学習者の多様性に着目した終わりのないプロセス」（ユネスコ、2005）のいう通常学級・学校のインクルーシブ化にこそめざすべきという指摘がある。

「インクルーシブアート教育」（造語)」とは、そんな差異や多様性を活かした想像的創造的かつ主体的な学びができるアートを基礎にした学びのことをいいます。すなわち障害のある者とない者が共に学ぶ仕組みをつくるインクルーシブアート教育システムとは、障害を持つ子どものアートによる表現やコミュニケーションはむしろ普通教育の中でダイナミズムをつくり出す原動力となり、硬直化した学校をはじめとする既存の教育をアンラーン（学びほぐし）[16] するのです。アートが知情意の調和（情＝アートによって知と意が結ばれる）をはかり、断片化した知を再統合することは、人々が感情によって右往左往する現代のメディア社会には必須の学習ではないか。こんな問題意識の中で、インクルーシブアート教育とは、アートが人間の尊厳を保つために必要な「自由」を保証し現代社会／教育を見直す理念と実践となることの提案です。共生社会を構築していく上で必要な、多様なものを「つなぐ」機能をアートに託したのです。したがって、インクルーシブ教育は障害者に限定されず、例えば経済協力開発機構（ＯＥＣＤ）が指摘する社会経済・文化的な課題のある子どもたちなど、すべてのマイノリティを包摂する教育のことをいいます。

視覚障害のためのインクルーシブアート教育の課題

やや大げさな「インクルーシブアート教育」の理念を提示しましたが、ここでは抽象的な議論はやめて、より実践的な問題解決を考えたいと思います。問題点を大きく切り分けると、教科の専門性に関する、①情報収集と伝達、②人材育成の２つに絞られます。

前者ではまず、日本の障害児（美術）教育を覆う「技能主義・訓練主義」を乗り越える必要性です。最近の特別支援教育の就労準備教育をもっと自由な表現学習に変え、学校でしかでき学びの喜びを十分に保証すること。もうひとつは先生が決めたとおりに授業が進む、いわゆる「導かれた成功」の再考です。**教育の基本は先生が教えるのではなく、子どもが学ぶのです。**スキルの習得に時間がかかる視覚障害児には「待つということ」（鷲田清一）が大切です。その時教師の役割は未知との遭遇で起こる危険を避けるためにただ先に歩くという役割なのです。インクルーシブ教育は「終わりのない探

16）ある学生が卒業研究のために、毎月造形ワークショップを計画した。知的障害をもつ子どものために何日もかけて、個別のニーズに合わせた題材を考え、前日から材料を準備して待っていた。教室に入ってすぐ、机にきれいに並べられていた材料は跡形もなく消えていた。Ａちゃんが手で払いのけたのだった。理由はわからないが、彼女の顔はとてもすっきりしていた。それを見て、私たちは自分たちの思い込みを見直すことができた。
「アンラーニング（unlearing）」については、Q14を参照（苅宿俊文・佐伯胖・高木光太郎『ワークショップと学び 1 まなびを学ぶ』東京大学出版会、2002）
「ワークショップ」についてもQ14を参照（茂木一司代表編集『協同と表現のワークショップ 学びのための学習環境のデザイン』東信堂、2014）

◎用語解説
「（教育における）導かれた成功」とは、特に障害児教育の現場でよく見られる傾向である。最初からけがをしないように、わからないと思って、手順通りに進むように準備してしまう。それによって、子どもたちはロボット化し、先生に何でも許可をえてから、先生が言うとおりにするようになる。

求」（ユネスコ）と定義されますが、アート／教育もまた同様です。チゼック（Franz Cizek,1865-1946）[17]流の実験精神と創造力をもってあたりたい。わたしたちは教育によい方法があると考えがちですが、方法論は常に更新され続けなければ死んだものにすぎません。つまり、先生がその都度眼前にいる子どもから感じ学び取ってつくるものなのです。アートが大事なのは、すぐに答えがでないものやわからない見えないものにも興味を持つ人間を育てることです。そういう意味では視覚障害美術教育が与えるインパクトは大きなものがあります。見えない人と見える人がいっしょにする表現やコミュニケーションは未知の可能性しかありませんから。たとえば現代美術の教材開発では、アートがモノからコト（思考やコンセプト）へ変容することを触る／触らないの2元論を越え、イメージと対話の題材としてつくる挑戦をしました。題材の更新がなければ、今まで蓄積してきた視覚障害独自の触る・聞くなどの教育を文化として残すことはできません。今必要なのは蓄積された情報の収集・アーカイブ化と検索システムの構築による独自文化としての価値づけです。

　第2の人材育成はより大きなビジョンと決断が必要です。今まで視覚障害文化の中に視覚美術は存在していませんでした。まず盲学校美術教育においてアート／教育に興味をもつ人の育成基盤をつくる必要があります。美術館等にひとりで来て、アートに親しむ視覚障害者を育成するためにはアートが生活を豊かにする身近で不可欠なものと実感する動機づけの学習が必要です。一美術教師には荷が重い課題ですが、逆に自由な美術の教師だからできるのでは！

　最後に、Inclusion（包摂）[18]はマイノリティである障害者を健常者の世界で保護することではありません。Exclusion（排除）への対抗と人間という共通基盤の上にたつ安心安全な世界の中でそれぞれが自分の能力を最大限に発揮できる多様性を保証しようとする考え方です。自由を基礎とするアートをその学びのツールとして活かすことは、今後の共生社会構築の基盤づくりにとても有効です。「（視覚障害のための）インクルーシブアート教育」をわたしたち美術教育関係者が応援団として実践できることは大きな喜びです。

17）フランツ・チゼック（Franz Cizek,1865-1946）は創造主義美術教育のパイオニアとして知られる。オーストリア・ウィーンで世界に先駆けて、子ども独自の創造的表現を発見し、ウィーンアカデミーの中に児童美術教室を開設し、そこでつくられた児童美術作品はロンドンなどで高い評価を得て、世界的な名声を獲得した。チゼックの教育理念はバウハウスの基礎造形教育を担当したイッテン（Johannes Itten,1888-1967）らその後の多くの美術教育者に影響を与えた。

18）インクルージョンの思想は1980年後半以降の教育、福祉、政治、経済などのさまざまな領域で同時に起こった潮流である。インクルーシブ教育はノーマライゼーション（障害者がノーマルな生活を送れるようにする）から反差別への抵抗運動を意味するソーシャル・インクルージョン（社会的包摂）の思想への変化を背景に、普通学校と特別学校の統合（インテグレーション）が試みられたが、元々ある「分離したものを統合する」ことにほころびがあり、はじめから多様性を前提にする「Education for all」、つまり「インクルーシブ教育」へと流れを変えていった。インクルーシブ教育とは障害を含めて近代社会の効率化から外れたマイノリティへの社会正義と平等の実現＝人権の擁護をめざして、EUや国連における潮流となり、それが「サマランカ声明と行動大綱」（1994）となって、各国に教育におけるインクルーシブ化の実現を進めたのである。

Q2 目が見えない人にとって、アートを学ぶことに どのような意味があるのでしょうか？

伊藤　亜紗

目が見えないこと、あるいは障害をもつことにとって、アートを学ぶことにはどのような意味があるのでしょうか。制作と鑑賞の具体的な行為に即して、当事者の声に耳を傾けながら、考えてみたいと思います。

「絵の中で迷う」ことで自分を取り戻す

西島玲那さんは、高校生のときに病気で急激に視力が下がり、19歳で全盲になりました。私が彼女にインタビューしたのはそれから十年以上がたったときでしたが、もともと書く／描くことが好きだった彼女は、見えなくなってからもペンや絵具を使ってイラストや絵を描く趣味を持っていました[1]。

ひとくちに目が見えない人といっても、世界を認知する方法は人によってさまざまです。聴覚から入ってくる情報を重視する人もいれば、触覚を頼りにする人もいますし、まわりの人にどんどん聞くことで情報を得ようとする人もいます。目の見えない人は「健常者から視覚を引いた存在」ではありません。視覚なしで成立する、それぞれに異なる世界を生きています。

西島さんは、あえて言葉にするなら、視覚重視の視覚障害者です。矛盾しているようですが、キャッチするさまざまな情報を、視覚的なイメージに置き換えて理解しようとする傾向が強いのです。「いつもVR[2]を見ている」と彼女は言います。こうした「視覚重視」の特性もあり、彼女にとって絵を描くことはむしろ自然な選択でした。

しかし、彼女が絵を描くことに見出していた意味は、もっと別のところにありました。彼女は、見えなくなってから「自分がとっちらかった」と言います。いろいろな人の介助を受けるなかで、いつも「障害者」を演じなければならなくなり、そのことで、自分を見失いかけていたのです。西島さんは言います。

目が見えなくなって、とっちらかったんですよね。自分の自我が崩壊するというか、分裂したんです。いろんな側面を持っていない

1）西島さんへのインタビューは、筆者のHPにて公開している。
http://asaito.com/research/2016/08/post_33.php
http://asaito.com/research/2019/12/post_60.php

2）VR（Virtual Reality）バーチャル・リアリティ（仮想現実）の略称。コンピュータによって作られた仮想的な世界を、あたかも現実世界のように体感できる技術。

と、いろんな人のガイドを受け入れられない。大人になってからの九年ほどは、そのことにすごく苦悩しました。

『障害者は障害者らしく』みたいなものがあって、『いや、大丈夫です』と言うことが失礼にあたるんじゃないかということをどこか頭で考えていた。楽なんだけど楽じゃないという感じがあった。

世の中で語られる「共生」や「多様性」は、確かに重要な考え方です。でもそれが、ときに障害者を障害者としての役割に閉じ込める逆効果につながることがある。本来、人は相手との関係やその場における自分の役割によって、さまざまな顔を持つものです。ところが、障害があることによって、いつでも、どこにいても、障害者としての役割を演じなければならなくなってしまう。そのことに、西島さんは長年苦しんでいました。

この「とっちらかった自分」をとりもどすのに役立ったのが、「絵を描くこと」でした。その理由は、「絵の中なら迷える」から。日常生活においては、介助者のペースで、自分にとってそれが必要かどうかとは関係なく、さまざまな情報やサポートが与えられてしまいます。それは便利で必要なことではあるけれど、西島さんには、その便利さから離れて、自分にとって好ましいものは何か、迷い、判断する時間が必要でした。絵が与えてくれるのは、この「迷う自由」でした。

　　ものを作るという作業をしていくと、自分が何を求めているのか、何を知りたいのか、ということの基盤が、見える／見えない、サポートしてほしい／してほしくないということとは別に具体化していくんです。

たとえば、紙に一本線を引いてみる。この線を「髪の毛」とみなして目を描き加えるのか、「魚の輪郭」とみなしてヒレをつけるのか、「煙」とみなして火を描き足すのか。絵を描くことに限らず、ものをつくる作業は、自分がいま作っているものとの、そして自分自身との対話です。この対話のなかで、自分が何を望み、何を選択し、どこにたどりつきたいのか、次第に明らかになってくる。線一本、点一個という具体的な選択肢を前にして迷い、そして選びとるという作業が、彼女にとっては自分を取り戻す貴重な時間になっていました。

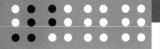

　つまり彼女にとって絵を描くことは、他人の介入をよせつけない「自治」の領域を、一時的に作りだす営みだったのです。芸術には、確かに何かを伝えたり表現したりするという社会的な側面もあります。けれども、その根本には、やはりこの「つくる」という営みが持つ力がある。つくることを通して、自分と対話し、自分を深める過程がなくては、どんなメッセージも表現も空虚なものになってしまうでしょう。

　当事者論の古典『当事者主権』で語られるように、人は障害を持っているからといって、あるいは病気を抱えているからといって、当事者になるわけではありません。こうしてほしい、こうありたいという「ニーズ」をもつとき、つまり自分との対話ができたとき、人は当事者になるのです。

　　私の現在の状態を、こうあってほしい状態に対する不足ととらえて、そうではない新しい現実をつくりだそうとする構想力を持ったときに、はじめて自分のニーズとは何かがわかり、人は当事者になる。ニーズはあるのではなく、つくられる。ニーズをつくるというのは、もうひとつの社会を構想することである。[3]

　この定義に従うならば、「つくること」は、そこに含まれる「迷う」というモーメントを通して、まさに人を当事者にする営みである、と言うことができます。もちろん、絵を描いたからといって、「あそこの道に点字ブロックがほしい」といった具体的なニーズが明らかになるわけではりません。「つくること」が生み出すのは、そうした個別的なニーズの根本にある、自分に問いかける態度です。こうした問いかけががあってこそ人は自分を発見し、ニーズを見出し、もうひとつの社会を構想する一員になるのです。

「違和感」を通じて異なる体と出会う

　このように、アートには自分との対話を可能にする力がある一方で、自分とは異なる他者との対話を可能にする側面もあります。これは、主に鑑賞の場面で発揮される側面です。

　たとえば中瀬恵里さんは、先天的に全盲の読書家です。目が見えるとはどういうことなのか、自分の生身の経験としては知りません。しかし、読書の経験を通して、さまざまな仕方で目の見える人の世

3）中西正司、上野千鶴子（2003）『当事者主権』岩波書店、p3.

界を経験しています[4]。

　たとえば、小説を読んでいて「扉を開けると、そのレストランにはテーブル席が五つあった」のような描写があったとします。こうした記述は、中瀬さんにとっては「細かい」と感じられると言います。彼女には、いちいちテーブルの数を数えるような習慣がないからです。多くの場合、こうした描写はレストランの規模を表すためになされますが、全盲の彼女なら、壁にあたる反響音や、空気の流れから、そのレストランの広さを感じ取るでしょう。

　けれども目が見える人の場合、レストランに入ったら、まずは座る席を決めることに関心が向いています。ですから、空間全体を見渡して席の配置を把握するというのはごく自然な注意のあり方です。また、個々の椅子の描写にしても、中瀬さんにとっては触覚や引いたときの重さが重要になりますが、目の見える人は色や形に注意が行きがちです。身体的な条件の違いによって、表現にとって何が自然か変わってくるのです。

　こうしたことは、中瀬さんにとってはもっぱら「違和感」として感じられます。しかし、その違和感を通して、中瀬さんは自分とは異なる体を経験しています。つまり、生理的な能力の有無を超えて、文化的なレベルで、人は自分の能力を拡張したり交換したりすることができるのです。この意味で、作品は異なる体が出会う場であるということができます。

　かつてホッブズ[5]は、人間社会は放っておけば「万人の万人に対する闘争」になる、と述べました。確かに現実の社会においては、会議で相手を「論破」したり、相手の意見を曲げて「合意形成」をしたり、得する人がいれば損する人がいたり、「決着」をつけることが求められます。

　しかしアートは、「自分を深めること」と「異なる他者を知ること」の両立を可能にします。違っていても、白黒つけずに、グレーのままにとどまることができるのです。アートを学ぶことは、単に美術史の知識を増やしたり、デッサンの技術を身につけたりすることにとどまりません。それは、世界の本当の複雑さ、簡単に答えがでない曖昧さに耐える力をやしなう学びであるべきです。

4）中瀬さんへのインタビューは、以下で公開している。
http://asaito.com/research/2017/09/post_46.php

5）トマス・ホッブズ（Thomas Hobbs 1588 〜 1679）イングランドの哲学者、政治思想家。自然主義・唯物論の立場に立つ。主著『リバイアサン』や「万人の万人に対する戦い bellum omnium contra omnes」の主張で有名。

視覚障害教育の基本事項

Q3 視覚障害の基礎知識について教えてください

①視機能と発達、②視覚障害の定義（種類・意味）、③目が見えるしくみ、ロービジョンの子どもの発達、④教育相談、⑤さまざまな視力・視野の検査、コントラスト、色覚、読書の検査など

大内　進

1．視機能と発達[1]

（1）視機能とは

　視機能には、視力、視野、色覚、暗順応・明順応、眼球運動、調節、両眼視などがあります。したがって、視機能の障害である視覚障害には、視力障害、視野障害、色覚障害、光覚障害（暗順応障害、明順応障害）、眼球運動障害、調節障害、両眼視障害等が含まれることになります。これらのうち、特に視力障害、視野障害及び暗順応障害は、生活面で大きな制約となります。

　視機能の中で最も問題になるのは視力の障害[1]です。視覚障害は視力の程度で分類すると、「盲」と「弱視」に分けることができます。視野の障害[2]は、求心性視野狭窄、暗点、半盲に大別できます。

　また、図工や美術教育では、色覚障害[3]への配慮も欠かせません。

（2）目の発達

　発生的に見ると、人間の目は、脳の一部が分岐してだんだん変わっていったものです。目は胎生3週に形成が始まり、胎生5週末に大まかな構造ができ、胎生8か月ころまでに眼球全体が形作られると言われています。この形成の段階で何らかのトラブルが生ずると、目の構造に異変が及び、先天性の視覚障害の原因となる場合があります。目は、新生児では直径16.5～17mm程度、3歳で22.5mm、その後少しずつ成長して、成人で23～24mmになるといわれています。十円玉の直径が23mmですので、それより一回り大きいくらいの球形をしているということになります。

　目は、出生後も発達を続けます。目が最も大きく発達するのは、生後の1年間といわれます。その後も、幼児期の間は眼筋が強化され、神経接続も増えていき、3歳頃になると、眼運動反射はいっそう安定してきます。4歳頃には両眼視する視機能は完成に近づき、5歳頃には、両眼視の機能も安定してきます[4]。

　それまでの時期に、眼を適切に使わないとこうした機能が消滅したり不安定になったりする可能性があるといわれています。これが

1）視力の障害

・学校教育での「盲」
とは、視覚を活用した生活や学習が困難で、主に触覚や聴覚など視覚以外の感覚を利用する必要がある場合。

・学校教育での「弱視」
　視覚を活用した学習や生活が可能ではあるものの、文字を拡大したり弱視レンズや拡大読書器等の光学的補助具を使用したりするなどの配慮が必要とする場合。就学者の実態からは、矯正視力がおよそ0.02前後からおおよそ0.3未満がこの範囲に入る。

2）視野の障害

・求心性視野狭窄
網膜の周辺部分から見えなくなり、視野が狭くなる状態をいう。視野が狭くなるだけでなく、夜盲の状態が現れる。視野が狭くなっても、明るい所では中心の視力が保たれる場合もある。

・暗点
視野の一部が見えない状態をいう。中心暗点は、網膜の中心部が見えなくなる状態である。

・半盲
視野の右半分とか左半分といったように、ほぼ全体の半分が見えなくなった状態をいう。

3）色覚の障害
光にはさまざまな波長があり、その波長の違いが色の違いとして感じられる。色は、網膜の視細胞の錐体細胞でとらえられるが、この錐体細胞は網膜の黄斑部に集中していて、赤、緑、青を感じ取る3種類のものがある。それらのうちのいずれかが機能しなくなると、色の識別がしにくくなる。

4）山口真美・金沢創『赤ちゃんの視覚と心の発達補訂版』東京大学出版会

「臨界期」といわれています。

「臨界期」を過ぎたからといって、改善が進まないわけではありませんが、ロービジョンの子どもに対しては、こうした目の発達の機序を踏まえて、早期から意図的な働きかけをしたり環境を整備したりして可能な限り視覚活用を促していくことが大切になってきます。

視野の発達については測定が難しいため、十分に検討されてきていませんが、学齢期以降も発達を続け、12歳前後で成人の範囲の視野が得られるといわれています。

2．視覚障害の定義（種類・意味）

視覚障害は、視機能が永続的に低下している状態をいいます。その厳密な定義は、国によって異なっています。国際的にはWHOのICD-10（国際疾病分類）やICF（国際生活機能分類）に示されています。我が国では学校教育と障害者福祉の分野で、それぞれ異なった定義がされています。

学校教育では、「両眼の矯正視力がおおむね0.3未満のもの又は視力以外の視機能障害が高度のもののうち、拡大鏡等の使用によっても通常の文字、図形等の視覚による認識が不可能又は著しく困難な程度のもの」が視覚障害教育の対象とされています（学校教育法施行令22条の3）。障害者福祉分野では、身体障害者福祉法に規定にされていて、矯正視力及び視野の程度により1級から6級に区分されています。これは、身体障害者手帳の交付に連動しています。

3．目が見えるしくみ、ロービジョンの子どもの発達
（1）目のみえるしくみ

目の構造と部位を図1に示しました。外の光は角膜にぶつかり屈折します。目に入った光は虹彩の働きで量が調節されます。その光は水晶体で網膜にピントが合うようにさらに屈折され、硝子体を通って網膜に達します。網膜には、2種類の視細胞（錐体細胞、杆体細胞）があって、光を受け取り電気信号に変換します。その信号

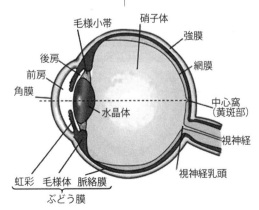

図1　眼の構造と部位

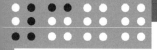
は視神経乳頭に集められ、視神経などの回路（視路）を通して大脳に送られます。その情報が大脳で処理されて、はじめて「像」として見えるということになるのです（図2）。

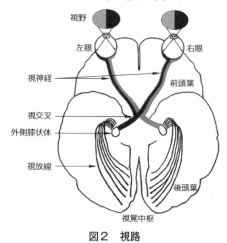

図2　視路

視野障害のシミュレーション

・視野障害がない状態（最期の晩さん）

①視野狭窄

②中心暗点

③半盲

（2）視機能

　視機能には、視力、視野、色覚、暗順応、眼球運動、調節、両眼視などがあります。したがって、視機能の障害である視覚障害には、視力障害、視野障害、色覚障害、光覚障害（暗順応障害、明順応障害）、眼球運動障害、調節障害、両眼視障害等が含まれること、特に視力障害、視野障害及び暗順応障害は、生活面で大きな制約となることを先に記しました。図工や美術教育では、色覚障害への配慮も欠かせません。

（3）視力の障害

　視覚障害の中でも、最も問題になるのは視力障害です。視覚障害は視力の程度で分類すると、「盲」と「弱視」に分けることができます。学校教育での「盲」とは、視覚を活用した生活や学習が困難で、主に触覚や聴覚など視覚以外の感覚を利用する必要がある場合を指します。また、学校教育での「弱視」とは、視覚を活用した学習や生活が可能ではあるものの、文字を拡大したり弱視レンズや拡大読書器等の光学的補助具

を使用したりするなどの配慮が必要とする場合をいいます。就学者の実態からは、矯正視力がおよそ 0.02 前後からおおよそ 0.3 未満がこの範囲に入っています。

（4）視野の障害

　視野の障害は、求心性視野狭窄、暗点、半盲に大別できます。求心性視野狭窄は、網膜の周辺部分から見えなくなり、視野が狭くなる状態をいいます。単に視野が狭くなるだけでなく、夜盲の状態が現れます。視野が狭くなっても、明るい所では中心の視力が保たれる場合もあります。暗点は、視野の一部分が見えない状態をいいます。中心暗点は、網膜の中心部が見えなくなる状態です。半盲は、視野の右半分とか左半分といったように、ほぼ全体の半分が見えなくなった状態をいいます。

（5）光覚（暗順応・明順応）の障害

　光覚には、暗順応と明順応があります。暗順応とは明るいところから暗いところへ入ったときに、暗がりに目が慣れていく状態のことです。明順応は、暗いところから急に明るいところに出た時にまぶしさを感じて、それが慣れていく状態のことです。暗順応障害は、夜盲ともいわれます。夜間など暗いところで視力が低下し、行動に支障が出てきます。網膜の周辺部に多い杆体細胞という光を感じる視細胞の機能不全によって生ずるものです。明順応障害は、羞明が強く、遮光眼鏡の装用などを必要とする場合があります。

（6）色覚の障害

　光にはさまざまな波長があり、その波長の違いが色の違いとして感じられます。色は、網膜の視細胞の錐体細胞でとらえられますが、この錐体細胞は網膜の黄斑部に集中していて、赤、緑、青を感じ取る３種類のものがあります。それらのうちのいずれかが機能しなくなると、色の識別がしにくくなるのです。

　色覚障害には先天的なものと後天的なものがあり、先天的な色覚障害は伴性劣性遺伝に起因します。日本では全人口の男子５％、女子 0.2％に出現するといわれています。出現率からみると、日本人の男性 20 人一人は色覚に何らかの課題を有しています。学級に一人前後の割合で色覚障害者が在籍していることになりますので、色

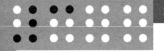
遣い等に配慮することは特別なことではありません。実際の生活は、職業選択おいても、一部に制限はあるものの制約が少なくなってきています。ただし、本人がそのことを自覚しておくことは大切であり、一時控えられていた色覚検査が実施できるようになっています。

（7）ロービジョンの子どもの発達

　見える／見えないにかかわらず、子どもの発達は同様のプロセスをたどります。したがって、視覚に障害がある子どもである前に一人の子どもであることを大前提に、目の前の子どもと関わっていくことに留意しなければいけません。

　とはいっても、視覚活用に制約があると、外界の情報の入手に不自由があり、発達面でも概念形成、運動、動作、社会性の発達などに影響を及ぼします。そのことが見かけ上の「遅れ」として現れることがあります。一般的に運動面や手指の巧緻性などに「遅れ」が認められますが、五十嵐（1998）[5]は、こうした「遅れ」は経験の量と質に起因すると指摘しています。養育者はこのことに気を付けて適切な支援を心がけていくことが求められます。情報入手の制約に対応するためには、情報の制約をカバーするために量よりも質の高い体験や経験をさせること（核になる体験）や保有する感覚を有効に活用するために、正しく予測して行動し、その結果を確かめて次に生かす（予測と確かめのシステム）ことなどが大切になってきます。基礎基本の定着が図られれば、見かけの「遅れ」を最小限にとどめることができます。合わせて、見えない／見えにくいために入手できない内容については、代替の手段などを講じて支援していくことが必要です。

4．教育相談

　視覚特別支援学校は、全国に 67 校しかありません。全県に 1 校のみの自治体も多く、こうした状況から伝統的に視覚支援特別支援学校ではセンター的機能に精力的に取り組んできました。また、視覚障害教育の分野は、乳幼児から成人まで幅広く教育の対象としていることもあり、教育相談の果たすべき役割は多岐にわたります。

　視覚障害教育では、乳幼児から成人まで教育の対象が幅広くまた、全国に数が少ないことから、その果たす役割も大きいものであると

5）五十嵐信敬（1998）視覚障害幼児の発達と指導、コレール社

いえます。

（1）乳幼児期の相談

　視覚活用が困難な乳幼児には、早期から適切な支援が望まれます。一般に先天的に視覚障害があると、認知や行動に遅れが生ずると捉えられていますが、こうした遅れは、視覚活用による経験の質と量が十分でないために2次的に生ずると考えられるからです。視覚からの情報は概念形成に強く影響しますので、子どもの発達という視点を大事にして丁寧に相談にあたっていく必要があります。

（2）就学相談

　就学相談は、就学先の選定に関して重要な役割を果たしています。視覚特別支援学校の在籍児童生徒は激減しています。通常の小・中学校の対応には、その手厚さに地域差があります。こうしたことから、どの教育の場にもメリットとデメリットがあるといえます。子どもの成長にとって必要とされる支援や配慮を明らかにした上で、「インクルーシブ教育システム構築」の理念を踏まえ、保護者や本人が納得して最適な学びの場を選択できるようにサポートしていくことが求められます。視覚に障害があれば視覚特別支援学校を進めるという安易な発想は、厳に慎まなければなりません。

（3）中途障害児童生徒の相談

　中途で特別な対応が必要となった場合も教育の場の選択が迫られることになります。その場合も、本人に寄り添って、家族・在籍校の教員等とともに将来を見据えて対応していくことが求められます。

（4）成人の相談

　成人期以降の相談では、はり・きゅう・あんまマッサージ師の資格取得のための対応が主となりますが、当人のQOLの向上という観点から、他の関連機関との連携を深めながら丁寧な対応を心がけていきたいものです。

（5）様々なニーズに関する相談への対応
①見え方や視知覚に関する相談

　視力矯正や治療は医療機関の役割ですが、こうした機関と連携しつつ、実際的な教育的視機能評価などにより視覚活用力を育てるための支援をしていくことは、相談の大きな役割です。

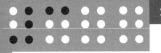

視力検査

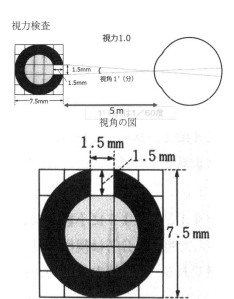

視力1.0

1.5mm
1.5mm
視角1′（分）
7.5mm
5m
1′　　は1／60度
視角の図

1.5 mm
1.5 mm
7.5 mm

ランドルト環

視力検査表

字ひとつ視力表

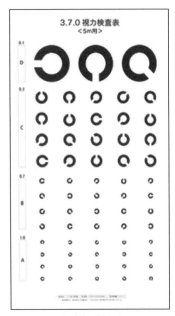

3.7.0 視力検査表
＜5m用＞

字づまり視力表

②学習に関する相談

　学校では、「読む」「書く」「触る」「動かす」など様々な活動を行いますが、感覚のなかでも重要な位置を占める「見る」ことに困難さがあると、本来身に付くべき力が十分に身に付きにくくなる場合があります。学習活動のなかで理解を妨げている原因を探り、それが「見る」ことにかかわっていると考えられる場合は、それに対する支援策を在籍校とともに検討していくことになります。弱視教育や教科指導のノウハウをもつ盲学校の役割が重要となります。

③その他の相談

　視覚障害は希少障害になっています。全国的に見ると福祉関係の対応窓口がなかったり、視覚障害への適切な対応がなされていなかったりする地域もあります。そうした地域では、地域の関係機関や福祉サービス事業者と連携して、対象者を支援することもセンター的機能の一つとしての大事な役割になってきます。

5．さまざまな検査

（1）視力検査

　視力とは物体の形や存在を認識する眼の能力のことです。視角1分の切れ目を判別できる視力が1.0と定義されています。視角の測定には、さまざまな方法がありますが、わが国では、ランドルト環という視標を用いて行う検査法（最小分離閾の閾値の測定）によるのが一般的です。この視力検査表には、字ひとつ視力表と字づまり視力表があります。視覚に障害がある人や幼児の検査では、字ひとつ視力表を用います。字づまり視力表では、他の視標がノイズとなって正確な視力が測定しにくい場合があるからです。

　また、言語による応答が難しい乳幼児の視力測定

には、Teller Acuity Cards（TAC）・Grating Acuity Testや森実式ドットカードなどを用いる方法があります。前者は「縞視力」によるもので、縞が提示されている面を提示し、認識できたと判断できる縞の幅と視距離から視力を概測しようとするものです。後者は、「キャラクターの眼」に着目させ、認識できたと判断できる眼のサイズと視距離から視力を求めようとするものです。

（2）視野の検査

　視野はどれくらいの範囲が見えているのかということです。見えている範囲や見えていない部分の分布等を測定するのが視野検査です。視野検査には動的視野検査（外側から近づく視標がどの範囲で見えるか、あるいは見えない部分があるかを測定）と、静的視野検査（中心30度内の範囲における網膜の感度を測定）があります。こうした検査は、専用の機器が必要なため眼科等の医療機関で行われます。

　簡易な測定には、iPad用のアプリ「日用視野測定[6]」が利用できます。見えているところや見えていないところを把握できます。

（3）その他の検査

　視機能に関する検査には、視力検査、視野検査の他にコントラスト感度検査[7]、色覚の検査[8]、読書文字サイズの検査[9]（MNREAD-J）などがあります。

　視機能を測定するためには様々な機器等がありますが、学校の教員に求められているのは、こうした検査で得られたデータを正しく読み取って、児童生徒の指導に適切に生かすことができる力です。眼科医や視能訓練士などのコメディカルスタッフと連携し、チームでの対応のを強化が期待されます。

6）日用視野測定
広島大学氏間研究室が、目が見えにくい児童生徒の見え方について一度に見える範囲を教育的に評価するために開発したツール。

7）コントラスト感度検査
明暗の違いの比をコントラストという。コントラスト感度が低下すると図と地の区別がしにくくなる。白内障や角膜混濁や硝子体混濁など、透光体組織が濁っていたり網膜に障害があったりするとその傾向が顕著になる場合がある。また、視野の中に光った光源がある場合の不快なまぶしさをグレアというが、コントラスト感度が低下している場合、グレアがあると視界全体がまぶしくなって見づらさがさらに増してしまう。眼科等の医療機関には、こうした傾向を調べる専用の機器がある。iPad用のアプリ「日用視力測定」を用いると、コントラスト感度の低下や白黒反転の効果などを簡易的に把握できる。

8）色覚の検査
色の識別の状態を把握するのが色覚の検査である。弱視児童生徒の中には、特有の色覚特性を有する者が少なくない。色覚検査には石原式色覚異常検査表、東京医大式色覚検査表などがあり、その程度の検査にはアノマロスコープ、大熊式色覚異常程度表、東京医大式、パネルD-15などが用いられる。

9）読書文字サイズの評価
読書文字の大きさは、慣れ等が影響して本人が好む文字サイズと最適な文字サイズとが異なる場合がある。そうした場合、客観的に読書に必要な文字サイズ（倍率）や読書速度を把握するための検査法の利用が考えられる。MNREAD－Jという検査はそのひとつである。拡大教科書の選定や使用文字の選択の際の資料となる。この検査では白黒反転の効果を測定することもできる。

Q4 視覚障害アートの歴史について教えてください
盲教育のはじまりから、日本の戦後の立体教育や現在の対話型鑑賞まで

茂木　一司・多胡　宏

1) 中村満紀男、荒川智『障害児教育の歴史』明石書店、2003、pp.3-4.

2) ヴァランタン・アユイ（Valentin Haüy,1745-1822）市場で興行師が盲人を見世物にしていることに憤りを感じ、1784年に博愛協会に基金を提供してもらい、パリ訓盲院を創設した。このパリ訓盲院が世界初の盲学校である。

3) ルイ・ブライユ（Louis Braille, 1809-1852）は、フランスの盲学校教師。アルファベットを6つの点の組み合わせで表現する点字を考案し、盲教育に革命的な変化をもたらした。ブライユ式点字は各国に広まり、日本でも1800年東京盲亜学校の石川倉次が「日本訓盲点字」を翻訳作成し今日の点字の基礎をつくった。

4) ヴィクター・ローウェンフェルド（Victor Lowenfeld, 1903-1960）

はじめに－盲教育のはじまり（欧米や日本）とインクルージョン－

　今後のインクルーシブ教育の時代に向けて、今まで障害者の教育がどのように行われてきたかの歴史を知ることは重要です。障害児が通常の学校で学ぶという構想が18世紀のドイツや19世紀半ばのアメリカであったことは驚きです（中村満紀男、2003）[1]。

　障害児教育が組織的に行われるようになった理由は市民革命の理念と産業革命による資本主義（効率・スピード）が生みだした制度というのは皮肉です。つまり、啓蒙思想による人間尊重の時代精神を基礎として、障害児教育は平和思想や近代的貧困への救済手段として始まりました。ロック（英 Locke,J.,1632-1704）の人間は感覚的経験で初めて観念を獲得する白紙論＝『人間悟性論』（1690）やディドロ（仏 Diderot,D.,1713-84）の盲人の持つスキルに焦点をあてた教育を説く『盲人書簡』（1749）は障害児教育の思想基盤になりましたが、そのスティグマ（障害の永続的保護や貧困・慈善、社会的劣等）が歴史に刻まれるというマイナスな側面も生みだしました。

　最初の盲学校（1784）が盲児を対象として、アユイによってパリに設立されました（1791年国立聾唖院となる）[2]。アユイは凸文字をつくり、盲者の教育可能性を世に知らしめた功績は大きい。この時代の盲人の芸術教育は音楽と手仕事が重視され、アユイの『盲教育論』（1786）には、「糸紡ぎ・ひも組み・編み物・裁縫・製本などの職業教育」が記載されています（しかし、イギリスでのかご編みなどの工作教育が職業教育として定着した記録はない）。その後、盲学校はイギリスや欧州各地、アメリカへ伝播していく。そして、ブライユ[3]の6字点字の発明へつながります。しかし、点字を世界中の盲人が享受するには時間がかかりました。

　欧米の古い時代の盲美術教育史は文献・資料がほとんどなく、唯一の記録はローウェンフェルド[4]の業績です。彼はウィーンの盲学校（Hohe Warte）で約15年間盲人や弱視者の芸術教育研究に従事し、有名な「視覚型・触覚型」創作タイプ論を明らかにし、その後の世界の美術教育に絶大な影響を残しています。彼の重要性は盲

目を抑圧的要素とせず、それが視覚による芸術とは全く異なった特殊な唯一無二の創造性の土台と成り得ることを発見したこと、すなわち部分的印象から全体的イメージを築き上げる創造力の発見です。

日本の盲学校美術科教育：明治から第2次世界大戦前まで

わが国の盲教育は近代学校教育制度発足と同時に始まり、1872（明治5）年の「学制」には欧米の障害児学校の存在を模して小学の種類として「廃人学校」の名称があるが実施はされませんでした。1878（明治11）年に京都に盲唖院（後の京都市立盲唖院）[5]が設立され、盲・聾教育＝日本の特殊教育が始まります。1880（明治13）年には東京に楽善会訓盲院（後の訓盲唖院、東京盲唖学校）が設立されました。その後の法整備を経て、1923（大正12）年の「盲学校及び聾学校令」の公布によって盲聾教育の分離独立が規定されました。

日本の盲学校教育の内容は鍼按業を中心とするいわゆる日本型盲教育として出発し、現在も継続しています。欧米と同様、この時代は職業に向けた手工教育が試みられました。1886（明治19）年「小学校令」によって「手工科」が高等小学校に仮設科目として設置され、その目的は「簡易ナル物品ヲ製作スル」ことによって「勤ヲ好ムノ習慣ヲ長スル」にありました。盲学校教育においても「手工科は新設の科にして未だ効果の如何は予期すべからざれど欧米各盲人学校には此を置き盲人に益すること多大なりと報せり困りて我盲唖院にも亦其然るを認め盲人をして手指練習の必要即俗に曰う器用なる人とならしめんことを期し且技芸の素養を造るにも益するならんと思意し今回此科を設けるなり」（『盲唖教育論』）[6]と、手工科設置の目的は手指の訓練が第一であり、将来職業教育としての技芸科鍼按科および音曲科への基礎を養うところにありました。当時の内容は紙細工、麦わら細工などでしたが、普通学校と同様に低迷しがちでした。一方、東京盲学校においては1917（大正6）年に手工科教室が新築され、翌年9月より手工科教授（粘土細工が中心）を開始しています。この後徐々に手工科設置が進み、1920（大正8）年の「盲唖学校二関スル調査」では全国10校のうち4校で「簡易ナル細工」（粘土細工が中心）が教授されていました。1923（大正12）年の「盲学校及び聾学校令」の公布によって、手工科は正課と位置付けられます。さらに1935（昭和10）年以降になると、手工科の教授要目の私案が

オーストリア生まれ、ウィーンアカデミーで美術制作、ウィーン大学で教育や美術史を学び、盲学校勤務の後、1946年にペンシルバニア大学（米）の教授となって、美術教育の研究と研究者の育成に貢献した。『美術による人間形成 Creative and Mental Groth（1947）』（1963）は子どもの創造的な造形表現の発達を類型的に示し、写実的な「視覚型」に対して、表現主義的な「触覚型」のタイプを明らかにし、世界中に強い影響力を残した。

5) 京都盲唖院は、1878（明治11）年）古河太四郎らによって創立され、翌年府立になった。(http://shuwatubakinokai.blog.fc2.com/img/20180517083052388.jpg/)

紙撚細工の籠・皿（生徒作品、京都盲唖院）職業教育として、盲人には金網織、籐細工、蝋燭などが適職としてあげられた。京都府庁で生じた書き損じの反故紙を無償で払い受け、菓子皿や墨籠、漆塗りの椀などを製作した。（岸博実『視覚障害教育の源流を探る 京都盲唖院モノがたり』明石書店、2019、p.141-143.

6) 東京教育大学雑司ヶ谷分校編集委員会、『視覚障害百年のあゆみ』、1971（平成29)、第1法規出版、p.116

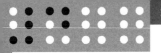
用語解説：日本の手工教育の始まりは、1876（明治9）年東京女子師範学校に日本で最初の幼稚園が開設され、フレーベル式の恩物が導入され、板ならべ、棒ならべ、折り紙、組紐、豆細工、粘土細工などが行われた。手工科は1883（明治16）年、高等小学校に加設科目として設置された。日本の手工教育は手島精一が尽力し、スウェーデンのネース手工師範学校に留学した後藤牧太がスロイド式手工教育を日本に伝えた。
明治23年手工科は尋常小学校の加設科目となり、普通教育の枠に入り、目標は「手工ハ手及目ヲ練習シテ簡易ナル物品ヲ製作スルノ能ヲ養ヒ勤労ヲ好ムノ習慣ヲ長スルヲ以テ要旨トス」（小学校教則大綱）としたが、実際にはほとんど行われなかった。茂木一司他編著『美術科教育の基礎知識』建帛社、2004、p.27-28.

手島精一（1849-1918）日本の手工教育導入に貢献した業績で知られるが、小西信八（東京盲唖学校校長）と共に点字の制定に尽力したことでも知られる。

7）東京教育大学雑司ヶ谷分校編集委員会、『視覚障害百年のあゆみ』、1971（平成29）、第1法規出版、p.118.

8）財団法人青鳥会として1950（昭和25）年設立。ヘレンケラー賞などを設け，障害児教育の関係者などを顕彰したが2014（平成26）年団体としての活動に幕を下ろす。

作られ、内容も自由製作が重視され、職業教育的色彩が後退し、盲児の表現力や創造性が全面に打ち出されるなど近代化が進展しました。1940（昭和15）年度の「盲教育に関する研究」に指定研究として「盲学校に於ける手工科の意義を、①手指を訓練することによって朽ち性を高める、②表現活動を高めることによって、物に対するより確かな観察力と認識を授け、さらに立体や空間概念を育成する。③作品そのものよりも製作の過程を大切にし、創造性豊かにして製作の喜びを与える、④美的な鑑賞力を高める。⑤勤労を尊び勤労を愛好する気風を養う、⑥用具の後始末などを通して清潔整理の習慣を養うとしていて、盲学校における手工科の内容　粘土細工、豆細工（旗、動物など）、キビガラ細工（いかだ、車、動物など）、紙細工（折り紙、切り紙など）、竹細工（箸、箸立、紙でっぽう、笛など）、厚紙細工（筆立、点字書の製本など）、木工（木立、柱掛など）、金工（渡網など）、その他（釘のうち方、ボルトのしめ方、ドリルの使い方、製図のかき方）」としています[7]。この後戦中は優生思想が障害児教育を崩壊させた。

日本の盲学校美術科教育：第2次世界大戦から現代まで

　新たな教育制度は日本国憲法公布に続く教育基本法（第6章特殊教育）によって、盲教育の義務化が位置づけられました。しかし、実際の盲学校教育における美術科教育の法的な整備は普通教育よりだいぶ遅れて始まり、最初の「盲学校小学部・中学部学習指導要領一般編」は1957（昭和32年）に告示されました。この間はいわゆる「準ずる教育」によって、各盲学校が独自な工夫をしていました。これに先だって、1952（昭和27）年に財団法人青鳥会[8]による『盲学校教育課程（小学部篇）』（青鳥会案）が全国の盲学校に配付されました。教科内容には粘土を中心とした工作（60〜80%）、生活の中の装飾本能を育てる図案（10〜20%）、美に対する関心をもたせるための鑑賞（同）の3領域が示されています。盲児には手指の訓練に自由度の高い粘土が適しているとはその後の盲造形教育の指針になったとも考えることができます[9]。盲学校学習指導要領はその後、昭和38・39・40、昭和45・47、昭和54、平成元、平成10、平成20、平成29と普通学校のそれと同様に改訂がされていきます。

　戦後の盲学校美術科教育史で特筆されるのは、1950（昭和25）年に神戸市立盲学校に赴任した福来四郎[10]の粘土による造形教育です。

福来の実践は全盲児が生みだす優れた造形の実証作品として、全国の盲学校美術科教育ばかりでなく、美術教育界全体にも大きな影響を与えました。彼の実践は、「無明の工人展」（1957（昭和32）年東京・京都・名古屋・九州で開催）の開催、映画「眼がほしい」製作（1959（昭和34）年教育映画祭にて文部大臣賞受賞）などの活躍の他、多くの著書・盲児の造形作品集を残しています[11]。彼の盲児への粘土造形教育への挑戦と苦悩は『見たことないもん作られへん』（1969）の著書のタイトルになっています。福来が入学当初から試したさまざまな工作にまったく反応しなかった盲児たちに対して粘土工作を発見し、心躍らせて望んだ最初の中学1年生の授業で言われたのがこの「そんなんむりや。わたしら見たことないもんつくられへん…そんなもん作って何するのん」という厳しい言葉でした。盲児の造形教育へのこのような反応は、子どもだけでなく同僚教師を含めた当時の社会的認識です。この後福来は自分の実験を客観的に考察し、ある時先天全盲児（中3）から「肋骨のある犬」を見せられ、あばら骨を触った形（感覚）を制作したことを告げられ、盲児独自の表現を発見したと述べています。福来の「全盲児にも、正眼児に劣らない彫塑ができる」という信念はパイオニアとしての気概をよく表していると同時に、視覚障害を必要以上に強調するその指導作品が福来自身の時代に対峙する複雑な心境を表現しているように見えます。

　沖縄の伝統的な焼き物文化を背景にした山城見信[12]の沖縄県立盲学校の取り組みも重要です。山城はそこで授業だけでなく造形クラブを結成したり、焼き窯を設営したりしながら実践を重ねました。その実践が「土の造形20年展」（1981）の開催に至り、『盲学校・土の造形20年』（土の造形展及び作品収録の発行推進委員会）の発行として結実します。この作品集の中で山城は盲児が制作したカエルのやせ細った状態に注目し、「（視覚的には）はらづつみの大きいのが

9) 庄司愛望・向野康江、「日本の盲学校における戦後の図工科教育の指針―青鳥会による『盲学校教育課程（小学部篇）』の分析―」、茨城大学教育実践研究 35、2016（平成28）、pp.71-85.

10) 福来四郎は1920（大正9）年に神戸市に生まれ、工業学校機械科を卒業後、小学校代用教員、兵役、再び教壇に戻り、新聞社図案部員などを経て、1950（昭和25）年30歳の時に神戸市立盲学校教諭となり1980（昭和55）年まで指導した。盲学校に採用時に、福来は校長に「みえない子どもを教えることはできそうにありません」と正直に答え、「子どもから教えられる」という校長の言葉が彼を盲美術科教育への道を決断させたエピソードがあるが、これは当時盲工作教育がまったくの未知の領域であることの証左である。（『見たことないもん作られへん』講談社、1969より）。

11) 福来四郎の著書
『眼がほしい』土龍社、1957、『魚の足はまだ見ていません』1975、『盲児のつくった母子像』・『無眼球児の彫刻』1978、『お日さんはだれがなっとるの』1981、『粘土の色はベチャベチャしとる』1982（以上神戸すずらんライオンズクラブ）、『盲人に造形はできる　盲人造形教育30年の記録』2003、アワタ印刷

図1出典『無眼球児の彫塑』p.37.
図2出典『見たことないもん作られへん』p.43.

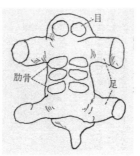

図1　福来四郎指導「肋骨のある犬」　　　図2　同図解

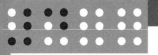

特徴であった。ところが、その気になって触察して見るとおなかの方よりも背骨の部分により手ごたえがある。ここに触覚の有意性がひそんでいるように思えた」と盲児の触察（触覚で観察）の優位性を述べ、「私たち教師が、彼らの『世界』との対置によって、自分のなかに巣くっているふるい視座とのたたかいを強いられてきたことは事実」だと教師の固定概念の打破について指摘します。

次は千葉県立千葉盲学校の西村陽平[13]の実践です。西村は図工科の担当教諭として同校で23年間小学生にひもづくりや板づくりで黒陶や本焼で立体の指導をしています。「〝図工〟は気持ちを開放する時間です。……一人一人が自信をもてる機会をつくるのが、先生の役目です」との西村の言葉は創造主義的な美術教育を想起させます。西村も「見える子どもはよく絵で描きますが、盲学校の子どもたちは絵を描くように粘土で作ります」と福来や山城と同様に、視覚障害児独自の触覚による表現があるとしながらも、盲学校美術科教育全体を「心の表現」として柔らかく捉えています。また、「全盲の子どもも弱視の子どもも…ときにはお互いに協力して共同制作も行います」と山城と同様に美術教育を個人と協同の両方に意味を見いだています。

はじめにで触れたように、村山亜土・治江夫妻によって設立された手で見る美術館「ギャラリー TOM」(1984)[14]の時代1980〜90年代は、一種の視覚障害美術／教育のブームで、最後は「全国盲学校生徒作品展」で活躍した群馬県立盲学校の多胡宏[15]の実践です。多胡の実践も同展で入賞した優れた立体造形作品が目立ちますが、実は「触察」できる手を育てる学習として「触る鑑賞学習」、絵画（レーズライターによる線描など）やアッサンブラージュの他、カラートー

12) 山城見信は1937（昭和12）年に那覇市に生まれ、1961（昭和36）年に琉球大学美術工芸科を卒業後、美術科教師として沖縄県立沖縄盲学校に赴任し、1978（昭和53）年に再び赴任。その間も下地正宏、大城博らの美術科教師が指導を継続した。山城は前任校である沖縄県立美咲養護学校での実践を『美尻毛原（びじゅるもうばる）の神々—美咲養護学校における土の造形学習・その実践—』(1979)として発行している。その後、山城は沖縄県立芸術大学に勤務。山城らの指導した作品は現在も沖縄盲学校に展示。指導の中心となった造形クラブは現在活動していない。

図3出典：『土の造形20年』p.41.
図4出典：同上、p.47.

13) 西村陽平は1947（昭和22）年に京都に生まれ、東京教育大学教育学部芸術学科を卒業後、千葉県立千葉盲学校小学部で図工を担当し、1974（昭和49）から23年間勤務し、その後日本女子大学児童学科で美術教育を教える。視覚障害の造形教育のかたわら、陶芸作家活動を行う。著書に、『見たないものを作ろう』（偕成社、1984）、『手で見るかたち』（白水社、1995）、他。

「視覚障害児の作品から学ぶ」と副題のついた本書『見たことないもの作ろう！』とは福来の著書『見たことないもん作られへん』を意識して付けられている。

図3　山城見信指導「トーテムポール」

図4　全盲児の作った座像

図5 西村陽平指導「顔」(小
6女児)

図6 「像が白熊になっちゃった」(小4
男児)

クによる色彩教育など、視覚障害児の美術教育を生活と密着させて指導に当たっています。彼の実践は作品集『こころのかたち』(1994)[16]として発刊されます。多胡は「障害が作品を過大評価することに注意を払い」ながら学的な研究の必要性を自覚し、退職後群馬大学教育学研究科でそれまでの盲学校での実践を理論付け、新たに茂木一司(群馬大学教授)と協同で「現代美術の教材開発」に取り組んでいます。「(この研究の最終的な目的は)題材、素材、技法は発達段階や障害に対して適切であったのか、視覚障害ということで作品に対する過大評価や過小評価はないかなどです。このことが客観的になされたとき、必ず造形教育全体の発展に貢献するであろう」[17]との省察的な言葉は、盲学校美術科教育の専門性のインクルーシブな確立を示唆しています。

ギャラリーTOMと「全国盲学校生徒作品展」[18]の「視覚障害者が美術作品を制作したり、鑑賞できる」という広義の視覚障害美術教育は学校だけでなく、美術館を巻き込んで波及していきました。たとえば、高松市美術館「速水史朗展」の手による鑑賞学習(1987)、兵庫県立美術館の「美術の中のかたち‐手で見る造形」(1989〜)、

図7 多胡宏指導「あみものをする人」(中2)

図8 「オブジェ」

14) ギャラリーTOMは村山亜土・治江夫妻が、視覚障害者だった長男・錬の「ぼくたち盲人もロダンを見る権利がある」という言葉につき動かされ、1984年に「視覚障害者のための手で見るギャラリー」として開設した私設美術館。全国盲学校生徒作品展「ぼくたちのつくったもの」(1986〜)は制作した生徒だけでなく指導された先生方、それらのすぐれた作品を生み出した環境=学校に対して贈られる「TOM賞」を設け、選者には佐藤忠良、堀内正和、清水九兵衛、鈴木治、鈴木恂などが担当。https://www.gallerytom.co.jp/index.html

図5出典『見たことないもの作ろう！』p.17
図6 同上、p.24.

15) 多胡宏は1957(昭和32)年群馬県生まれ。1980(昭和55)年に筑波大学芸術専門学群を卒業し、1983(昭和58)年〜1993(平成5)年まで中学部教諭として、2005(平成17)年〜2011(平成23)年まで中学部主事として、2016(平成28)年〜2018(平成30)年まで2年間を校長として計18年間群馬県立盲学校に勤務した。

16) 群馬県の視覚障害をもつ子供たちの作品集を出す会(多胡ら),1994(平成6),自費出版,川島美術印刷株式会社.
図7出典 同上、p.65
図8出典 同上、p.6

17) 多胡宏・茂木一司「盲児の造形教育に関する一考察」『美術教育学第』12号,1991、pp.145-156.

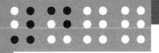
18) ギャラリー TOM では、開館した翌年 12 月に「'85 ぼくたちの作ったもの」展を開催。神戸市立盲学校 15 点、千葉県立千葉盲学校作品 7 点、計 22 点を展示。翌年から公募型の「'86 ぼくたちの作ったもの」展が開催され、「TOM 賞」が設置され、全国の盲学校と視覚障害者施設から寄せられた 24 点が展示された。応募者を含む出品者には佐藤忠良作の記念章、学校等には清水九兵衛作のトロフィーが授与されるという他に類をみないもので、盲学校の美術科教師達を大いに刺激した。この作品展は隔年で開催され、'90、'92 では「鳥たち」というテーマが設定された。本展は新聞や雑誌、テレビ等のメディアでも大きく取り上げられ、それまで数校の盲学校が地域で行っていた作品展が全国規模となり、このことが盲学校美術科教育への注目を集めることになった。「ぼくたちの作ったもの」展は現在も継続するが「TOM 賞」は設けていない。

19) 『手で見る彫刻えひめ展報告集』手で見る彫刻えひめ展を開く会実行委員会、1991.

20) この冊子に掲載された盲学校の実践は、山形県立山形盲学校、群馬県立盲学校、千葉県立千葉盲学校、大阪府立盲学校、香川県立盲学校、沖縄県立沖縄盲学校の事例である。

愛媛県立美術館「手で見る彫刻えひめ展」(1991) など、これらはブームを裏付けるものでもあります。高松の場合は栗田晃宣（香川県立盲学校）の尽力が大きく、手による鑑賞の整備が美術・工芸部会で進められ、美術館との協同が実現しています。特に愛媛の事例は松山盲学校の生徒作品が 2 点 TOM 賞の受賞の新聞報道がきっかけとなり、関係者が同展「開く会」を組織し実現したものです。同展の記録集 [19] の「ときめきを与えて！そして感動を僕に」という副題が示すように、人々が視覚障害者の表現・鑑賞を発見することで何かがインスパイアされた当時の熱気が伝わってきます。この時代の視覚障害児の立体表現のさまざまな展開は以下のように総括できます。

① 表現材料は土粘土が主である。素焼き、または本焼きをして保存できるようにしている。
② 表現内容は多岐に渡っているが、人物や顔が多い。働くなど動作をしている人物もあるが、複数の人物は少ない。
③ 日常生活や校外学習などで観察したと思われる動物などからも題材を得ている。
④ 湯呑や壺など陶芸製品として一般に販売されている物の表現が多い。
⑤ 全盲の児童生徒の作品を主に掲載されている印象を受ける。
⑥ レリーフや平面による表現は少ない。絵画については神戸市立盲学校だけである。
⑦ デザインの領域や表現の学習はほとんどない。
⑧ 鑑賞の領域には触れていない。

作品集によって盲学校の図工美術教育や盲児の表現への興味・理解が広がったことは確かです。しかしながら、盲学校の図工美術の学習は粘土が中心で、視覚障害児の触覚による形の認知、つまり触覚に基づく特別な表現がある、などの固定化された概念（誤解？）が生じたことも事実です。福来の「肋骨のある犬」、山城らの「やせガエル」が示す触覚に基づく表現があり、それらがわたしたちの心を深く捉えることは自然なことかもしれません。でも盲学校美術科教育は粘土や立体の学習がすべてではなく、「準ずる教育」によって見える子どもたちと同じ学習をしています。実際、当時発行された『心身障害児の教育と製作活動』（文部省初等中等局特殊教育課、1987）[20] では、粘土作品だけでなく、絵画や版画、はり絵の共同製作、縄によるレリーフの共同製作、ペーパークラフトなどが紹介されました。当時はまだ「精神薄弱・特殊教育」の時代でしたが、「小学校や中学校の教員が、心身障害児に対する正しい理解と認識を深め、一般の子供たちに対する指導が適切に行われること」（西崎清久によ

るまえがき）を目的とする障害理解教育の側面を強調しています。

　最後に、最近の美術館等での鑑賞の広がりについて紹介します。現在インクルーシブデザインの研究をするカセム[21]は名古屋市美術館などで視覚障害者が絵画を言葉で鑑賞する「アクセス・ヴィジョン」の会を始めます（1995）。彼女は「視覚障害者は絵画を媒体にして自分自身の世界を語り、過去と現在の落差を埋めることに立ち向かう」という。名古屋県立美術館でも盲学校等と連携し、視覚障害者の美術鑑賞会を実施し、『さわるアートブック①②（触図本）』[22]を作成しています。この時代は触察本の制作をみると、触ることに重点が置かれていたようです。京都の「ミュージアム・アクセス・ビュー」は全盲の画家光島貴之を中心に鑑賞ツアーの実施の他、制作ワークショップや触図制作などの活動をしています。東京では「視覚障害者とつくる鑑賞ワークショップ」（林健太代表）も絵画だけでなく写真や建築、映像など幅広い対象を対話型で鑑賞する取り組みを行っています。言葉による鑑賞は触れないものを鑑賞できるというメリットの他、見えない人と見える人がコミュニケーションを通じてお互いの違い（わからなさ等）を共有し社会に拓くことができる、つまりソーシャルビューとしての鑑賞なのです。これによって、鑑賞は能動的になり越境しやすくなり関係性を再構築できるのです。民間ボランティア団体[23]の活発な鑑賞支援に伴い、学校と美術館の連携も増えています[24]。また、視覚障害当事者の広瀬浩二郎は兵庫県立美術館でユニバーサル・ミュージアムの一環で「つなぐ×つかむ×つかむ　無視覚流鑑賞の極意」（2016）[25]を企画・実践しました。他にも、大内進（国立特別支援総合教育研究所名誉所員）はアンテロス美術館（伊）と共同で「触れる絵画（レリーフ）」を作成し、私設の「手と目でみる教材ライブラリー」を開設し、絵画鑑賞に取り組んでいます。

　触ることに特化してきた盲学校教育をふりかえり、今後の視覚障害美術科教育は触る／触らないや見えない／見えるを乗り越えてインクルーシブアート教育になっていく必要があるでしょう。その時、美術（アート）とは何かを問うこと自が美術教育になります。すなわち、鑑賞／制作を分けないだけでなく、アート／学習自体を拡張し、音楽や身体表現などとの壁を壊し、「見えないもの」にどう迫ることができるのかを考えていく必要があります。

21）カセム（Julia Cassim）は京都工芸繊維大学KYOTO Design Lab. 特任教授。その実践は『光の中へ　視覚障害者の美術館・博物館アクセス』（小学館、1998）にまとめられている。カセムによれば、1913年英米で「ハンドリング・セッション」というコレクションの一部を子どもや視覚障害者に触らせる試みが始まり、その後アメリカやでイギリスで「タッチ展」が広がり、それが「差別のない展覧会」の思想になって、1980年代には五感全部を使う「マルチ感覚で鑑賞」が登場した。1900年代にはさらに参加型になり、視覚障害者がより積極的に美術に触れられるようになった。

22）『さわるアートブック①②』（2003）

23）林建太は、視覚障害者の美術鑑賞の歴史を、①権利の時代：ギャラリーTOM（1985～）、名古屋YWCA アートな美（1993～）、②経験の時代：MAR（Museum Approach and Releasing 通称：マー、2000～2103）、ミュージアム・アクセス・ビュー（2002～）、視覚障害者とつくる美術鑑賞ワークショップ（2012～）に分けている。

24）岡山県立美術館（2011～2016）、京都国立近代美術館（「感覚をひらく」2017～）など。

25）目隠した鑑賞者が広瀬本人が展示物を触って認識するプロセスを話す「触るための音声解説」を聞きながら作品を触り、最後まで触った作品の画像は見せないという試みをした。

コラム ❶「ねがい」

京都府立盲学校・京都女子大学非常勤講師　岸　博実

「盲児が美を求めなかった」のではありません。1957（昭和32）年『婦人画報』9月号は、土門拳の写真＜盲目の少女が編んだレンゲの花輪＞を載せました。香りまで伝わってきます。

1878（明治11）年に京都盲唖院が誕生した後、明治末に教科書の点字印刷が始まりました。1世紀を経て、やっと、絵画のエンボス表現も精妙さを増しつつあります。

戦後、神戸・沖縄・千葉などの盲学校で粘土による造形教育が旺盛に展開されました。私の働く京都府立盲学校でも＜触覚を生かした佳品＞が生まれました。一人の生徒が贈ってくれた作品（写真1）は、国語科担当の私に「形とことば」のつながりに思いを馳せさせます。

盲教育史研究を通して出合った「認知や美」をめぐる二つの話題をご紹介してみましょう。

①平面の三次元化は、視覚障害教育のイロハのイ

京都盲唖院の誕生したころ、日本には点字がありませんでした。仮名や漢字や数字を、木に彫るのが有効でした。凸式と凹式の二通りがありました。1枚の板の表裏にその両方を彫りだして、指先でなぞらせました。個々の生徒にどちらかを選ばせます。素材の板には、桜か桂を用い、表面を磨いて、触り心地の良さも追求しました。凸線や凸点で道路や建物を表す凸型京町図や大陸を盛り上げた立体地球儀も用意しました。見えない子の＜外界触知＞への鋭い洞察が積まれました。

②絵も描きたい！が、出発点

かつては＜あれもこれもできない＞とする盲人観がありました。描画させてもらえないことを、どれほど多くの盲児が悲しんだことでしょう。明治期に京都盲唖院を卒業し、後に大学病院に勤務した村上保は＜発明家＞となり、「盲人絵画習得器」（写真2）を案出しました。板に張り付けたフェルト様の素材に伸ばしたり曲げたりした鉛の線を載せて上から薄紙にプレスする、素朴な仕組みですが、「絵を描きたい・描かせたい！」思いの結晶です。2018（平成30）年にこの逸品も国の重要文化財に指定されました。

文字も、美術も、スポーツも仕事も社会参画も、その根源には「ねがい」があるのです。

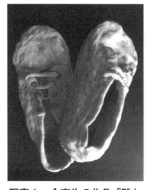

写真1　全盲生の作品「靴」

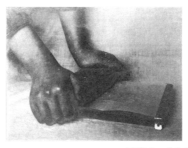

写真2　「盲人絵画習得器」

この「ねがい」を読み深めることのできる一連の素材が存在します。「日本で最初にできた京都盲唖院時代から現在の京都府立盲学校までの視覚・聴覚障害教育をめぐる資料群」です。2018（平成30）年に、そのうちの3,000点（京都府立聾学校蔵を含む）が「京都盲唖院関係資料」として、国・重要文化財に指定されました。大学以外の学校が所蔵する近代教育史料としては初の指定となりました。

　内訳は、文書・記録類1,153点、教材・教具類193点、典籍・教科書類1,253点、凸字・点字資料221点、生徒作品84点、書跡・器物類64点、写真・映画フィルム32点です。創立者・古河太四郎の抱いた「盲唖モ亦人ナリ」という考えや「惻隠」の心、さらには「見えないことに配慮した」教具や指導法の数々をつぶさに知ることができます。「社会モデル」に基づく障害観やユニバーサルデザインの思想を内包していたとさえ評され、生徒による作品が指定の対象となったのも特長の一つです。（詳しくは、岸博実著『視覚障害教育の源流をたどる　京都盲唖院モノがたり』（明石書店．2019年）参照。）

　古河太四郎は、目の不自由な子どもたちの触覚・聴覚を生かした遊びと健康な体づくりが大切だと考え、さまざまな遊具を開発し、体操を編み出しました（写真3）。第2代院長・鳥居嘉三郎は、東京盲唖学校で石川倉次たちによって開発された日本点字をいちはやく取り入れ、盲児を記録・表現・伝達などの世界に導き入れ、認識の発達、人間としての尊厳に至る道を開きました。図画・美術をめぐっては、明治草創期に、盲生たちが製作したこより細工の器が特筆されます。京都府庁の業務から生れた反古紙をゆずりうけ、1本ずつの細いこよりに仕立て、それを縦横に編んで、菓子入れなどの器類を製作しました。その後、かなり長い間、盲学校の図工は粘土が中心でしたが、創立130周年を記念した実践記録集には、中学生を対象にした「線で花を描こう」という授業が紹介されています。＜（ア）花を触察し、花の形、つくりを感じ取りながら平面上に線で表現する。（イ）立体から平面的に表現する基本的な方法を理解する。制作工程は、「パンジーの花を触察し、発泡スチロールのトレイにニードルで線を描く。線描が終ったら、トレイに水をいれた後、石膏を入れる。固体化したら、トレイから取り出し、水彩絵の具で着色し、浮き上がった線はコンテを刷りつける。＞

　近年になって、3次元性を直観できる描画ツール（テープや針金、固まる絵具など）を駆使した絵画にも取り組まれるようになってきています。

盲生によるこより細工の品々

盲生背書掌書之図

木刻凹凸文字レプリカ

写真3　京都盲唖院関係資料

Q5 視覚特別支援学校における図工・美術の実施実態調査から、何がわかりますか？

池田　吏志

日野あすか（2005）「日本の盲学校の美術・造形教育の実態調査」『美術教育学』26，pp.319-330.

高橋泰佳（2013）『視覚特別支援学校における美術鑑賞学習の在り方』，兵庫教育大学修士論文

池田吏志，児玉真樹子，高橋智子（2017）「特別支援学校における美術の実施実態に関する全国調査」『美術教育学』38，pp.45-60.

多胡宏（2020）『盲学校における美術科教育に関する研究—盲児へのアプローチを中心にして—』，群馬大学修士論文

　視覚特別支援学校を対象とした量的調査を行った先行研究には、日野（2005）、髙橋（2013）、池田,児玉,髙橋（2017）、多胡（2020）の4編があります（表1）。4編のうち3編は全国、1編は関東甲信越の視覚特別支援学校の教員を対象に実施されています。主な質問事項は、日野（2005）、多胡（2020）は図工・美術の授業内容、髙橋（2013）は鑑賞教育に特化した実施実態調査、池田ら（2017）は教員の指導困難事項や養成課程・着任後の学習・研修の実態が調査されています。また、日野（2005）では、美術担当教員へのインタビューや視覚特別支援学校の卒業生との座談会の内容も報告されています。

　本セクションでは表1の池田ら（2017）の調査の中から、視覚特別支援学校67校・201名の図工・美術担当教員に配布した質問紙ののうち、回答があった62名分を抽出し、再分析しています。（以後、この分析結果を示す表記として、池田らを用います）。

1．実施概要

　視覚特別支援学校における図工・美術の授業の有無について、池田らの調査では、回答があった62名のうち、「ある」が61名（98％）、「ない」が1名（2％）でした。同様に、髙橋（2013）の調査でも回答があった56校のうち図工・美術の授業が「ある」が55校（98％）、「ない」が1校（2％）でした。つまり、ほぼすべての視覚特別支援学校・学部で図工・美術は実施されています。また、1週間あたりの授業コマ数の平均は、2.1コマ（$SD = 1.0$）、単位時間の平均は48.3分（$SD=2.5$）であり、視覚特別支援学校では、週あたり平均約101

表1　先行研究の調査概要

	日野（2005）	髙橋（2013）	池田ら（2017）	多胡（2020）
調査実施時期	・記載なし	・2013/6〜8	・2016/3〜4	・2018/12〜2019/1
対象	・全国の盲学校70校 ・小中高等部図工・美術担当教員	・全国の盲学校69校 ・図工・美術担当教員	・全国の特別支援学校970校 ・小中高等部図工・美術担当教員	・関東甲信越地区の盲学校17校 ・図工・美術担当教員
回答率	・129名/206名	・55校/69校	・508名/2909名	・14校/17校
主な調査内容	・実施している授業内容	・鑑賞教育の実施実態	・指導の困難事項 ・教員の学習・研修機会	・実施している授業内容

分の図工・美術の授業が行われていました。

　また、教員数に関して、各学部に在籍している教員の総数の平均は 12.3 人（SD=7.2）、そのうち、各学部に配属された図工・美術を専門とする教員の人数の平均は、0.7 人（SD=0.5）でした。内訳は、1 名が最も多く、66％、次いで 0 名が 31％、2 名が 3％でした。これは学部によって異なり、小学部では 0 名の回答が多い結果となりました。また、髙橋（2013）の調査では、一人の美術専任教員が複数の学部の授業を担当することが報告されており、55 校のうち、小中を両方担当する教員が 7 件（13％）、中高が 10 件（18％）、小・中・高全ての学部を担当する教員が 10 件（18％）ありました。このことについて髙橋は、視覚特別支援学校の児童生徒数の減少が影響しているのではないかと推察しています。

2．授業内容

　日野（2005）では、視覚特別支援学校で実施されている図工・美術の授業内容が報告されています。具体的には、陶芸、木工、絵画、紙を用いた造形、彫塑、デザイン、版画、手芸、楽器づくり、鑑賞など幅広い内容が取り扱われており、特に作品として自立する立体造形物の制作が授業内容の中心になっていることが特徴として示されていました。また、多胡（2020）では、学習指導要領の内容（小学部では造形遊び、絵や立体、工作、鑑賞、中学部では絵や彫刻、デザインや工芸の表現と鑑賞）の実施実態が調査され、結果として、小学部では造形遊びが一般校と同様に実施されている一方、日野（2005）の調査と同じく小中学部ともに立体作品の制作が中心で、特に陶芸に偏りがちであったことが報告されています。

　また、鑑賞活動の実施実態は髙橋（2013）で詳細な調査が行われています。まず、鑑賞学習の有無について、「実施している」は、49 件（89％）、「実施していない」は 6 件（11％）でした。鑑賞が行われていない理由は、「視覚障害者用に配慮された鑑賞教材が見当たらない」（4 件）、「教材が購入できない」（2 件）であり、「鑑賞は必要ないと思う」という回答はありませんでした。鑑賞の内訳は、子供どうしの相互鑑賞が最も多く（29 件）、歴史的な美術作品の鑑賞（8 件）、学校所蔵の美術作品の鑑賞（7 件）、ビデオ教材を使用し

た作品の鑑賞（4件）でした。また、学校所蔵の鑑賞学習用教材があると回答した学校は25件（45%）あり、具体的には、石膏像などの立体作品（24件）、触れる絵画（10件）、過去の児童生徒作品（3件）、映像教材（2件）でした。また、美術館等の活用の有無に関しては、行くことがある34件（62%）、行くことがない21件（38%）であり、活用方法としては作品鑑賞が多く、その他にもワークショップへの参加や学校への出張授業、作品展の開催などの回答もありました。他方、多胡（2020）による鑑賞学習の調査では、鑑賞活動を実施している学部が小学部で約半数、中学部でも約半数であり、表現活動に比して鑑賞活動の実施率が相対的に低いことも報告されています。

3．学習指導

　池田らによれば、視覚特別支援学校において教員は、授業づくりの参考として一般校の教科書（24名：39%）、同僚の実践（8名：13%）、インターネットのwebサイト（7名：11%）などを用いていることが報告されています。また、日野（2005）の調査では、他の校種と異なる視覚特別支援学校固有の指導上の配慮事項として、「触覚の比重を大きくした制作・鑑賞」活動の設定や、「形、構造の違い、肌触りなどをしっかり感じ取らせる時間の確保」などが挙げられています。また、多胡（2020）では「視覚障害児の手指の動きの発達的順序性」に応じた指導や、触感の基底となる「心理触感（温・冷、乾・湿、硬・柔、粗・滑、軽・重、圧・痛、閉塞・解放）」、「聴覚的触感（聴覚情報だけであたかも自分が触っているかのような感覚）」等の概念理解など、視覚障害児の美術教育の専門性を持って教員が指導にあたっていることが報告されています。

　その一方で、教員が図工・美術の指導に難しさを感じている状況があります。池田らは、「指導の難しさ」に関する質問事項を25項目挙げ、その度合いを「とても難しい」から「全く難しくない」の4件法で調査しています。図1は、半数以上の教員が「とても難しい」もしくは「やや難しい」と回答した項目の一覧であり、全25項目のうち、15項目が該当しました。最も高い「鑑賞題材の開発」では、約9割の教員が指導に難しさを感じていました。また、他の障害種

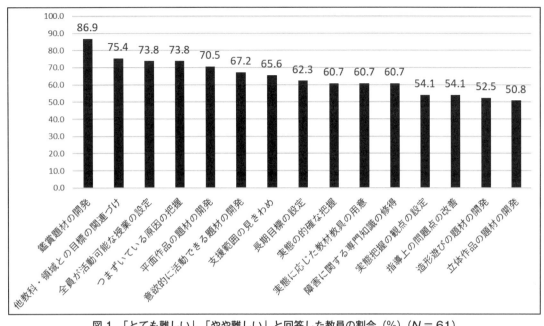

図1 「とても難しい」、「やや難しい」と回答した教員の割合（%）（*N* = 61）

（知的、聴覚、肢体不自由、病弱）の特別支援学校の回答結果と比較したところ、視覚特別支援学校の教員が最も難しさを感じていた項目は、「鑑賞題材の開発」、「他教科・領域との目標の関連付け」、「つまずいている原因の把握」、「平面作品の題材の開発」でした。これらの項目以外にも、日野（2005）では、「作った作品を自己評価すること」や「色彩を主とした表現」が指導の難しさとして挙げられています。

4．教員の学習・研修の機会

　視覚障害児を対象とした図工・美術における教員の専門性向上のために、教員はどのような学習・研修を経験しているのでしょうか。池田らの調査では、教員が養成課程及び着任後を通して障害のある子ども達を対象にした図工・美術の指導に関する学習・研修の機会を充分に得られていない実態を明らかにしています。図2は、教員が学生時代に障害のある子ども達を対象にした図工・美術の授業を受講していたかどうかを問うた調査結果であり、「ほとんど受けていない」、と「全く受けていない」を合計すると9割を超えています。また、図3は、教育委員会主催の研修、校内研修、自主研修の有無と頻度に関する調査結果であり、こちらも「全く無い」の回答

が教育委員会主催の研修で57％、校内研修で69％、自主研修で72％と相対的に高い値となっています。その一方、障害のある子ども達の図工・美術に関する研修会があれば参加してみたいですかという質問に対しては、図

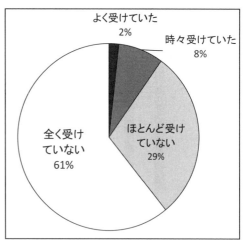

図2　学生時代の受講機会（N＝61）

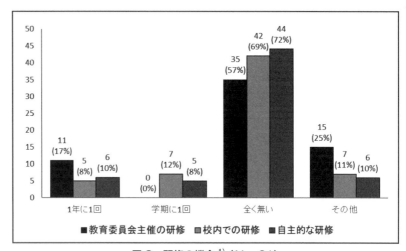

図3　研修の機会[1]（N＝61）

4のように、「参加したいと思う」が16％、「内容がよければ参加したい」が82％となり、合計98％（61名中60名）の教員が何らかの研修の機会を望んでいました。つまり、視覚特別支援学校の多くで図工・美術の授業が行われ、教員は学ぶ意欲を

1）教育委員会主催の研修の有無については、「開催されているかもしれないが分からない」という回答も多かった。

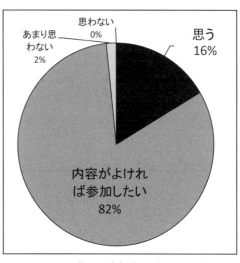

図4　研修への参加意思（N＝61）

持っているのに対し、力量形成や専門性向上の機会が十分に提供されていない状況が明らかになったということです。この傾向は、他の校種の特別支援学校とも共通しています（池田ら，2017）。

5．今後の課題

　図1で示した通り、視覚特別支援学校に勤務する教員は、図工・美術の指導に関して、実態把握、題材開発、目標設定、支援にいたる広い範囲で難しさを感じていました。この要因の一つとして、本調査で示した教員養成課程及び着任後の学習、研修機会の少なさが挙げられます。また、全国盲学校長会編（2018）によると、視覚特別支援学校では在籍年数が3年以下の教員が半数以上を占め（2016年5月時点）、さらに視覚障害教育の免許状保有率も38％と特別支援学校の5校種の中では最も低い（2017年度）ことも報告されています。さらに、視覚特別支援学校は各県に一校しかない場合が多く、教員間のスキルの共有も難しい状況があります。

　これらを踏まえ、今後の課題を2点挙げてみます。1点目は、教員の職能成長の機会を創設することです。例えば、教員養成課程に障害のある子ども達を対象にした図工・美術の指導法を取り入れることや、現職教員向けの研修プログラムを開発・実施することが望まれます。2点目は、視覚特別支援学校の図工・美術カリキュラムの開発です。現在、視覚障害児に特化した美術の教科書は発行されておらず、池田らの調査でも授業づくりでは一般校の教科書を用いる場合が相対的に多かったことが報告されています。多胡（2020）が示すように、視覚障害児にはその特性に応じた学習内容や留意点があることから、専門性を踏まえた、現代的で魅力ある、子供主体のカリキュラムの開発が望まれます。

全国盲学校長会編，青木隆一，神尾裕治監修（2018）『視覚障害教育入門 Q&A －確かな専門性の基盤となる基礎的な知識を身に付けるために－』，ジアース教育新社

Q6 視覚障害アート教育のカリキュラムと指導法とはどんな特色がありますか？

池田　吏志

1．カリキュラムとは何か

　学校教育におけるカリキュラムとは、児童生徒の学習目標を達成するために発達段階や学習能力に応じて順序だてて編成された学習内容の計画です[1]。用語としてのカリキュラムは、単年度に限定すると、①各教科、特別の教科 道徳、特別活動等を含む学校全体の教育課程、②各教科等における１年間に実施する学習を配列する年間指導計画、③年間指導計画を構成する学習内容のまとまりである題材[2]の３つの範囲が含まれます。本セクションでは、上記①～③を包括する用語としてカリキュラムを用い、範囲を限定する用語として、①教育課程、②年間指導計画、③題材を使用します。なお、学校教育では、外枠に示す通り学習指導要領で示された時間数や目標に基づいて教育実践が行われています[3]。

2．なぜ教育課程にアートが必要か

　一般校、特別支援学校を問わず、教育課程には図画工作、美術などのアートを通した学習（以後、総称してアート教育と記す）が含まれています。その理由として次のことが挙げられます。

　１点目は、子供の認識の枠組みをバランスよく形成するためです。アイスナー（1990）は、一つの表象形式（概念を表す手段）はどのようなものであれ完全なものではなく、「様々な表象形式を使わなければこの世界を述べることはできない」と述べています。その理由として、数学でユーモアを表現することの難しさを例に挙げ、子供が自らの意識を形成し表現するための多様な体験の設定がカリキュラムに必要であると述べています。さらにアイスナーは、概念が表象へと転換されると、「その形式を通して人が作り出した特徴は、その人の環境の一部を形成し、そこに自己を反映させる」とも述べています。例えば、一度も作曲をしたことがない人は作曲を通して世界を意味づけたり、音楽的な創作に適した方法で取り巻く世界と関係したりすることができないとし、概念形

1）「カリキュラム」の訳語としては、通常「教育課程」が使用される。両者の意味の違いについて、我が国では「教育課程」という時、各学校で編成される教育計画を示す。それに対し、「カリキュラム」は計画レベルだけでなく、実施レベル、結果レベルまでを含むものであるとされる。
安彦忠彦（2006）『教育課程編成論－学校は何を学ぶところか－』放送大学教育振興会

2）新井は、「教育学では、『単元』を学習内容の有機的なまとまりとし、『題材』を教材の一部分として区別する考え方もあるが、図画工作・美術では両者を明確に区分せず、学習内容の有機的なまとまり（単元）の意味で『題材』が使われることが多い」としている。
新井哲夫（2015）「学習指導案とは？」，福田隆眞，茂木一司，福本謹一『美術教育の基礎知識』，建帛社

3）各教科の授業時数は学習指導要領で定められている。小中学校の図画工作、美術では表の授業時数で年間指導計画が作成される。

表　小学校図画工作、中学校美術の年間授業時数（平成29年版学習指導要領）

小学校・図画工作		
学年	第1学年	第2学年	第3学年
授業時数	68	70	60
第4学年	第5学年	第6学年
60	50	50

中学校・美術		
第1学年	第2学年	第3学年
45	35	35

※高等学校では美術Ⅰ、美術Ⅱ、芸術美術、工芸Ⅰ、工芸Ⅱ、工芸Ⅲが2単位の選択科目として実施される。

成から表象に至るプロセスが、作り出した人自身の世界認識に対するフィードバックとしても機能することを示唆しています。つまり、子供達が世界を認識するための多様なレンズの一つとして、アートを通した世界認識の力をつけていくことが、アート教育を行う1点目の理由となります。

　2点目は、アート教育が事物の統合的な理解を促進するためです。エフランド（2011）は、「芸術は様々な学問分野との結びつきを確立する際の中軸として機能しうる」とし、歴史、物理化学、人文学、社会科学が重複交差する中心にアートを置き、アートによって知識を統合する学びのモデルを示しました。例えば、一枚の絵には描かれた時代や当時の社会情勢、文化水準や芸術界の動向のみならず、制作者のコンセプトや心情等が織り込まれます。これらは鑑賞者の関心や選択に応じて多様な解釈や文脈を作り出し、総合的、複合的な事物の理解を可能にします。このように、アート教育は、個別に分断されがちな教科間の関係に紐帯をつくり、事物を複層的、一体的に捉えられる可能性を持っています。

　3点目は、アート教育が子供の身体を通した主体的な学びを生み出すためです。アート教育では、子供が迷うことも含めて「あなたにしかできない」認識の仕方や表現の方法を見出すことを希求します。つまり、知識を子供の外側にあるものとして固定化したり、認知・習得を主とした学習を求めるのではなく、考え、表現する主体として子供の主観性を含んだ事物に対する独自の理解や解釈を創出する態度と能力の育成をアート教育は目指しています。このことは、主観と客観、個人と社会、感情と認知といった二元論を再考し克服する契機を与え、子供自身と世界の関与の方法を探究的に再構築する機会になりうると考えます。

3．題材開発への提案

　本項では、現行の図画工作・美術の目標及び評価を批判的に検討し、学習内容の構成に関する指針を提案します。

（1）目標・評価の再検討

　アート教育における目標には技能目標、表現目標、問題解決目標

アイスナー・E・W 著，岡崎昭夫，福本謹一，長町充家，仲瀬律久訳（1990）『教育課程と教育評価―個性化対応へのアプローチ』，建帛社

エフランド・A・D 著，ふじえみつる監訳（2011）『美術と知能と感性―認知論からの美術教育への提言―』，日本文教出版社

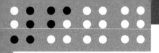

アイスナー・E・W著，仲瀬律久，前村晃，山田一美，箕作雄三，岡崎昭夫，宮崎藤吉訳（1986）『美術教育と子供の知的発達』，黎明書房

森田亜紀（2013）『芸術の中動態－受容／制作の基層－』，萌書房

リナルディ・C著，里見実訳（2019）『レッジョ・エミリアと対話しながら－知の紡ぎ手たちの町と学校－』，ミネルヴァ書房

という三つの概念があります（アイスナー，1986）。技能目標とは、子供達が、あるカリキュラムによって身に付けるべき行動の方法や能力を明確に示す目標、表現目標とは、成果が規定されたり、あらかじめ定義されたりしない目標です。そして、問題解決目標とは、クライアントの注文を受けて創作するといった、条件や課題の克服を内在するタイプの目標です。原則として、これらに優劣はなく、バランスよく配置され、相互が密接に関連し、連動して進められることが求められています。

　ただし、アート教育では、予め設定された目標や規準の達成を求める技能目標を中心とするカリキュラムを批判し、表現目標を中心に位置づける言説が多くみられます。その理由として森田(2013)は、「表現とは、表現しなければ分からない情緒を、自分自身に分かるようにする作業」であるとし、同様に、レッジョ・エミリアでペダゴジスタを務め、その後教育長を務めたカルラ・リナルディも次のように述べています。

　　学習はリニアな仕方では進行しない。その進行は決定されたものではないし、決定論的な性質のものでもない。予見可能な段階を踏んで順々に進んでいくわけではないのである。その進行の仕方はむしろ同時的であり、立ち止まったり後退したりして、その動きはジグザグである。（リナルディ，2019）

　現行の学習指導要領（平成29年告示）では、小学校で実施されている造形遊びがそれに近い内容を含みます。造形遊びでは、学習において行為が先立ち、材料、場、そして友達との関わりの中で行為と思考とを往還させ、さらには省察段階も含めて目標が変容することが許容されています。

　これらのことを踏まえ、視覚障害アート教育では、目標及び評価を次のように捉え直すことを提案したいと思います。

目標・評価の位置づけ

・教員が立案する目標と子供が制作の過程で見出す目標の違いを両者が認識する。目標とはその両者の中間に位置しているものとして捉える。

・一度立案した目標を再検討し、活動の中で適宜変更しながら、子

供が自分自身にとって意味ある経験となるよう目標を位置づけられるようにする。

・さらに、目標は結果の後に設定・変更されてもよいこととし、活動全体を省察し、自らの学習事項を一つのまとまりとして再構成・再編集できることを優先する。

・固定化された目標に対する評価ではなく、最終的に子供の成長に寄与する内容を、教員による評価として子供にフィードバックする。

（2）内容構成の新たな指針

　上述の目標及び評価の再検討を踏まえ、ここでは、内容構成に関する指針を、次の三つの方向で提案します。

１）認知的な学習の積み重ねを表現に接続する内容構成

　視覚特別支援学校では、幼少期からの系統的な学習の積み上げが重視されます。そのため、アート教育でも、一つ一つの題材の関係やつながりに留意し、一つの題材が次の題材や他教科の学習にも関連するような系統的・体系的なカリキュラム・マネジメントが求められます。ゆえに、年間指導計画に配置される各題材の中には、既習事項や他教科で同時期に行われている学習をアート教育の内容と関連させたり取り入れたりすることが望まれます。本書 Q5 で示した池田ら（2017）の調査では、視覚特別支援学校に勤務する教員は、他校種の教員以上に「他教科・領域との目標の関連付け」に難しさ感じていることが報告されていました。このことは、常に複数の学習を関連付け、積み重ねることが求められる視覚特別支援学校の特性を色濃く反映した結果であると推察されます。

　では、他教科の学びと教科固有の学びとをどのように結びつければよいのでしょうか。一つの方向性として、認知的な学習で得た知識・技能を表現に接続する指導計画が考えられます。例えば、大内（2015）は、実在物（三次元の立体）を触図による 2 次元の表示で理解するために、2.5 次元の段階を学習過程に取り入れることを提唱しています。そこで、この学習をマーク作りとして発展させ、【認知を主目的とした学習】を【表現を主目的とした学習】に接続させるような指導計画案を次のように提案します。

池田吏志，児玉真樹子，髙橋智子（2017）「特別支援学校における美術の実施実態に関する全国調査」『美術教育学』38，pp.45-60.

大内進（2015）「2.5 次元触察立体教材作製ガイドブック」『平成 24 〜 26 年度科学研究費補助金研究課題「2 次元画像から三次元空間理解を促すための障害児教育用教材の開発と活用に関する研究」報告書』

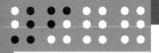

【認知を主目的とした学習】

①具体物を2次元で理解する方法を知る

粘土を用いて図形を理解する。例えば、円柱を二つ作り、切り糸を用いて、縦、横に切断し（図1-a）、立体が2次元で表される場合の形態を学習する（図1-b）。[4]

1-a 円柱の切断（横・縦）　　　　1-b 切断面（左：横、右：縦）

図1　切断による断面の形状の理解

②具体物を2次元化してみる。

粘土を用いて、図2-bのような、見本がすでにあるもの（スプーン、時計、鍵など）を3次元で作成し（図2-a）、それを2.5次元、2次元に変換する過程を経験する。このことにより、実在物が平面（点）で表される触図までの工程を追体験する。

2-a 制作　　　　　2-b 3次元から触図見本へ

図2　3次元から触図へ

【表現を主目的とした学習】

③自分のマークに取り入れたい具体物を選択する。

④粘土で具体物を作成する。（図3-a）

⑤図2の3次元を2次元化する過程を参考にして自身のマークを作成する。（図3-b～3-d）

⑥作成したマークを半立体インクで印刷・複製し、自分の持ち物に貼って使う。（ノートやロッカーに貼る。）

4）学習指導要領では、小学4年生の算数で「立体図形」を取り扱い始める。文部科学省（2017）『小学校学習指導要領（平成29年告示）』には、算数―小学4年生―B図形―（2）立体図形で次のような記述がある。(p. 79)

（2）立体図形に関わる数学的活動を通して次の事項を身に付けることができるよう指導する。

ア　次のような知識及び技能を身に付けさせること。

（ア）立方体、直方体について知ること。

（イ）直方体に関連して、直線や平面の平行や垂直の関係について理解すること。

（ウ）見取図、展開図について知ること。

イ　次のような思考力、判断力、表現力等を身に付けること。

図形を構成する要素及びそれらの位置関係に着目し、立体図形の平面上での表現や構成の仕方を考察し、図形の性質を見出すと共に、日常の事象を図形の性質から捉え直すこと。

3-a
作りたいものが靴の場合、まず
立体を粘土で制作する。

3-b
任意の方向で切断し、平面化する際の形を確認し、
必要に応じて変形する。

3-c

3-d
断面の形を元に2
次元上でデザイン
を考える。

図3　立体から触図への制作過程

　ここに挙げた指導計画はあくまでも一例です。しかし、子供が学んだことを表現に生かし、習得した知識・技能を社会に向けて発展的に活用することは、認知的な学びに生気をもたらし、子供が学びの主体であることを実感できる機会になると考えます。

2）障害のある人たちのエンパワーメントをもたらす内容構成

　近年、アート教育の分野では、批判的障害学の知見をアート教育に取り入れようとする動向が見られます。2020年には、国際美術教育学会（InSEA: International Society of Education through Art）が発行する学会誌、IJETA（International Journal of Education through Art）で障害学と美術教育の交点をテーマとした特集号が編纂されました[5]。編集を務めたアアルト大学（フィンランド）のKallio-Tavin（2020）は冒頭の主旨文で、「障害学のアプローチは教育者に実用的なツールキットを提供するのではなく、障害者の生活を深く理解し、能力主義的規範的思考を超えた世界観の可能性を提供する」と述べています。さらに彼女は、障害に対してアートは「世界にいることと生きることについての多様な身体感覚の体験を促進し、多様な個人の経験が事物の豊かな理解と知識をもたらすことに貢献する」とし、表現者として、また享受者としてのアートの意義を述べています。特集号の主要な論点は、医療モデルを基盤とした能力主義に基づく障害者の特別視や分離状態の強化及び再生産への批判であり、特に、障害のある人たちの「欠如」に目が向けられ支援の対象としてのみ捉えられている状況に対し、創造的主体として障害の

5）*International Journal of Education through Art*, Volume 16, issue 1, Intellect
公式ウェブサイト, https://www.intellectbooks.com/international-journal-of-education-through-art
Kallio-Tavin, M.（2020）. Disability studies as a site of knowledge in art education, *International Journal of Education through Art*, 16（1）, pp. 3-11.

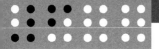
ある人達を捉えることが提唱されています。

　このことに関連して、伊藤（2015）は、著書『目の見えない人は世界をどう見ているのか』で、視覚障害のある人4名との対談を通して、視覚障害のある人達固有の物事の認識の仕方や日常生活を肯定的に描出しています。彼女は、視覚障害の人たちの認識のしかたを「欠如」の状態ではなく、自立した「全体」の状態として捉えること、そして、世界の認識の仕方を情報ベースではなく意味ベースで捉え直すことを提唱しています。

　この視点に立ち、美術教育では、例えば、光島貴之が、作品「夕日に向かって歩く」（2018）でみせたように[6]、視覚障害のある人たちが自分自身の固有の見方や捉え方を肯定的に捉え、自らの世界認識を積極的に表現することを促進するような活動内容の方向性が想起できます。

3）障害の有無といった境界をなくし、新たな関係づくりを促進する内容構成

　3点目は、多様な人達とのインクルーシブな関係づくりを目指す題材の方向性です。つまり、アート教育をインクルーシブに行うのではなく、アート教育でインクルーシブを実現する方向性です。この方向性を検討するにあたり、理論的枠組みとして新しい唯物論（New Materialism: 以後NM）の援用を提案したいと思います。NMは、共通した明確なテーゼが示されている訳ではありませんが、概括的には、ジェンダー、セクシュアリティ、人種、物質、環境など、多様な他者性との複雑な関係を検討することが目指されています（仲山, 千葉, 小泉, 2019）。NMの論者の一人であるBarad（2007）は、「相互作用」（interaction）を、"ばらばらな個体が作用に先立って存在する"として否定し、その代わりに、「内的行為」（intra-action）という概念を提唱しています。すなわち、個体が存在する以前に各個体はすでに絡まり合って関係しており、人のみならずものや社会、環境も含めた関係のしかたや在りようが問題にされます。

　この世界認識は、アート教育を用いることで有効に働きます。茂木（2018）は、アート教育が「差異や多様性を前提に、それを活かし、それぞれの個性を調和させながら全体をつかむ統合的総合的な（教

伊藤亜紗（2015）『目の見えない人は世界をどう見ているのか』, 光文社

6）光島貴之（2018）「夕日に向かって歩く」：東京都現代美術館『ひろがる地図』2019年8月3日〜10月20日：最寄り駅から美術館までの道のりを、板材や釘を用いて表現した作品。連続して釘が打たれ、その間隔や傾き、粗密、高低により作者による"道のり"が表現されている。

仲山ひふみ, 千葉雅也, 小泉義之（2019）「（対談）思弁的実在論「以後」とトランプ時代の諸問題」『現代思想』47（1）, pp. 8-33

Barad, K. M.（2007）. Meeting The Universe Halfway: Quantum Physics and The Entanglement of Matter and Meaning, NC: Durham, Duke University Press.

育）力」の基礎になりうると述べています。例えば、具体的な活動として、視覚障害がある人と無い人を含む多様な実態の参加者が同じルートで学校内を巡り、任意の場所を選び、その場所にどのような意味を見出しているかを表現・共有する題材を実施したとします。ここで期待されるのは、実態が異なるからこそ認識の方法や関心、環境への意味づけの仕方が異なることを共有でき、従来見過ごされてきた場所やもの、ことの意味を問い直したり、思いもしなかった事物の繋がりの面白さに気づいたりできることです。つまり、学校を新しい意味に書き換える体験に繋がるのです。インクルーシブな集団では、心的な次元、環境的な次元、社会的な次元といった多様な次元で身の周りの環境を捉え直したり、既存のものやコトを新しい意味に書き換えたりすることが可能です。このことは、ブライドッティ（2019）が「地図作成」と呼ぶ、ものや人、環境との新しい関係のしかたを見出すことに繋がります。このように、アート教育を媒介として違いを違いとして受け入れ、共有することは、一人ひとりがあたり前と思っている認識を突き崩し、自身の認識の変容そのものを学びにすることを可能にするのではないでしょうか。

茂木一司（2018）「共生社会をめざす教育の中で美術教育はどうしたらいいのか？－インクルーシブアート教育という提案」『教育美術』911，pp. 14-19

ブライドッティ・R著，門林岳史，大貫菜穂，篠木涼，唄邦弘，福田安佐子，増田展大，松谷容作訳（2019）『ポストヒューマン　新しい人文学に向けて』，フィルムアート社

Q7 視覚特別支援学校（盲学校）での自立活動とアート教育の関係とはどのようなものですか？

重度・重複障害児のアート活動を含む

池田　吏志・多胡　宏

1. 教育課程における自立活動と教科の位置づけ

（1）教育課程の三種類の枠組み

　平成 29 年告示の特別支援学校学習指導要領では、学びの連続性を保持するため、発達の状況に応じて最も適した教育課程が選択できる内容に改訂されました。小・中学部でアート活動を行う可能性がある教育課程は次の三種類があります。一般校の学習指導要領で実施される図画工作、美術（以後、教育課程①）、知的障害者を教育する特別支援学校で実施される、段階別に示された図画工作、美術（教育課程②）、そして、自立活動で実施されるアート活動（教育課程③）です。

　教育課程①か②を選択する際の基準は知的障害の有無であり、学習指導要領には、「知的障害を併せ有する者については，各教科の目標及び内容に関する事項の一部又は全部を（中略）知的障害者である児童又は生徒に対する教育を行う特別支援学校の各教科の目標及び内容の一部又は全部によって，替えることができる」（文部科学省，2017）と記されています。また、教育課程②と③を選択する基準は、重複障害の有無であり、障害の状態により特に必要がある場合には，各教科等の「目標及び内容に関する事項の一部又は各教科，外国語活動若しくは総合的な学習の時間に替えて，自立活動を主として指導を行うことができる」（文部科学省，2017）とされます。

　本セクションでは、自立活動と教科としての図画工作・美術の関係を整理し、特に自立活動として行われるアート活動の制度的位置づけと実践例を示し、可能性と課題を検討していきます。

（2）自立活動とは

　自立活動とは、「障害による学習上または生活上の困難を克服し、自立を図るために必要な知識技能を授ける」（学校教育法第 72 条）ことを目的とした、「教育課程において特別に設けられた指導領域」（文部科学省，2018a）です。自立活動が設置された背景として、『学習

文部科学省（2017）『特別支援学校幼稚部教育要領小学部・中学部学習指導要領』
https://www.mext.go.jp/content/20200407-mxt_tokubetu01-100002983_1.pdf

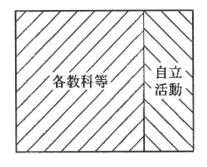
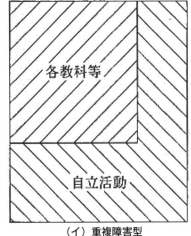

（ア）標準教育型 （イ）重複障害型

図1　自立活動の類型（柳本，2002）

文部科学省（2018a）『特別支援学校教育要領・学習指導要領解説　自立活動編（幼稚部・小学部・中学部）』https://www.mext.go.jp/component/a_menu/education/micro_detail/__icsFilesafieldfile/2019/02/04/1399950_5.pdf

柳本雄次（2002）「肢体不自由児（者）の理解と指導」，石部元雄，柳本雄次編『ノーマライゼーション時代における障害学』，福村出版

指導要領解説 自立活動編』には、障害のある子供は、障害ゆえの困難により「小・中学校等の幼児児童生徒と同じように心身の発達の段階等を考慮して教育するだけでは十分」とはいえず、「個々の障害による学習上又は生活上の困難を改善・克服するための指導が必要」であるとして、小中学校で行われる各教科等に加えて、「特に自立活動の領域」が設定されたことが記されています（文部科学省，2018a）。

　自立活動は、図1の通り、各教科等と並列して位置付けられた「特設された自立活動の時間」（図中（ア））と、特別支援学校学習指導要領総則第8節「重複障害者等に関する教育課程の取扱い」の4で示された、「各教科，道徳科，外国語活動若しくは特別活動の目標及び内容に関する事項の一部又は各教科，外国語活動若しくは総合的な学習の時間に替えて，自立活動を主として指導を行う」（文部科学省、2017、p.76）場合（図中（イ））があります。

　（ア）でアート活動が行われる場合、多くは各教科等の枠組みで行われ、この場合には、上記の、教育課程①、②のいずれかで図画工作、美術が実施されます。（イ）では、多くの場合、教育課程②か③で実施され、各教科等の枠組みで図画工作、美術が行われる場合と、自立活動の枠組みでアート活動が行われる場合があります。

（3）自立活動と教科

　では、自立活動か教科かを選択する際の基準とはどのようなもの

1）知的障害者を教育する特別支援学校では、学年ではなく段階別に各教科の内容が示されている。その理由は、発達期における知的機能の障害が、同一学年であっても、個人差が大きく、学力や学習状況も異なるからである。

文部科学省（2018b）『特別支援学校教育要領・学習指導要領解説　総則編（幼稚部・小学部・中学部）』, https://www.mext.go.jp/content/20200407-mxt_tokubetu01-100002983_02.pdf

でしょうか。平成29年告示の学習指導要領では、教育課程②の知的障害者を教育する特別支援学校で実施される教育課程では、各教科の目標が資質・能力の3つの柱で整理して示されると共に、発達の状態に応じた段階（小学部は3段階、中学部は2段階）が示されました。各教科か自立活動かを選択する際の基準として、学習指導要領解説では知的障害者を教育する特別支援学校の各教科の目標の1段階[1]の習得が難しそうな場合には，1段階から丁寧に指導するという判断がある一方で，自立活動に替えて指導するという判断もある（文部科学省, 2018b）と記されています。つまり、例えば小学部であれば、表1で示す図画工作の1段階の学習が可能であるかどうかが、自立活動か教科の学習かを選択する際の分岐点となっています。

表1　図画工作の1段階（文部科学省，2018b，総則編）

目標		ア　形や色などに気付き、材料や用具を使おうとするようにする。　（知識及び技能）
		イ　表したいことを思い付いたり、作品を見たりできるようにする。　（思考力、判断力、表現力等）
		ウ　進んで表したり見たりする活動に取り組み，つくりだすことの楽しさに気付くとともに，形や色などに関わることにより楽しい生活を創造しようとする態度を養う。　（学びに向かう力、人間性等）
内容	A　表現	ア　線を引く，絵をかくなどの活動を通して，次の事項を身に付けることができるよう指導する。
		（ア）材料などから，表したいことを思い付くこと。
		（イ）身の回りの自然物などに触れながらかく，切る，ぬる，はるなどすること。
	B　鑑賞	ア　身の回りにあるものや自分たちの作品などを鑑賞する活動を通して，次の事項を身に付けることができるよう指導する。
		（ア）身の回りにあるものなどを見ること。
	〔共通事項〕	ア　「A 表現」及び「B 鑑賞」の指導を通して，次の事項を身に付けることができるよう指導する。
		（ア）自分が感じたことや行ったことを通して，形や色などについて気付くこと。
		（イ）形や色などを基に，自分のイメージをもつこと

小学部における1段階は次のように記されている（文部科学省，2018b）。

【小学部　1段階】
　主として知的障害の程度は、比較的重く、他人との意思の疎通に困難があり、日常生活を営むのにほぼ通常援助が必要であるものを対象とした内容を示している。
　この段階では、知的発達が極めて未分化であり、認知面での発達も十分でないことや、生活経験の積み重ねが少ないことなどから、主として教師の直接的な援助を受けながら、児童が体

（4）自立活動の目標、内容と留意点

　自立活動の目標は、「個々の児童又は生徒が自立を目指し，障害による学習上又は生活上の困難を主体的に改善・克服するために必要な知識，技能，態度及び習慣を養い，もって心身の調和的発達の基盤を培う」[2] ことであり、学習内容は、「健康の保持」、「心理的な安定」、「人間関係の形成」、「環境の把握」、「身体の動き」、「コミュニケーション」の6区分で構成されています（文部科学省, 2017）。指導にあたっては、子供が興味を持って主体的に取り組み、成就感を味わえ、自己を肯定的に捉えられる全人的な発達を促す指導が目指されています[3]。

ただし、自立活動と教科との関係を考える際の留意点が学習指導要領解説に記載されており、アート教育と関連すると思われる内容は次の通りです（文部科学省，2018a）。

- ・自立活動は、障害の状況に応じて各教科の内容を取り扱いながら行うことができる。ただし、単に各教科の学習の遅れを取り戻すための指導ではない。
- ・自立活動は、個々の幼児児童生徒の障害の状態や特性及び心身の発達の段階等に即して指導を行う。そのため、自立活動の指導計画は個別に作成されることが基本であり，最初から集団で指導することを前提とするものではない。
- ・自立活動は6区分からなるが、各教科等のようにそのすべてを取り扱うものではなく，個々の幼児児童生徒の実態に応じて必要な項目を選定して取り扱うものである。

（池田吏志）

2．盲学校の自立活動におけるアート活動

（1）盲学校在籍者の変化：障害の重度・重複化、多様化

　盲学校の幼児児童生徒の在籍数は1959（昭和34）年の10,264人をピークに減少傾向が続き、2018（平成30）年には2,731人となっています。その一方で，盲学校における単一学級と重複障害学級の割合は，1989年の単一学級75.2％：重複障害学級24.8％に対し、2018年にはその比率が55.8％：44.2％となり、重複障害学級は相対的に増加しています。盲学校に在籍する幼児児童生徒の重複障害児が併せ有する障害は，知的障害が96.2％，肢体不自由が29.3％，自閉症が15.9％とされています。盲学校における重複障害学級の増加傾向については「重複障害の児童生徒数が増えているということではなくむしろ微減であり、視覚障害のみの児童生徒数が大幅に減少するなか，相対的に重複学級の割合が増えているということに留意が必要」であることが指摘されています（『新訂版視覚障害教育入門Q＆A－確かな専門性の基盤となる基礎的な知識を身に付けるために－』pp.14-18）。

　これらのことに伴い、盲学校では重複障害者を対象とした教育への比重と重要性が増しており、美術科教育においても同様の状況に

験し、事物に気づき注意を向けたり、関心や興味を持ったりすることや、基本的な行動の一つ一つを着実に身につけたりすることをねらいとする内容を示している。

2）は、小・中学部の目標。幼稚部の目標は、「個々の幼児が自立を目指し，障害による学習上又は生活上の困難を主体的に改善・克服するために必要な知識，技能，態度及び習慣を養い，もって心身の調和的発達の基盤を培う。」

3）文部科学省（2017）では、具体的な指導内容を設定する際には，以下の点に考慮するよう記されている。
ア　児童又は生徒が，興味をもって主体的に取り組み，成就感を味わうとともに自己を肯定的に捉えることができるような指導内容を取り上げること。
イ　児童又は生徒が，障害による学習上又は生活上の困難を改善・克服しようとする意欲を高めることができるような指導内容を重点的に取り上げること。
ウ　個々の児童又は生徒が，発達の遅れている側面を補うために，発達の進んでいる側面を更に伸ばすような指導内容を取り上げること。
エ　個々の児童又は生徒が，活動しやすいように自ら環境を整えたり，必要に応じて周囲の人に支援を求めたりすることができるような指導内容を計画的に取り上げること。
オ　個々の児童又は生徒に対し，自己選択・自己決定する機会を設けることによって，思考・判断・表現する力を高めることができるような指導内容　を取り上げること。
カ　個々の児童又は生徒が，自立活動における学習の意味を将来の自立や社会参加に必要な資質・能力との関係において理解し，取り組めるような指導内容を取り上げること。

なっています。図1（イ）における教育課程②か③で実施されている各教科等の枠組みで図画工作、美術が行われる場合を含めて、自立活動の枠組みでアート活動が行われる場合について、実践例を基にして自立活動との関係を考察します。

（2）自立活動におけるアート活動の実践

　自立活動の枠組みであってもアート活動であることを十分に踏まえなければならないと考えます。自立活動は心身の調和的な発達の基盤に着目して指導され学習されるものであり、各教科等において育まれる資質・能力を支える役割を担うとされています。自立活動の枠組みでアート活動が行われる場合ではこのことを押さえつつ、教科等の枠組みで行われる図画工作や美術との関連や連続性を大切にするべきだと思います。自立活動の学習に寄りすぎて、アート活動が本来持つべき自主性や主体性、発想の自由さなどが児童生徒たちから失われないように注意すべきだと思います。

　学習では、美術科教育の目標に沿った表現や鑑賞をそのまま行うことは難しいことが多くあります。そこで、特別支援学校学習指導要領の第2章第1節小学部第1款1視覚障害者である児童に対する教育を行う特別支援学校における配慮事項、第2款知的障害者である児童に対する教育を行う特別支援学校第1各教科の目標及び内容 [図画工作]1 目標、2 各段階の目標及び内容、3 指導計画の作成と内容の取扱い、そして、第2節中学部第2款知的障害者である生徒に対する教育を行う特別支援学校第1各教科の目標及び内容 [美術]1 目標、2 各段階の目標及び内容、3 指導計画の作成と内容の取

表2

a 心理的な安定
　　場への安心感・信頼感、学習への意欲、場の変化への適応とコントロールなど。
b 人との関り
　　体験・経験の共有、コミュニケーション、人間関係の形成と協働など。
c 自然やものとの関り
　　遊びと体験などによる理解と把握、生活での活用、伝達・表現との関連など。
d 環境や空間との関り
　　遊びと体験などによる理解と把握、生活での活用、伝達・表現との関連など。
e 身体の動き
　　遊びと体験などによる理解と把握、巧緻性や粗大な動きなどのコントロールなど。

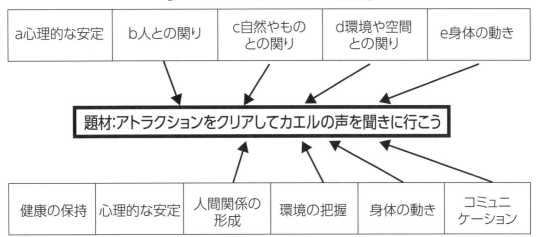

【美術科教育の5つの観点】

a心理的な安定	b人との関り	c自然やものとの関り	d環境や空間との関り	e身体の動き

題材:アトラクションをクリアしてカエルの声を聞きに行こう

健康の保持	心理的な安定	人間関係の形成	環境の把握	身体の動き	コミュニケーション

【自立活動の6つの内容】

図2　5つの観点と6つの内容から導き出されるアート活動

扱いについて検討し、題材及び教材を選定する具体的な観点を表2のaからeとして考えてみました。これらの観点は、盲重複障害児の美術科教育の目標や内容について一体的に捉え、表現や鑑賞を往還させて学習するものです。これらの観点と自立活動の6つの内容を考え合わせ、美術科あるいは自立活動としての具体的な目標や題材などを包括する「アート活動」が導き出されると考えています。

　例えば「アトラクションをクリアしてカエルの声を聞きに行こう」というアート活動は、図2のように導き出されます

　盲重複障害児は学習場面において様々なつまずきや困難を生じていることが多く、教科等からのアプローチと自立活動からのアプローチを関連させ、目標や内容を一体的に捉えたアート活動の必要性は高いと考えます。

（3）事例1：ボディイメージの形成と足裏の感覚を高めるアート活動「アトラクションをクリアしてカエルの声を聞きに行こう」

　生徒の好きなアトラクションをクリアするテレビ番組から題材を考えました。ロープを張ったクモの巣をくぐり抜ける、ブルーシートの下をくぐり抜ける、段ボールを積んだ門を通るなどはボディイメージを形成するためのものです。生徒はロープをまたぐのかくぐ

るのか、どのような姿勢と体の向きで門をくぐるのかなどを模索します。また、人工芝やマットをつなげた橋を渡るアトラクションは、足裏の感覚を高めます。これは点字ブロックを踏んで歩く感覚に通じるものです。クモの巣でもたもたしているとクモがやってくる、橋から落ちるとワニに食べられてしまうなどそれぞれのアトラクションに物語を作ります。学習を重ねるにしたがって形や順番などを相談し、みんなで協力して組み立てます。クリアできたら好きなカエルの声を聞く、雨と雷の音を聞く、みんなで歌を歌うなどの楽しみを決めます。生徒同士及び教師とのコミュニケーションの時間を十分に確保します。

[評価] 生徒達は段ボールやロープが当たると頭や脛などでも探索を始め、次第に腹や背中などでも探索し情報を得る動きがみられました。学習を重ねるとアトラクション作りにアイデアを出し、協力する活動が伺えました。

事例1：「アトラクションをクリアしてカエルの声を聞きに行こう」の学習の流れ

題材名	アトラクションをクリアしてカエルの声を聞きに行こう
5つの観点	b 人との関り　c 自然やものとの関り　d 環境や空間との関り　e 身体の動き
6つの内容	人間関係の形成　環境の把握　身体の動き　コミュニケーション
時　間	50分
準　備	段ボール　ロープ　人工芝　マット　足ふきマット　ブルーシート　カエルの声のCDなど
学習の流れ	今日はどのアトラクションをするか、3つくらいを相談して決める。アトラクションをクリアしたら田んぼで鳴いているカエルの声を聞こうなど楽しみを決めると生徒の気持ちが盛り上がる。 　人工芝とマットの組み合わせ、ロープの張り方、段ボールの積み方などを友達や教師と考え、協力して作る。体を大きく使ったり慎重に動いたりする。次第に生徒達の顔が明るくなってくる。 　ロープの巣には大きなクモがいて襲ってくる、池にはワニがいて落ちると食べられてしまうなどの話をしながらアトラクションをクリアする。生徒の動きに緊張感が生まれ、クリアしたときのほっとした表情につながる。

（4）事例２：校外学習との横断的な学習「お座敷釣り堀をしよう」

　行事や他教科等での経験や学習を横断的に関連させ、一人一人の経験や体験を豊かにしたり整理したりすることを目指します。この事例では、校外学習で釣り堀での魚釣りを経験しました。釣った魚は料理して食べ、楽しかった経験として記憶に残っています。事前学習の一環として段ボールの魚を作り、木の棒で釣り竿を作り磁石で釣るアート活動をしました。釣り竿でどのように魚が釣れるのかを触って理解できるようにしました。校外学習の後、楽しかった魚釣りもう一度体験しようと提案して美術室に釣り堀を作ってアート活動を行いました。

[評価] 生徒の一人は歩行学習で白杖を使用する予定がありました。釣り竿で魚を釣る学習は、白杖で障害物を探索する力を培ったと考えられます。釣り堀の広さの確認やどの辺に魚がいるのかなど空間確認がみられました。釣った魚の数える際に協力する姿が伺えました。

事例２：「お座敷釣り堀をしよう」の学習の流れ

題材名	お座敷釣り堀をしよう
5つの観点	b 人との関り　c 自然やものとの関り　d 環境や空間との関り　e 身体の動き
6つの内容	人間関係の形成　環境の把握　身体の動き　コミュニケーション
時　間	50分
準　備	ブルーシート　磁石をつけた釣り竿　ハンガーや空き缶など　事前に作った魚　釣った魚を入れるバケツ
学習の流れ	校外学習を振り返り思い出がよみがえる。ブルーシートを釣り堀にして魚釣りをしようと提案する。 　前に製作した魚、木の棒と磁石とひもで作った釣り竿などを準備していく。魚や空き缶やハンガーなど磁石につくものをブルーシートの池に放していく。 　釣りを始める。磁石に何かがついた感触を知り、竿を上げる。魚は重いので上手に上げないとはずれてしまう、缶やハンガーは釣りやすいなどを体験から学んでいく。最後に何が釣れたか、発表する。たくさん釣れた生徒は自慢そうである。

（多胡　宏）

視覚障害のある人の卒業後の職業支援とアート活動について教えてください

多胡　宏

視覚特別支援学校（盲学校）におけるキャリア教育と美術科教育

　盲学校におけるキャリア教育は、系統的に行われているか、卒業後の進学や就労のみを見据えた進路指導になっていないかなどの課題を指摘されてはいますが、以下のような基本理念に基づいた取り組みが行われています。キャリア教育では「基礎的・汎用的能力」として「人間関係形成・社会形成能力」「自己理解・自己管理能力」「課題対応能力」「キャリアプランニング能力」の４つを「知識・技能」「思考力・判断力・表現力等」「学びに向かう力・人間性等」の３つ柱に沿って教育課程全体を通じて育成することが大切です[1]。

　盲学校におけるキャリア教育は「幼稚部段階では、①遊びを中心とした全体的な発達、②親への愛着行動によるコミュニケーション、③豊かな感情の育成などが考えられます。小学部段階では、①自己および他者への積極的関心の形成・発展、②身のまわりの仕事や環境への関心・意欲の向上、③夢や希望、憧れる自己のイメージの獲得、④勤労を重んじ目標に向かって努力する態度の育成などが中心になります。中学部段階では、①暫定的自己理解と自己有用感の獲得、②興味・関心に基づく職業観・勤労観の形成、③進路計画の立案と暫定的選択、④生き方や進路に関する現実的探索などが挙げられます。高等部（普通科・専攻科）段階になると、①自己理解の深化と自己受容、②選択基準としての職業観・勤労観の確立、③将来設計の立案と社会的移行の準備、④進路の現実吟味と試行的参加などが重要となります。」[2] など、一貫性を図りながら実践されています。

　美術科教育では３つの柱の１つである「思考力・判断力・表現力等」に沿った表現や鑑賞の学習を通して「基礎的・汎用的能力」である「人間関係形成・社会形成能力」「自己理解・自己管理能力」「課題対応能力」などの育成に関連すると考えられます。そして、例えば小学部児童に「友達との関係」（「人間関係形成・社会形成能力」）という課題があるときに、これにアプローチするには図画工作科・美

1) 文部科学省,『幼稚園、小学校、中学校、高等学校及び特別支援学校の学習指導要領等の改善及び必要な方策について（答申）』, 2016（平成28）, pp55-57

2) 編著全国盲学校長会,『新訂版新学習指導要領（平成29年告示）対応視覚障害入門Ｑ＆Ａ－確かな専門性の基盤となる基礎的な知識を身に付けるために－』, 2018（平成30）, ジアース教育新社, pp198-199

術科の目標や内容からどのような題材が考えられるだろうかという視点が必要です。さらに、これには自立活動の目標や内容も加わり、個別的な指導・支援が求められる場合もあります。キャリア教育と関連づけながら様々な視点から課題へのアプローチを行うことになります。結果としての作品や表現であるか鑑賞であるかということよりも資質や能力を身に付けるためにはどのような題材や教材が必要だろうかという視点に立ち、学習環境や指導・支援を工夫して学習を組み立てることにより、美術科教育におけるキャリア教育はより確かなものになるはずです。

卒業後の進路と支援

　視覚障害者（盲学校卒業生を含む）は卒業後これまで多くの視覚障害者が従事してきた三療（あん摩マッサージ指圧、はり、灸）の仕事の他、盲学校理療科教員や他の学校の教員、公務員、弁護士、医師など様々な業種に従事しています。勤務先も医療関係や福祉関係、情報通信業や製造業など、その幅を広げています。

　また、障害者福祉制度においては、それまでの「措置制度」から2003（平成15）年に「支援費制度」が導入されたことにより自己決定に基づいたサービス利用できるようになりました。そして、2005（平成17）年に「障害者自立支援法」が公布され、「障害程度区分」という障害の状態を示す尺度が導入され、サービス体系が一元化されました。2013（平成25）年に「障害者自立支援法」が「障害者の日常生活及び社会生活を総合的に支援するための法律」（障害者総合支援法）となり、それに伴い「障害程度区分」は、障害の多様な特性その他の心身の状態に応じて必要とされる標準的な支援の度合いを総合的に示す「障害支援区分」となりました。これらにより障害者に対する支援はより拡充され、視覚障害者も自己決定に基づいてサービスを利用しやすくなりました。例えば居宅介護や同行援護などを利用して生活や外出の質を向上させることができますし、就労移行支援や施設入所支援などを受け本人が望む進路選択の可能性が広がりました。

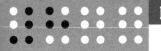

社会生活とアート活動支援

（1）ギャラリー TOM から広がる視覚障害美術教育

　視覚障害者の社会生活とアートについて考える上では、ギャラリー TOM の果たした役割と影響力が注目されます。「ぼくたち盲人もロダンをみる権利がある」という言葉を基に東京都渋谷区松濤に「視覚障害者のための手でみるギャラリー」としてオープンしたのは 1984（昭和 59）年でした。開館後は、視覚障害美術教育の普及にも力を注ぎ、全国の盲学校等の生徒作品展の開催など、この考え方と活動は各地の美術館へ影響を与え、多くの「手でみる」美術展開催へ発展し、それまでは注目されてこなかった視覚障害者の美術や作品鑑賞に光が当たったのです。ギャラリー TOM の理念と活動の重要性は、当事者と美術館関係者の双方に影響を与えたことです[3]。その後、各地の美術館の動きは一時的な隆盛の後、低調となった時期はありましたが途絶えることなく取り組まれ、最近の多様性の時代の風潮を反映し、ふたたび注目を集めるに至っています[4]。

（2）地域での取組例「広瀬川美術館との連携」

　全国の美術館での積極的な取り組みの広がりの他、「ミュージアムアクセスビュー」や「視覚障害者とつくる美術鑑賞ワークショップ」など当事者による主体的な取り組みも注目されます。事例は、地域の視覚障害美術教育関係者が前橋の広瀬川美術館で実践したものです。

ここでは日本画と彫刻を触って鑑賞するワークショップを行いました。作家も賛同し、誰でも触れる鑑賞体験ができました。作家による直接の解説や対話が共有され、成人視覚障害者、盲学校生徒、保護者などの多

・写真はギャラリー TOM のホームページより。
https://www.gallerytom.co.jp/

3）
・財団法人日本障害者リハビリテーション協会、「障害者文化芸術振興に関する実証的研究事業報告書平成 6 年度」、1995
https://www.dinf.ne.jp/doc/japanese/resource/other/z00017/z0001701.html

・全国美術館会議事務局編集、「平成 6 年度第 10 回学芸員研修会報告書『障害者と美術館』」、1996
http://www.zenbi.jp/data_list.php?g=86

4）
・京都国立近代美術館「感覚をひらく新たな美術鑑賞プログラム創造推進事業」
https://www.momak.go.jp/
・兵庫県立美術館「美術の中のかたち－手で見る造形」展
https://www.artm.pref.hyogo.jp/
・山梨県立美術館視覚障害者向けプログラムの常設
https://www.art-museum.pref.yamanashi.jp/
・世田谷美術館、ミュージアムセッションなど
https://www.setagayaartmuseum.or.jp/
・横須賀美術館、マルバ研修会、講演会など
https://www.yokosuka-moa.jp/
・ミュージアムアクセスビュー
http://museum-access-view.cocolog-nifty.com/
・視覚障害者とつくる美術鑑賞ワークショップ
https://www.facebook.com/kanshows/

様な参加者があり、参加者からはこんなに長く、深く作品をみることはこれまでなかったなどの振り返りがありました。

（3）映画や演劇などの鑑賞支援

テレビの副音声での解説や音声ガイド付きの映画もだいぶ普及してきました。音声ガイドは制作者が映画の意図を理解して作成されています。また、映画監督が監修している場合もあり、映画をより深く理解するためのツールの一つといえます[5]。

視覚障害者が付き添いの人と演劇をみにいくことはかつてからありました。組織的な視覚障害者が演劇をみる取り組みは、「盲人観劇」として1976（昭和44）に遠藤貞男氏が主となり始まりました。現在はいくつかの団体が事前の舞台説明会や音声ガイドによるサービスを行っています[6]。

また、映画や演劇などの鑑賞支援のためのアプリ（UDCast など）も開発され、スマートフォンで音声ガイドの他、字幕や手話、多言語の表示ができ、地域差が少なくなることなどが期待できます。

（4）表現としてのアート活動支援

視覚障害のある音楽関係のアーティストは古くは琵琶法師を始めとして数多くいます[7]。しかし、美術家は八田豊[8]、光島貴之など少数です。最近では加藤秀幸による映画制作が話題になりましたが[9]、視覚障害者のビジュアル表現はハードルが高いのが現実です。

障害者芸術は、障害者芸術支援法（2018）[10]や国（厚生労働省・文化庁）の支援もあり、福祉分野を中心に広がりを見せています。視覚障害者のための福祉施設では音楽活動が積極的に取り組まれていますが、美術活動も行っています。その多くは手芸や陶芸、籾殻の絵画などで趣味や余暇の範囲に留まる取り組みなのが実情です。しかし、地域の障害者美術展にアート作品を応募している施設もあります。このような取り組みの広がりを期待している利用者がいると思います。

アートは人間の広大な無意識の世界を耕し、人ものコトをつなぐという意味では、余暇活動であろうと専門美術であろうと「美術する」活動に優劣はなく、万人が必要かつ不可欠な営みです。つまり、視覚障害美術教育の普及とは私たちの世界観を広げ、明日をつくっていく活動であることを再確認しておきたいと思います。

5）CINEMA Chupki TABATA（シネマ・チュプキ・タバタ）は 2016（平成 28）年に東京都北区東田畑にできた日本最初のユニバーサル映画館。健常者と共に視覚障害や聴覚障害のある方、車椅子の方、小さいお子さんのいる方などどなたでも一緒に楽しめる映画館である。

6）舞台説明会や音声ガイドは映画の音声ガイドと同様に演劇の意図を理解した制作者や関係者が作成している。

7）ピアニストの辻井伸行など。

8）八田豊（1930- ）は、福井で教員をしながら制作をしてきた、現代美術家。50歳代で失明し、聴覚や触覚による造形を試み、国際的にも高い評価を受けている。

9）加藤は SF アクション映画「ゴースト・ヴィジョン」を制作し、その過程を記録した映画「ナイトクルージング」（佐々木誠監督）が上映された。

10）障害者芸術支援法（2018）と障害者芸術文化活動普及支援事業（2017）：「障害の有無にかかわらず，文化芸術を鑑賞し，これに参加し，又はこれを創造することができるよう，障害者による文化芸術活動を幅広く促進する」（同法基本理念）を普及させるために、全国を7ブロックに区分して、障害のある人が芸術文化を享受し、自立と社会参加を促進することをねらい中間支援の組織とネットワークづくりを実施している。

みえないひとほどよくみえる

彫刻編

のえみ

ある美術館で、ちょっと変わった展覧会が行われました。それは…

彫刻に触れることができるのです！

作者の彫刻家、片山博詞さんは言います。

視覚は、人の知覚の中で、大きなウェートをしめるものです。

それをシャットアウトすることで、研ぎ澄まされて感じるものがあります。

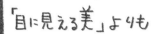「目に見える美」よりも　「見えなくても感じられるもの
無くても在るもの　そして繋がるもの
それを探求したい。」

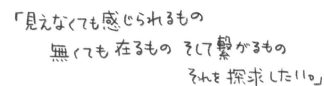

それはまさに「風」のようなもの…

会場には、「見る」ということを
全く遮断した「暗室」があります。

そこは、「見える」と「見えない」が
逆転するところ。

視覚障がい当事者の方は言います。

見ることが「受け身」じゃ
ないことがうれしいです。
「伝えられる」のではなく
「自分から伝える」ことが
できる。

ある男の子は…

実際にはなかった"翼"を書いたそうです。

感想シート

どんな風刻でしたか

彼もきっと
風を感じたに
ちがいありません。

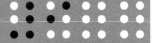

Q9 障害当事者発のソーシャル・インクルージョンの展示「誰もが楽しめる〈さわる写真〉の制作と鑑賞」の実現について教えてください

広瀬　浩二郎

ユニバーサルミュージアムの考え方

　ユニバーサル・ミュージアムとは、「誰もが楽しめる博物館・美術館」を意味します。しかし、多くの人は「ユニバーサル＝障害がある人へのアクセシビリティ向上」、つまり博物館・美術館の障害者対応を充実させることと理解しているのではないでしょうか。バリアフリー（足りないものを補う）とユニバーサル（残されたものを活かす）は、いわば車の両輪として機能すべきですが、ミュージアムの現場では両概念が混同されていると感じます。たとえば、視覚障害者の場合、一般的な見て学ぶ、見て楽しむ展示を十分に味わうことができません。ここで「さわる展示」が必要になるわけですが、それはバリアフリー的な発想とは異なります。「視覚障害者が楽しめる→視覚以外の感覚を用いて鑑賞する→視覚中心の近代的な博物館のスタイルを問い直す」と思考を発展させて、「ユニバーサル」の実現をめざすのが私の研究目標です[1]。

ユニバーサルな触図

　2020 年 9 月〜 10 月、KYOTOGRAPHIE2020（京都国際写真祭）が開催されました。KYOTOGRAPHIE とは、京都市内の各所、町家やギャラリーを会場として、ユニークな写真展を企画・実施する取り組みです。2020 年度の企画の一つとして、マリー・リエス「二つの世界を繋ぐ橋の物語」展（於アトリエみつしま Sawa-Tadori）[2]が行われました。その会場で展示された「さわる写真」の制作には、私自身も深く関わりました。本稿の目的は、「さわる写真」に関する詳細な制作プロセスを分析し、ユニバーサルな触図とは何かを明らかにすることです。

　「さわる写真」の制作では、最先端フォトラボ・堀内カラーのUV 印刷技術が用いられました。私は博物館で働く全盲の視覚障害者、あるいは「障害」について研究する人類学者という立場で、この「さわる写真」制作、解説文の作成に全面協力しました。また会

1）国立民族学博物館（民博）を拠点として、「ユニバーサル・ミュージアム」（誰もが楽しめる博物館）の実践的研究に取り組んでいる。2009 年に「ユニバーサル・ミュージアム研究会」を組織し、民博の共同研究、科学研究費プロジェクトとして活動を続けてきた。現在、研究会のメーリングリストには各地の大学・博物館関係者など、100 名余が登録している。2021 年秋には、研究会の成果発表という位置付けで、特別展「ユニバーサル・ミュージアム－さわる！"触"の大博覧会」を民博で開く予定である。

2）マリー・リエス「二つの世界を繋ぐ橋の物語」展は、キュレーターに天田万里奈を迎え、フランスの写真家マリー・リエスの作品を展示。以下、展示の趣旨文から一部を抜粋する。「マリー・リエスは 10 年の歳月をかけてフランス国立盲青年協会（パリ盲学校）の子どもたちの写真を撮り続けた。マリー・リエスの写真は、生徒たちが新しい発見や想像力でその対象を知る瞬間をとらえている。それは友人たちと話し合っている時であったり、一人で静かに模索している時であったりする。彼らが写真の被写体となることを喜び、誇りに思っていることを私たちは彼女の写真から知ることができる。（中略）KYOTOGRAPHIE の展示では、目で見る世界と目では見えない世界、その二つの世界を繋ぐことに挑戦した。伝統的な写真の意匠を超え、マリー・リエスの写真作品を触るフォーマットへと変換した」。

期中、希望する視覚障害者・見常者を対象として「さわる写真」体験ツアーを実施した経験を踏まえて、本稿では「さわる写真」の意義と可能性について、多角的に論じてみたいと思います。

　近年、全国各地の博物館・美術館でユニバーサル・ミュージアムを指向するさまざまな試みが広がっています。視覚障害者対応に関心を持つ学芸員も多く、「さわる展示」「さわる鑑賞プログラム」の開発と普及が進んでいます。しかし、「さわる」といっても、基本的には彫刻などの立体作品を対象とするのが現状です[3]。

　最近、多種多様な技法を用いて、視覚障害者が絵画などの平面作品を理解するための触図が作られるケースが増えています。今までは直接さわれない絵画は、見常者のサポートの下、「言葉による鑑賞」を行うのが一般的でした。この対話型鑑賞法は視覚経験を持つ中途失明者には有効ですが、ややもすると見常者が話し手で、視覚障害者は受動的な聞き手となってしまう恐れがあります。触図があれば、視覚障害者が対話のイニシアティブを取るための文字どおりの手がかりとなります。言葉だけの鑑賞より、触覚が伴う方が「目に見えない絵」の記憶が鮮明に身体に記憶されるのも確かでしょう。

　触図の問題点として、以下の二つが挙げられます。

①対象とされる絵画の中に具体的に何が描かれているのかを伝える（教える）ことを目的とするため、どうしても触楽よりも触学の要素が強くなる。

②制作する側も鑑賞する側も「触図とは視覚障害者用の特殊なツール」という固定観念があり、見常者が触図にさわることはほとんどない。

　今回のマリー・リエス展では、この二つの問題を解決する糸口が発見できたのではないかと感じています。次節では「さわる写真」の特徴を紹介しつつ、バリアフリー（視覚障害者対応）とは一味違うユニバーサルな（誰もが楽しめる）触図の要件を検討します。

触図制作の ABC

　触図は、視覚障害教育の現場で教材として使用されてきました。盲学校用の点字教科書には理数科目の図形、社会科の地図など、さまざまな触図が多数掲載されています。触図は伝統的に「視覚障害

3）世界的にみても、「さわる展示」の事例は少なくない。彫刻などの立体作品に触れれば、目で見るだけではわからないこと、視覚による鑑賞では見落としていた事実を「発見」できる。温度や重さ、素材の質感など、さわることによって得られる気づきは多い。視覚障害者はもちろん、見常者にも立体物にさわる鑑賞を積極的に促すことが、ユニバーサル・ミュージアムの課題である。いうまでもなく、ユニバーサル・ミュージアムは単なる障害者サービス、弱者支援とは異なる。視覚優位、視覚偏重の従来の博物館のあり方を根本から問い直すのがユニバーサル・ミュージアムの要諦といえる。

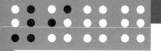

4）カプセルペーパーに地図、イラスト、文字、図形などをコピー、あるいは手書きして、立体コピー機に通すだけで、黒い部分が盛り上がり、指先で触知できる。比較的安価なピアフ（PIAF）がよく知られている。http://www.amedia.co.jp/product/braille/embosser/piaf.html

5）京都国立近代美術館「感覚を拓く」では視覚障害対応のチラシデザインに挑戦

6）私が直接関わっているだけでも、愛知県美術館・京都国立近代美術館・岡山県立美術館などで、触図を用いた視覚障害者向けの鑑賞プログラムが行われるようになった。また和歌山県立博物館では、継続的に「さわる図録」が発行されている。このような試行錯誤の流れが深化し、触図利用の有効性が実証されることを期待したい。

者がさわって理解すること」を意識して制作されてきました。各地の盲学校や点字出版所では、わかりやすい触図作りのノウハウ、実践知が継承されています。

　そもそも、見てわかるために作られた図形や地図を触図に翻案するのは難しいものです。種々雑多な視覚情報を取捨選択し、単純化・簡略化する必要があります。近年では、大中小の点の組み合わせで比較的簡単に触図（点図）をデザインできるソフトウェア、黒い印刷部分に熱を加えると隆起する立体コピー機[4] なども普及しています。まだまだ実験的な段階ですが、博物館・美術館の案内パンフレット、展覧会の図録などで触図を取り入れる事例もあります[5]。

　一方、盲学校の美術教育では、担当教員の裁量で触図を導入することはあるものの、その活用は限定されています。残念ながら、今日に至るまで盲学校用の美術教科書は出版されていません。その理由として、以下の三つが考えられるでしょう。

①美術の教科書は視覚的な要素が強く、それをそのまま盲学校の生徒（点字使用者）に伝えるのは困難である。

②教科書に掲載されている大量の作品画像を触図化することは技術的には可能だが、膨大な費用と時間がかかるため、現実的にはきわめて難しい。

③盲学校の美術教育では作品制作（粘土による立体造形など）が中心で、鑑賞への取り組みが軽視されている。

　盲学校における美術教育を充実させるためには、点字・触図による教科書の提供が不可欠ですが、実現の見通しはありません。盲学校の生徒数が激減する現状からしても、触図作りに興味を持つ美術館等との連携が今後さらに重要になると思います[6]。

　美術鑑賞で使用する触図は、単に「さわってわかりやすい」だけでは不十分です。視覚障害者の「触欲」をそそるような触図、さわって楽しい、さわりたくなる触図が必要でしょう。一般に、触図の理解には、点字の触読よりも高度な技術が求められます。点字が読めても触図は不得意な視覚障害者が意外に多いので、以下の点に留意すべきです。

①年配（60代以上）の視覚障害者は触図教材が十分に整備されていない環境で盲学校教育を受けているので、触図の読み取りを苦手とする人が多い。

②指先が触れた点の情報を線、面へと広げ、頭の中で全体を組み立てるに

は、相当の時間がかかるため、触図の読み取りは、視覚障害者にとって根気を要する作業となる。

　触図制作に当たっては、原図（視覚情報）を単純化・簡略化するプロセスが必須ですが、配慮しすぎると、視覚障害者の「触欲」を減退させかねません。また、単純化・簡略化を進める際、どの部分を捨てるのかについて、慎重な検討が必要です。鑑賞ツールとしての質の担保と視覚障害者の「触欲」のバランスの取れた触図を完成させるためには、以下の３者の連携が大切です。

A：「Artist ＝アーティスト、触図を創る人」[7]

B：「Blind ＝視覚障害者、触図を使う人」

C：「Curator ＝学芸員、触図を伝える人」

　触図制作は単なる翻案（視覚の触覚への置き換え）ではなく、アーティスティックな感覚によって裏打ちされていることを確認しておきたいと思います[8]。ここで重要なのは視覚障害当事者の関わりでしょう[9]。当事者は原図（視覚情報）を見ることができないので、どうしても現状の触図作りはＡとＣ、すなわち見常者主導で進められるパターンが大半です。さわって確認できる視覚障害者の主体的な関与により、触図の質が高くなるのは間違いありません。ABC の連携に異論を唱える人はいないはずですが、実際の触図作りは限られた時間と予算で行われています。Ｂと協働しようとしても、どこで視覚障害者（触図のパワーユーザー＝触常者）に出会えるのかがわからないという声もよく耳にします。ここでも、各地の盲学校とミュージアムの地域連携がポイントとなるでしょう。

　KYOTOGRAPHIE の「マリー・リエス　二つの世界を繋ぐ橋の物語」展では、ABC の共同制作によりアーティスティックな触図を展示することができました。「さわる写真」のアイディア出しをする打ち合わせの初期から、視覚障害者（広瀬、光島貴之氏）が参加し、「さわって確かめる」チェックを積み重ねます。テストプリント（試作品）にさわり、改善点を要望するプロセスが約３か月続きました。今回、Ａに当たる堀内カラーの技術者は、視覚障害教育とは無縁の方々です。従来の触図の常識にとらわれない自由な発想が、ユニークな「さわる写真」を生み出した要因といえるかもしれません。写真展のキュレーター・天田万里奈氏[10]は、各写真の複雑な背景の

7）Ａが触図デザインを担当する印刷業者、点字出版所の職員という場合もある。

8）この点は「本歌取り」に類似している。「本歌取り」とは、和歌・連歌などで、古歌の語句・趣向を取り入れて新たに作歌することを指す。新古今時代に盛んに行われた。本歌を背景として用いることで、奥行きを与えて表現効果の重層化を図る。

9）たとえば私が展覧会の実行委員を引き受ける際は、一人でＢとＣを兼ねることになり、同様にＡとＣが同一人物というケースもあり得る。視覚障害者向けの美術教育が拡充すれば、将来的にはＡの役割を担うＢが登場する可能性もあるだろう。

10）天田万里奈：慶應義塾大学法学部政治学科修了後、米金融機関ゴールドマン・サックス証券に務めたのち、Institut d'Études Supérieures des Arts での修士を経て、アート企画活動を開始。自身が生活基盤を置いてきたフランス、アメリカ、日本を中心に活動。KYOTOGRAPHIE 2019 では運営統括としてマネージメントの指揮をとる。

写真1

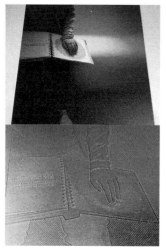

写真2

写真3

処理方法（整理と削除）に関して、頻繁に写真家（マリー・リエス氏）本人に連絡し、「この写真のエッセンスは何か」「どんな場面を撮ろうとしたのか」など、綿密な調査ができたことも有意義でした。

誰のための「さわる写真」なのか

　さて、先述したように、「さわる写真」は視覚障害者のみのために作られたわけではありません。今回の写真展では、見常者が写真にさわることを奨励しました。1か月の会期中、あえて見常者が写真にさわる意味は何なのかと、私は自分に問いかけていました。今回の写真展では各写真作品に添えられたショート・テキスト [11] に加え、5枚の「さわる写真」に、触学・触楽用の解説文を付けました。このさわるためのキャプションでは、各作品のさわり方、さわり所を示しています。限られたスペース、文字数では十分な説明ができませんでしたが、さわるための解説文を作った理由は二つあります。

①触図をさわるだけで理解するのは難しいので、視覚障害者が自力で写真の構図をある程度イメージできるようなヒントを与える。

②「解説を読んだら、思わず手が伸びる」ことを狙いとし、見常者がさわりたくなるような動機付けをする。

　以下に5点の写真に付したキャプションを引用します。○は各写真作品に添えられたショート・テキストに加え、◎はさわるための「手解き」です。

写真1：○ロダン美術館にて。彫刻の顔の凸凹に指を沿わせながら、静かに好
　　奇心と集中力を高めるルイ。彼の背中には誰かの手がそっと添えられている。
　　◎右下にルイの背中に置かれた誰かの手がある。中央にはたっぷりとした
　　セーターを着たルイが彫刻の方を向いている。彼の左腕は彫刻の頭部へと伸
　　びている。

写真2：○アメルは膝の上に絵本を乗せ、その小さな左手で絵本『アマンディー
　　ヌの世界』の物語を探っている。彼女の手と本のページに、スポットライ
　　トのように陽が注ぎ、今にもそこに物語の登場人物が舞い降りてきそうだ。
　　Reader（読む人）は Leader（指導者）になるという言葉がある。点字の習

得こそが、自らの力で世界を切り開き自立へと導く手段となる。

◎中央のアメルの手の周辺にスポットライトが差し込んでいる。手は切り絵を触り、ページの反対側には点字がポツポツと浮き出している。アメルの足がソファの下へと伸びている。ザラザラ、ブツブツ、ツルツルの触感で、明るい部分から暗い部分への変化を示している。

写真3：○生徒たちが授業の始まりを待つ教室の中で、笑いながら、おどけてダンスのステップを踏むケンザとフラヴィオ。

◎左側には白い歯を見せながら笑う男の子がいる。右側にはポニーテールの女の子が、男の子の方に笑顔を向けている。手をつないだ二人は片足を上げ、市松模様のカーペットの上で踊る。

写真4：○ジョセフは一般中学編入後、他の生徒と打ち解けられずにいた。そんなある日の放課後、落ち葉が地面を覆う校庭のマロニエの木へ向かったジョセフ。木の幹に手を伸ばし樹皮を撫で、笑顔をうかべる。

◎下に、芝生の上に落ち葉が散らばっている。中央に、表面がザラザラ、凸凹した木があり、その枝は左右に伸び、ポツポツと葉が残っている。右手を上げ幹を触るジョセフは、木と一体化している。左側の背景には、他の生徒2人がいる。

写真5：○国立盲青年協会（パリ盲学校）に所属する12歳以上の全盲・弱視の生徒は、「普通の環境」に慣れるために、一般校に編入されるが、環境に馴染まず転校を繰り返す子どもたちもいる。一般校にせよ盲学校にせよ、そこで彼らは一生涯にわたる友情を築く。そしてその絆を胸に、社会へと羽ばたいていく。

◎フェンスの向こうに3人の生徒が立っている。右側に、うつむきながら得意げに冗談を言う男の子（ジョセフ）。左側に、喜んで顔の前で手を叩いて笑う眼鏡をかけた女の子。真ん中に、フェンスにもたれながら、微笑み、二人の会話を聞く男の子（ルイ）。

　マリー・リエス展では、展示された15枚の写真のうち、5点のみを「さわる写真」としました。触察には時間がかかるので、写真展の全体像がつかめるように、5枚を厳選しました。この5点の展示では、左側に見る写真と墨字（視覚文字）のキャプション、右側に「さわる写真」と点字キャプションを配置します。他の10点にも、点字キャプション（一般的な解説）は付けています。

写真4

写真5

上：さわる写真とさわる手
下：さわる写真とみる写真が対になったテーブル

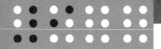

展覧会の会場全体の様子。奥に広瀬

11）ショート・テキストとは：マリー・リエス「二つの世界を繋ぐ橋の物語」展では、写真に映る生徒達に関してのエピソードやパリの視覚障害者教育の背景などが、キュレーターによって各写真の横に短い文章（ショート・テキスト）で書かれており、展示全体で物語を綴っている。

展覧会の会場全体の様子

「さわる写真」は、全体が乳白色の隆起印刷です。触覚に集中するために、時に「色」は邪魔になることがあります。比喩的な言い方をすれば、目が見える・見えないに関係なく、「さわる写真」に色を着けるのは個々の鑑賞者のイメージに委ねるということです。

「手と頭を動かして写真にさわることによって、画像を動画にできる」と、体験ツアーで力説しました。たとえば、写真1にさわってみると、あたかも自分が彫刻作品を触察しているような臨場感を味わえるでしょう。写真2の光の微妙なグラデーション、写真4の木や落ち葉の触感は、理屈抜きで楽しめる「手触りのリアリティ」ともいえます。

画像を動画に変換するためには、物と者との対話が不可欠です。写真作品そのものとの対話、あるいは会場を訪れる多様な来場者同士の対話により、各人各様の想像力・創造力が発揮されます。マリー・リエス展では、「さわる写真」の触察鑑賞に挑戦する熱心な視覚障害者の姿が、見常者の想像力・創造力を刺激したのは間違いありません。

写真を見てさわる、さわって見るという鑑賞を繰り返せば、必然的に作品理解は深まります。「さわる写真」のABCプロジェクトでは、じつは見てさわる、さわって見る共同作業を通じて、制作と鑑賞が一体化していたことにあらためて気づきます。写真展が終了した今でも、私の心の中では、5枚の写真の被写体となった生徒たちがいきいきと動いています。こういった感動、躍動感をどうすれば見常者に追体験してもらえるのでしょうか。見常者が触図にさわる意味について引き続き考えていきたい。

目の見えない者は、目に見えない物を知っている！

2020年のKYOTOGRAPHIEの統一テーマは「Vision」です。マリー・リエス展は、来場者にVisionの多義性を体感してもらう実践の場であったと、私は感じています。パリ盲学校の「目の見えない」生徒たちは、どうやって「目に見えない」Visionを獲得するのでしょうか。5回の鑑賞ツアーで、私は自身の盲学校での実体験も踏まえ、視覚障害者が独自のVisionを拡張す

る手段について解説しました。以下は、私が鑑賞ツアーの際に用いた六つのキーワード、「VISION」です。

展覧会の会場全体の様子

・Vivid: まず、マリー・リエス展全体を通して作家、キュレーター、そして私が伝えようとしたのは、生徒たちの豊かな表情、生命力あふれる身体の動きです。「さわる写真」でも、生徒個々の表情、動きが表現できるように工夫しました。なぜ、「目の見えない」生徒たちはいきいきしているのか。その理由として、私は写真1に触れながら、「手」の大切さを述べます。盲目の生徒たちは自らの手をセンサーとして、「目に見えない」世界を探っていくのです。来場者は「目に見える」写真を手がかりとして、どこまで「目に見えない」世界に入り込んでいけるのか。「さわる写真」を楽しむ第一歩は、来場者それぞれが手を意識することでしょう。盲学校の生徒のように、**Vivid（活発）**に手を動かす鑑賞法を推奨するのが、私のツアーの導入です。

・Intensive: 盲学校の生徒たちの日常生活は、物・者との濃厚接触によって成り立っています。その事実を示すのが、写真2と写真3です。写真2は物（点字の本）、写真3は者（クラスメート）との濃厚接触の場面を活写しています。ここでも、手がセンサーとなっていることに注目すべきでしょう。見常者用の墨字の本に比べると、点字の本の数は限られています。

さわるツアーの様子。講師の広瀬と参加者たち

また、盲学校の最大の特徴は、すべての授業が少人数制であることです。必然的に物・者との付き合い方は **Intensive（集中的）** となります。物・者との「密」な関係から、広さよりも深さ、量よりも質にこだわる盲学校生徒たちの世界観が形成されるのです。

・Sensation: 写真2では、少女が点字の本を読んでいます。「さわる写真」でも、浮き出している点字が実際に触読できるように隆起印刷しました。この点字の隆起印刷部分に指を置くと、私自身が初めて点字に触れた日の記憶が鮮やかに蘇ります。「こんなブツブツ、読めるわけないぞ」。私はぶつぶつ文句を言いながら、触読練習に励みます。ある日、「わかるぞ、読めた！」という感動が、私の指先から全身に駆け巡りまし

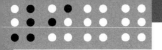

た。私はこの瞬間を「触覚が開く」と呼んでいます。盲学校では、「できない」と思い込んでいたことが、じつは「できる」のだと、実体験を通して学びます。閉じていた感覚（潜在能力）が開花する **Sensation（衝撃）** は、自信へとつながります。点字の触読は、一朝一夕にできるものではありません。それに比べると、「さわる写真」に触れた際の「わからない」という第一印象が、じっくりさわるうちに「わかる」に変化する Sensation は、短時間でも実感できます。一人でも多くの見常者に、この「触覚が開く」Sensation を味わってもらいたいです。

・Inspire: 盲学校と一般校の授業で大きく異なるのは、体育と美術でしょう。盲学校の体育・美術では、視覚を使わずに、どんなことが、どこまでできるのかが追求されます。写真3では、二人の生徒が手をつないでダンスしています。両者は、互いの姿や動きを視覚的に確認することはできません。その代わりに、触れ合った手から相手の体勢や心境など、さまざまな情報を読み取っているのです。目で見れば、すぐにできるのに、視覚障害者にはなかなかできないということがたくさんあります。世の中は多数派の論理、見常者の都合が優先されるので、視覚障害者が不自由・不便を感じることも多いでしょう。この不自由・不便を補うのが想像力・創造力なのです。盲学校、とくに体育・美術の授業で、物・者から **Inspire（触発）** される経験をどれだけ蓄積できるのか。「さわる写真」の踊る生徒たちの手に自分の手を重ねると、見たことがないパリ盲学校の授業風景が私の心の中に広がります。さあ、静かに目を閉じてみよう。そして、「目に見えない」世界に向かって、軽やかにステップを踏み出そう。そんな思いが私の内部から湧き上がってきます。

・Opportunity: 近年はインクルーシブ教育が国際的な潮流となり、地域の学校に通う視覚障害児・者が増えています。日本でも、地域の学校に通う視覚障害児童・生徒のための点字教科書が保障されるようになりました。視覚障害者も見常者も、ともに暮らし、ともに学ぶのが理想の社会なのは確かでしょう。しかし、単純にインクルーシブ教育を礼賛することもできません。写真4では、インクルーシブ教育の中で迷い悩む少年・ジョセフの葛藤が紹介

されます。ジョセフは木肌に触れることで、何を感じているのでしょうか。鑑賞者の感性に訴える印象的な写真です。一般校の教育では、視覚による情報入手・伝達が中心となります。そんな環境の下で、少数派の視覚障害者は苦労を強いられます。視覚に頼らずに、のびのびと行動できる盲学校のような授業・課外活動は、インクルーシブ教育では実施しにくいものです。視覚障害者が活躍できる **Opportunity（機会）**をどうやって創出するのか。障害特性を活かす学びの場を如何にして確保するのかが、インクルーシブ教育の眼目といえるでしょう。

・Network: 写真5は、盲学校生徒3名の濃厚接触の様子をとらえています。この写真には、仲間と語らうジョセフが登場します。視覚に依拠せず、触覚・聴覚を多用する盲学校では、物理的・精神的に生徒同士の距離が近くなります。この近距離のコミュニケーションを通じて、「目に見えない」絆が結ばれるのです。国連の障害者権利条約の批准、障害者差別解消法の施行などの影響で、日本でも「ソーシャル・インクルージョン」（社会的包摂）という理念が人口に膾炙しました。とはいえ、見常者中心の社会において、就学・就労などの面で、視覚障害者が個性を発揮するのは困難です。差別解消を意図する「合理的配慮」が、多数派の「理」に合わせることで終わってしまうなら、ジョセフの苦悩は半永久的に続くでしょう。現状のソーシャル・インクルージョンは、「合理的廃除」を惹起しかねない危うさを内包していることを忘れてはなりません。障害者が主体となって推し進める真のインクルージョン、マイノリティ発の新たなインクルージョンを具現するための土台となるのが「目に見えない」絆、すなわち当事者間の **Network（連帯）**なのです。

　あらゆる場面での「非接触」、人と人、人と物の距離を取ることが強調されるコロナ禍の2020年に、あえて開催に踏み切ったマリー・リエス展。「さわる写真」の締め括りとして、盲学校生徒たちの濃厚接触画像を展示できたのは偶然ではなく、きわめて示唆的だったといえます。京都での写真展を終えた私には、パリ盲学校の生徒たちの声がはっきり聞こえます。「目に見えない」コロナウイルスを過度に恐れることなく、自らの手で未来を切り開こう！

〈参考文献〉
・広瀬浩二郎編（2012）『さわって楽しむ博物館－ユニバーサル・ミュージアムの可能性』, 青弓社.
・広瀬浩二郎編（2016）『ひとが優しい博物館－ユニバーサル・ミュージアムの新展開』, 青弓社.
・広瀬浩二郎著（2020）『それでも僕たちは「濃厚接触」を続ける！』, 小さ子社.

Q10 イギリスとアメリカの博物館・美術館における アクセシビリティについて教えてください

鹿島　萌子

はじめに

　本節では、イギリスとアメリカの博物館・美術館における視覚に障害のあるひとへのアクセシビリティを取り上げます。アクセシビリティは、まず会場の物理的な環境への配慮や「アクセスしやすさ」「利用しやすさ」といったハード面が、次に学習の機会や作品情報の示し方などソフト面が考慮され、段階的に整えられてきました[1]。そのなかでも、視覚に障害のあるひとが美術館を訪れたときの、作品に接し「鑑賞」することに焦点を当てた取り組みに注目します。特に視覚に障害のあるひとの美術鑑賞や美術館体験へいち早く取り組みはじめましたイギリスとアメリカに注目し、博物館・美術館の役割、さらに美術館が視覚に障害のあるひとへ開いていった代表的なものとしてタッチ展について取り上げます。最後に、今日のアクセスプログラムについてほんの一部ですが紹介します。以上を通じて、視覚に障害のあるひとが美術作品・美術経験にどのようにアクセスできるのかを見ていきます。

1. 開かれる博物館・美術館

　博物館・美術館は「学習と余暇活動の平等な機会を提供する施設」です。この成り立ちには大きく2つの流れがありました。1つは法整備に伴う文化的機会の平等化へ取り組みで、もう1つは組織としての社会的な役割の主軸に「教育」を据えたものです。

　文化的機会の平等化という大きな契機は、アメリカにて1973年に発令されたリハビリテーション法です。第504条において、障害のあるひとに対する公民権が保証され、平等なアクセスを提供することが義務付けられました。言い換えれば、障害のあるひとの社会制度へのアクセスを、恩恵や慈善活動ではなく、一市民としての権利としたのです。イギリスでも、1995年に障害者差別禁止法が施行され、博物館・美術館はあらゆるひとのアクセスを保障・提供することが明示されました。これらの法律により、多くの博物館・美

1)　例えば、Fondation de France, International Committee of Museums (ICOM)，（1992) *Museums Without Barriers*, Routledge や American Association of Museums, (1993) *The Accessible Museum: Model Programs of Accessibility for Disabled and Older People*, American Alliance of Museums Press において、博物館・美術館における障害のあるひとへの取り組みが多く論じられている。

術館が環境を整備し、可能な限りあらゆる来場者に対応するサービスを提供することへとつながっていきます。

　発令された1970年代、欧米の美術館・博物館は組織としてのあり方を根本的に見直さざるを得ない状況にありました。特にイギリスでは、公的資金の援助を受けていたこともあり、博物館・美術館の存在意義が問われ始めていました。そこで1970年代から80年代にかけて進められたのが、地域を基盤にした合理的な福祉サービスであり、その核となったのが「教育」です。大英博物館では変革におけるキーワードとして「教育普及」「教育的役割」が掲げられ、ナショナル・ギャラリーには1974年に教育部門が設置されました。社会、そして来館者へのアプローチのひとつとして、教育活動を掲げたのです。

　アメリカでは、メトロポリタン美術館創立時の運営理念のひとつに「教育」があったように、博物館・美術館の多くは開館当初より「教育」を主軸としていました。1970年前後よりアクセスプログラムを開始し、多様な収蔵品を活用した教育的プログラムが展開されていきます。そのなかには、フィラデルフィア美術館が1971年より始めた美術教育プログラムの「フォーム・イン・アート」のように、視覚に障害のあるひとのためのものもありました。

　このような変化を受け、視覚に障害のあるひとが作品に触ることを前提に企画された展覧会が一種の流行をみせます。そのひとつが「タッチ展（Touch Exhibition）」です。タッチ展は、視覚に特化した美術館が、視覚に障害のあるひとへ門戸を開き、視覚美術作品を「触って見る」ことを示しました。

2．視覚に障害のあるひとへ向けて

　タッチ展と称される展覧会の始まりは、1976年テート・ギャラリー（現テート・ブリテン）において開催した「Sculpture for the Blind」展とされています[2]。この展覧会は、視覚に障害のある子どもを対象に、子どもが立体物を理解し把握する教育の一助となることが意図されていました。

　この展覧会は、それまでに行われた博物館・美術館の実践の積み重ねが実ったものでもあります。視覚に障害のある子どもや大

2)　Tate Gallery,（1976），*Sculpture for the Blind: An Exhibition for the Blind and Partially Sighted* を参照のこと。そのほか、『The Times』などに掲載された関連記事からも当時の様子をうかがい知ることができる。

3)　J.A. Charlton Deas,（1913），*How We may Show Our Museums and Art Galleries to the Blind: An Illustrated Report on Some Experiments*, Libraries, Museum, and Art Gallery Committee in Sunderland.

4) The North Carolina Museum of Art, (1966), *The North Carolina Museum of Art*, The Mary Duke Biddle Foundation あるいは Stanford, Jr., Charles W. (1976) *Art for Humanity's Sake: the Story of the Mary Duke Biddle Gallery for the Blind*, North Carolina Museum of Art を参照のこと。

5) 本文では取り上げられなかったが、博物館・美術館の活動の重要な特徴のひとつに、外部の団体と協力し活動を広げてきたことが挙げられる。英国王立盲人協会の歴史は長く、初期より視覚に障害のあるひとがより美術館活動に参加し楽しめるよう、美術館内の会場設備やイベントを協働で企画・開催している。そのほか、イギリス国内の博物館・美術館のアクセス環境の情報を発信するとともに、イベントへ専門スタッフを派遣するなど、美術館との密な関係を築いている。アメリカの Art education for the Blind は、1987 年以降、ホイットニー美術館と連携し、視覚に障害のあるひとの美術教育に取り組むとともに、特に音や触覚とテクノロジーを組み合わせた教材をも開発している。*Art Beyond Sight: A Resource Guide to Art, Creativity, and Visual Impairment* (2003) では、過去 10 年間にわたるアメリカとイギリスの美術館において実践されてきた教育プログラムおよびツアーが紹介され、再現可能な方法のマニュアルとして提示されているため興味深い。

写真 1 ルーヴル美術館 Galerie Tactile の様子 （筆者撮影、2011 年）

人に所蔵品を触れさせるプログラム[3] は、イギリスで John Alfred Charlton Deas が 1913 年から実践していました。Deas の実践は、視覚障害児教育において対応が難しかった生き物の実寸大の大きさを理解するために始められたものであり、同時に感覚教育を支援するものでもありました。さらには、視覚に障害をもつ子どもや大人が、博物館や美術館へ訪れためのシステムの重要さを訴えるとともに、アクセスを考える視座を提示していました。

また、アメリカでは 1966 年から 72 年かけてノースカロライナ美術館で開館された Mary Duke Biddle Gallery for the Blind があります[4]。これは、触覚を通じて視覚美術を探求することを目的に、視覚に障害のあるひとのために開設された常設ギャラリーでした。ギャラリーの大きな目的は美術史教育であり、石器時代から 20 世紀までに作られた 63 体の彫刻作品が年代順に並べられました。また会場環境も配慮されており、入口の壁には点字版の説明書やレリーフの館内地図が取り付けられました。動線を示すレールが各部屋をつなぎ、レールに導かれ進む来場者は、レールの内側に貼られた作品の点字ラベルを目印に、作品に触ります。さらに、テープなど視聴可能な装置が設置されるとともに、各部屋に在中するスタッフと作品について話すことができました。

さて、Sculpture for the Blind 展も、このギャラリーの影響を多分に受けています。例えば、点字カタログ、点字ラベルや触知可能な会場地図が用意されました。教育部門担当者が中心となって開催した展覧会であったため、展示された彫刻作品は、アリスティド・マイヨールの具象的作品からヘンリー・ムーアの抽象的作品までが一連の美術史の流れとして展示され、来場者は無意識のうちに彫刻史を概観することができました。

この Sculpture for the Blind 展を皮切りに、欧米の多くの博物館・美術館でタッチ展が開催されます。当時は障害のあるひとへ向けた取り組みが活発になったこともあり、視覚に障害のあるひとがアクセスしやすい環境整備がより強固に整えられていきます[5]。タッチ展の手法、言い換えれば「触る」アクセスは、期間限定の特別展として開催されることもあれば、ルーヴル美術館の Galerie Tactile のように常設の展示室が開設されることもあります（写真 1）。また、

今日ではハンズ・オン展示として障害の有無にこだわらず、あらゆる来場者へ向けたスタイルへと展開しています。

3. 視覚芸術・美術鑑賞行為へのアクセシビリティ

最後に、実際のアクセスプログラムを見てみましょう。まず、対象物に直接触ることのできる触察展示があります。常設のタッチ展ともいえるこの設備は、大英博物館やヴィクトリア＆アルバート博物館など、比較的博物館の多くに見られます（写真２）。コレクションそのものに触ることもできれば、同寸大の模型や一部を拡大したレリーフ図案が展示されていたりもします。また、施設や展示物によっては障害の有無に関わらずあらゆる来館者が自由に触ることもできます。

多くの博物館・美術館において用意されているのがアクセスガイドブックです（写真３）。館内や展示室内の地図やキャプションといった文字情報が拡大文字や点字で印刷され、1冊の冊子としてとして用意されています。来場者はインフォメーションカウンターで借りるか、展示室内にあるものを自由に手に取り、作品の傍で情報を知ることができます。なかには、点字の説明とともに絵画作品の図案が立体コピーとして印刷された触図本もあります（写真４）。

この冊子資料とともに貸し出されるのが Audio Description あるいは Audio Picture Description と呼ばれる音声機器です（写真５）。主に手で触れられない絵画や彫刻作品の詳細な作品描写や解説、ときには鑑賞者に与える印象などが録音されています。利用者は機器を首から提げ、同伴者や館内スタッフとともに作品の前へと移動します。キャプションには音声ガイドと同様に番号と視覚障害者対応を示すマークが表示されており、その番号を押して音声描写を聞き、作品へとアクセスします（写真６）。

このような常設のアクセスツールは、主に視覚に障害のある来場者が同伴者とともに自由に歩き回ることを前提に、コレクションに接するサポートとして提供される要素が強くあります。

一方で、定期的に開催されるアクセスプログラムも多岐に渡って実践されており、より深く作品を知るあるいは楽しむ、参加者同士で共有する機会を提供しています。まず、タッチツアーがありま

写真２　ヴィクトリア＆アルバート博物館の一例（上）。墨字・点字のキャプションとともに、「Please touch」という言葉がある。メトロポリタン美術館（下）のキャプションでは、視覚に障害のあるひとに対し、展示作品に触ることを進めている（その他のひとへは保存の観点から触らないように示している）。（筆者撮影、2012年および2014年）

写真３・４　ナショナル・ギャラリーより。上が拡大版であり、中央および下が点字版。（筆者撮影、2012年）

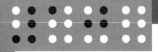

写真5 ナショナル・ポートレート・ギャラリー（上）とメトロポリタン美術館（下）（筆者撮影、2011～13年）

写真6 大英博物館にて音声ガイドを聞いている視覚に障害のある友人の様子（筆者撮影、2011）

写真7 ホワイトチャペル・ギャラリー「Picture Description Session」にて使用された立体コピー。弱視用の展示風景の拡大写真とともに、3種類の立体コピー（作品全体を表すもの、作品の細部を表すもの、作品が展示されている空間を示すもの）が用意されていた。（筆者撮影・2012年）

す。文字通り、数点の作品に触れるツアーです。訓練を積んだガイドスタッフやアクセス・コーディネーターあるいはエデュケーターが作品説明や描写を話し、彼らと会話しながら、作品へ近づきます。タッチ展が彫刻など立体作品を中心に展示されていたのと同様に、多くのタッチツアーは、メトロポリタン美術館（the Met）や大英博物館であれば古代エジプト時代の彫刻作品、ニューヨーク近代美術館（MoMA）の彫刻庭園内コレクションなどその館を象徴する常設作品を対象に実施されています。

対して、平面作品へのアクセスとしては、ガイドスタッフによる描写説明や対話によるプログラムを実施することが多くなります。プログラム名は館によって異なり、「Verbal Imaging Tour」（the Met）や「Art in Sight」（MoMA）、「Art Through Words」（ナショナル・ギャラリー）、「Visualising Portraits」（ナショナル・ポートレート・ギャラリー）などさまざまです。音声機器を活用した Audio Description は一方向の、しかし整理されて、段階を踏んだ情報で作品を描写していくのに対し、これらのツアーではガイドとの対話やコミュニケーションが核となる、より有機的な展開を見せます。さらに、参加者の興味や美術経験値、美術知識に合わせた対話もできます。この描写説明による方法は、常設作品のうち2・3点の作品を見て回ることもあれば、1つの作品の前に座りじっくりと見る場合もあります。さらに開催中の展覧会の作品をピックアップするホワイトチャペル・ギャラリーの「Picture Description Session」や the Met の「Picture This!」のように、立体コピーや布などの触察素材を適宜活用するなど、アクセスする作品やテーマ設定により方法論は多岐に渡っています（写真7）。

他にも、the Met の「Seeing Through Drawing」のようなワークショップもアクセスプログラムのひとつとしてあります。これは上記のツアーが視覚芸術作品や作品鑑賞へのアクセスに特化しているのとは異なり、マテリアルの触察や言葉による作品描写とともに実際に手を動かす体験を通じて、参加者を「絵を描く」行為へと近づけていきます。

加えてアクセスプログラムはweb上でも展開されており、Audio Description や触図のデータは美術館のwebサイトにて公開・提供

されています。またテートでは、「iMap: Creative Access」という
オンラインアートリソースを視覚に障害のあるひとへ提供していま
す[6]。そこではアンリ・マチスやピカソなど6名の作家に焦点をあ
て、それぞれの作品のリソースを提供しています。リソースにはテ
キストやアニメーションのほかに、点図や立体コピーの原案とな
るデータもあり、利用者はデータをダウンロードし、自由に活用
できるようになっています。Web上で展開することで、遠方に住
むひとや視覚障害児教育に携わる教育者などへも届き、間接的に
作品受容や作品鑑賞のアクセスへ導いているのです。2020年の夏
以降、それまで月に一度開催されていた対話のツアーは、「Virtual
Picture This!」（Met）や「Audio Description Tour」（ホワイトチャ
ペル・ギャラリー）、「Art in Sight at Home」（MoMA）とオンライン
へと場所を移し、プログラムが継続されています。ネット環境を介
した新しいアクセスの在り方がいま展開しようとしているのです。

おわりに

　以上、簡単にですが博物館・美術館におけるアクセシビリティに
ついて「作品」へのアクセスを軸に見ていきました。タッチ展か
ら展開した今日の多くのアクセスプログラムは一見、絵画や彫刻
といった作品の形態に合わせて、それに最適の感覚（彫刻であれば
触覚、絵画であれば言語）を中心に展開されています。しかし、実際
のプログラムは、必ずしも1つの感覚に特化し、それ以外は補助的
ツールとして機能しているわけではないでしょう。どのプログラム
も触覚や身体感覚、聴覚、言語活動そしてコミュニケーションといっ
たあらゆる感覚・活動を組み合わせ、視覚芸術作品や鑑賞行為への
アクセスを可能にしています。つまり、音声（言葉）だけ、触るだ
けといったいずれかの感覚1つだけをメインにするのは、アクセス
としては不十分といえます。複数の感覚、チャンネルが複合的に絡
み合うことで、作品受容や鑑賞が多重に、そして奥行きを持ったも
のとして視覚に障害のあるひととつながっていると考えられるので
す。

6）詳しくは、「i-Map The
Everyday Transformed」
（http://www2.tate.org.uk/
imap/imap2/index.shtml）を
参照のこと。

なお、本節では取り上げら
れなかったが、博物館・美
術館と視覚芸術そして視覚
に障害のあるひとをめぐる
論考として、下記文献は多
くの示唆を与えてくれる。
Candlin, Fiona（2010）
Art, Museums and Touch,
Manchester Univ Press.
Hayhoe, Simon,（2008），
*Arts, Culture, and Blindness:
A Study of Blind Students
in the Visual Arts*, Tenneco
Press .
Hayhoe, Simon（2017），
*Blind Visitor Experiences at
Art Museums*, Rowman &
Littlefield Publishers

Q 11 イタリアの美術館における視覚障害児者への アクセシビリティと教育(学習)について教えてください

大内　進

1．イタリアの美術館と視覚障害児者へのアクセシビリティ

（1）障害者の文化的な生活への参加に関する国際的動向

　障害者の文化面も含めた社会参加に関する国際的な取り組みとしては、なんといっても2006年に国連で採択された「障害者の権利に関する条約」を挙げておかなければなりません。この条約の第30条は、障害者が他の人と同じレベルで文化的生活に参加する権利があることを強調しています。当然、この中には美術館へのアクセスも含まれます。

　EUでは、2000年代初頭から特に社会的弱者ととらえられている人々に焦点を当てた一連のプログラムを展開しています。それは、「欧州文化アジェンダ(2007)」から「欧州文化アジェンダ(2015-2018)」へと展開され、文化面でのアクセシブルでインクルーシブな社会的統合の取組が高い優先度で進められています。また、障害者の人権を守るには、多方面の分野政策が関わってくるため、「欧州障害者戦略2010-2020」という枠組みを策定して、権利条約の目的を取り入れています

（2）イタリアの近年の動向

　障害者権利条約やEUの動向の影響だけでなく、イタリア国内の事情も絡んで、近年、イタリアでは美術館や博物館のアクセシビリティへの取り組みが加速しているように思われます。

　法的な枠組みから確認していくと、文化遺産の有用性に関して、2008年3月28日文化財・文化活動・観光省(以下文化省)令において、文化遺産の建築上のバリアを克服するためのガイドライン[1] が示されました。このガイドラインの改訂が2018年7月6日の文化省回覧という形で示されましたが、ここには、美術館等の建築のバリアーを撤廃に関する計画だけでなく、感覚障害及び知的障害がある人々の文化へのアクセスの改善をも重視した内容となっています。

　2018年2月21日付の文化省の法令では、建築のバリアフリーは、障害を持つ人々のアクセシビリティに関連する最小限の必須要件に

第30条1の条文

1　締約国は、障害者が他の者との平等を基礎として文化的な生活に参加する権利を認めるものとし、次のことを確保するための全ての適当な措置をとる。
(a)　障害者が、利用しやすい様式を通じて、文化的な作品を享受する機会を有すること。
(b)　障害者が、利用しやすい様式を通じて、テレビジョン番組、映画、演劇その他の文化的な活動を享受する機会を有すること。
(c)　障害者が、文化的な公演又はサービスが行われる場所(例えば、劇場、博物館、映画館、図書館、観光サービス)を利用する機会を有し、並びに自国の文化的に重要な記念物及び場所を享受する機会をできる限り有すること。

欧州文化アジェンダ

文化を国際関係の中核に据えるEUの新戦略。

欧州障害者戦略に盛り込まれた8分野の優先課題

Accessibility：モノやサービスへのアクセス
Participation：社会参加
Equality：平等
Employment：雇用
Education and lifelong learning：教育・生涯学習
Social protection and inclusion：社会的保護と包摂
Health：健康・保健
External action：対外活動

1）このガイドラインで初めてユニバーサルデザインの原則への言及があり、美術館の施設やさまざまなサービスへの指標やバリアに対する代替措置についても提案された。

すぎないという認識の下で、マルチメディアアクセシビリティや
ユーザビリティの普及に言及しています。

　イタリアには4,000を超す美術館や博物館があり、観光は財政
的にも重要な意味を持っているのですが、戦略的観光開発計画[2]
（2017-2022）においても、文化遺産へのアクセシビリティに言及し
ています。そこには、年齢や健康状態に関係なく、観光するすべて
の人を対象としたアクセシビリティへの対応が大切であり、持続可
能なモビリティシステムの導入や訪問先の遺産の歴史、複雑さ、多
様性（文化的浸透性）を理解し、解釈する機会を提供することなど
が盛り込まれています。

　また、イタリアでは、美術館の近代化と財政状況の改善が長年の
課題になっていましたが、近年大胆な手法で改革が進められていま
す。2015年8月、当時イタリアの文化大臣ダリオ・フランチェスキー
ニは、主要な博物館・美術館20館に財政的自治権を付与した新館
長を任命し、トップダウンでの美術館改革に踏み出しました。象徴
的なのは、この中に7人の非イタリア人が含まれていたことです。
後に波紋を呼びましたが、イタリア人であることよりも改革の実行
力のある人選を優先させたのです。この再生はアクセシビリティの
推進にも寄与しています。また、ダリオ・フランチェスキーニは、
国立博物館の月1回無料開放も敢行しました。文化遺産に接する機
会を増大させ、すべての国民の文化に対する意識変革を促そうとし
たのです。

（3）具体的な美術館のアクセシビリティへの対応

1）視覚障害に特化した美術館の設立

　イタリア視覚障害者連合（UIC）では、2003年に利便性とアクセ
シビリティの観点から視覚障害者が利用しやすい博物館・美術館の
調査[3]を実施しています。その調査から利用しやすい施設80館が
選定されています。そのほとんどは博物館関係であり、美術館は9
館に留まっていました。

　美術館で評価が高かったのは、マルケ州アンコーナにある「国立
オメロ美術館」とエミリアロマーニャ州ボローニャにある「アンテ
ロス手でみる美術館」の2館でした。ともに視覚障害者のために設
立された美術館であり、欧州盲人連合（EBU）が行った調査でもこ

2）戦略的観光開発計画
イタリアにおける2017年
から2022年までの観光に
関する国家戦略計画。持続
可能性、イノベーション、
アクセシビリティの3つの
戦略原則のもとに、次の4
つのテーマに関して目標と
対策が示されている。
文化と遺産：文化遺産と自
然遺産は、持続可能な管理
の推進と資産の革新的な運
用を通じて強化される。
競争力と雇用：観光競争力
を高めて、付加価値を生み
出し、雇用の量と質を高め
る。
観光客中心：イタリアでの
観光体験を、市場の需要と
期待に応えるものとする。
統合と相互運用性：観光協
会と事業者のシステムは完
全に統合され、相互運用性
とパートナーシップの機能
を促進する。
OECD観光動向と政策
（2020）：
https://www.oecd-ilibrary.
org/sites/3d4192c2-en/index.
html?itemId=/content/
component/3d4192c2-en）

3）
https://www.uiciechi.
it/documentazione/
paginetematiche/
autonomia/musei.asp

オメロ美術館

地元の視覚障害者協会とイタリア盲人協会によって提案され、1993年にアンコーナ市議会によって設立された。その後、1999年11月25日の法律第452号においてイタリア議会で承認され、現在は、国立の美術館として位置づけられている。この美術館の目的として、「視覚に障害者の統合と文化的成長を推進すること」と「リアリティの知識を広げること」が示されている。

収蔵・展示されている作品は「建築モデル」と「彫刻」の2ジャンルに大別されるが、すべて自由に触ることができる。

建築物は精巧な縮尺模型である。ギリシャやイタリアの代表的歴史的建造物が、柱の彫刻や室内の内装まで精密に再現されている。モデルによっては、二つに分割でき、内部の構造も確認できるようになっている。また、大きさのモデルについては、両手で囲い込めるほどの小型のミニモデルによって全体像を把握できるようになっている。このように触覚による鑑賞に対応した配慮が随所になされている。当然それぞれの作品には点字と音声の解説が用意されている。

彫刻については、エジプト・ギリシャ・エトルリア・ローマ・ロマネスク・ゴチック・ルネッサンス・バロック・ネオクラッシック・20世紀・現代と多岐にわたる年代及び様式の作品が展示されている。「ミロのビーナス」、ミケランジェロの「ダビデ」像などの著名な作品もある。ほとんどが精巧なレプリカである。現代作品についてはオリジナルの展示品もある。

この美術館は、一般市民にも好評で、美術教育の一環として通常の小中学校の児童生徒も頻繁に利用している。定期的に美術教室なども開催されている。

の2館が選ばれていました。両館は、現在でも美術館における視覚障害者へのアクセシビリティ対応の先導役として大きな役割を果たしています。なお、両館ともに視覚障害当事者及び視覚障害者団体がその設立や運営に深くかかわっています。

2）イタリアの一般美術館の改革

イタリアでは、1970年代から学校教育においてフルインクルージョンが実施されていること、精神障害者の地域医療が進められていることなどから、障害がある人への理解は進んでいましたが、人的資源の確保やバリアフリー環境の整備などは、イギリスやフランスなどの方が先行していたといえます。それが上述したように、障害者の権利条約の批准やEUの戦略などを受けてアクセシビリティへの対応が加速してきました。最近では、障害者に優しい美術館として、イギリスの大英博物館やフランスのルーヴル美術館と並んでウフィッツィ美術館、ヴァチカン美術館が名を連ねるまでに至っています。そこで、その改革の状況についてこの2館の取り組みを具体的に紹介し、その上で、各地の美術館の近年の取組についても触れることにします。

①ウフィッツィ美術館の取組

フィレンツェにあるウフィッツィ美術館（Galleria degli Uffizi）はメディチ家歴代の美術コレクションを収蔵する美術館です。イタリア国内の美術館の中でも収蔵品の質、量ともに最大級で、世界的に著名な美術館のひとつです。古代ギリシア、古代ローマ時代の彫刻から、ボッティチェッリ、レオナルド・ダ・ヴィンチ、ミケランジェロ、ラファエロらイタリアルネサンスの巨匠の絵画を中心に、それ以前のゴシック時代、以後のバロック、ロココなどの絵画を所蔵し、展示物は2,500点にのぼります。

・地道な視覚障害者対応への取組

ウフィッツィ美術館では、2012年に視覚に障害がある来館者のための「Uffizi da toccare（手でみるウフィッツィ）」が開始されています。これは、ウフィッツィコレクションの最も重要な大理石彫刻作品のうち約30点を選定し、手で触れて鑑賞することができるようにした取り組みです。これらの作品には点字の解説も準備されています。遡って2011年には、ボッティチェリの「ヴィーナスの誕生」

を半立体的に翻案した「手でみる絵」がオリジナル作品の横に展示されています。この翻案作品とともに点字による解説パネルも掲示され、さらに音声ガイドと組み合わせることによって触覚を活用した効果的な鑑賞ができるようになっています。この翻案作品は「アンテロス美術館」が開発作成したものです。なお、同じ浮彫作品が東京の「手と目でみるライブラリー」にも展示されています。

・新館長による構造的改革

　上述したように、イタリア文化省は、国立美術館 20 館の館長を刷新しました。ウフィッツィ美術館の館長には、2016 年にミネアポリス美術館の装飾美術部長を担当していた美術史専門のアイク・シュミッツ氏が就任しました。

　新館長は、展示室の模様替えなどを断行し、観客数を大幅に増大させました。こうした改革とともに、障害者対応についても積極的に推進しました。その象徴は、館長直轄のセクションとしてアクセシビリティ部門を設けたことです。障害者や高齢者も潜在的な観客であると位置づけ、5 人のスタッフを配して、視覚障害を含むすべての障害者への鑑賞支援が強化されました。ICT の積極的活用の取組も強化され、障害者支援にも反映しています。

　筆者と茂木は、2018 年 9 月に、このアクセシビリティ担当部署の学芸員 4 名と面談し、直近の視覚障害がある来館者への対応も含めてアクセシビリティへの取組について聞き取りをしました。

・現在の視覚障害者対応

　視覚障害がある来館者のためにアクセシビリティ窓口が受付に設けられています。この窓口に申し出ると担当者が館内を案内し、彫刻作品を手で触れて鑑賞するなど特に配慮した対応を受けることができます。特筆すべきは、事前に予約しなくてもサービスが受けられることです。

　視覚障害者は、用意されたラテックス製の手袋をはめ、スタッフの案内により触覚による鑑賞ツアーを楽しむことができます。視覚障害者のサポートは、学芸員が対応しますが、案内のスタッフも支援のトレーニングを受けています。

　館内入り口に用意された作品で触り方等についての事前シミュレーションをしてから館内に入るという一連のプログラム[4) が準

アンテロス手でみる美術館

　この美術館は 1999 年に、ボローニャ市に開設された。この美術館の着想は 1994 年頃に生まれ、視覚障害者団体の協力のもと、彫刻家、当事者、大学教員および眼科医などによるチームで研究と作品製作が進められた（Secchi,L.2004）。

　絵画の鑑賞において、従来の凸線で表した触図をなぞるだけの活動では絵画の空間構成や構造的特質までを明らかにすることは困難である。このチームでは「浮き彫り」（レリーフ）のテクニックを応用して絵画を半立体的に「翻案」するシステムを開発した。描かれている画像を半立体的に表現することで、表現されている人物や事物が触覚によってイメージしやすくなる。奥行きや遠近などの 3 次元的な広がりをも表現できるようになる。

　この美術館の学芸員であるロレッタ・セッキさんは、この方法が考案されたことにより 2 次元の視覚的なアートへの扉が視覚に障害のある人にも開かれ、全盲あるいは強度の弱視者のための図像を使った教育が可能となったと述べている。この美術館はカヴァッツァ盲人施設内の一室に開設されている（コラム⑧参照）。

91

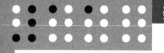

4）プログラムの概要
・手袋の着用
入口でラテックス製手袋を渡される。作品の触察はこの手袋をはめて行う。
・事前ガイダンス
ツアー前に、展示室入口にある展示物『Sarcofago con il trionfo di Bacco』（バッカスの勝利を収めた石棺）を使って、触察の方法やマナー等について担当者からガイダンスを受ける。
・鑑賞ツアー
触察トレーニングを受けている担当者（あるいは場内警備員）のガイドにより、館内の触察用に選定された作品を鑑賞する。

ウフィッツィ美術館の館内案内板（図1-1）
・見えにくい子ども展示室入り口に視覚障害者のための触察可能展示品がおかれている場所を示す案内パネルが設置されている。
・パネルは『普通印刷による解説＋透明シート点字＋凸図』が一体となっている。
・本文はイタリア語と英語が併記されている。
5）触って鑑賞できる選定された作品
(1) バッカスの勝利を収めた石棺
(2) ヴィーナスの誕生
(3) ドミティア
(4) エリオチェザーレ
(5) 黒い大理石の寝ているキューピッド
(6) 擬古代ホーマー
(7) 斑岩のオオカミ
(8) カラカラ
(9) 葬儀コンゴウインコ
(10) 寝ているキューピッド
(11) 狩猟現場のある石棺
(12) Lucippidia ラットの石棺
(13) ケンタウルス
(14) ふたなり
(15) シセロの肖像
(16) ベールを被った高齢者の肖像
(17) アウグストゥスの肖像
(18) Ara dei Vicomagistri
(19) 頭が不明な胸像
(20) ドミティアの肖像
(21) ミトラの頭を持つ彫刻の断片
(22) Antoninus Pius の肖像
(23) 現代の女性の胸像

備されています。展示室の入口には視覚障害がある観客のための点字および凸図、音声による館内案内板が設置され、館内の触れる作品の配置場所を確認することができるようになっています。

視覚障害者が自由に触って鑑賞できる彫刻作品は約30点[5]です。その作品には点字と音声による解説が用意されています。

さらに、「触れないことは禁じられています」というスローガンが掲げられ、鑑賞の要望があれば、それら以外についても、破損や劣化が危惧される作品を除いて全彫刻作品を手で触って鑑賞することが可能です。

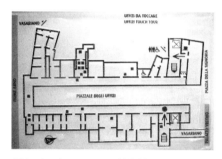

図1-1　ウフィッツィ美術館の館内案内板

絵画作品については、残念ながら「手でみる絵」がおかれているのは「ヴィーナスの誕生」のみです。

また、よりわかりやすい視覚障害者のための点字、触図、音声付き作品解説板[6]も作成中でした。

図1-2　同館「ヴィーナスの誕生」浮彫翻案作品と展示の様子

②ヴァチカン美術館の取組

ヴァチカン宮殿内には、20もの博物館、美術館、絵画館、図書館があり、歴代ローマ教皇の収集した様々な時代の美術作品が所蔵・展示されています。来館者へのアクセシビリティ対応に力を入れています。ここでは、ヴァチカン美術館が実施している触覚と多感覚ツアーのサービスを紹介します。このツアーは視覚障害がある来館者を対象としていて無料ですが、事前の予約が必要です。多言語に対応しており、筆者らが2015年に体験したツアーでは日本語通訳がつきました。

アクセシビリティ担当の学芸員とインストラクターのガイドにより、時代を追って館内の歴史的遺産や彫刻、絵画を鑑賞するコースが用意されています。古代ギリシャ・ローマ時代のオリジナルの出土品に触ることができます。絵画については、カラヴァッジョ「キリストの埋葬（図2）」、ラファエロ「キリストの変容」、メロッツォ・ダ・フォルリ「奏楽の天使」の3作品について半立体翻案作品も展示されており、それを触りながら鑑賞することができます。この3作品もアンテロス手でみる美術館の協力によって製作されたものです。このコースで特徴的なのは、鑑賞する作品に応じた楽器や音楽や香油などが用意されているところにあります。触覚だけでなく、聴覚や嗅覚の情報も使って作品に迫ろうというわけです。

③その他の美術館の対応

2つの美術館の視覚障害がある来館者への対応について紹介しました。そのほかにも視覚障害の対応に積極的に取り組んでいる美術館がありますので以下に紹介します。

・ボルゲーゼ美術館

ローマにあるボルゲーゼ美術館は、ボルゲーゼ家歴代の美術コレクションを収蔵しています。ルネサンス期およびバロック期の作品が中心で、ジャン・ロレンツォ・ベルニーニの彫刻作品やカラヴァッジョ、ラファエロ、ティツィアーノ、ルーベンスなど画家の絵画が展示されています。視覚障害者の鑑賞ツアーでは、学芸員の案内によりラテックスの手袋をつけてベルニーニなどのオリジナル作品に触れて鑑賞することができます（図3）。

・カピトリーノ美術館

フォロ・ロマーノの近くのカピトリーノの丘にある美術館です。15世紀からローマの有力貴族のコレクションを受け入れながら拡充がすすみ、ローマの歴史にかかわる作品を多数所蔵展示しています。ルーベンスの「ロムルスとレムス」、カラヴァッジョの「女占い師」「洗礼者聖ヨハネ」、ガロファロの「受

(24) マーカス・アウレリウスの子
(25) コモドゥスの胸像
(26) 若い男の肖像
(27) アラ・ディ・テレゲンニオ

6) 解説板の概要
①普通文字の解説＋透明点字による解説
②作品の画像＋透明凸インクによる触察画像
③パネル下部にQRコードとNFCコード（近距離通信または近距離通信）スマートフォン及びインターネット接続が可能。音声解説を聞いたり、手話の映像を見たりすることができる。

図2　「キリストの埋葬」

図3　ボルゲーゼ美術館

図4　ヴィターレダボローニャの「サンジョルジョと竜」

図5　テ宮殿「巨人の間」の模型

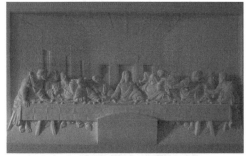

図6　「最後の晩餐」

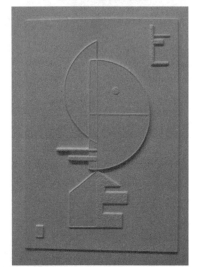

図7　ペギー・グッゲンハイム・コレクション

図8　Galleria d'Arte Moderna の手でみる絵

胎告知」の半立体複製作品がオリジナル作品の前に展示されています。解説も点字で示されています。

・ボローニャ絵画館

　18世紀末、ナポレオンが廃止したボローニャの教会や修道院所蔵の絵画や彫刻がコレクションの中心で、ジョットやラファエッロ、等の絵画が展示されています。入口にヴィターレダボローニャの「サンジョルジョと竜」の作品と並んで半立体複製作品が展示されています（図4）。

・テ宮殿

　マントヴァにあるテ宮殿は、建築家ジュリオロマーノによる作品です。マントヴァ市は貴重な芸術的遺産の平等なアクセスを保障するためにアクセシビリティに力を入れています。テ宮殿の各部屋の壁や天井に描かれている絵画の一部を半立体作品に複製して展示しています（図5）。

・サンタ・マリア・デッレ・グラッツェ教会「最後の晩餐」

　2010年6月8日に、レオナルドの傑作『最後の晩餐』の半立体複製作品がサンタ・マリア・デッレ・グラッツェ教会のオリジナル作品の展示室（食堂）内に展示されました。アンテロス手でみる美術館とのコラボレーションによるものです（図6）。

・ペギーグッゲンハイムコレクション

　ベネツィアにあるペギー・グッゲンハイム・コレクションには、近現代作家の作品が展示されています。常設展示作品のいくつかが真空成形技法による半立体作品に複製され、オリジナルと共に展示されたり、視覚障碍者のためのワークショップの教材として利用されたりしています。視覚障害がある人に近現代美術を普及

することを目的として取り組まれているものです。ミラノ盲人協会やイタリア視覚障害者連合なども協力しています（図7）。

・Galleria d'Arte Moderna

Galleria d'Arte Moderna は、ミラノのスカラ座の近くの美しい建物のひとつにあり、「あなたの手で見てください」というプロジェクトに取り組んでいます。ガイド付きツアーでは、常設コレクションの16の彫刻作品を「手」で鑑賞することができます（図8）。また絵画についてもアントニオ・カノーヴァの作品や現代絵画の作品などが真空成形技法による半立体作品に複製され、オリジナル作品の近くに展示されています。複製作品はミラノ盲人協会の協力によるものです。オメロ美術館とも連携しています。

図9　トリノ市立古典美術館の作品情報シート

・トリノ市立古典美術館（Palazzo Madama）

トリノ市内のマダマ宮にあり、中世からバロックにかけての美術・工芸品などを収蔵・展示しています。この美術館では、作品ごとに墨字、点字及び音声読み上げ用のコードがついた情報シートが用意されています。自身のスマホを使って作品の解説を聞くことができます（図9）。

筆者が、実際に足を運んだ美術館の取り組みを中心に紹介しましたが、その他にも多くの美術館で視覚に障害がある人に楽しんでもらうことを目的として様々な取り組みが展開されています。他方、イタリア国内のすべての美術館こうした対応をしているわけではないという点にも留意する必要があります。

2．学校における美術教育

（1）教育・大学・研究省（MIUR）のガイドライン

イタリアでは、日本の小学校の図工にあたる教科名は「アートとイメージ（arte e immagine）」です。2012年にMIURによって公布された小学校段階のガイドラインによると、この教科では、個性的かつ創造的な方法でイメージを表現することと、アート作品を鑑賞して理解し児童生徒のコミュニケーション力つまり相互に考えや思い

をやりとりする能力を開発し、強化することを目的としています。

各学年毎の指導内容は大綱的に示されています。具体的な指導内容は学校や教科担当が計画立案し、指導していくことになります。

（2）小学校での指導

イタリアの小学校教育は、基礎基本の学習をベースに人間形成を主眼に置いています。日本の学習指導要領のような細部にわたる縛りがないこともあり、指導内容や方法は担当者によって大きく異なります。

また、イタリアはフルインクルージョン体制をとっているので、学級集団の特性に応じた対応もなされています。筆者が見学したパルマ市の小学校では、全盲児童が在籍しているために、その児童が学習に参加できるよう視覚を活用しなくてもできる活動をできるだけ取り入れていました。

また、「arte e immagine」の時間数は少ないのですが、他の教科でもデザインしたり描いたりするなどの表現活動が取り入れられているため、トータルでみると、絵をかいたりデザインしたりする時間は相応に確保されているようです。

（3）中学校での指導

中学校での教科名も「arte e imagine」です。この段階では、教科における観察、読解、製作等の活動を通して、視覚言語の主要な要素を理解し、作品の意味を読み取る力を育成すること、さまざまなコミュニケーション機能を目的とした、個性的で創造的な表現を考案、設計、作成できるようにすること、重要な芸術作品を鑑賞し、芸術的遺産の価値を認識し、その保護と保全の問題への意識を高めることなどが目指されています。

（4）学校と美術館の連携

美術館の多くは、教育普及活動にも熱心に取り組んでいて、ワークショップを開催するなどして学校の活動を支援しようとしています。多職種間の連携の障壁は少なく、利用手続きも簡便で、学校も美術館を気軽に利用しています。障害があると認定された子どもには支援教師が配置されていますので、活動内容に応じて柔軟

アンテロス美術館における、視覚障害児が在籍する
クラスを対象としたワークショップの一コマ

に対応することが可能です。また、イタリア視覚障害者協会が「視覚障害教育支援センター」を各地に立ち上げており、必要に応じてこのセンターから教材作成等のサポートを受けることも可能です。

オメロ美術館における、
一般学生向けのプログラムの一コマ

（5）アンテロス美術館とオメロ美術館の対応から

アンテロス美術館とオメロ美術館も学校教育機関や福祉機関などと連携しています。また、視覚に障害がある人々に対しては、美術教育やアート鑑賞などの支援を行っています。

アンテロス美術館では、インクルーシブ教育や視覚障害者の社会的・職業的統合という目的の共有という点にも配慮して、さまざまな学校からの見学を受け入れています。その対象は幼児から大学生にまで及んでいるということです。視覚に障害がある児童・生徒が在籍している学級や学校については、その児童生徒への支援だけでなく、在籍するクラス全員の訪問を働きかけ、共にタッチツアーを体験したり、粘土による模写活動を行ったりする機会を提供しています。写真はその一コマです。また、近年は、単一の視覚障害だけでなく、重複障害や聴覚障害のある子どもに対してセラピーを兼ねた絵画鑑賞指導にも取り組んでいます。さらに、ボローニャ大学の支援も得て、視覚に障害がある子どもの保護者の会を組織していることも当美術館の大きな特徴だといえます。絵画の鑑賞とともに視覚に障害がある子どもの教育に関連したいくつかの問題に対して、保護者に実用的な情報を提供したり、問題の解決に向けた機会にしたりしているということでした。

オメロ美術館も小学校や中学校と積極的に連携し、授業の一環として鑑賞ツアーやワークショップを実施しています。ワークショップとしては、「目隠しコース」、「粘土」「手でみる絵本の製作」、「点字入門」、「アートと音楽の会議」などを実施しています。こうした視覚障害を含む障害がある子どもだけでなく、すべてのこどもが共にアクセスできるように計画された活動では、インクルージョンと共生の大切さが子どもに意識されることになります。

Q12 台湾の視覚障害者への芸術教育と芸術の平等の発展とは何ですか？

趙　欣怡（翻訳：今　鈴穂）

「芸術美学」は、人間の生命と心に必要な精神的な栄養です。それは、自分の感情や考えを表現する媒体であり、個人と社会環境とのコミュニケーションや対話の窓口であり、人格形成や発展の礎でもあります。本稿では、統合教育が今後の台湾の視覚障害者教育のトレンドになること、また、インクルーシブな学習環境の中でどのように美術教育の基礎を築いてきたかを探っていきます。

1. 台湾の視覚障害者教育 [1]

（1）台湾の視覚特殊学校の現状

台湾における盲学校の最初の歴史は、1891年に英国長老派教会のウィリアムキャンベル牧師が視覚障害者に教育を受けさせるために、点字、算数、手工芸の「トレーニングホール」を設立したことから始まりました。現在、台湾には、台北の「台北市立啟明学校」[2]、台中の「台中市立啟明学校」[3]、「台中私立恵明盲校」[4]、の3校の盲学校があり、台南の高雄市には「高雄市立楠梓特殊学校」[5]で視覚障害のある生徒が視覚障害教育を受けることができます。

（2）視覚障害者のための統合教育の現状

1965年、省立台南師範大学は視覚障害児の混合教育を推進するために「盲児教師養成課程」を設置し、1967年には訓練を受けた教師が県や市に配置され、視覚障害者のための混合教育を開始し、巡回相談（巡迴輔導方式）という形で指導が行われました。

台北市では1997年より、小学校から高校までのいくつかの学校を「視覚障害者リソースクラス（視障資源班)」として、視覚障害者教育の中心に選び（台北市の武昌小学校、仁愛小学校など）、視覚障害のある生徒には、専門の教師と設備を提供するようにしました。他の市や郡では「視覚障害者巡回相談教室」を推進しています。

統合教育学校では、視覚障害のある生徒が通常のクラスで授業を受けられるだけでなく、保護者と協力して個別教育計画（IEP）を作成し、これに基づき教師、特別支援教育の教師及び関連専門人材

1) 2019年の台湾教育省の障害者教育統計によると、台湾の大学には126,419人の障害学生がおり、そのうち視覚障害者は約1,507人で、約1.2%を占めている。高等学校（未就学児、国民小中学校、高等学校を含む）に在籍する視覚障害のある生徒は905人で、男性531人、女性374人であった。視覚障害専門の大学には602名（男性358名、女性244名）が在籍し、集中型の特別教育学校と統合教育を行っており、クラスの種類は、集中型の特別教育クラス、分散型のリソースクラス、訪問カウンセリング、特別教育サービスを受ける通常クラスなどがある。

2)「台北市立啟明学校」の前身は、1917年に日本人の木村謹吾氏によって設立された「木村盲唖教育所」でした。1975年、特殊教育の発展のために、盲ろう者のための分校として「台北市立啟明学校」が設立されました。幼稚園、小学校、中学校、高校、高等専門学校の5学部がある。

3)「台中市立啟明学校」は1968年に設立され、高等職業科（一般科、リハビリマッサージ科、実技科、総合職能科）、中学校、小学校、附属の研修学校がある。

4)「台中私立恵明盲校」は、1956年に台北に設立された「盲児童の家」から始まり、1958年に「台中県盲童保育園」を経て1972年に正式に設立された。2011年には、重複障害の学生のために「台中私立恵明盲校」に改名された。今後、「盲童育幼院」と「恵明教養院」と連携し、私立の教育機関として学費が無償化される予定である。

5)「高雄市立楠梓特殊学校」は1994年に設立された。

（視覚障害巡回教諭）が協働して教育業務を進めます。

　視覚障害統合教育とは、一般校に視覚障害者が入学することを推奨し、また視覚障害者が社会生活に適応できるように、晴眼者から隔離しない教育環境を常態化することを目的としています。近年インクルーシブ化は進み、晴眼者から隔離しない教育環境の概念がより一般的になっていることがわかります[6]。

　統合教育環境下では、語学、数学、自然科学、社会、芸術と人文科学、保健体育、その他科目を問わず、文字、数字、表、写真などの視覚的な学習情報が多く含まれます。これらを視覚に不慣れな生徒が触ったり聞いたりできるように、点字や音声、触覚教材に変換する必要があります。特に、芸術教科は、視覚的な理解や操作に頼る部分が多く、教師が視覚障害学生のレベルに応じて授業の速度を調整したり、補助器具や特定の学習体験を提供する必要があります。学習内容を単純化、縮小、再分析したり、代替感覚の教材を使用することも、学習効果に影響を与えます。

（3）視覚障害者教育の発達とジレンマ

　現在、台湾の視覚障害教育は保護者の支持も強く、インクルーシブ教育への移行を進め、その結果盲学校では生徒の確保が困難となり、定員確保のために重複障害の生徒の受容によって、教師の負担が増大しました。盲学校は視覚障害の専門性を維持しつつ、この変化にどう対応するかは今後の課題となっています。

　一方で、すべての視覚障害者は、就学前の段階から、集中型の特殊教育クラスの学習環境から離れ、普通学級での統合教育に適しているのでしょうか。教師による視覚障害のある生徒に対する個別指導の方法が、彼らの学習や習得の速度への適応に影響を与える要因となります。また、統合教育の環境下で、視覚障害のある生徒の自立を助長できるのか？一般校では、特別学校に代わる視覚的な学習情報を聴覚や触覚に変換するための設備や教材が十分に整っているのか？教師は、視覚障害の知識を十分に持っているのか？これらはいずれも、統合教育の今後の発展にとって重要な課題です。

　特に、芸術教育については、視覚障害特別支援学校の多くが音楽教育に力を入れており、視覚芸術の学習は長らく軽視されてきました。近年では外部講師を招いての作品制作講座や、美術館博物館の

視覚障害者のクラスは主に高等部と高等専門学校である。

6）　2019年の台湾教育省の特殊教育統計によると、視覚障害のある高校生は905人で、そのうち統合教育を受ける生徒数は約727人である。現在統合教育を受ける視覚障害者の割合は、過去数年間と比較して、80％と高く、年々増加傾向にある。

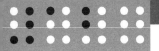

資料を活用した鑑賞活動などの試みもありますが、視覚障害児のための通常の美術学習環境を構築することは容易ではありません。

　統合教育下において、視覚障害者が美術の授業中に作品を完成させる際、ほぼ教師の補助に頼っている状況を改善するためには、教師自身が視覚障害者に向けた美術指導の知識や指導方法を身に付け、視覚障害者が理解を深めるための多感覚的な教材を設計できるようにするのも今後必要でしょう。

2．台湾における視覚障害者のための美術教育

　「視覚障害者のための美術教育」とは何でしょう？美術教育は、学齢期の発達段階にあるすべての生徒に平等に与えられるべきものです。その学習内容には、認知的言語表現、手先の器用さ、空間認識、触覚学習、社会的関係や人格の形成などが含まれており、これらが自立の手助けとなり今後の生きていく上での基礎となります。しかし、台湾の社会では視覚障害者の芸術学習の機会が古くから軽視されてきたため、学校でも視覚芸術の課程が不足しており、美術館には視覚障害がアクセスできる設備はありませんでした。ごくわずかに民間団体の芸術活動支援があったくらいです。その由として、視覚障害者には芸術学習は必要ないという伝統的な「健全主義」の考えが主流となっていることがあります。しかし今日では、文化的平等推進の政策と、民間団体による提唱が相まって、彼らの芸術的学習の環境を少しずつ改善しています。

（1）台湾の民間団体組織による視覚障害者のための美術講座

　民間団体[7]による視覚障害者のための美術教育の初期の考え方は、ビーズや陶芸などの手工芸品に留まり、絵画はほとんどありませんでした。しかし2008年、当時カメラの開発をしていた「プレミア財団（普立爾文教基金會）」[8]は、台北の視覚障害のある小学校1年生から3年生までの児童を対象に、夏休みの5日間、絵画、切り絵、版画、写真、建築デザインなどを学ぶ美術講座を開設しました。筆者は講師として招聘され、彼らにさまざまな美術制作の手法や素材に触れてもらうことをテーマに体験授業をしました。

　その後、私たちの団体は活動を拡張していきました[9]。このプログラムは視覚障害のある生徒が学校の教育課程外で創造的な芸術創

7）台湾の民間団体は、法人（企業が設立した財団）と社団法人（市民団体や協会）に分かれている。視覚障害者向けの支援団体や組織は、盲人福祉協会、視覚障害者父母の会、視覚障害者ケア協会など、年齢別、学齢別、地域別に教育、社会福祉、自立支援、職業訓練を目的とした100以上の組織がある。

8）財団は1999年8月に設立。http://www.premierf.org.tw/

9）北部及び中部の視覚障害者親の会の視覚障害者総合教育と特別学校のためのアート講座を開催してきた。

作活動を行う機会を増やすことを目的としています。同時に、筆者は 2012 年に中途失明の成人の視覚障害者を対象にした絵画、写真、版画、コラージュ、陶器などの「台湾盲人協会」の通年のアート制作講座を開講しました。また、視覚障害者が美物館に来るきっかけ作りを様々な年齢層向けの芸術教育支援を試験的に始めました。

その後、視覚障害者の美術教育を次々と推進する過程で、筆者は視覚障害者の美術教育を行う教師が不足していると感じました。視覚障害者の芸術教育資源の拡大と、芸術環境の改善のために、2014 年に台湾初の視覚障害者に向けた美術教育の公共福祉団体「台湾非視覚美学教育協会」を設立しました。視覚障害の学生と成人のための美術講座を行ったり、美術教師、特別支援教育の教師や視覚障害者の家族を対象に非視覚的な美術の研修を行ったり、多感覚の教材と教育方法の開発などの活動を行っています[10]。そこでは、視覚障害者が美術を学ぶ必要性を提示するようになりました。2017 年には TED トークに招かれ、「芸術の平等」の概念と実践について提唱し、非視覚的な美術教育と考え方とその普及についてより多くの人の理解を得ることができました。

（2）台湾の特殊学校と融合教育の視覚障害美術教育

　台湾の北部、中部、南部の視覚障害特殊学校では、依然として集中型特殊教育クラス（集中式教學模式）を採用しています。芸術科目は主に音楽だけで、視覚芸術は長い間取り入れられていませんでした。

　遅れている台湾の統合美術教育に対して、筆者は視覚障害のある生徒の芸術活動の啓蒙活動のために多くの特殊学校を訪問し、2010 〜 2012 年台中市立啟明学校で毎週末芸術制作講座を開講しました。当初は弱視と全盲の生徒がともに学ぶ場をつくり、口頭で説明しながら作品に触れる授業を取り入れ、様々な芸術的創造活動を体験できるようにしました。その後、弱視と全盲学生のコースを分け、」弱視の生徒は色の認識や空間の方向性にはまだ残存視力を使うことができるので、視覚誘導と触覚操作の訓練を行いました。全盲の生徒には触覚誘導と詳細な口頭による説明をし、すべての色、線、形は触覚と聴覚を統合した認知として変換させることができ、非常に手ごたえを感じた取組でした。

10) この頃から、著者は大学や美術館などに招かれ、視覚障害者の美術教育に関する講義を進めた。

図1　視覚障害のある学生が、ちぎった紙テープを一人でキャンバスに貼り付けている様子

図2　視覚障害のある学生が、似顔絵の隆起した線の素材に触れるよう、指を誘導されている様子

図3　視覚障害のある学生が指を伸ばしてキャンバスの距離を測り、構図の大きさをひとりで考えている様子

図4　視覚障害のある学生がカメラを持って、周囲のボランティアの音声ガイドを聞きながら写真を撮っている様子

　統合教育に対しては、民間団体からの支援のもと、2012年に新北市の小学校で美術教師向けの研修を行いました。ここで実験した全盲の2名を対象に触覚を利用した美術の授業実践から、視覚障害児の美術学習を通して育成可能な6つの能力が明らかになり、視覚障害者の美術教材開発の基礎として機能すると考えられます。

①手の触覚操作能力

　視覚障害者の芸術創作活動は美術教材の触覚操作方法を学ぶことに加えて、触覚によって物体の表面の質感を区別したり、対象物を空間的に認識しながら行っています。中等度から重度の弱視でも、触覚、嗅覚、聴覚による視覚芸術の創造的な探求学習が可能で、鋭い触覚で徐々に視覚を補助していくことができます（図1）。

②イメージの認識とコミュニケーション能力

　視覚イメージ認識の学習は、視覚障害者が立体からの平面イメージへの変換を可能にします。視覚障害者の脳内にいつでもアクセスできる画像データベースを確立し、感知した触覚の情報をイメージ検索し、記号化された画像を結び付けることで、晴眼者と共通の画像イメージを認識でき、視覚障害者のコミュニケーションと判断能力を促進します（図2）。

③創造的な空間認識能力

　空間認識能力は身体訓練に適用されることに加え、美術制作を向上させる重要な基盤です。身体の動きと空間の認知が方向や距離を認識するのに役立ちます。平面画像の創作では、指や道具の触覚が身体感覚に取って代わり、方向と距離が認識できると、最適な構図の配置をすることができるようになります（図3）。

④口述イメージを理解する能力

　視覚障害者が創造活動について学ぶ際、指導者が、対象物の色、長さ、方向、サイズ、形状などの視覚情報を言葉で説明して支援します。指導者は視覚情報を明確かつ簡潔に表現する必要があるのに対し、視覚障害者側は、

口述の内容を理解・認識し、それを触覚等他の感覚に変換する必要があります（図4）。

⑤立体造形の表現力

立体造形は物理的な空間特性を持っており、視覚障害者にとっては平面的なイメージ表現よりも触覚的な認知で理解しやすいため、造形力は物に触れたり、粘土で再現したりすることで鍛えられ、立体を構成する点・線・面の要素や、他の異なる素材を使って様々な質感を表現することができます。小さなものから大きなものまで造形していく中で、身体の動きとのつながりを深めることができます（図5）。

図5　視覚障害のある学生が、頭部の彫刻を道具を使って彫っている様子

図6　視覚障害のある学生がキャンバスに直接触れながら色彩豊かな肖像画を描く様子

⑥平面画像の描写力

視覚障害者が平面画像の描写をするための教材の開発はまだ十分ではありませんが、針金を貼り付けて浮きや凸を表現したり、柔らかい素材の表面に鋭利な道具で線を彫り込んで凹みを表現したりしています。視覚障害者は、輪郭線を描く事で物体の平面構造を理解し、点・線・面の基本要素から視覚イメージの認知能力を養い、さらに教材の工夫では遠近法の原理を理解することもできます（図6）。

「台湾非視覚美学教育協会」の設立後、2016年から2017年にかけて、私立恵明盲学校と幼稚園の夏季講習と協働し、政府機関や民間団体の支援を受けて、「自画像」をテーマに、絵画、彫刻、水墨画、版画、写真、演劇、陶芸、園芸等の1週間の各コースを2年連続で開講しました。筆者のほか、優秀な撮影チーム、ガーデニングデザイナー、視覚障害者でありバリスタの林佳箴氏、視覚障害アーティストの許家峰氏と共同で、芸術美学のカリキュラムを企画し、同時に光之画廊、台中放送局、国立台東生活美学館などの会場で展覧会を開催しました。そしてこの期間に教材として使用したテキストを、後に専門書『アート。目に見える／目に見えない：視覚障害

図7　視覚障害者が、国立台湾美術館の入り口付近に設置された外の彫刻に触れ、自律型ガイドアプリで音声ガイドを聞く様子

図8　「時と光。生〜古典から現代までの写真アート教育展」にて、視覚障害者が、展示作品の3Dレプリカに触れる様子

図9 「集いと放ち〜台湾の美術団体と美術発展」にて、3人の視覚障害者と1人のボランティアが、展覧されている絵画の大きなレリーフに触れている様子

図10 「国立台湾美術館4.0 建築事件簿」にて、視覚障害のある生徒が、3D建築モデルを触るためにガイドブロックの上に立っている様子

11) 調査結果は以下の5点にまとめられる。
①視覚障害者向けの展示は、触覚可能な限定的な見学エリアから徐々にすべての展示へと移行し、接触可能な展示物と点字による説明が設定されるようになってきた。
②触覚情報も、単一の素材で凹凸を表していたものから、複数の素材を使ったデザインに変わってきた。
③将来的には見学利用サービスも最新の技術を導入し、ガイドが誘導するものから、一人でも見学可能なものに移行していくだろう。
④外国の博物館における視覚障害者向けの展示や来館者サービスの企画は、視覚

の美術創作とパフォーマンス教育の実践』として出版しました。この本は、視覚障害者向け美術創作の指導書やバリアフリー展示場ルールの参考書として、また学校の教材としても使用されています。

　上記の普及により、2018年に台北市立啟明学校では彫刻と絵画の通年指導を開始し、ビーズを使った手工芸品しかなかったこれまでの慣例を打ち破りました。私立恵明盲学校においても「台湾非視覚美学教育協会」と協力し、通年の美術創作の授業を開始し、「明盲共学」アート制作コースとして取り入れ、今では全校の教師が美術教材と教育方法の研修に取り組んでいます。すべての教師が多感覚教材の考え方をさまざまな科目に適用できるようにし、芸術学習を学びの分野だけでなく、生活上での美的感覚の育成にまで拡充できるようにしたいと願っています。

（3）博物館や美術館の視覚障害者向けのサービスとその資料

　1913年、メトロポリタン美術館では、身体および精神障害者が触覚で作品を鑑賞する企画を開催しました。これは視覚障害者が来館した最も古い記録です。2009年以降、著者は視覚障害者向けのサービスの資料を収集するために外国の主要な美術館を訪れ、非視覚芸術鑑賞のニーズを分析しました[11]。

　台湾では、1993年に台北市立美術館が視覚障害者向けの触覚ガイドを開始した記録がありました。テーマ別の展示企画や触覚・聴覚ガイドの資料が提供され、それ以降、さまざまな博物館や美術館での取組が進められています。

　2013年に台湾文化省が文化的平等政策を実施するまで、国立台湾美術館は「視覚障害者サービスモデル」に指定され、視覚障害者向けサービスの学芸員への研修（口頭によるイメージの基本原理と応用、視覚障害を体験することと、基本的な誘導方法の紹介と実践、美術館での視覚障害美術研究、博物館教育の実演等）が行われました。

その後、筆者は国立台湾美術館に依頼され、視覚障害者向けの美術教師・ボランティアの育成コース「視覚障害者サービスプロジェクト人材トレーニングセミナー」を開講しました。内容は、口頭イメージガイドのワークショップと高度な非視覚性創作（6種類のプログラム：水墨画、版画、貼り絵、彫刻、立体造型、写真）、ガイド付き研修を含むというものでした。

2015年に教職を離れた著者は、台湾美術館に採用され、「フレンドリーガイドツアー」の技術部門担当となりました。そこで最新技術によるセルフツアーサービスの開発を計画し始め、翌年には視覚障害者と聴覚障害者のガイド資料を統合した最初の「国立台湾美術館フレンドリーガイドツアー」を完成させました。これまでに「野外彫刻園区」（図7）、「時と光。生～古典から現代までの写真アート教育展」（図8）、「集いと放ち～台湾の美術団体と美術発展」（図9）、「国立台湾美術館4.0 建築事件簿」（図10）、の4大ガイドツアーのテーマを完成させています。屋内ナビゲーション技術「低電力Bluetooth送信信号」（ビーコン）、口頭イメージガイドと通常の音声ガイド、触覚式立体マップ、接触可能な展示品と教材、触覚ガイダンスデバイス、点字と拡大フォントなどの技術を活用し、視覚障

障害者自身の立場を考慮したものに変更され、視覚障害者がより視覚障害者向けのニーズに沿ったデザインを行うことができるようになった。
⑤博物館や美術館は、視覚障害者にワークショップへの参加を促し、視覚障害者と作品との心理的な交流を深めるようにしている。

表　美術館（台湾を含む）におけるアクセシビリティの実際

テーマ	項目	内容
展示スペース計画	ライン計画	単一動線企画、屋内外の誘導ブロックまたは床面ステッカーの幅が40cm以上 見学者用手すりの設置、作品の位置に応じて異なる接触素材を使用、動線を移動するための音声ガイド、ビーコン及びGPS位置情報を利用したガイド装置
	展示環境	展示作品に合わせて調整する空間照明、壁と床の色のコントラスト
	展示品設置	360度回転ブース、75cmディスプレイスタンド、作品の設置間隔は140cm以上 作品説明板は暗い色に明るいフォントで、コントラストのあるデザインにする
	接触展示	通常の触覚教育展示スペース、時間別展示品
見学サービスと補助器具	展示空間認識触覚	接触可能な立体地図、博物館建築、ガイドによる口頭イメージ説明コンテンツ
	建学補助アクセサリーと教材	拡大フォントと点字付きガイドハンドブック、作品エンボスプリントを含む点字付き説明、拡大鏡・電子ルーペ・近視眼鏡・老眼鏡などの光学機器アクセサリー
	見学サービス	見学同伴サービス、盲導犬同伴許可、有資格口頭イメージガイドボランティア 触覚式ガイドツアーイベント、口頭イメージの音声ガイド
	展示品デザイン	触れることが可能な展示品（手袋使用可）、元の作品を拡大縮小して模倣した絵画または立体的に再現した彫刻、平面絵画を立体的なレリーフで再現、 平面絵画を多層プレートで再現、オリジナルと同じ素材またはサイズを選択
マルチメディアリソース	技術支援	視覚障害者のための音声コンピュータ、カラーセンサー、オンラインe-extended学習リソース、APPセルフガイドツアーシステム
拡張アクティビティ	創作ワークショップ	多感覚開発ワークショップ、視覚障害美術教育教育の専門教師育成
	アートリテラシー	美術史、美術理論、批評など
	図書館と学校の協力	補助教材は、他の美術館、特殊学校、及び公益法人に提供可能

害者にセルフガイドツアーサービスを提供しています。

　盲学校および視覚障害者は、これまでの団体鑑賞に限られた見学制限がなくすことができました。さらに近年では、これらの資料が特殊学校で視覚障害者向けの美術教育教材に採用されるようになりました。これは、視覚障害美術資料の中でも学校や美術館等との協同の好例といえます。そのため筆者は2016年に、国外および台湾の美術館の視覚障害者向けサービスと実務経験に基づき、展示スペースの計画、見学サービスと補助設備、マルチメディアリソースからイベントまで、プロジェクトの項目を専門家向けの参考資料として分析しました（表参照）。

　近年、国立故宮博物院、国立台湾博物館、国立台湾歴史博物館、国立台湾先史博物館、国立伝統芸術センターなど、台湾の他の博物館でも、視覚障害者向けの資源に注目が集まっています。セルフツアー技術の開発、音声ガイドの育成、接触教材や展示物の制作、ワークショップ指導者の養成、バリアフリーの展示設計などは、現在、美術館関係者が取り組んでいるテーマであり、関連する美術資料を特別支援学校や視覚障害者の統合教育に提供することで、視覚障害者の美術教育の深さと幅を広げ、学校と社会を切れ目なく結びつけ、視覚障害者の美術関連のキャリア形成の可能性を広げることができます。

3．芸術における平等な権利の概念の実践と発展

　「視覚障害者美術教育」は、視覚障害者のために存在すべき教育資源です。視覚優位な学習方法からの変換には、複数の感覚操作と認知方法の開発が必要です。視覚障害者の視覚的な概念の蓄積には、視覚的な情報を提供することが大切です。難解な作品の解説の為にはより革新的な技術が必要となるため、より多くの人に口述ガイドの概念が理解される必要があります。視覚障害者が安全かつ快適に芸術文化活動に参加できるよう、よりバリアフリーな環境を整えることが求められています。特に視覚芸術の制作活動は、視覚障害者の美的教育体験を豊かにするだけでなく、数学的思考や論理的思考、生活における自立のスキルなどを間接的に鍛えることができます。

美術教育が形や色などの視覚情報に偏ってしまうと、鑑賞者が他の感覚と対話する可能性を見落としがちになります。視覚以外の感覚の刺激により、芸術鑑賞の相互作用はより完全なものになります。「非視覚的」とは、視覚が重要でないという意味ではなく、視覚の限界を破って美術を理解しようとする試みです。特に、視覚以外の感覚（聴覚・触覚・味覚・嗅覚）を使って芸術を鑑賞・創作するという視覚障害を体験することを通し、探究されていない感覚を開発することは、視覚障害者のニーズを共感を持って理解し、視覚障害者の芸術・文化への社会的参加の推進につながります。

現在、心身障害者の権利が高まり、人権問題が注目され、文化的平等の政策により、公的機関もこの問題に目覚め始めています。学校では視覚障害者の芸術活動をより推進し、社会福祉法人でも視覚障害者の芸術活動をメディアを通して発進し、視覚障害者は決して不幸なことばかりでなく、見えないことの豊かさを社会に理解してもらおうと努力しています。現在、障害者の人権問題への注目は、文化的アファーマティブ・アクション政策により、より多くの公的機関や学術研究、学校、地域団体、公共福祉団体がこの問題を通して、部門を超えた革新的な政策が徐々に形成され、基本的な生活の自立や求職訓練に加えて、芸術文化活動に従事する権利など、視覚障害者の様々な人権に政府が着目するきっかけとなっています。

このことから、視覚障害者のための美術教育の発展、美術教材の開発、社会教育システムの連携、触覚操作補助具の開発することは、国家が視覚障害者の文化的・芸術的権利を守ることにつながります。また、博物館や美術館が視覚障害者の鑑賞や創作のために提供している資源を、学校だけでなく、視覚障害者の芸術教育の重要な資源として活用することで、視覚障害者の文化的権利を守り、視覚障害者の芸術学習の機会を増やし、鑑賞することで得られる満足感や創作することで得られる達成感などから、彼らに自信を築いたりすることにつながります。私たちはそれらの活動から、非視覚的美学の価値を分析し、視覚を超えた視覚障害者の高い能力を見いだすことができます。さらには、非視覚的感覚を使用した行動と表現の研究といった視覚障害の研究分野へ貢献することができるでしょう。

〈参考文献〉
趙欣怡, 2016。博物館之視障觀眾展示規劃與參觀服務研究, 博物館與文化, 12：105-140。
趙欣怡, 2018。自主與平權：美術館無障礙導覽科技應用研究, 博物館與文化, 15：75-108。
趙欣怡, 2018。視障成人藝術參與實踐研究 - 以盲人重建院美學創作課程為例。特殊教育發展期刊, 65：53-64。
趙欣怡, 2018。藝術。可見／不可見：視障美術創作與展演教學實踐。雲林：臺灣非視覺美學教育協會。
趙欣怡, 2018。杞昭安主編。第十三章：藝術美學。視覺障礙。臺北：華騰文化。
趙欣怡, 2019。陳怡倩主編。21 世紀藝術文化教育。臺北：紅葉文化。

Q13

中国の視覚障害美術教育の現状と課題について教えてください。どんな実践がありますか？

胡　俊（翻訳：丁　佳楠、編集：笠原　広一）

1. 中国の教員養成の美術教育専攻の現在と課題

中国の教員養成大学の美術教育専攻は、一般的に美術教育と美術史理論を含む美術学分野に属し、歴史的にしばしば技術的な美術専攻から発展してきています。学部の最終成果の発表は、伝統的な美術専攻の「卒業制作展」と、美術史専攻の「卒業論文」の二つがあります。この伝統は高い創造性を維持し学術的な研究能力を重視しているように見えますが、両者に関連性がないことも多く、二分野の教員が指導することで学生の時間とエネルギーを奪い、研究の深さを生み出すことは簡単ではありません。従来の伝統的な取り組みでは美術教育専攻の卒業要件には不十分であり、美術教育は人材育成の新たな論理的枠組みやイノベーションを必要としています。

本論では筆者が取り組んでいる美術教育研究の研究方法論の前提の整理を踏まえ、Arts-based research（ABR）、Arts-based educational research（ABER）、A/r/tography など、「研究に基づいた創造活動を展開し、創造活動に基づいた研究を行い、創造活動の過程で得られた経験や研究成果を美術授業のカリキュラムに反映させる」取り組みを紹介します。

2. 3つの研究方法論と分野毎の境界線

美術教育研究を進める上で最も重要な問題は、適用可能な研究方法をどのように選択するかであり、それは研究する問いに関連しています。すべての学術研究の問題点は物事が起こる可能性にあるのです。その可能性には「必然の可能性（probability）」「蓋然の可能性（偶発的な可能性、plausibility）」「未曾有の可能性（possibility）」の三種類の「P」（probability、plausibility、possibility）があります。これらは、量的研究、質的研究、ABR という三大学術研究の方法論に関連しています。必然の可能性（probability）は一般的に量的研究の対象であり、物事が起こる確率（the rate that it happens）です。蓋然の可能性（plausibility）はある物事が発生する可能性（the likelihood that

ABR（Arts-based Research の略称）の枠組みの中では、AIR（Arts-informed Research の略称）、AR（Artistic Research の略称）、ABER（Arts-based Educational Research の略称）、A/r/tography という四つの分類がある。その中の AIR の研究対象や研究手法は芸術的でなくても、レオナルド・ダ・ヴィンチが人体の解剖学的知識をスケッチで表現したように、研究の過程や結果の表現が芸術的であるものだという。AR の研究対象は芸術的な問題でなければならず、その方法も芸術的でなければならない。デュシャンの「泉」という作品のように、アートワークの定義に疑問を投げかけるような挑戦的な現代アートは、このカテゴリーに入る。ABER は、美術教育の問題を研究対象として教育実践の中で行われるアクション・リサーチであり、その研究プロセスは AR の特徴を持ち、その結果は AIR の特徴を持つ。A/r/tography とは、アイデンティティの差異に創造性を生み出す、アイデンティティ変容に基づく芸術教育研究の創造的アプローチであり、研究者（R：リサーチャー）がアーティスト（A：アーティスト）と教育者（T：ティーチャー）の両方のアイデンティティを持ち、アイデンティティを変容させていく過程で、発展性と流動性を持った AR、AIR の研究が連続的に発生することを特徴としている。
3P には違いがわかりにくいものがあり、その違いを混同してしまうと、学術に支障をきたしたり、被害を受けたりする可能性がある。例えば、西洋医学の定

it happens) であり、起こるかもしれないし起こらないかもしれません。これは質的研究の対象になります。未曾有の可能性（possibility）はある物事が無から有に発生する可能性（the becoming that can happen）のことで、芸術に基づく研究（ABR）の対象になります。

　学術研究の方法論の発展の歴史の中で最初に成熟したのは実験的科学研究を伴う「量的研究」であり、数学との組み合わせにより科学技術分野で優れた成果を上げました。　第二にエスノグラフィック（人類学）な研究とともに標準化・体系化されていった「質的研究」があります。この30年間、量的研究や質的研究では芸術創造のプロセスをゼロから説明することができなかったため、美術教育の分野では、その後ABR研究が台頭してきました。その方法論は未だ議論を呼んでおり質的研究との重複も多いですが、自律的に不可逆的な学術的発展を遂げる傾向にあります。

　この三つは研究対象が違うため、学術的価値を比較する必要はありませんが、互いに借り入れ関係にあるグレーゾーンがあります。しかし、各々用いる対象や問い、可能性の違いが重要であり、それぞれのアプローチで生み出された知見で言えることは何なのかを適切に理解し、事実と可能性を混同することで起こる悲劇を避けなければなりません。そうした美術教育研究の基盤となる研究方法論と分野毎の境界線を理解した上で、学生・大学院生たちは特別支援教育のプロジェクトに取り組んでいくことになります（3つのPおよび美術教育の研究方法論については論文（Hu, 未発表。今後発表予定）の詳細を参照のこと）。

3．中国の視覚障害美術教育の現状と課題

　ここでまず、中国の視覚障害児の美術教育の現状と課題に触れておきます。中国には約1,700万人の視覚障害者がおり、大学に在籍するのは毎年約200人以下で、独自の試験で視覚障害者を入学させることができる大学は10校程度しかありません。鍼灸・マッサージがほぼ唯一の専攻で、音楽、ピアノ調律、外国語を専攻する人数は一桁しかいません（鐘経華、2006）。中国には盲学校が26校ありますが、ほとんどの障害者は子どもの頃に盲学校に入り、その後、短期大学でマッサージを学び、卒業後にマッサージ師として働くことになります。美術の方向に就職や進学の余地がないため、盲学校

量的（probability）な基準で定性的（plausibility）な問題を扱う漢方医学の成果を判断したり否定すると、学術への支障が発生するだろう。文化大革命以前の旧ソ連や中国における政治的、経済的、人道的災害など、政治理論におけるProbabilityとPlausibilityの区別がつかず、「蓋然的」な「マルクス主義」を「必然的」な真理と勘違いしていたことによる。同様に、ABRの研究（possibility）においても、「再現性」の基準を重視した量的研究や質的研究を採用することは不適切であり、そうでなければABRの学術的価値は否定されてしまう。

3Pの間には、possibility→plausibility→probabilityという段階的な進歩がある。例えば、2015年にノーベル医学賞を受賞した中国のTu Youyou氏は、西暦340年の古代医学の処方箋をもとに、抗マラリア効果100％のアルテミシニンを精製し、plausibilityからprobabilityを開発して、数え切れないほどの命を救った。創造性の育成を重視した美術教育研究は、ABR研究に適している。例えば、視覚障害者のための触覚絵画教育は、未曾有の可能性（possibility）の創造だろう。この創造は、視覚芸術教育の法則（plausibility）の研究に新たな方向性をもたらす。

3Pの中でも「possibility」は、ABRの学術的価値として何物にも代えがたいものである。視覚障害者の触覚絵画研究は、量的、質的な研究からは生まれない。なぜかというと、確立された再現性の高い多数の事実から判断すると、目の不自由な人は描くことができないし、描く必要もないからだ。しかし、ABRは何もないところから新しい可能性を生み出す（目の見えない人も絵を描く必要があるかもしれない）。

図1 浙江省美術館での展覧会

図2 上海アートフェアでの展示

図3 毛虫の穴プロジェクト

図4 CCTV-13「週刊ニュース」

図5・6 2018年のこどもの日の「大きなワームホール探査」活動。盲学校の生徒（青いTシャツのユニフォーム）が教師の役割を果たす。

の基礎教育では美術教育はないがしろにされ欠落している状況にあります。

　美術教育をないがしろにしているもう一つの理由は、人は盲目であれば美術作品を作るのに適していないという偏見があるからです。しかし、この見方はどちらかというと表面的なものであり、2016年から浙江省盲学校で行われている「視覚障害児のための触覚絵画」という統合教育実践では、視覚障害者は一般人と同じように美術制作への情熱を持っており、その作品は評価され、一般人が見落としている「視点」を持っていることが証明されています。その表現は一般人を啓発し、絵画の新しい認識を生み出すことができるのです。現行の特別支援教育制度は、盲学校での美術科の実施の熱意を著しく弱めており、美術教育の革新を図ると同時に、美術能力の開発において視覚障害者のニーズに対応した制度の改革が必要です。

4．ABRに基づく学部生・大学院生のプロジェクトを通した研究

　2018年、杭州師範大学に加え、中国美術学院の社会美学教育専攻の14名の学部生の卒論・卒制を指導する機会を得ました。同学院は技術中心の伝統が色濃く残る大学のため、いかに美術教育の専門性を強調するかが大きな挑戦となります。14名が4グループに分かれ、杭州師範大学で行われた盲学校の版画プログラム、少年院のライトペインティング・プログラム、自閉症児リハビリテーションセンターの人工知能ライトダンス・プログラムとモザイクアニメーション・プログラムという4つの特別支援教育プロジェクトに参加しました。

5．近年の美術教育研究と特別支援教育のプロジェクトの概況

　浙江省盲学校では、杭州師範大学院生の徐秀楠がリーダーを務め、中国美術学院の学部生3人がメンバーとなりました。このプロジェクトは2016年11月に立ち上げて以来、非常に成功し影響力の大きいプロジェクトになりました。2017年12月には省内最大の浙江省美術館で「インクルージョン：視覚障害者のための触覚絵画展」が開催され大成功に終わりました（図1）。上海アートフェアでは、視覚障害の学生の作品に美術的価値があることを検証するために、

作者を開示せずに 1 点 3500 元の値段で販売し 4 点が売れました（図2）。視覚障害の学生に子どもたちに版画を教えてもらう取り組みも行いました。「毛虫の穴の探険」プロジェクトでは、子どもたちに目を隠してもらい、大型の毛虫のような装置の中に入って触覚刺激を体験させたりもしました（図3）。これらは視覚障害者のための版画教育を開拓してきた筆者にとって本格的な A/r/tography の企画です。視覚芸術のリアリティは主に触覚的経験から得られる。視覚情報にアクセスできない人々も普通に視覚芸術を楽しむことができることは美術の創造と教育の方法を革新するものであり、この取り組みは中国の主要メディア「CCTV-13」で授業の様子が 1 時間生放送されました（図4～6）。

6. 浙江省盲学校とのプロジェクト

指導過程で大学院生と学部生の議論の中から 4 つの研究の方向性が生まれました（図7）。全体目標としては生まれつき目が見えない生徒たちと、視覚障害者と一般人が読める絵本を作ることです（担当：徐秀楠）。さらにサブテーマとして「1：グループアートセラピーを用いた絵本作成の試行（担当：方晟）」「2：視覚障害のある学生がイメージを通して無形のものを表現する方法の研究（担当：朱梦婕）」「3：視覚障害のある学生が触覚を通して色を表現する方法の研究（担当：薛冰楠）」の活動が行われました。これらは ABER（Arts-based educational research）として行われ、現地調査のビデオ録画、調査ノート、インタビューも行われました。視覚障害の学生の絵本は、この教育成果の芸術性を示すものとなっています。ビデオは視覚障害の学生の絵本の物語を語っています。研究ノートとインタビューは特定の視覚障害の学生の事例を補完することで、彼らの個性的で個別化された表現をより深く理解することに貢献しています。その後、研究計画に基づいて卒論・卒業プレゼンテーションを完成させました。プロジェクトの展示は学部生 3 人のインスタレーション、研究内容を示すポスター、指導の成果を展示する視覚障害の学生の絵本、授業計画案などで構成され、ABER 研究を立体的に提示しました。最後に大学院生 1 名と学部生 2 名がプロジェクトに関する論文を完成させました。

図7　視覚障害児との絵本制作

7．少年院でのライトペインティング・プロジェクト

　もう一つのプロジェクトは浙江省の少年院で行われ、40人の未成年者にライトペインティングに取り組んでもらいました。ライトペインティングの最古の記録はフランスの生理学者 Étienne-Jules Marey（1830-1904）で、美術表現としてはアメリカの Man Ray（1890-1976 年）が最初とされています。1940 年代の成熟期では特にアメリカの画家 Gjon Mili が 1949 年に『タイム』誌の依頼でピカソにインタビューした際にこの技法をピカソに紹介しています。ライトペインティングは光源を動かして光の動きを長時間露光することで形づくられるため、身体の動きと視覚芸術の効果との間にロジカルな関係がつくれるのです（図8）。2017 年に試みて以降、自閉症リハビリテーションの効果的な手法の一つとして急速に受け入れられています。杭州師範大学認知脳科学センター長の胡志国教授との実験心理学研究から、全体認知と空間認知に顕著な改善効果が認められました。

　自閉症リハビリテーションでのライトペインティング技術は AI（人工知能）アートと組み合わせてより簡単に操作でき、「即時性」が強化されて魅力的になります（図9）。デジタルカメラでは撮影からイメージになるまでの時間的遅れがある「非即時性」となりますが、それも一つの方向性です。ライトペインティングの身体運動性が少年のスポーツ嗜好と合致し、道具は凶器の危険性がなく、作成後も痕跡が残らないため、少年院の管理上のニーズに合致しています。行動矯正面で総合的な認知の促進、協調性の向上、創作過程での「非即時性」の楽しみなどが少年犯罪者の教育に有益と考えられ支持されています。本研究ではライトペインティングのアニメーションによる物語を語ることを通じて少年犯罪者が創造活動による自己行為を矯正する仕組みを開発することが目標で、ライトペインティングの「非即時性」を通じて「遅れた快楽」の獲得を促進することがねらいとなります。この研究は教育成果の観点から新たな指導方法や効果の提示方法を生み出している点で ABER 研究と言えるでしょう。

8．二つのプロジェクトのその後の展開

　卒論執筆後に、これらのビデオやアニメーションを編集して一

図8　ライトペインティングのアニメーション

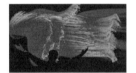

図9　AI と組み合わせることで即時性が強化される

つの作品「The Mimetic」を作りました。学生たちは伝統的な卒業制作と異なり、教育技術の革新に焦点を当て、伝統的な美術史や教育学研究とも異なる ABER 研究に取り組んでいます。教育技術の革新は ABER 研究と相まって美術教育専攻の特徴を生かしたプロジェクト型の共同卒業制作や卒業論文につながっていますが、中国美術学院の場合は素人の作品を卒業制作展に含めることにはハードルがあるなど、まだまだ課題もあります。

9．A/r/tography・ABER・ABR 研究の国際的動向とアジアからの共同研究の発信

　A/r/tography の創造的な研究プロセスは、研究から創造活動、教育に至るまで学生を指導することです。自然の感じ方から内観的に研究を進めていくことで自分の気持ちに気づくことができるようになります。このプロセスを通して一つの芸術観念、美的因果律を提案するのです。そして美術史、視覚文化について研究した後でその因果律の妥当性を探り、因果律に基づいて個人の創造活動を完成させます。個人の創造の経験はその後、学生の間で教育実践を検証する段階へ進み、美的因果律に基づく発見と検証の循環過程が完成します。このプロセスによって研究・創造・教育のイノベーションを生みだすことができるようになります。これが私の考える本物のA/r/tography です。

　ABR 研究は西洋における現代の学術研究方法論の最前線にありますが、東アジアには奥深い伝統文化があります。詩を通して伝えられた中国の道教や仏教の核となる哲学は少なくとも芸術表現の研究（Artistic Research や Arts-Informed Research）です。一方、詩学は日常生活、創作活動、マインドフルネスのあらゆる側面に浸透しています。中国や日本の伝統文化は ABR 研究に大きく貢献できると思われます。現在、日本の「間」の概念を用いたカナダとの共同研究（Sinner, A, White, B. & 胡俊, 2018）、中国と日本における ABR 研究の可能性の検討（Kasahara & Hu, 2018）も行っています。東アジアの学問の伝統を改めて理解することで、この分野における欧米の学問に新たな視点と問題解決策を提供できると考えられます。中国と日本の共同研究の発展を期待しています。

参考文献

Sinner, A., White, B. & Hu, J. (2018). 'Ma' and the space in-between: A China-Canada pedagogical exchange. 5th Conference on Arts Based Research & Artistic Research (Liverpool, UK).

Kasahara, K., Hu, J. (2018). Current Status and Possibility of A/r/tography in Asia: The Japanese and Chinese Context - A Session of "Re-thinking Writing and Graphy in Art Education". (5th Conference on Arts Based Research & Artistic Research (Liverpool, UK).

胡俊（在印）《基于"诗画本一律"的美术学习自我评价》《美国美术教育学会评价方法白皮书》). Poetry as embodied self-assessment for visual art in NAEA Assessment White Papers.

钟经华．(2006). 美国盲人融合高等教育的技术支持及启示．中国特殊教育（11），51-55.

付記

本稿は 2019 年 10 月 18 日（金）に東京学芸大学で開催された、美術教育国際セミナー ABR 科研・第 6 回研究会、「A/r/tography によるインクルーシブアート教育の実践：視覚障害児とのアート活動の理論とデザインワークショップ」での胡俊教授（杭州師範大学）の講演「視覚に障害のある子どもたちとの美術教育実践－アートグラフィーに基づく実践から－」を基に、丁佳楠（東京学芸大学大学院）が翻訳し、笠原広一（東京学芸大学）が編集したものである。本研究は、科研費基盤研究（18H01010）（18H01007）（18H00622）、若 手 研 究（18K13160）、SSHRC（890-2017-0006）の助成・協力による。

コラム ② 映画「GHOST VISION」の制作

加藤　秀幸

先天の全盲が SF 映画を撮影

SF 映画にした理由

いわゆる一般的な映画を撮影しようとすると、晴眼者が
あたりまえに見ている映画の映像はどのような物なのか、
私にとってはあくまで想像でしかなく明確な VISION はあ
りません。

かといって誰も見たことがない想像もできなかった物を作ろ
うと思ったわけでもなく、ごく当たり前に自分が普段感じてい
ることをアウトプットし、また、いわゆる社会的障害を存在し
ない世界を描きたいという理由から SF 映画にしました。

脚本

先天の全盲の私にとっての壁でもありました。

色、人の顔の美醜そして、表情を具体的に脚本に書かな
ければならないということです。

これらを具体化しない
と、撮影を手伝ってくださる方々にイメージが伝わらないの
です。

そこで、それぞれの専門家にお話を伺い、見えている人は
それらをどう認識しているのか、そして、私はどうしたらそ

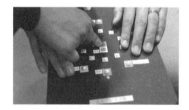

れを認識できるかを具体
化しなければなりません
でした。

色について

私たち視覚障害者が服の色を選ぶための触ってわかる
タグを開発された方にお話を伺い、カラーパレットとい
う、アナログ時計の文字盤の様に色を並べ、触ってわか
る物を紹介していただきました。

他にも、色立体という、3次元で色彩を表現した模型を
触らせていただきました。これにより、色を肉眼で捉える
ことができなくても撮影者との共通言語ができました。

顔の美醜について

　復顔（ふくがん）の専門家にお話を伺い、いわゆる美しい顔と呼ばれているのはどのような条件なのかなどを教えていただきました。復顔した石膏像をいくつか触らせていただき、なんとなくですが、理解できた気がします。顔のパーツの凹凸具合や位置、顎が割れているといわゆる美しい顔と言われているということを教えていただきました。

　ただ、その方は、美人やハンサムなどというのは単なる人の好みであり、専門家としては考える必要もないと言われていました。

表情について

　アンドロイドの研究をしているラボへ行き、アンドロイドの顔を触ることで、表情の変化を認識しました。頬の上下、唇の微細な動きそして、首の微妙な角度の変化によって、喜怒哀楽が表現されていることを学びました。

　これらを生かし、撮影スタッフとの共通認識、いわば、「共通言語」とすることで互いに持つイメージを共有できるようになりました。

出演者の募集（オーディション）

　事前に顔を触らせてもらうことを告知し、俳優さんの顔や体型を触って私のイメージに一番近い方を選ばせてもらいました。

撮影

　全部で 6 シーンの撮影をおこなったのですが、4 チームでそれぞれ違う手法（造形による物、

プレビズと呼ばれる CG を用いた物、実写と VX という CG をミックスした物、アニメーションを用いた物）を用いて撮影しました。

　完成した映像を私が肉眼で確認できないため、数種類の手法でそれぞれのチームとイメージを共有して作り上げた映像を観る方に伝えたかったからです。

　最後に、声優さんに声を当てていただくことで、これらが一つの作品としてつながるようにしました。こうして、映画「GHOST VISION」は完成しました。

「見えない／見えにくい／見えるひとがともにつくる、これからの視覚障害アート教育をどうしたらいいのか？学校と学校外から考える」

(2020年9月7日（月）Zoomにて実施)

◎茂木 一司（跡見学園女子大学教授・司会）／広瀬 浩二郎（国立民俗学博物館准教授）／大内 進（国立特別支援教育総合研究所名誉所員）／伊藤 亜紗（東京工業大学教授）／竹丸 草子（長岡造形大学大学院）／池田 吏志（広島大学准教授）／多胡 宏（元群馬県立盲学校長・美術家）／松本 祐一（東京藝術大学映像研究科助教）／手塚 千尋（明治学院大学講師）／山城 大督（京都芸術大学講師・美術家）

はじめに：インクルーシブアート教育と私の関わり

茂木 皆さん、こんにちは。『視覚障害のためのインクルーシブアート学習』出版にあたり、執筆者の皆さんと諸々の問題等について語っていきたいと思います。学校美術教育が全体的に縮小されていく中で、美術館など学校外にも学習の場を広げ、生涯に渡って、みんなが共に学び豊かに生きていくために「見えない／見えにくい／見える人がともに学ぶ美術教育の意味と方法を考える」が今日のテーマです。

「インクルーシブアート教育（造語）」とは、「現代における共生社会構築おいて、アート／教育に何ができるのか。差異や多様性を活かすことのできるアートこそ、インクルーシブな社会の基盤になるべきではないか」という一種のスローガンです。つまり、研究だけでなく、実践を伴う（改革）連動的な側面をもっています。

視覚に障害がある、特に先天盲の人が視覚芸術である美術を学ぶこととは何をすることなのでしょうか。盲学校の図工美術教育の要不要を議論したいわけではないですが、教科だからやるのが当たり前とも考えてはいません。論点は、この問いの先に「見える／見えない」を超えた美術教育自体の本質が見えるに違いないと考えていることです。

今回の見えない人たちの「身体メディア」を対象にした、インクルーシブ教材開発の研究を通して、今まで美術教育（研究）自体、きちんと見ようとしていなかったかという実感を持ちました。（広瀬さんが言うように）現代のスピードや効率重視の視覚優先社会は、当然のように視覚障害者を排除・放置するのは仕方のないと思わせるけれど、それはむしろ豊かさを切り捨てて見えなくさせています。インクルージョンとは、ばらばらになってしまった断片に命を与え、全体性を回復させる豊かな学びを取り戻すということです。

もともと芸術とか芸術教育は、見えないものを見えるようにするということや、見えている人の背後に広大な無意識の世界を耕すということにあったわけです

が、学習指導要領が（目に見える）形や色、つまり造形性を専門性とし、他教科との差別化をするのは、それだけで美術教育の豊かさを伝えるのは無理ではないでしょうか。例えば、現代では美術作品とは制作者（作家）の一方的な表現ではなく、観賞者（観衆）との見えないやりとり中に意味を見出す行為です。

（障害児教育や福祉では）障害のある人たちが参加しやすいように「アクセシビリティ」を持ち出して、いろんな障害を取り除き支援するという形を求めがちですが、それはアート的でないような気がします。アートを使う意味は、そういう簡便さを求めるだけでなく、既存の型とか凝りをほぐすこと、それに代わるオルタナティブな活動の探求ではないでしょうか。正しいとか正しくないとかというような価値観をゆさぶること自体がアートの存在する意味ではないでしょうか。こんなことを伊藤亜紗さんとの事前の打ち合わせでお話ししました。

今、コロナ渦の中で悶々といろんなことを考えたりやったりしていると思います。自己紹介を兼ねて一言ずつ、まず広瀬さんからお願いします。画面が真っ暗です。

広瀬 真っ暗ですか。妻がいつもの癖で電気を消したみたいで、失礼しました（笑い）。全盲者は暗くても困らないので、便利なこともあります。

最近、京都国際写真祭[1]の企画で、フランスの写真家マリー・リエスの写真展に関わりました。マリー・リエスの夫の親友、全盲の方の軌跡をたどり、彼が生前に通っていた国立パリ盲学校の生徒たちのポートレートを紹介する写真展です。写真作品のうち、5点ほどをUV加工で触れる写真にしました。僕が一番こだわったのは、触るためのキャプションを書くことでした。一般的な写真の説明のように、何が写っているのかを解説します。同時に、UV印刷された作品の「触りどころ」を書き込みます。どういうふうに触ればいいのか、触ることによって何がわかるのかをきちんと伝え、触る鑑賞へ誘導するのです。もちろん、触る写真作品は視覚障害の人の鑑賞を意識した取り組みですが、晴眼者にも積極的に触ってもらいたい。例えば、明暗の差をドットの密度で表現しています。これは晴眼者が触ってもおもしろいと思います。

触るためのキャプションを検討しながら、いろいろなことを思い出しました。この科研プロジェクトに代表されるように、近年は従来のアートとか美術教育を変えていく起爆剤として、視覚障害者に注目する人が増えています。たいへんありがたいことです。僕は、中高時代を盲学校で過ごしました。もう30年以上前です。ラッキーなことに、すばらしい美術の先生に出会って、美術が好きになりました。当時としては、すごく充実した美術教育を受けることができたと感じています。制作・鑑賞のおもしろさを知る原体験が、中高時代にあったということです。盲学校の美術教育が、今の自分の仕事にもプラスに作用しているのは間違いありません。触る人の立場でキャプションを書くというのは、それなりに難しい作業です。この作業を楽しめる素地は、盲学校時代に育まれたと思います。

茂木先生がおっしゃるインクルーシブは、究極の理想です。僕も、視覚障害者と晴眼者が一緒に楽しめ、お互いに得るものがあることを活動の目標とし、ワークショップなどを企画しています。双方向の学びが可能だという自信は、30年前に受けた盲学校の美術教育に由来しています。残念ながら、盲学校の美術教育は30年前からあまり変わっていないような気がします。僕が体験したようなすばらしい美術教育が、必ずしも全国各地の盲学校でできていない現状があります。手前味噌になりますが、触る人の立場でしっかり発言できる視覚障害者を育てること。これは30年前から現在に至る盲学校の美術教育の課題、ゴールだと考えています。いうまでもなく、僕は特別な存在ではない。美術は好きでしたが、そんなに器用でもありません。盲学校の美術の授業において、触る力を養う機会があったということです。視覚障害の後輩たちにも、そんな経験をしてほしいと願っています。盲学校の美術教育を充実させること、視覚障害者と晴眼者が対等な立場で参加できるインクルーシブなワークショップを企画すること。この二つは僕の研究の両輪ですし、密接に関わっていると感じます。

茂木 広瀬さんのお話からは当事者の主体性が大切だということを強く感じました。

大内 私はもともと盲学校の教員をやっていましたが、その頃美術図工についてあまり深い関心というか、真面目に取り組んでいなかった。その頃は、盲学

校の図工というと、粘土をやるか工作をやるか、のような感じで、半分は教師が手伝っちゃって、いいのができたねとかで、子どもが持ち帰ってお母さんが喜んで、それで終わりみたいな感じでした。文化遺産を知るとか、創造の喜びを味わうことはきちんとできていなかったのが、教員時代の反省です。

私は美術教育というよりは、触覚の活用から芸術と触れ合う接点があって、美術教育のことについてのプロパーでないのですれ違いもありますが、でもやっぱり美を知るとか、美術作品を味わうとかについては、まだまだやることがいっぱいあると強く感じています。

茂木 大内先生はいつも、美術教育が唐突に（理由もなく）表現させるみたいな話をいつもされますけど、その辺はどうですか。

大内 僕の持論は、視覚障害者は一律ではないということです。最近埼玉県立近代美術館の美術鑑賞のお手伝いをしています。全盲で小さい頃から画像認識の経験がない人と中途失明者では美術鑑賞の作品の理解やアクセスがまったく違います。例えばポール・シニャックの遠近法でセーヌ川の川岸の風景を描く作品では、ちょっと道が曲がりくねっていると、先天盲の人は説明しても全然イメージが湧かずわかりません。説明すると自分でイメージを作って、作品に接近しようとする人もいますが、そこに行きつくことがなかなか難しい。こういう人への対応は美術教育の問題じゃなくて、それ以前の問題で。つまり、遠近法について見える人は風景をどう見ているのかは、（知識として）学ぶというか、そういうことを知ることをしてきた人としてこなかった人ではもう全然、近づき方が違います。だから、これは茂木先生とちょっと食い違うかもしれないですけど、やっぱりベースにあるものというのは、並行して育てられていかないと、（自己表現だけの）美術教育だけではなかなか進まないということです。

また色の理解の問題でも、やはり豊かな言語生活をしている人ほど色に対するイメージも豊かに持てるわけです。そういうベースづくりを含めて、美術教育を考えていきたいな、トータルに考えていきたいなというところがあります。

茂木 もちろん、僕も美術教育だけが良くなればいいと思ってわけではありません。そこのところはその通りです。

伊藤 私は研究者の立場で、視覚障害に関わらず様々な障害のある方の身体感覚に興味を持っています。障害と関わる私なりの面白さって、ゴールは同じでも方法が違うというところです。例えば、何か書かれた文章を読む行為一つ取っても、晴眼では目で印刷物を読むことですが、視覚がなければ点字とか音声認識で読んだりとか、様々な方法を使って、でも共通のゴールはその文章の理解です。だから障害自体がすごく創造的というか、一個要素や条件が増えることによってどうやったらゴールまで到達できるかをいろいろ考えなければいけない状況に置かれます。

芸術であれば、作品をつくる方法や鑑賞する方法を創らなきゃいけなくなる。その面白さと反対に、インクルーシブアート学習という正解は設定した瞬間に終わっちゃう。（他者によってつくられたものを）実行しているだけだと多分、全然インクルージョンになっていないんだと思います。方法をつくってこそがポイントかなと思っていて、今回本として出版することで、それが正解として提示されると逆効果で、つくり方をつくるんだというその態度自体がむしろ重要です。そのつくり方をつくるときにその場にある人間側や物質側の条件に、（今回の新型コロナウイルスというのも一つの条件ですが）、そこに参加する人が持っている状態から発想して、どうつくることをつくれるのかがポイントになると思います。

コロナのもやもやについても（一言）。大学での芸術の授業で、感じることをZOOMでやることも一つの条件ですね。それでどうやって感じることを実現するのか、実際同じゴールに向かって方法を変えるという実験の連続でした。さっき茂木先生のお話で、美術って、形と色彩だけじゃないというお話がありましたが、それは本当にそうで、ZOOM越しに例えば何か絵画を投影して、学生にそれを見せても、確かに色彩と形には触れていますが、全然感じ取られていないですね。どうしたらいいかと様々に工夫しました。根本的な問題は、ZOOMってその人の顔とか見えていますが、たくさんの視覚情報が存在するのに、人間がそこに存在する感じがしない、人がそこに居て何か場みたいなものを作ろうとしているという感覚が全然持てないんです。どうやったら、ZOOMでそういう感覚を共有できるかが、この授業のポイントだなと思って。

そこでやった実験は、ジョン・ケージの「4分33秒」という作品をZOOMでやることでした。作品は楽器と

かの演奏はなく、コンサートホールでやるときにはシーンとしています。その静寂の中に様々な、一般的には雑音だと思われているものが音楽として聞えてくるという作品です。130人ぐらいの学生が一斉にミュート解除をして、シーンとしているんですけど、どの学生も様々な受講環境の中でものすごい生活感が、いろんなテレビの音とか兄弟の叫び声とかすごく入ってくるんです。なんかその生活感・空気感というか、その学生が聞いている空間にその空気が一気に入ってきた感じがして、それが130人分混ざる感じというのは結構人間の実際の存在感につながったなって思いました。

ZOOMというのも、我々にとっては（実際に会うことができないという）障害だと思うけれども、その中でいろんな実験をしてみることで作品の可能性も見えてくる。ジョン・ケージはZOOMで「4分33秒」を演奏されるということは想定していなかったと思うんですが、（逆に）その可能性も、障害という要素が入ったことで見えてくる。感じとられた障害がその（芸術）作品によって、別の形に展開される。それは一つのインクルーシブアートの経験だなと思います。

茂木 （インクルーシブアートに関して、つくることをつくるは）面白いですね。伊藤さんの実験的な授業実践はとてもいい刺激になりました。

池田 （最初は作家として）作品を作っていましたが、30歳過ぎて特別支援校で働き始めました。それをきっかけに、障害のある子どもたちの美術の面白さにすごくはまって、今日に至っています。何が魅力的だったのかというと、特別支援学校といわゆる一般の学校とは前提が全然違う。特別支援（学校）では、一人一人がほんとに全然違うということを前提としていて、皆が一つのところに集まっているんですが、目標は一人一人違っていて、目指すところも一人一人違う。何かができないというところがまず、始まりになっているという。皆が一斉にここまでできてではなく、なにかができないことが前提で、そこから積み上げながら一人一人の学びが創られていくというところが大変魅力的です。

美術教育が他の教科と違うのは、習得型より挑戦型で、何ができるか分からないけど、分からない方向に向かってちょっと進んでみよういうところが面白さなのかなと。

多胡 私は3年前に群馬県立盲学校長を退職しました。同校に3回赴任して足掛け12年盲学校で美術教育をやっていました。最初のころはいろんなことを手探りの状態で試していました。退職を機にそれまでの実践を群馬県教育賞の論文にまとめたり、群馬大学大学院教育学研究科に入学し、修士論文としてまとめたりしました。現在は、麦わら屋という福祉事業所でアートの指導員をしたり、版画の制作をして作家活動をしています。

手塚 私は茂木研究室の修了生で、学生時代は茂木先生の刺激強めの、実験的で挑戦的な美術教育を経験してきました。その1つであるアートワークショップによる学びへの興味から、（美術領域にもかかわらず）何か「正解」のようなものを追い求めていくみたいなスタイルが主流だったこれまでの図画工作科とは違った、新しいアートによる学びの考え方に基づく方法について研究を続けています。ここ数年は、学習科学領域の学習理論の枠組みを借りて、アート領域固有の学びを説明しようとしています。

ここ2年間は出産で研究が十分にできていませんが、出産やその後の乳幼児と生活するという経験を通して、（カタカナ語の）ヒトが人間になっていくプロセスを横で観察し、彼女が触るとか口に入れるといった視覚だけに頼らないやり方でやっている何気ない出来事から世界の把握の仕方というのかをいろいろ感じているところです。

松本 僕は今、ゲームコースというのが新しくできた（東京藝術大学映像研究科の）助教をしています。もともと僕の専門は音楽とメディアアートでデバイスとか装置を造るのをやっていて、自分で描いた絵をカメラで撮って、それを音楽で演奏するという、（科研の協力者として）「絵楽譜」というというようなワークショップの制作をしています。

山城 僕はいわゆるカットして映像を編集する映像作品でな

図1　山城大督「トーキング・ライツ」2016

図2　同「SENSORY MEDIA LABORATORY」2018

く、ここ最近は映像を分解して空間の中に展開するセンサリーメディアラボラトリーという実験映像シリーズの作品を始めました。きっかけは、自分の子どもが生まれ、彼が1〜2歳の頃、世界の認識過程を見たときに、画面の中と外の現実空間との境界線みたいものをすごく曖昧に捉えるのを現実の物質と映像（イメージ）の中で混ぜられるんじゃないかなと思ったことです。

　基本的には美術って目で見るもので、触ったり耳もあまり使わない表現メディアだと思います。でも子どもの感覚で感じれば、全身で味わうことができて、鑑賞というものは髪の毛一本一本さえも鑑賞のインターフェースになるんじゃないかなと思っています。足の裏、背中も首も、それも前後では全然違うし、身体全身の感覚器官をメディアと捉えて作品が展開できないかなということです。

　たとえば、境界線の無い真っ白な空間の中に置かれたオブジェを身体を使って再生体験する作品です。ぐにゅっとゴムが出て来るようなおもちゃには「ギューッと握る」という指示があります。水風船を手に取ってみると揺らぎ、想像と全然違う動きをすることで、過

去の認知と目の前の現象のズレを感じます。これ一番僕が好きなんですが、ノイズキャンセリングヘッドフォンで外界の音を遮断して、目を閉じて白湯を飲む作品です。胃までお湯が通るまでの道筋を体感でき、ものすごい気持ちよくて。美術かどうかとかは別にして、人間の味わう楽しみとして（アートは）あるというような提案をしているものです。

　この制作の動機はもともと茂木先生と一緒にアーツ前橋でやっていた「鑑賞ウォーミングアップツール」をつくるという（文化庁事業の）プロジェクト[2]でやっていたものです。その時に考えたのは、鑑賞のためのウォーミングアップでは知識とかではなく自分の身体をちょっと温めることが大切だと感じました。

茂木　広瀬さんにはどんなものか、伝わりました？なんか広瀬さんの（ユニバーサルミュージアム）展覧会のヒントになるといいなと思って。

広瀬　だいたい分かりましたので、大丈夫ですよ。

触る／触らないという二元論：触覚の主観性と障害当事者自身がつくる学び

茂木　触ることを広瀬さんがすごく強調されていて、僕もすごいそれは気になっていて、京都の近代美術館の（「感覚をひらく」の受託研究）事業[3]もやっぱり触ることを当然重視しているし、視覚障害教育が触ることを前提にというか基本にしているので、多胡さんと一緒にやっている教材開発もそれは外せないだろうなと思って、触れるものとそれを言葉で理解するものと、両方でやるという形にはしているんですけども、今の山城さんの話を聞くともっとその以前の問題を考える必要もありそうです。

　だからイメージになる以前の問題の感覚の耕し方というのかな。そういう身体性を問題にしていると思いますが、それについて広瀬さんどうお感じになりますか。

広瀬　そうですね、先ほど、冒頭でもお話ししたように、基礎があって、応用があるということだと思います。視覚障害教育で、しっかり実力をつけ、経験・知識を持った人が、盲学校から社会へ飛び立っていく。そして、彼らがインクルーシ

ブ教育の担い手になるという流れです。知識・経験を蓄積する際、実感を伴うことが大切でしょう。実感に根差す経験・知識を養う面で、やはり触ることは一番大切だと思います。もちろん、触ることがすべてではありません。言葉による美術鑑賞もそうですが、世の中には触れないものがたくさんあります。触れないもののイメージを言葉から広げる。あるいは、触った部分から、触れない部分を推理・想像する。そんな応用力が、視覚優位の社会で生きていくためには必須です。ただ、応用力を鍛える土台となるのは、やはり実感を伴う体験の記憶です。盲学校の中学部ぐらいまでは、さまざまなものに触る体験をどうやって、どれだけ確保できるのかが重要なのではないでしょうか。

茂木 触る／触らないという視覚障害教育の根本問題について触れたいと思います。大内先生、触り方の研究を通して、この問題をどう考えたらいいですか？二元論的に捉えるのは良くはないですけども、基本的には触らないと実感しにくいだろうなと。

大内 小さい頃から視覚活用に制約がある人は、やっぱり触るというのは当たり前だから、そこをしっかり育ててあげることは大事なことです。もちろん二元論ではではなくて、触る世界をどれだけ豊かにするかということだろうと思います。

量も質もありますが、多角的に、要するに特定のプログラムや特定の理論に基づいて指導するのではなく、子ども自身が作っていくので、周りが環境や場を用意することが大事で、特に乳幼児期の工夫された指導や体験はその後の豊かさにつながっていくと思います。視覚障害教育は方法論が優先して、いいやり方や教材づくりばかりを求めたり、どうしても枠にはめるような方向に行きがちです。そういうことができることが専門家だみたいな雰囲気もあります。子どもが持っているものを引き出すためにどうしたらいいか。やっぱり子どもと対話をしながら、子どもを見ながら、子どもが何を望んでいるのか、今どういうことができるんだということを冷静に判断し、マテリアルを用意することがベースづくりには大事なのかなと思います。

茂木 手塚さんとか山城さんとか、多分幼児を身近で育てて、見て、僕はだいぶ前なんで忘れちゃいましたけども、伊藤さんも子育てを経験されていると思いますが、いろんな感覚を体験させることはいいなと思っていますが、（視覚障害における）多感覚的な教材について少し話をしたいなと。伊藤さんどうでしょうか。

伊藤 やっぱり、触るということは大事だと思っていて、「触る」のその先をどう豊かにするかというところが重要かと。大内先生のお話もその通りだと思いました。そこでどうするかですが、豊かにするとはつまり触ったことがゴールじゃないよということをまず用意しなきゃいけないわけですよね。触ったものがゴールじゃないとは、「触る」のも客観的ではない。私たち、つまり見える人が美術鑑賞するときって、見えるということは客観的な、つまり全員共通の経験をしているわけではないというところがまず大前提です。自分にはこう見えているけど、別の人にはまったく違う風に見えているかも知れないという、自分以外の人の存在というのを感じながら、その人たちが自分と違う風に感じているという感覚を持ちながら自分の感じ方というのを追求するというのが一つ大事なポイントかなと思っています。

触覚の主観性ですね。それがその子なりの連想だったり、それを触ったことによって喚起された記憶だったりすると思うんですが、そういったものとどう展開していくかということが一つポイントかなと。大学で「触るとことの主観性を感じるためのワーク」の授業を最近やって、（晴眼の）学生に「自分にとって一番好きな触感は何ですか。自分が好きな触感を何か別のもので代替するとしたら、どうやって代替できますか」という質問もセットでしました。そうすると、例えば同じタオルでも、そのタオルの触り心地のどういう感じが好きなのかという、その感じ方の部分がけっこう人によって違うんです。コーヒーミルでコーヒー豆をガリガリガリって、ハンドルを回すことで豆がすられる感触が好きだという学生がいて、それを聞いたときにガリガリ感が好きなのかなと思ったんですけど、感触の代替の答えは「包丁を研ぐ感触と高圧洗浄機の感覚だ」って言ったんです。「全然ガリガリ感ないじゃん」って思ったんですけど、それは「ちょっとの力で大きい効果が返ってくる」という触感が好きなことでした。それって多分すごく男の子的なものなのかなと思いますが、ラジコンとか、ボタン一個押すと向こうですごく大きな効果が起こっているみたいな、そういう感覚

と近いもので、そのギャップがすごく快感だって言ったんですよね。

つまり触覚一つとっても一個の触感の中に様々なアスペクトというんですかね、どういう観点でそれを感じているのかというのが様々あって、それを引き出すときに、言語化するというのは一つの方法ですけど、多分それは結構難しいので、なんか別のものに置き換えさせると、そこなのねという共通部分が分かってくる。

そのワークショップは触覚のバーチャルを考えることを目的としてやりました。バーチャルリアリティのバーチャルとはものの本質をまったく別のもので再現することですが、なんかそういう置き換えていくということを、必ずしも言語的でなかったとしてもやっていくことで、その人の主観的は触覚というのが結構見えてくるなと思って、これを本当に盲学校の子どもたちとやってみたいな、その時にどんなものが出てくるんだろうと。

茂木　ありがとうございました。今の伊藤さんが触覚の言語化ではなく、他のものでの置き換えについてどうです。

多胡　現場で教えていたときに、色彩の学習では言葉にするときに、一人一人の感じ方は見える人も見えない人もみんな違うんだ、似通った部分というのはあるんですけれども、微妙には違っているんだというのを指導者全員感じていたことを思いだしました。

池田　先ほどの話を聞いて、ちょっと分けて考えた方がいいのかなと思ったことがあって、一つは学校教育では何をすべきなのかは、やっぱり広瀬さんが言うように、本当に地道な触る経験＝認識の積み重ねをしていくことをおろそかにしてはいけないと思うんです。今回様々議論になっているのは、いわゆる晴眼者の立場でできあがってしまっている認識の狭さへの気付きというか、本来は多感覚であるはずなのに何か一つの、認識の仕方しかできていない自分に気付くというか。当たり前と思っていたことが全然当たり前じゃないということに、視覚障害者の方のアートが気付かせるというのがあるのかなと思います。

松本　伊藤先生が言っていた、見る感覚の話で男の子的というはそうなんですか。僕もボタンを押すとバッと動くのは大好きですし、そういうのはあんまり女の人には無い感覚なんですかね。そこがちょっと気になりました。

伊藤　女性だって男の子的な感覚を持っている。もちろん感じますよ。

茂木　手塚さんはどうですか。

手塚　今の池田先生のお話を聞いて、分けて考えた方がいいのかどうなのか、ということを判断するためには、この科研で私たちが向かうべき方向性に関わるので、もう一回確認したいなと思いました。

茂木　両方だと思います、結局はね。教科書もまとまった研究や研究者もいない視覚障害美術教育はもちろん支援も必要だけど、いろいろなものを創造的に乗り越えていくためには当事者が主体的に生きること「ともに歩む」ことがもっとも必要で、そういう意味では（晴眼と視覚障害との差って）そこまではないのではないでしょうか。

視覚障害美術教育の研究をしていると、人をわかりやすく説得するためには、池田さんが言うように、切り分けるというのも好みではないけど必要だと思います。（今、多胡さんとやっている教材・題材開発は）美術教育自体を変えていくために、皆がびっくりするようなことをやらなければと考えています。つまり、モノづくりの美術教育は否定しないんだけど、それを思いっきり捨てて、コトづくりに振り切ってやってみたいと思っています。

池田　切り分けるというのは話を整理するために、言わせてもらったんですけど、もう切り分けるという発想は古いとは思うんですが、一つ共通しているのは、最近よく言われるエンボディメント（embodiment）と言われる身体を介して世界を認識していく考え方です。

先ほどの伊藤先生のお話と重なると思うんですけど、視覚障害のこれまでの教育で問題と思うのは、いわゆる晴眼者を基準にして教えていくみたいなところに違和感があり、障害者の方には障害者の方の捉え方というのがあるので、そこを尊重していって様々な捉え方があるというところで、見方とか認識の仕方というのを捉えていくのが共通項としては、考えられるのかなと思っています。

モノからコトへの美術教育：デュシャンの「泉」（1917）の鑑賞を考える

茂木　見えない人たちのことが本当に理解できるのかという問題はいつもあることですが、当事者／当事者性の関係性、そこから教材開発を考えたいと思います。（Q１で紹介した）浜松のクリエイティブサポートレッツの新しい取り組みに重度障害者のグループホームに第三者が同居して障害者・支援者の関係性をメタに見ながら、その当事者と当事者性を切り分け、演劇化つまりアート化するみたいな話が出てきます。障害はアートによってむしろかき混ぜられ、外（社会）に拓かれることで、アクセシビリティ的な支援ではなく、創造的なカオスの場をつくり、すべての関係性をフラットにしてしまいます。

　同様に北海道の浦河の「べてるの家」の当事者研究も「弱さには弱さの価値がある」（向谷地）ことを認めてしまって、表現によって見える化し、弱さやダメさの自慢が障害者の自尊感情を支え、要するに当事者と当事者性の切り分け＝客観化に成功しています。アートの持つ遊びやユーモア…ずらしやつなぎ変える作用は伊藤亜紗さんの「利他」の有効性にもつながるのではないかと思います。

　視覚障害当事者の美術科教育で何が一番問題かというと、先日のデュシャンの「泉」の鑑賞で気づいたのは、多様なアートの情報アプローチへの遮断でした。「どこに行ったらそんな情報が知れるのですか？」という当事者の声を聞いて、やっぱり見える私たちは見えない人を区別していると感じました。

（※ここでPowerPointを使って、デュシャンの「泉」の鑑賞の実践（2020.8.21）の説明をする。手順は、①便器（泉）を触って鑑賞、②絵画の革命（印象派の輪郭線の消失、キュビスムの多視点）の教材（触図）を触って鑑賞、③動くキュビスム作品「階段を降りる裸婦２」を理解する補助して、マイブリッジの連続写真教材（触図）の鑑賞、④「階段を降りる裸婦２」の教材（触図とパズル）の鑑賞とモデル人形の触る鑑賞、⑤アート＝コンセプトを社会の美術から考えるために福島の帰還困難地域にある「Don't Follow the Wind」を鑑賞し、創作活動をする（未完）。詳細はQ22を参照）

　便器を触る鑑賞活動はすごくすべすべして心地よかったようで、また横向きから縦にしたらすぐ分かったという（さわり方の）問題にも気が付きました。

インクルーシブアート教材・題材開発のポイント	テーマと問題点
	"Inclusive Art Education" アートによる共生社会構築
①見える／見えない、触る／触らないを「分けない」鑑賞＝表現も分けない ②現代美術の思想史に学ぶアートはアートとは何かを問い続ける活動	**アート／教育に何か／ができる？** 視覚障害の人が本当に必要だと思ってアートを普通に使う社会は豊かだろう

ピカソのキュビズムを理解する
鑑賞（自画像）から制作へ…分けない題材をつくる

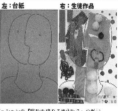

左：台紙　　右：生徒作品

左：弱視児の自画像　右：全盲（先天盲）画視児

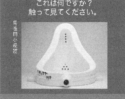

これは何ですか？触って見てください。

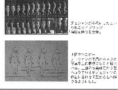

デュシャンの『階段を降りる裸体№2』の鑑賞

デュシャン『階段を降りる裸体№２』（1912）の鑑賞

原画を触図化とパズル化した。触図はわかりにくいのに対して、関節が動くパズルはわかりやすい。

「Don't Follow the Wind」展
福島帰還困難地域で開催され続ける現代美術展

「あなたはここにどんな作品を展示したいですか？」

　鑑賞は「デュシャンがどうして便器を作品化したのか」という問題をテーマにし、彼が現代アートの型＝概念を理解すること自体がアートだという、いわゆる思考（コンセプト）をアートと定義する流れを（開発した教材を触る）体験してもらって、自分で創らなくてもその型を示すことによって、アートというのは成り立つことを伝えました。教材開発のポイントについてもヒントが得られました。平面触図の教材は分かりにくい。パズル化などの分析的な視点とやはり立体的に捉えるための支援が必要なことです。

竹丸　このワークショップに記録（者）として入って、皆さんの言葉を拾いながら印象的だったのは、見える側が考えた順番と視覚障害者の方が分かりやすい順番が違っていたことでし

た。伊藤先生がいうゴールは同じでもやり方はいろいろですが改めて分かりました。

それから（彼らは）自分たちは模倣ができないから、例えば投球フォームを教えるのがすごく難しいって言われたとか、やっぱりなんか自分たちができることとできないことというのを、すごくはっきりと分かっていて、その中で寄り添おうとしているんだというのを感じたので、あっちとかこっちではなくて、ここに向かってどういうふうに行くんだということを、一緒に考えていかないとダメなんだなと思いました。

多胡　「今まで経験したものと違った爽快感があった」という感想はワークショップがうまくいったことの証左となっていると感じました。これは微妙な問題ですが、触るあるいは理解するということにこだわっていた鑑賞から思い切って離れることができ、考え方がアートの中心に切り替えられたのが新鮮だったという意味だと思います。

茂木　「美術は触れないものだ」という結論を最初に言ったので、それが最初は分かりませんでしたけどやっているうちに僕の意図が伝わっていったのかなという感触はありました。

山城　今、スライドを見てすごく刺激を受けて、頭の中が活性化しています。考えがまとまりませんが。まず、トイレの便器を触っている写真は、初めて見ましたね。同時にあれ自体に意味があるのかというのも、次の瞬間思いました。デュシャンがやったことを理解するということやキュビズムの視覚の遠近法をどう崩したかみたいなことを理解することや、それを伝えること自体の意味というのがどこまであるのか考えていました。

つまり美術の歴史って、見えること、見ているものを平面上に定着することの歴史だと思うので、それを見えない人が追体験したり理解したりすること自体にどういう意味があったり、芸術鑑賞・体験につながっていくのかがまだ僕の中で整理できていません。

同時に芸術鑑賞自体のバリエーションって、もしかしたら見えない人のほうが少ないのかなって思ったりもしました。自分だったら、キュビズムの中で起こっていることを見える人も見えない人も一緒に体験するとしたら、詩とかでできると思いました。つまり視覚の構造を崩したのがキュビズムだとしたら、同じ視覚を前提にした体験ではなくて、音とか言葉とかでできるのかと思って、見えない方にとっての詩ってどのようになるのを聞いてみたくなって、いろんな刺激を受

けました。

茂木　題材開発では制作と鑑賞もあまり分けないという形にして、見たら作るということを必ずやってきました。ピカソの自画像の鑑賞後、粘土で（自画像を）作ってもらいました。（ピカソの）「黄色い背景の女」の鑑賞後にはコラージュをやりました。（補助的な教材で）輪郭線を引いてある画面に自由に材料を貼って制作をします。キュビズムを頭だけで理解しないで、自分なりに感じ取ったものを表現しなおすというのが学習のポイントです。

山城　広瀬さんにお聞きします。見えない方にとっての詩ってどういう楽しみ方をされていますか。

広瀬　僕自身、盲学校の高等部時代に「詩のクラブ」に入っていました。その当時、すごく疑問を感じたことがあります。それは、盲学校の全盲の生徒が、色彩描写鮮やかな詩を書くことです。やはり、見える世界に対する一種の憧れがあるのでしょう。僕は、見えないのに、見えているような詩を書くことに抵抗がありました。別に、色（視覚情報）がなくても、詩は成り立つ。見えないなら、見えないなりに感じたことをそのまま詩にすればいい。今なら多少は論理的に説明できますが、当時の僕は「詩のクラブ」の異端児でした。教育ということで言えば、国語の授業で習う詩には、色彩描写がたくさん出てくるわけです。そこから、詩には色彩描写がなければいけないという常識（固定観念）が植え付けられてしまう面もあります。逆説的な言い方になりますが、点字の教科書がない美術教育では、常識、固定観念にとらわれない自由な発想が育つ可能性があるとも思います。

山城　非常に面白く、いろんなアイデアが出てきます。例えば、料理、キュウリを皆で食べて、キュウリのイメージについて話し合ったりするとか、キュビズムを学ぶのに視覚や触覚でなく、イメージをぶつけるようなワークショップもできるのかなと思いました。そうすると絵画の在り方としてのキュビズムという理解も深まるだろうなと。

茂木　僕らもいろんなことは考えてきたけど、そこまで飛躍はなかなかできなかったので、参考になります。

伊藤　すごく面白いなと思いました。大きく二つあって、一つはコンセプトと運動です。それを物体とか2D

の形で表現している作品を扱ったのが、まずすごく良いなと思いました。つまり、そもそも無理というかそんなことできないということをやっているわけです。見えないことを見えるようにしているのが美術なんだというところがすごく分かりやすかったんじゃないかなと思います。

さらにもう一点は、(茂木さんがいう)つくることと鑑賞することを連動させるというのは大事です。つまりそもそも作品をつくる人がいかに不可能なことをやっているかという感覚に共感することが大事だと思っていて、そもそも美術の始まりがそうですよね。

神話とか聖書に書いてあることというのを、当時の人は文盲だから、テキストだと分からないから、視覚化して伝えたわけで、言語で書かれているものを視覚化するというのも相当無理難題だと思うんですよね。

私も大学の授業の最初に導入として、アポロとダフネという神話ありますが、その神話の話は特にしないで木に変身している女性を描かせます。そんなこと描けるかって皆思うんですけど、それをやると作家がやっている苦労が分かるというか、…まず共感するということが鑑賞では大事で、常に制作と鑑賞の連動を大事にしています。

手塚 興味深かったのは、広瀬さんの見えない人たちも色彩描写鮮やかな詩を描くということです。詩とは色彩描写がたくさん出てくるものである、という固定概念やある種の憧れがそうさせているというお話でしたが、広瀬さんがおっしゃる通り、見えない人の世界観を重視して書くという方法もあるはずです。アートに固定概念を覆す機能を見出す場合、そもそも私たちが持っている固定概念と見えない人／見えにくい人たちが持っている固定概念には相違があるのではないかという視点が重要と思いました。なので、私たち(晴眼者)と見えない人たちにとでは、「新しい世界を見つける／触れる」アート経験の方法も異なるのではないかと思うのです。このような視点から教材とか、環境の設定を考えていくは、(研究の)一つの方向性ではないかと思います。

池田 (思うことが)二つあって、一つは美術をなぜ学ぶことが大事かなのですが、美術をすること以外にも、

アイスナーが一度も作曲をしたことがない人は作曲を通じて世界を見るということができないというように、美術(アート)を通して世界を見る(独自の)体験(世界認識)というのがあるので、視覚特別支援学校でやる意味は大きいように思います。それから徹底的に言葉で言い尽くしてみるという体験も面白いと思いました。一つの物事に対する多様な捉え方は言葉を尽くすこと(でわかる)。(対話型鑑賞のように)視覚障害者と一緒に活動するということの中で可能性を感じました。

大内 やっぱり美術とか感性的な学びというのはすごく根源的で原初的で発展性があるとあらためてと刺激を受けました。ものを見るとかつくるとかという活動はインプットとアウトプットがセットになっているんですね。一方だけ深めればいいという話ではなくて、自分が得たものは形として外に出す、形にしていくのが大事だと感じました。違いが分かるためには同じことも分からないと、同じベースも無いと違いというのが共有できないので、そのバランスは必要だろうなと。それをどう一つの活動の中で取っていくかですね。

視覚障害からの発信 "from the blind" への道：アート／教育が拓く個と全体が照応するインクルーシブな世界

茂木 いろいろな話題が出てすごく面白かったです。最後にまとめを一言ずつお願いします。

広瀬 途中で身体動作の話が出ていましたね。パラリンピックの選手は、実は9割以上が中途障害者です。視覚障害関係の競技でも、先天盲の選手は極端に少ない。身体の使い方、動かし方は、視覚経験の有無によって、まったく異なります。水泳にしても陸上競技にしても、見たことがなければ、理想的なフォームを身につけるのが一苦労です。視覚経験がなくても、いや視覚経験がないからこそ有利だというスポーツ競技は、現実的にはほとんどないでしょう。もしも、この科研プロジェクトの発展バージョンとして、ユニークな身体動作を引き出すような装置、体感型のワークショップが開発されれば、パラリンピック的な常識を覆すことができるかもしれないと感じました。

それから、僕も京都国立近代美術館の鑑賞会で、デュシャンの便器に頭を突っ込んだことがあります。あの

時の快感は忘れられませんね。日常生活で、便器に頭を突っ込んでいたら、単なる「変なおじさん」です。でも、美術の世界には「変な」ことはないのです。いや、逆に「変な」ことが当たり前ともいえるでしょうか。常識と思われていることを一瞬にしてひっくり返す。そんな力を秘めているのが美術なのだと思います。国語・数学・社会科・理科など、常識を学ぶ教科も大切です。ここは、学ぶ方法の違いはあるものの、盲学校と一般校で、教科内容そのものの差はないでしょう。一方、美術は常識にとらわれない教科です。常識を疑い、乗り越える力が求められます。自身の障害についても、常識的な理解を飛び越える柔軟な発想を養うのが美術教育なのではないでしょうか。

昨今は国際的にインクルーシブ教育が主流となり、視覚障害者が地域の学校に通うケースが増えています。国語・数学・英語などの教科学習は、点字の教科書が確保されれば、大きな問題はないでしょう。実際、一般校から大学に進学する視覚障害者の数も増加しています。では、美術や体育はどうでしょうか。目の見えるマジョリティの中に、視覚障害者が一人だけ入る。「今日はバスケットボールをします」「さあ、校庭に出て、自由に景色を描いてください」。理解ある教員、サポーターがいても、一般校の体育や美術で、晴眼者と視覚障害者が同じ経験をするのは難しい。そして、多くの場合、マイノリティの側が不利益を被るわけです。インクルーシブ教育で一般校に通うにしても、美術・体育では特別支援教育のノウハウを取り入れることが不可欠です。そういう意味で、このプロジェクトの成果は、特別支援教育（盲学校）の生き残りにとって大事だし、特別支援教育の特徴を活かす武器になると思います。

もう一つ、他者理解について、茂木先生から当事者と当事者性の話が出ました。僕の専門の文化人類学では、白人の研究者による「未開」の先住民たちに関する調査が、植民地主義だと批判されました。この批判に応える形で、学問が鍛えられ、成熟してきた経緯があります。この科研プロジェクトでは、たくさんの晴眼の研究者が視覚障害分野に参入してきました。ようやく、障害に関する学問研究も、植民地主義を脱し、新たな段階に進むのかなと、わくわくしています。当事者性については古今東西、「of」と「for」の微妙な対立があります。いわゆる当事者団体、視覚障害者協会は「of the blind」の組織です。一方、点字図書館や福祉施設は、視覚障害者支援を目的とする「for the blind」の組織です。盲学校は英語では「school for the blind」ですが、先輩・後輩のつながりは「of the blind」の側面を有しています。「of」と「for」は同じゴールに向かって活動することもありますが、時に当事者と支援者の間には、乗り越えがたい壁が生まれるのです。この壁を乗り越えるために、「ともに生きる」、すなわち「with」の理念も提唱されていますが、ややもすると「with」は、多数派の論理に少数派を合わせる方向に流れがちです。最近、各方面で注目されている「合理的配慮」も、強者（健常者）の論理に合わせるだけでは、真の差別解消は期待できないでしょう。

この10年ほど、僕が大事にしているのは「from」の発想です。視覚障害という独自の視点から発信するのが僕の役割だと考えています。「from the blind」は、当事者と支援者の壁を克服し、まさに「視覚障害」という当事者性を共有する者たちが教育・社会を変えていく実践的研究理念です。そこでは、当事者・支援者の区別はありません。視覚障害者と晴眼者が対等な立場で議論していくのです。インクルーシブという切り口で視覚障害教育、美術教育に改変を迫る本科研プロジェクトは、これからが正念場でしょう。「from the blind」の研究の第一歩として、書籍の刊行はたいへん意義深いと思います。

池田 今日はありがとうございました。気付いたことで、まず一つ目はアートが（必然的に）喚起する多様な議論のことです。（美術は）一つ一つが答えを言っているわけではなくて、いろんな議論を呼び起こすような媒体としての作品の役割というのはすごくあるなと思いました。

二つ目はデフォルトをどこに置くかというのはすごく自分も気になっていて、fromという話がありましたけども、いわゆる晴眼者を基準に考えていくのか、それとも障害のある人たちを起点にしてそこから社会を捉えていくのか、何を最初の出発点として置くかというのはとても重要な問題だなと思いました。障害者を基準にしたときに見える矛盾や問題点のことを考えました。

多胡 音楽、英語や数学などにはいますが、盲学校出身の美術教員がいてもいいのかなと思っています。（たとえば）図工・

美術科教育のダイアログ・イン・ザ・ダークみたいなものがあっていいのかなって。私はどちらを基準にするかというよりも、キャッチボールを今こそそしておいた方がいい時期なんじゃないかなと思っています。

　もう一つ、置き換えることについて。幼稚部の先天盲の子がとても上手に走れるようになったことを体育の先生に尋ねたとき、腰に玉を入れた空き缶を付けて、その球が上手に鳴るように走らせると速くリズミカルに走るようになった話を聞いて、動作を動作として置き換えるのではなく、動作を別のものに変換するとフィードバックが違ってくるのだと思いました。鑑賞に通じるものを感じました。

山城　何を話したらいいか分からないですが、とても勉強になりました。ありがとうございました。

松本　いろいろ面白い話がたくさん聞けて面白かったです。僕も触覚のデバイスを攻めていこうかなと思いました。

手塚　自分の課題でもありますが、晴眼者の価値観を押し付けていくようなアート体験ではなく、見えない人たちにとって面白いというか、ツボにはまるモノやそれによる方法を学習環境としてデザインできるといいなと思っています。ありがとうございました。

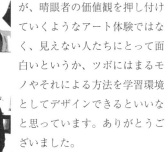

竹丸　私はコーディネーターなので、皆さんがこういう風に思っていることを実現するために、どうやったら場を作れるだろうなというのをすごく考えさせられました。皆がエンパワーメントできるために何ができるだろうと。ありがとうございました。

伊藤　やっぱり感じるというのは自分との対話だと思います。コミュニケーションと言ったときに、自分と相手とのとよく言われますが、それと同じかそれ

以上に多分、大事なのは自分との対話で、その力を身に付けるためのきっかけとしての美術だと私は思っています。自分との対話ができない、感じることができないと、社会に出てもいろいろ困る。何か人から強制されたときに違うと感じるとか。視覚障害があってもなくてもそうだと思いますが、自分の中の自治の領域というのか、自分はこうなんだという領域を確保することが（大事で）。障害があると周りの人にいろいろ言われやすい立場だと思うので、ここは自分の領域なんだ、誰も介入できない自分の世界なんだ、というものをちゃんと作っていくことが、その人が将来社会へ出て生きていく上ですごい力になると思っています。

　それは障害の問題だけじゃなくて、今の社会って感じることがすごく弱体化していると思って、この前のあいちトリエンナーレの「情の時代」で三つの情のことが言われていましたが、そのうちの一つが感情でした。情報と感情と情けの三つだったんですけど、そのうちの感情はすごく抑圧されていて、特に大学生とかと話していると、自分が感じたいように感じるということに対する警戒心がすごく強い。なんかここで間違ったことを感じてしまうと、すぐ叩かれるんじゃないかとか、否定されるんじゃないかみたいな、そういう緊張感がものすごいですね。感じるということをちゃんとやって大丈夫なんだ、自分と対話してOKだし、自分だけの世界をもっても大丈夫という安心感みたいなものを大人が作らないと、ほんとに今の子どもたちはすごく辛く、生きていく力を奪われていると思うので、それを考えるプロジェクトになっていったらいいなと思います。

茂木　子どもたちが次の社会を創っていくので、そこをちゃんと保証してあげないと思います。大内先生、最後に一言お願いします。

大内　つい最近『アメリカの教室に入ってみた：貧困地区の公立学校から超インクルーシブ教育まで』（赤井和重）という、在外研究でのお子さんの現地の学校での体験談を書いた本を読みました。究極のインクルーシブというのは個別化で、一人一人が自分で教育を創って行く。無学年生で、子どもたちが自分のやりたいことをやりながら、でも9年いればちゃんと学ぶべきことは学んでいく。そこで一番やりやすいのが図工・美術と音楽のような芸術教

科でした。今回の研究は、視覚障害のある子どものための教科書作りや指導方法を考えることですけど、それを越えて、一人一人の子どもの育ちを保証し、次の世界を保証する（インクルーシブな教育へ）つながっていったらいいと強く感じました。

　広瀬さんが「便器に顔を突っ込むのが非常に爽快だった、これはアートの分野でなければできない」って言っていましたが、すごく大事なところだと思います。その時便器（の形を）を認知することと便器に顔を突っ込むことの爽快感のギャップを楽しめるということですよね。概念形成、つまり子ども自身が自分なりの概念をどう作っていくかを大事にして、そこからいろんな事が生まれてくる。そこに寄与するのもアートのすごく大事な役割かなと思います。ありがとうございました。

茂木　「アートは見えないもの」で、そういう意味で芸術教育は見える人にも見えない人にも平等に与えられることをこれからも主張していきたいと思います。今コロナ渦での見えない敵との戦いは結果的に自分との戦いになっています。伊藤さんの著書にもある、人と人が「ふれる／さわるとき生まれる交流＝コミュニケーションは単なる情報伝達の領域を超えて相互的に豊かに深まる」（『手の倫理』）ということは視覚障害アート教育の核になるような気がします。相手の懐に奥に入っていって交わるために必要な信頼や許しやケアなど。見えないものや分からないことを否定しないこと。見えないものとの戦いは自己の省察であったり、また（アートによって形づくられる）見えない世界によってつながれたり、支えられたりしているのだということをあらためて確認しています。「人間はひとりでは生きていけない。誰かに何かに支えられ、世界の中で生かされていることを理解すべき」ということでしょうか。本日はありがとうございました。

注
1）KYOTO GRAPHIE2020 は目に見えるものだけでなく、想像して見るものも意味する「VISION」をテーマに開催され、マリー・リエス「二つの世界を繋ぐ橋の物語」」展が天田万里奈のキュレーションによって、アトリエみつしま Sawa-Tadori で展示された。会期中、ミュージアム・アクセス・ビューの協力で、視覚に障害がある人とない人が写真に触れて鑑賞する「ふらっと対話鑑賞プログラム」を実施した。https://www.kyotographie.jp/exhibitions/marie-liesse/ を参照。

2）文化庁 大学を活用した文化芸術推進事業「美術館等と連携する地域アートプロジェクトを活用するアートマネジメント人材育成研修プログラム “アーツでまなび、アートでつなぐ！「まえばしアートスクール計画」」を2年間実施した。趣旨は群馬大学とアーツ前橋と連携し、アートを活用して、インクルーシブなマインドを持ち、地域の中でひととひとやひととものをつなぐことのできる、広い意味でのアートマネジメントができる人材育成の事業を実施した。その時に障害や高齢、ジェンダー、親子などアートマイノリティを包摂することによって、前橋をフラットで大きな理念をもつ学校にしたいと考えた。
その中で山城大督氏に講師をお願いし、美術館における鑑賞学習をテーマにしたコースを設け、鑑賞のための身体づくりのようなデジタルガイド「forks」を開発。詳細は、同報告書 http://moka7887.p2.bindsite.jp/w1docs/pg123.html を参照。

3）京都国立近代美術館は平成29年度より「障害の有無を超えて、誰もが美術館を訪れ交流の場になるような体験できるプログラム「感覚を拓く－新たな美術鑑賞プログラム創造推進事業」を展開している。詳細はQ39及び同館ＨＰ https://www.momak.go.jp/senses/ を参照。

実践編
Practical assessment

見えない人・見えにくい人・見える
人、みんなのためのアート教材開発・
ワークショップ・プロジェクト

インクルーシブアート教育の方法論

Q 14 インクルーシブアート題材・教材／ワークショップのコンセプトと方法論について教えてください

茂木　一司

はじめにー教育における方法論優先主義批判についてー

　「何かいい素材、面白い題材のアイデアはないですか？……どうやったらうまく教えられますか？」。美術教育の研修会でよく聞く質問です。でも「（誰にでもできる）よい方法論がある」と考えるのは危険です。教員が多忙を極め、授業時間が削られてきた図工美術教育が効率的な時短教材を求めなければと考えるのは一見合理的に見えますが、よい方法論探しはすぐに理念なきスキル磨きの競争になってしまい、美術教育の本来の目的（論）から逸れていきます。キミ子方式[1] や酒井式描画法[2] などの方法優先主義はどうしても結果を求める作品主義に陥る欠点があります。つまり、方法論は理念の具体化であり、それだけが単独で存在することは普通はありません。たとえば日本の美術教育では、図画コンクールで前年に入賞した作品と酷似した特定の構図や場面がさらに「磨かれたバリエーション」の絵が翌年大量に出品されることが頻繁に起こります[3]。ここにはすでに絵（アート）とは何かかという問いはありません。日本の教育の伝達方法は多くを「型」を教え学ぶことを基本としています。型は訓練によって磨かれますが、大事なのは型を生みだしたはじめの発想と、そのアイデアがかたち（型）になるときの豊かなプロセスです。教育という営みは過去の文化遺産を子どもたちに食べさせることですが、冷たいまま食べさせるのではなく、食べるときにはもう一度命を吹き込む必要があります。つまり、教育とは物事が誕生し、かたちが定まるまでの生成プロセスを丸ごと体験する営みで、そのためには常に出発点に戻って始める必要があるのです。すなわち、方法論は目的論（理念）と統合されたとき初めて豊かな学びとなるのです。アートはこのようなばらばらになって冷たくなった知識技能（文化遺産）を暖めつなぎなおし、全体性を恢復させ、おいしく食べさせる教育力を持っているのです。

　はじめに、教育における方法優先主義批判を取り上げたのは、特別支援教育の場が特に「支援性」が強く感じられるからです。「助

1) キミ子方式とは1975年に松本キミ子が開発した絵の指導方法。3原色と白で色をつくり、もやし、イカ、毛糸の帽子とモチーフを決めて描く。著書に『絵のかけない子は私の教師』（仮説社）、『三原色の絵の具箱』（ほるぷ出版）など。

2) 酒井式描画指導法とは、新潟県の元小学校教師の酒井臣吾が生み出した絵画の描画指導法。起点から終点までペンをはなさないで線をつなぐ「エチュード」と呼ぶ練習課題の積み重ねによって、人物を中心とした口や目、顔の輪郭、手足や身体の形（型）を習得する。酒井式は1980年代に始まる教育技術の法則化運動（向山洋一、現在はTOSSに変更）の美術教育版。

3) 美術教育における図画コンクールの功罪については、古くて新しい未解決な問題の1つである。多くの美術教育者は「指導過程を見ていない審査員（大人）の一方的な作品評価は作品／結果主義を助長し、多くの落選者を傷つけ、受賞者にも結果が本人の想像力を固定化したり、審査員の評価傾向や射倖心に訴えた意図的な指導や教師が手を加えて出品するなどの愚行を生むこと」が指摘されてきた。しかし、盲美術教育の歴史の中で（Q4）福来四郎の指導が作品の入賞をきっかけとして、教師や子どもたちを勇気づけ、視覚障害美術教育自体の認知にまで広がったことなど見逃せない事実もあり、また美術が展覧会という制度で成立する点や子どもの作品が純粋に人々を感動させるメリットもあり、現在でも功罪の検討以上の結論を得ていない問題である。（高橋敏之、図画コニ作・美術科教育にお

けすぎ」の恒常化は子どもたちを受け身にします。本当の学びは間違いやできなかったことからの気づきや未知のものに挑戦する主体的な学びの中にしかないのではないかと考えています。

インクルーシブアート教育の理念を確認する

インクルーシブアート教育とは、今後の共生社会構築を見据え、その基盤を広義のアートによってつくるべきという主張です。これは文部科学省がインクルーシブ教育システムへの移行の提言（2012）を受けて、今後の共生社会に必要なアートの学びが果たす大きな役割を示したものです。インクルーシブ教育システムの問題点は共生社会構築構築を前提にしながも卒後の福祉とはそもそもの理念が異なり非連続ということです。つまり、インクルーシブアート教育は①障害を持つ子どもたちに本当に必要なアートの教育／研究を充実させることと、②アートに対する理解者／共感者を増やし、アートによってわたしたちみんなが生きやすい世界をつくっていく理念と行動を「ともにすること」が必要です。障害のある者と障害のない者が共に学ぶ仕組みをつくるインクルーシブ教育においては、障害を持つ子どもたちのアートによる表現やコミュニケーションは、むしろ普通教育の中でダイナミズムをつくり出す原動力となります。障害児たちのアートの学びは、硬直化した学校をはじめとする既存の教育をアンラーニング（学びほぐし）してみせます。

しかしながら、日本の障害児教育におけるアート（美術、音楽、身体表現等）の教育の現状は、かつて主要教科とみなされていた時代を経て、現在は消極的な余暇学習の扱いで、アート教育の自由な表現の学びはますます萎縮傾向にあるように感じます。障害者の社会での自立をめざした職業準備教育のための技能主義・作業教育の強化や障害児教育が持つ実証主義は（学校）教育の中でアートの教育を抑圧しています。アート教育にとって障害によるデメリットは何もなく、「個性」を生かすという普通の芸術教育の姿がそこにあるだけです。つまり、教育の意味は方法ではなく理念にあるのです。

インクルーシブアート題材・教材の開発コンセプト

視覚障害のためのインクルーシブアート教育の最終目的は、見え

ける 展覧会及びコンクールの意味と絵画指導の問題点、美術教育学、No.24、2003、p.p 197-209 参照 .

◎用語解説
「共生社会」とは、「これまで必ずしも十分に社会参加できるような環境になかった障害者等が、積極的に参加・貢献していくことができる社会である。それは、誰もが相互に人格と個性を尊重し支え合い、人々の多様な在り方を相互に認め合える全員参加型の社会である」（中教審答申「共生社会の形成に向けたインクルーシブ教育システム構築のための特別支援教育の推進（報告）」2012）とされる。
元々は北欧等の「障害者を特殊な存在ではなく、人間としての尊厳と人権保証を理念」とし、（障害者の）脱施設化と地域生活への移行を意味する「ノーマラーゼーション」の思想が近年「ソーシャル・インクルージョン（社会的包摂）」へと変わり、日本では「共生社会」の用語をあてている。したがって、共生社会は「ソーシャル・エクスクルージョン（社会的排除）」との戦いと理解すべきであり、共生社会構築をめざすための教育がインクルーシブ教育である。

◎用語解説
「アンラーニング」とは、学びほぐしとか学習棄却と訳され、今までの成功体験などによって身につけてしまった学びの型や癖（学びの身体技法、佐伯胖）をいったん解体し組み直すことをいう。もともとは鶴見俊輔がハーヴァード大の学生だった時代にヘレン・ケラーと出会ったとき、彼女の「私は大学でたくさんのことを学んだが、その後たくさん学びほぐさなければならなかった」と言ったことを、鶴見は「型どおりにセーターをあみ、ほどいて元の毛糸にもどして自分の体に合わせて編みなおすという情景が想像された」と説明した。（朝日新聞、2006.12.27）

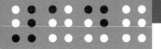

ない／見えにくい／見える人がみんなで学べる教育の実現で、その実践に必要なのがインクルーシブアート題材・教材開発です。

　「インクルージョン（inclusion）」は「中に含みこむ」ことで、「排除」を意味する「エクスクルージョン（exclusion）」の反対語で「全体」を意識している用語です。間違えやすいのは、マジョリティがマイノリティを中に抱え込むというイメージですが、インクルージョンとははじめから多様な個性が混じり合ってひとつの社会（世界）に分け隔てなく存在することです。したがって、インクルーシブ題材はもっとも遠く難しい問題を抱えた人に基準を合わせることが必要です。「障害者権利条約」では、それを「合理的配慮（reasonable accomodation）」と呼び、「第2条　定義」において示しています。

> 障害者が他の者との平等を基礎として全ての人権及び基本的自由を享受し、又は行使することを確保するための必要かつ適当な変更及び、調整であって、特定の場合において必要とされるものであり、かつ、均衡を失した又は過度の負荷を課さないものをいう。

　「合理的配慮」の意味は、一方的に強者が弱者を支援することではなく、弱者（当時者）が必要な支援をいわばみんなで交換するような状態をいいます。つまり、互いに異なる文化を尊び、その違いに興味関心を持ち、間にある壁を乗り越え共創が起きるように触れあうことが必要です。（身体的、社会的な）それぞれが持つ特性にあわせて、できること／できないことをそれぞれが持ち寄ってつくる文化的な実践をインクルーシブアート題材・教材の基本理念としたいと思います。したがって、インクルージョンが生みだす学びの基本理念は、「主体的な学び」です。子どもたちは目標に向かって自分で自分の学びをつくり、同時に他者を意識し、インクルーシブな社会をつくるために対話的で協働的な学びをつくるのです。

　すなわち、「インクルージョン」の定義から必然的に導かれるように、インクルーシブ題材の開発ポイントは「プロセス全体を学習とみなす」、理念としても方法としても「分けないこと」です。見える／見えない、触る／触らない、表現／鑑賞……このような二元論は便宜的なものでしかありません。常に全体と部分の照応＝バランスに注意を向け、静ではなく動的に捉えること、今の言葉で言えば能動／受動でなく「中動態」的に物事を捉えることが重要です。

開発のポイント：学びの総合化（ワークショップ）と現代アート

　インクルーシブ題材開発で重要なポイントの1つ目は、学びの総合性の担保＝ワークショップ化です。すなわち、アートの教育をもの⇄場（環境）⇄人との複合的な「対話」、つまりコミュニケーション学習の場にすることです。わたしは美術教育の存在意義を検討する中で、アートが個人と社会（世界）をつなぐツールになることを経験し、その方法としてワークショップ（参加体験型協同学習）を実践／研究してきました[1]。

　ワークショップとははじめは「ものづくりのための工房」を意味していましたが、「参加型の研修会・研究会」に変わり、中野民夫著『ワークショップ』（2001）の出版によって、「一方的な知識伝達ではなく、参加者の共同による創造的な学びのスタイル」という定義が一般化し、日本では学習への参加・創造と学びの双方向性がより強調されて受容されています。ワークショップは教育だけでなく、環境（まちづくり）、福祉、人権、創発などあらゆる領域に広がっています。その理由は、ワークショップが学習を競争（学校教育）から楽しさ（日常の学び）に変え、画一的な教育観が生む同調圧力が強い日本の教育に対する反教育的な学びになっているからです。

　ワークショップはみんなが協働し、そこで起こる相互作用が学習者の多様性を活かし、自分ひとりでできなかった自他のよさなどを気づかせる社会構成主義的な学びです。今までの知識蓄積型の行動主義や知識理解型の認知主義の学習観では達成できなかった知識が参加者や道具（人工物）などの学習環境によって構成される「意味生成の自由な学習」であることを体現させます。わたしは、ワークショップを「はじめによい方法や正解があるのではないという根本的な問いを答えに持っている」と特徴づけましたが、その意味は無防備な自己をさらけ出せる安心安全な場での自己解放と協調の学びにあります。それはみんな違っていいという差異の強調ではなく、「人間としての基盤の基づいた共通性」による信頼関係の構築です。

　開発のポイントの2つ目は、アート（美術）が「モノ」から「コト」へ変容したことに伴う題材観の更新です。今までの盲学校図工美術教育が培ってきた触覚教育の専門性を捨てるのではなく、モノを触る学びを通して探求してきた「見えないもの（芸術としてのエッセン

1）補足説明
「障害児のためのメディアアートワークショップ（フレンドシップ事業）」
協同と表現の学びであるワークショップは障害児たちとの出会いによってはじまり発展したものだ。群馬県桐生市の重度の肢体不自由児を主とするあさひ特別支援学校で「あさひ de アート」（2003）を実施した。森公一（同志社女子大学）、森岡祥倫（元東京造形大学）、原田泰（はこだて未来大学）と苅宿俊文（青山学院大学）によるメディアワークショップ。目的はハイテクなメディアアートによる障害児の身体性の拡張。寝たきりの子どもがわずかな力で音や光で表現したり、コミュニケーションできるツール／教材開発はわたしたちを驚かせるに十分な表現力を見せてくれた。しかし、最も驚いたのは、苅宿のローテクな蛍光絵の具とブラックライトを組み合わせた「Tシャツで話そう、ねぇ」だった。関わり合いの喜びが「ねぇ」ということばをきっかけに次々に拡張され、コミュニケーションが毛糸などで可視化され、まさにワークショップ場づくりになった。苅宿のワークショップデザインとファシリテーションは協働がつくる学びのパワーを遺憾なく発揮し、いわば「学びが作品化」したようだった。ワークショップという学びによって、障害のあるなしの壁は透明化し、むしろ障害児の活動から学ぶことが多くあった。

2)「とがびアートプロジェクト」とは、2004～2013年まで長野県千曲市立戸倉上山田中学校で中平千尋と紀子夫妻によって、「中学校を美術館に変えよう」を合い言葉に、地域に学校を開放したアートプロジェクトである。中学生が最初は「キッズ学芸員」として企画・展示をし、その後さまざまなアーティストと協働し、最後はアーティストさえ不要だというほど中学生が主体的に自分たちの学びをアート化した1つのプロジェクトだった。残念ながら、中平千尋氏本人は2014年に病死したが、その後アサヒアートフェスティバル（AAF）でのメモリアル・シンポジウム（2016.3.19）、とがび展＠まえばし未来アトリエ（広瀬川美術館、2016.9.13-25）で回想・検証され、『とがびアートプロジェクト 中学生が学校を美術館に変えた』（茂木一司代表編集、2019）として記録を残すこととなった。中学生が評した「究極の寛容」という言葉は中平氏が窮屈な中学校という教育の場でいかに中学生たちの盾になって、特に生きにくそうな弱い子どもたちを守り、彼らを表現の場に誘い出し、あえてカオスを演出することによって居場所づくりをしたかを示している。詳細は著書を参照のこと。

ス）」をアートの思考によるコトづくりとして題材化に適用することです。19世紀的なモノ（作品）としての絵画や彫刻から、いわゆるコンセプト（概念）そのものをアートとする現代アートは芸術を「感じる」から「考える」に変更しました。そのきっかけを作ったのがデュシャンです。彼の「泉」（1917）は破壊（否定）を創造の種とし、美術を思考＝意味の創造に変えてしまい、美術学習を面白いが難しくしたとも言えます（詳細はQ22を参照）。現代アートは現在双方向性を重視した参加（ワークショップ）型やプロジェクト型になり、参加者の主体的な学びを重視する社会構成主義や状況的学習論に沿った学びへと変更される可能性を秘めています。

学校美術教育がコトづくりに変更されれば、（美術だけでなく）子どもの学びそのものが大きく変わるはずです。たとえば年間115時間しかない中学校3年間の美術科教育を1つの発展型カリキュラムと捉え、その中に美術科で学ぶべきアートのエッセンスを配置した中平千尋の「とがびアートプロジェクト」の「Nスパイラル」カリキュラムをがあります。これは生徒たちが難解な美術を楽しく学ぶために、①遊び的導入、②技能習得、③自由・発展と題材のミニマルエッセンシャル化が図られる工夫が施されています 2)。

また現代アートの教育化は、美術教育をイメージ＋テキストの教育にしたと言い換えることができます。これは題材のインクルーシブ化には効果的です。つまり、イメージと言葉の交換による教育は鑑賞と表現の行き来を楽にし、触る／触らないの2元論を越境させ、見える／見えない人がともに創造的に学ぶことを支援します。アート教育をモノとコトを往還する学習にすることによって、美術教育をメディアの教育として再構築することができるとも言えます 3)。それは、感性教育として構築されてきた美術教育の余分なアウラを消失させ、美術教育を（視覚障害の）身体を通過するメディアの交換として作り直し、フラットで平等な学習にする可能性を持っています。たとえば、見えない人と見える人がいっしょにする

図1　Nスパイラルの大題材構成図（中平千尋）

対話型鑑賞では、ワークを始める前に「鑑賞するときは、見えているものと見えていないものを言葉にしていくください」と説明します（視覚障害とつくる美術鑑賞ワークショップ／林健太代表）。「見えているもの」とは作品の大きさや色、モチーフなどの「客観的な視覚情報」で、「見えないもの」とはその人独自の思考、感情、印象、記憶などの「主観的な意味」のことをいいます。このような「ソーシャル・ビューの面白さ」とは「意味の共有」です（伊藤亜紗）[4]。ソーシャル・ビューは「見える人の解説」や正解をみんなで探すことでもなく、まして専門家の解説を覚えることでもない。鑑賞とはもやもやとした印象を自分なりに分析・解釈・評価し、その人独自の意味にまで高める創造活動で、他者との協働学習が生む作品のイメージと言葉の交換（対話）が「違いを楽しむというレッスン」になるのです。

　最後のポイントは、多感覚教材開発という視点です。視覚障害とは「空間に関する情報障害」といわれています。視覚情報による活動が8割以上といわれますが、視覚の遮断によって聴覚、皮膚感覚（触覚）、嗅覚、味覚など、感覚は必然的に補い合い、統合的に働きます。視覚障害教育ではゆっくり丁寧に題材・教材開発をすることが必要ですが、視覚だけが特権的なものではありません。今までアートにはあまり活用されてこなかった味覚や嗅覚には大きな可能性を感じます。2020年コロナ渦の中で開催された「地球はレモンのように青い」（廣瀬智央、アーツ前橋）[5]は約3万個のレモンを用いて嗅覚を刺激し全身で感じる作品で、日常生活に潜む小さな事象の豊かさに私たちの目を向けさせることを意図し、頭でっかちで難しいと思われてきた現代アートをとても親しみやすい知的な刺激として提示しました。今後のアート教育は感じる＋考えるの統合的美術教育をめざすべきと考えています。

　以上、論点を整理すると、「分けない」を具体化するインクルーシブアート教育の題材・教材開発のポイントとは；

(1)　鑑賞と制作を分けない往還・循環する題材を考える
(2)　（同様に）アート／学習を「モノ／コト」の往還、つまり学習者が主体的に学べるプロセス重視の題材を考える
(3)　「アートは見えないもの」をみんなで共有し、視覚に偏らない多感覚教材を考えることによって既存の概念をアンラーンする

3) メディアとはメデュームの複数形で、「情報伝達の媒介者／物」を意味し、いわばコンテンツを運ぶ導管である。メディア教育とは、一般的には旧メディアの印刷などからラジオ・テレビのマスメディアを経て、コンピュータやネットワークを活用した教育のことをいい、特にメディアを通した読み書きを意味する「メディア・リテラシー」が知られている。筆者は、学習プロセスを情報処理と同様に、学びの出来事として捉える観点によって、「障害」が特殊なものではなくなることをアートワークショップによって実践してきた。「メディア教育としての美術教育の試み　—知的障害児の美術教材の事例を通して—」（『群馬大学教科教育研究』、2002年）などを参照。

4) 伊藤亜紗『目の見えない人は世界をどう見ているのか』光文社、2015、p.164.

5) 廣瀬智央は東京生まれ。現在ミラノに拠点に活動する現代美術家。多摩美術大学卒業後にイタリア政府給費奨学生として渡伊、その後ミラノ・ブレラ美術アカデミーを修了。さまざまなメディアを使い、現実と記憶の世界が交差する作品を創出する。20世紀イタリアの芸術運動「アルテ・ポーヴェラ（貧しい芸術）」に共鳴し、豆やパスタ、新聞紙や地図など、身の回りのささやかなものを作品の素材として、視覚表現優位の西洋美術史において軽視されてきた嗅覚や触感などの感覚や異文化など、目に見えない概念を目に見えるものへと転換を試みる。《レモンプロジェクト 03》はザ・ギンザ・アートスペース'（1997）の再演で、「日本の形の残らない儚さの価値を共有する文化」体験の場となった。（住吉智恵「感覚で向き合い、本質を問いかける作品世界」花椿、https://hanatsubaki.shiseido.com/jp/now/8215/などを参照）

Q15 視覚障害を伴う重度・重複障害児のアート活動の実践の支援について教えてください

池田 吏志

World Health Organization. (2001). *International Classification of Functioning, Disability and Health: Final Draft Full Version.* http://unstats.un.org/ unsd/disability/pdfs/ ac.81-b4.pdf

1) ICF では、人間の生活機能は「心身機能・身体構造」、「活動」、「参加」の三つの要素で構成されており、それらの生活機能に支障がある状態を「障害」と捉えている。そして、生活機能と障害の状態は、個人因子や環境因子等と相互に影響し合うものと説明されている。
文部科学省（2018）『特別支援学校教育要領・学習指導要領解説 自立活動編（幼稚部・小学部・中学部』https://www.mext.go.jp/component/a_menu/education/micro_detail/__icsFiles/afieldfile/2019/02/04/1399950_5.pdf

2) オルポート（1961）によれば、多くの集団には、集団のほぼすべてのメンバーが、ある特殊な行動様式に従う規制が見られる場合がある。例えば、英語を話すアメリカ人の調査では、「英語を話さない」、「たまに話す」に比して、多数が「つねに話す」と回答する。これらの度数曲線は「J」という文字に近くなるため、このような分布は「同調行動のJ曲線」と呼ばれる。
ただし、オルポートは、集団間で明らかな差異があったとしても、そのことが敵意や偏見、拒否を正当化することには繋がらないとする。
オルポート・G・W著, 原谷達夫, 野村昭訳（1961）『偏見の心理』, 培風館

1．重度・重複障害児とは

　障害学の分野では、人を障害名でラベリングしたりカテゴライズしたりすることが批判的に捉えられています。しかし、筆者が本セクションで対象とする子供達の様子を伝えるためには、ある程度共通する特徴を伝える必要があります。そのため、ここではあくまでも WHO（2001）の ICF（国際生活機能分類：International Classification of Function, Disability and Health）[1] が示す障害の社会モデルにおける個人因子、環境因子の双方を含む用語として「重度・重複障害児」を使用します。

　重度・重複障害児と呼ばれる、いわゆる重い障害の子供達と行うアート活動で最も苦慮するのは、多くの場合、こちらが彼らの意思を的確に読み取る術を持っていないことです。例えば、何らかの形で意思疎通が可能であれば、材料用具が見える範囲や程度、色の識別、制作意図を教員が確認でき、制作意図や子供のアイデアの実現に向けた支援や補助が可能になります。しかし、特に重い知的障害の子供達に対しては、その手立てが確立されていないのが現状です。このことから、本セクションでは重度の障害を、「コミュニケーションにおいて、本人や支援者の双方が言語、もしくは非言語的手段による意思疎通が困難な状態」であるとし、重複とは、「コミュニケーションの困難さを基盤として、身体、視覚、聴覚等、他の支援を併せて必要とする状態」とします。

2．重度・重複障害児のアート活動の特性

　重度・重複障害児のアート活動では、いわゆる一般校で行われる図工・美術と同じく子供の主体的で能動的な活動が期待されます。ただし、オルポート（1961）が、「同調行動のJ曲線」[2] として示すように、集団間の明らかな違いは存在し、この違いを無視して "みんな同じである" としてしまうと、子供にとって明らかな不利益を見過ごすことにもなりかねません。では、一般校における図工・美

術と重度・重複障害児に対して行われるアート活動との違いとは何でしょうか。以下、2点挙げてみます。

　1点目は、学習集団を形成する一人一人の実態の違いです。重度・重複障害児が多く在籍する特別支援学校の重複障害学級では、同一学年、同一学級に在籍する子供であっても、実態は一人ひとり全く異なります。一般校でも同様に、個人差があることは当然ですが、重複障害学級では、例えば、言語による双方向的なコミュニケーションが可能な子供もいれば、表出段階の子供もいて、さらに、運動面でも、日常生活全般に渡る濃密な支援を必要とする子供から、補助具があれば自立的な活動が可能な子供、そして支援をほとんど必要としない子供もいます。さらに、見え方も弱視から全盲まで様々です。このように、重複障害学級では個別の実態が全く異なる子供達が一つの学習集団に在籍しています。そのため、一般校のように学年ごとに同じ教科書を使用することは難しく、対象とする集団、また個人の実態に応じて題材をその都度開発・修正する必要があるのです。

　2点目は、制作過程における教員の役割です。一般校では、教員が課題を提示し、その後の制作は基本的に子供達が自ら行います。それに対して、重度・重複障害児の場合には、程度の違いはありますが多くの場合、マンツーマンかそれに近い体制で学習活動が行われます。使用する用具の選択や制作過程での試行錯誤を含め、あらゆる段階で教員が制作活動に関与し、常に教員とのコミュニケーション、補助、介助、支援を伴って制作は行われます。つまり、重度・重複障害児のアート活動とは、子供の主体性に基づき、教員による支援、介助、補助を伴って共同的に行われる、教材教具に働きかける活動、作品制作活動、及び鑑賞活動といえます。また、そこで制作される作品は、狭義には、"子供が教材教具と関わった力動跡が色や形で視覚化された造形物"といえ、広義には、"教員との共同的な関わりを基盤として行われた、過程を含むアート活動による産物のすべて"といえます。このように、教員の役割や位置づけが一般校における図工・美術との違いになります。

　ただし、近年では、支援を要することを消極的に捉えるのではなく、支援や補助を肯定的に再考する言説も見られます。Shildrick

Shildrick, M. and Price, J. (1999). Openings on the body: A critical introduction. In J. Price and M. Shildrick (eds) *Feminist Theory and the Body*. Edinburgh: Edinburgh University Press.

Hickey-Moody, A. (2009). *Unimaginable Bodies: Intellectual Disability, Performance and Becomings*. Rotterdam: Sense.

池田吏志 (2015)「特別支援学校における造形活動の題材」『学校教育』1179, pp.14-21

池田吏志 (2018)『重度・重複障害児の造形活動－QOLを高める指導理論－』, ジアース教育新社

& Price (1999) は、障害者の身体は、自己と他者の区別を曖昧にし、包摂する可能性をもちえると述べ、同様に Hickey-Moody (2009) も支援者と混然一体となって織りなされるアート活動をユニークな特性として捉え、両者の関係を生成、内省、生産の場とする捉え方を提唱しています。

3．アート活動の題材開発

では、重度・重複障害児のアート活動をどのように行えばよいのでしょうか。ここでは、池田 (2015, 2018) の重度・重複障害児を対象とした造形活動の指導理論を元に、「実態把握」、「活動内容」、「教材教具」、「授業改善」、「目標・評価」の5つの観点から個人因子と環境因子との双方を踏まえた、アート活動づくりにおける支援の特質と留意点を述べます。以下、教員が一方的に指導・支援をするという関係ではなく、子供が今できていることと教員の働きかけからなる内的な作用による新たな関係性の生成に主眼を置いています。

（1）実態把握

アート活動を実施する上で最も重要なことは、活動の基盤となる、子供の実態把握です。重複障害学級には、先述の通り多様な実態の子供が在籍しているため、実態把握が不十分な場合には、開発した活動が不適合を起こす場合が往々にしてあります。実態把握で把握すべき内容は2点あり、1点目は対象集団の把握、2点目は個別実態の把握となります。

1）集団内実態把握表

図1は、筆者が作成した、対象集団に在籍している子供の実態を一覧で捉えるための「集団内実態把握表」です。縦軸にはコミュニケーションレベルが6段階、横軸には身体運動レベルが5段階で示され、在籍する子供の実態を座標上のAからDの4象限にマッピングする指標となっています。なお、コミュニケーションレベルが「双方向非言語」と「表出」で分けられているのは、教員が子供の意思をやり取りの中で確認できるか、主に読み取りで確認せざるをえないかで支援の性格が大きく異なるためです。また、身体運動レベルが「肘」と「上肢」で分けられているのは、身体的な活動にお

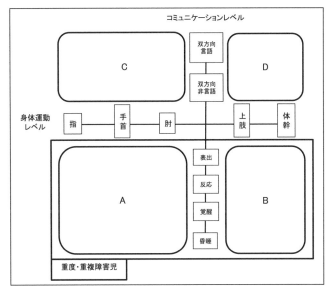

用語の説明（コミュニケーションレベル）

双方向言語	：言語による双方向的なコミュニケーションができる。
双方向非言語	：動作、表情、絵カード、支援機器の利用等による双方的なコミュニケーションができる。
表出	：動作、表情等で表出できる。
反応	：刺激に対して反応できる。
覚醒	：睡眠と覚醒の区別は可能である。
昏睡	：昏睡状態である。

用語の説明（身体運動レベル）

体幹：上半身全体が動かすことができる。
上肢：上肢を動かすことができる。
肘　：前腕を動かすことができる。
手首：手部を動かすことができる。
指　：指を動かすことができる。

特記事項

視覚障害	：（視）
聴覚障害	：（聴）
自閉スペクトラム症	：（自）

図1　集団内実態把握表（池田，2015 を一部改変）

いて濃密な支援を要するか否かを確認するためです。視覚障害の有無は、「横地分類」[3] と同じく、特記事項として記載されます。

　これらは、分類を目的としているのではなく、最も制約が少なく（国際連合，2006）、子供の能力が最大限発揮できる環境の整備を目的として類型化しています。この指標を用いれば、例えば対象集団に4名の子供が在籍している場合、全員の実態を一覧で把握でき、全員が活動可能な学習内容・方法の検討に役立てることができます。

2）個別実態把握表

　ただし、図1の指標は子供の実態をコミュニケーションと運動の2つの観点でしか把握できません。そのため、さらに詳細な個別の実態把握が必要となります。そこで、筆者は表1の「個別実態把握表」を作成し、先述の2観点に加え、子供の「活動姿勢」、「できること」、「興味関心」、「意欲の表れ」の4観点で個別の実態把握を行うことを提唱しています。各観点の設定目的は、「活動姿勢」は子供が最も負担が少なく活動しやすい姿勢を実現するため、「できること」・「興味関心」は子供が意欲的に活動でき、なおかつ持てる力を最大限に発揮できる活動内容や教材教具を選択・作成するため、そして、「意欲の表れ」は的確な目標設定と評価を行うためです。このように、子供の個別の情報を収集・整理することが実態把握で二つ目にすることです。

3）重度・重複障害児の実態を把握するための指標として、口分田（2009）の「横地分類」が用いられる場合がある。横地分類とは、「移動機能」、「知的発達」、「特記事項」の3項目で対象者の実態を把握する指標である。移動機能は、「寝返り不可」から「戸外歩行可」の6段階、知的発達は「言語理解不可」から「簡単な計算可」の5段階で分類され、それら30種類の組み合わせで実態が把握される。さらに、特記事項がある場合には、「有意な眼瞼運動なし」、「盲」、「難聴」、「両上肢機能全廃」、「完全閉じ込め状態」が、30種類の実態に追記される。

口分田政夫（2009）『障害者自立支援法下での重症心身障害児・肢体不自由児等の障害程度に関する客観的な評価指標の開発に関する研究　平成18－20年度総合研究報告書』厚生労働科学研究費補助金障害保険福祉総合研究事業

国際連合（2006）『障害者の権利に関する条約』https://www.mofa.go.jp/mofaj/gaiko/jinken/index_shogaisha.html

表1　個別実態把握表（記入例）

氏名：Mさん　　年齢：9歳　　集団内実態把握表：A（表出・肘）－（視－光覚程度）				
観点			具体例	できることや興味関心が発揮されるシチュエーション
1	活動姿勢		ベンチ座位（後ろから補助）	
2	できること	運動	把持、把持したものを動かす、把持したのを放す、肘を動かす	・把持した用具を動かすことができる。 ・肘の前後の可動域は広い。
		認知	視覚障害（光覚は可能）、音や声を聴く、匂いの違いを感じられる	・教員の声の抑揚をよく聞いている。
3	興味関心	活動	揺れ、振動あそび	・腕を揺らすことを好む。
		特定のもの	給食の匂い、甘い匂い、マッサージ機、トランポリン	・一緒にトランポリンに乗って上下にゆれることを好む。
		感触	やわらかいもの、温かいもの	・押したり握ったりすることを好む。
		動き	腕全体を動かすこと	・腕を下側に押しつけながら手前に動かす活動
		働きかけ・声かけ	先生のかけ声	・教員の声かけに対して力を入れたり表情の変化で答えられたり、発声で答えられるする場合がある。
		音・音楽	ゆったりしたテンポの音楽	・何回も聞いている曲が好き。
4	意欲の表れ	意欲が高い（5種類）	・発声がある　・意識して力が入る　・目が見開く　・笑顔になる　・問いかけに応じる	
		普段（2種類）	・リラックスしている　・顔が上がっている	
		意欲が低い（3種類）	・あくびが出る　・緊張が入る　・眠る	

　　実態把握におけるポイントは、把握以上に活用を重視した情報収集を行う点にあると考えています。アート活動は子供の主体的な活動を期待して行われます。子供ができることは何か、また興味・関心があることは何かに目を向け、それらの実態と学習活動を繋げることを想定した実態把握が望まれます。

（2）活動内容の考案

　　次に、実態把握を踏まえた活動内容の設定過程をみていきます。重複障害学級では、アート活動の活動内容を設定する際に図2で示す3つの条件を満たすことが目指されます。第1は、対象集団に含まれる最も配慮を要する子供が活動可能な内容であること、第2は対象集団の子供全員が概ね活動可能な内容であること、そして第3は、一人ひとりが持つ能力を最大限発揮できる教材教具や活動環境が選択・整備されることです。先述の実態把握で示した「集団内実態把握表（図1）」は主に第1、第2の条件を満たすために、そして、「個別実態把握表（表1）」は第3の条件を満たすために活用されます。

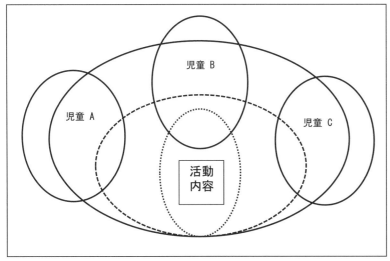

図2　活動内容の条件（池田，2015を一部改変）

凡例：
- 条件1：最も配慮を要する児童生徒が活動可能な内容
- 条件2：クラス全員が概ね活動可能な内容
- 条件3：個別の能力を発揮できる内容

（3）教材教具の選択・作成

　活動内容が決定したら、個別の教材教具を選択・作成していきます。教材教具は子供が触覚を伴って出会う最初の環境世界となるので、たいへん重要です。教材教具の選択・作成手順は、次の4段階で行うことが有効であると考えます。

教材教具の選択・作成手順とポイント

第1段階（興味関心の発見）
　児童が興味関心を持つ事物や、積極的に活動が行われる際のシチュエーションを見つける（表1を活用する）。
第2段階（要素の抽出）
　児童が興味関心を持つ事物・活動に含まれる要素を抽出する。
第3段階（バリエーションの考案）
　第2段階で抽出した要素を用い、当該題材の内容を想定した教材教具、及び活動のバリエーションを考案する。
第4段階（アフォーダンス[4]の予測）
　第3段階で考案した教材教具、及び活動のバリエーションが子供のどのような活動をアフォードするかを予測する（ギブソン,2011）。

　例えば、表1で示した視覚障害のあるMさんの実態から教具を作成する場合、第1段階でMさんがやわらかいものや温かいものに触ること、好きな匂いがあること、また、先生との共同的な活動

4）「アフォーダンス」とは生態心理学者であるGibsonの造語であり、英語の「afford（何かを提供する、与える、もたらす）」という動詞から「affordance（行為を引き出すもの、誘うもの）」という新しい概念がつくられている。アフォーダンス理論において環境世界は、人間や動物にとって、たんなる物質的な存在ではなく、直接的に意味や価値を提供（アフォード）するものとして捉えられる。例えば、水は飲むことや泳ぐこと、また注ぐことや溜めることをアフォードしているという環境認識の立場を取る。
ギブソン・J・J著，佐々木正人，古山宣洋，三嶋博之監訳（2011）『生態学的知覚システム 感性をとらえなおす』，東京大学出版会

を好むことが分かったとします。これを踏まえて、第２段階では、好きな事物や活動に含まれる要素として、触覚的・嗅覚的な調整・変更が可能であること、自在に変形できる可塑的な性質を持つこと等の要素を抽出します。そして、第３段階では、教具のバリエーションとして、温めた材料と冷やした材料を用意する、触感の異なる材料を複数用意する、材料によって匂いを変えるなどして、Ｍさんが触覚や嗅覚によって違いを感じ取れたり選択できたりする複数の教具を考案します。また、運動面では上腕を動かすだけで制作できる方法を考案します。そして、第４段階では、作成した教材教具が、Ｍさんと先生との共同的な活動の中でＭさんの意欲をどのように高め、身体の動きを促進するのかを予測します。

　教材教具を選択・作成する際のポイントは２点あります。１点目は、第４段階に関わって、Ｍさんが表情や発声で意思を伝える姿、また、手の動きや上腕を使って教具を握ったり、押したり、引き寄せたりする姿を思い描けるところまで試行錯誤をしてみることです。２点目は、授業や活動を独立したものとして切り離すのではなく、生活の延長に授業を位置づけ、連続性を保持した状態で各活動を位置付けることです。

（４）授業改善

　重度・重複障害児のアート活動では、（２）や（３）で検討した活動内容や教材教具がそのまま子供に適合することはまれであり、多くの場合、何らかの改善が必要となります。そのため、教員は題材実施前のみならず題材実施中にも子供の実態を継続して把握し、それを改善につなげていく必要があります。ここでは、過去の実践や聞き取り、観察によって総括的に整理された子供の情報を"確定的実態"と呼び、題材実施中に現れた子供の行為・行動をリアルタイムで収集した情報を"変動的実態"と呼びます。これら２種類の実態と、授業実践との関係を示したのが図３です。"実態の二層性モデル"として名付けたこのモデルでは、実態を固定的に捉えるだけではなく、活動を行うごとに変化し更新されるものとして捉え、授業改善に向けて変動的実態を即座に活用するモデルとなっています。

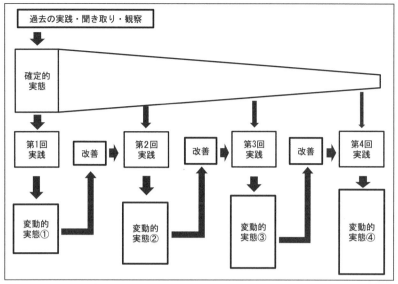

図3　授業改善のための実態の二層性モデル（池田，2018 を一部改変）

　特に重度・重複障害児の場合には、事前の活動予測が困難であり、常に批判的な活動内容・支援方法の省察、そして迅速な修正が求められます。このような漸進的な改善は、子供との濃密なやり取りを通して共創的に行われることが望まれます。

（5）目標設定と評価

　重複障害学級では、一人ひとりの実態が異なるため、学習目標は個別に設定され、評価も個別に行われます。ある子供にとっては、活動に対して何らかの感情の表出が見られたかどうか、また教具に触れたかどうかが評価規準になる場合もありますし、他の子供では、自身の判断で教材教具を選択でき、自分なりに工夫して表現できたかどうかが評価規準になる場合もあります。表1の個別実態把握表で「意欲の表れ」を項目として組み入れているのは、一人ひとりの意欲が高い状態、普段の状態、意欲が低い状態をあらかじめ把握しておくことで、評価の際の参考にするため、そして活動に対する適合状況を判断するためです。

　また、重度・重複障害児に対して行われる学習評価では、到達度を測定する評価以上に子供のよりよい面を肯定的、かつ積極的に見出そうとする探索的な評価が求められます。アート活動では、主に［身体］、［伝達］、［意欲］、［共同］、［満足感］の5つの観点で評価

が行われています。［身体］は自らの身体的能力を発揮できたかどうか、［伝達］は自らの意思、要求、感情を教員に伝達できたかどうか、［意欲］は活動に関心を持ち、意欲的に取り組めたかどうか、［共同］は教員と気持ちの交流を行い、協力して制作できたか、そして［満足感］は活動を楽しめたかという評価の観点です。これら、身体的、心理的、情緒的な変化を教員が探索的に見取り、それを、子供達による主体的な活動として積極的に価値づけていくことも重度・重複障害児の評価の特徴です。

4. まとめ

重度・重複障害児を対象としたアート活動で行われる支援は、いわゆる制作のお手伝いとは異なります。子供の実態把握から活動内容の考案、教材教具の作成、そして漸次的な授業改善を経て評価に至る包括的な枠組みで支援を捉える必要があります。そこでは、"創造的な支援"とも呼べる、枠にとらわれない支援のアイデアが求められる場合もあります。重度・重複障害児のアート活動は、子供の実態と教員の支援とが交錯する地点に立ち上がる協同的・探究的な場ということもでき、そのぶつかり合いの中で両者が表現や鑑賞の楽しさや喜びを共有できるところに魅力があります。

コラム ❸ （脳みそを作った）自分の顔（頭像）

元群馬県立盲学校長　多胡　宏

　Aさんは未熟児で生まれ網膜症になりました。わずかに光を感じられますが見た経験（視経験）はなく育ちました。中学部に入学して初めて会ったとき、几帳面で明るい生徒という印象を受けました。3年生のときに美術の学習で自分の顔（頭像）を作りました。しゅろ縄を巻いた心棒に紙粘土をつけてしばらくすると「こんなものかなあ」とつぶやくのです。間をおいてまたつぶやきました。それは独り言ではなく私に同意を求める口調でした。どうやらAさんは何かを作り終えたようでそこから先を進めようとしません。

　私：Aさん、何かできたの？

　Aさん：脳みそはこんなものかなって。

　「ノウミソ」と聞いたとき、私はそれが「脳みそ」だとはすぐには思いつきませんでした。学習の始めに「よく観察してありのままをごまかさないように作る」と私は話していました。Aさんは頭蓋骨の石膏模型を触ったり顔の筋肉の話を聞いたり、自分の顔を触ったりするうちに、まず脳みそを作ろうと自然に考えたようでした。考えてみれば「ありのままをごまかさない」のであれば脳みそを作ろうと考えるのは当たり前のことです。教師の私は「ありのままをごまかさない」で作ると言いながら実は顔（頭像）の表面を作るのだと話していたことに気付き、どきりとしました。中身を作ることは考えてもいなかったのです。美術を学び美術科教師として培ってきた概念が突き崩された瞬間でした。そしてなぜかしら自分の成長の殻が割られたような、とてもすがすがしい気持になったのです。

　これは40年ほど前、盲学校に異動したばかりの私が経験したことです。そして、この経験には今でも問いかけがあり、そこから生まれる学びがあると思います。しかし、このような学びは、本来は教師ではなく同世代の見える生徒達にこそ学ぶ意義と権利があると考えます。盲学校で見えない・見えにくい生徒の制作や作品から私が受けた驚きや疑問を同じ教室で一緒に体験して共有し、問いかけを一緒に考え、お互いに学ぶことが必要なのだと思います。生徒達は互いの違いや多様な価値の存在に気付き、共に生きることを学ぶ手立ての一つを得られるのではないかと思うのです。学校の現状では人的、物的、経済的など様々な制約や課題があり、できることは限られるでしょう。しかし、それでも美術科教師は、見えない・見えにくい・見える児童生徒（場合によっては成人の方に加わっていただき）が共に鑑賞や表現を学習するための機会や環境、専門性を担保する努力を払うべきだと考えます。図工や美術の学習には様々な壁を低くできる可能性が含まれていると思います。美術科教師は諦めないで動いてほしいと願います。

（脳みそを作った）自分の顔（頭像）
中学部3年　高さ28㎝

ふりかえり・ドキュメンテーションと評価

Q16 インクルーシブアート題材・ワークショップのふりかえり・ドキュメンテーションと評価について教えてください

竹丸　草子・茂木　一司

はじめに

　見えない人と見える人がいっしょにワークショップ（WS）やプロジェクト型学習をしたときに、そのふりかえりや記録（ドキュメンテーション）についてはどうしたらいいのか。2005年の「盲学校 de アート」（群馬県立盲学校・前橋市）で実施した方法を紹介します。また、最近の結果だけを見る評価ではない、障害当事者などが最初から参加して行う参加型評価についても紹介します。

ワークショップのインクルーシブなふりかえりへの挑戦

　ワークショップ（WS）は「つくって・語って・ふりかえる」（TKFモデル・上田信行）が基本的な流れです。授業との違いは先生が一方的に教えて生徒が学ぶのではなく、学習という複雑な出来事の中で何が起きていたのかをみんなで語ることによってそれぞれの参加の意味や役割を考え、関係性を再構築することに意義があります。つまり、活動をふりかえって言葉にすることが重要ということです。

　「盲学校 de アート 2005」はフレンドシップ事業[1]の枠で、全盲の画家光島貴之を講師に迎え、「まちをつくる－みて・さわって・あらわす」をテーマに実施しました。全体のWSデザインは苅宿俊文によるものです。苅宿は見えない人（光島、盲学校の生徒）と見える人（大学生のファシリテータなど）がいっしょにできるWSデザインにこだわり、光島のWSの後、それをどう共有できるのかをあらかじめWSファシリテーションの中に挿入しました。WSの手順は、最初に光島作品「まちに出会う」[2]の立体コピーの鑑賞です。光島が階段を降りて、工事現場の穴に落ちたり、自動販売機でジュースを買うなどの体験を絵画化したものです。次に、90cm四方のパネルにテープで道を作り、手触りの違う布、モールなどの素材で自分の住みたい街をデザインしました。そして、これらの活動は盲学校の生徒＋大学生のファシリテータ数名（全体で7組）のグループワークとして実施しました。活動はふりかえりのために、①制作過

1) フレンドシップ事業は平成9年度以来、教員養成系大学・学部の学生が「種々の体験活動等を通して，子どもたちとふれあい，子どもの気持ちや行動を理解し，実践的指導力の基礎を身に付けることができるような機会」を，教員免許法上の科目として教育実習以外に設けるもので，地域の教育委員会，学校，その他の団体等と連携しつつ実施するものである。
　「盲学校 de アート」(2005)は群馬大学教育学部の「コミュニティー学習ワークショップ」という体験科目（フレンドシップ事業）であり、「あさひ de アート」(2003、桐生・あさひ特別支援学校から始まり、主に障害児を対象としたWSをアーティストと共につくり、協同学習のファシリテーション等を学ぶ目的で設置した。(詳細は省略するが) あさひでの苅宿のWSコーディネートが生んだ熱の発生する学びから障害児とフラットに学ぶコミュニティづくりという「インクルーシブアート教育」理念の芽が生まれた。

2) 光島貴之画「まちに出会う」

3) ふりかえりのための制作過程の写真と立体コピー

程の写真を触れるように立体コピーに加工する[3]、②制作過程での会話を記録し、テキスト化して、ふりかえり時にパソコンの読み上げソフトで読み上げる。大がかりなふりかえりシステムづくりは誰でもすぐにはできませんが、これによって参加者に強い協同性と熱気が生まれ、ＷＳはとても熱くいい時間になりました。

　図工美術教育は創造性の育成を目的にし、つくることには熱心ですが、これを言葉にしてふりかえり、自分たちの学びを客観的に見つめることには無関心でした。イメージと言葉の交換が創造性教育を確かなものにすることを確認できた出来事でした。

記録（ドキュメンテーション）の方法とその活用

　ＷＳの学びでは記録→ふりかえり→最終的な評価が単線的に起こるのではなく、学びがむしろカオスな状態をつくる出来事ではないかと思います。したがって、記録はいろいろな収集方法が必要です。メモ（テキスト）は取る人の主観的な視点を大事にします。写真やビデオも基本的には同じですが、丸ごとの記録というのも大切です。つまり、生の記録を後で現像して見えない出来事を見つけ出す力を記録は持っているということです。逆に記録の活用を予め考えて記録することも必要です。またその場で出来事を見える化し、気づきを促すファシリテーション・グラフィック[4]の活用も有効です。

○使うためのドキュメンテーションという観点

　使用目的によって、ドキュメントの方法や使用メディアが決まります。また、参加者の振り返り、評価、広報、そして研究の分析など使用形態によっても記録として必要になってくるものが違います。ウエブなどで配信、紙媒体に印刷、音声のみで配信、などメディアによっては必要なデータが変わってきます（後からの変更の可能性も考えて、写真は高画質で映像をなるべく残すなど）。

　ＷＳドキュメンテーションでは、個人の変容だけではなく、活動全体が分かるもの、個人の活動にフォーカスしたもの、道具や会場、周辺の様子など人物が入っていない情報が必要になる時もあるので、情報としてと捉える視点が大切です

社会包摂的ドキュメンテーション

　通常は参加者以外の人が記録をとって、活用することが多いと思

3）ふりかえりのための作品の写真と立体コピー
◎補足説明
ＷＳのドキュメンテーションの機能は一般的に、①参加者自らの活動のメタ認知（客観的なふりかえりと意味づけ）、②場を構成する参加者全員がＷＳの内容・意義を社会化するための記録メディアとして、の２つである。（『協同と表現のワークショップ』p.95-96）

4）ファシリテーション・グラフィック（ＦＧ）とは、ＷＳの場で見えない対話を見える化することで、場の活性化や相互理解、共創をうながす技術である。テキストのイメージ化は感性思考を促し、新しい発想を生みだしやすくさせる働きがあります。同時に、図式化することで、描いた人の主観的な選択がむしろ生かされ、余分な情報や加えられた感覚が共感を呼び起こし、鋼構造化され、問題が明確になるはずです。

　ＦＧは絵がうまく描けないからできないと思う人が多いと思いますが、上手下手は関係ありません。うまく描くことよりもその後の言葉による説明が大事ですし、もっと重要なのはさらなる対話の促進です。

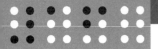
いますが、インクルーシブアートのWSや社会包摂活動の時には、ぜひ当事者にも記録をしてもらうことをおすすめします。

障害を持った人や高齢者は気持ちの変化や感じ方などが外からみているだけでは分からないことも多いです。記録の方法は当事者に合わせて、言葉ではなくて絵でもいいし、音声のみを録音してもいいと思います。例えばスマートフォンやタブレットなどで、当事者視点で撮影してもらう方法もあるでしょう。活動中に参加しながらの記録は難しいので、特別に記録をとる時間を設けたり、ふりかえりの時間に個別に感想を聞くのもよいと思います。

WSの中に当事者をインクルージョンしていく方法としてドキュメンテーションを活用してください。当事者のドキュメンテーションを元に、次の活動を当事者と共に決めることができるならば、そこから当事者の探究活動がきっと始まるはずです。

美術科教育の評価[5) 6) 7)]とは

評価は今いろいろな意味で注目される分野です。WSや大きなプロジェクトでは公的資金が使われ、そのアカウンタビリティ（説明責任）が強く求められる社会になってこともあります。でも、評価が好きという人はあまりいないのでは。たぶん評価のイメージは学校で一方的に教師から下される判定（評定）で、本当の自分の見てもらっていないと感じることも多かったり、逆にそんなところをみていいと思ってくれたのかと思うこともあったのではないですか。つまり、評価はする方にもされる方にも諸刃の剣なのです。

図工美術教育では従来から作品を評価する結果主義が批判されてきました。つまり、一生懸命やった結果が作品に現れるという判断です。しかし周知のように、そのようなことのないように、現在の美術科教育は今までの4観点（関心・態度・意欲、創造的な技能、発想や構想の能力、鑑賞の能力）から、新学習指導要領でも「生活や社会の中の美術や美術文化と豊かに関わる資質・能力を育成する」ことを目標に「造形的な見方や考え方を働かせて」、「対象や事象を捉える造形的な視点について理解するとともに，表現方法を創意工夫し，創造的に表すことができるようにする（知識・技能）」、「造形的なよさや美しさ，表現の意図と工夫，美術の働きなどについて考え，

◎補足説明
近年福祉の領域では従来サービスを利用する当事者や実践家が関与しないまま、トップダウンでプログラム設計され実施されてきたが、障害当事者が参加して実践家とともに「効果プログラムはプログラム」をみんなでつくることが注目されている。Q1で触れたが、現在障害当事者が自分の（精神）状態を客観的に捉え、自分の障害を外化して共同体の中で共有する「当事者研究」などの手法が行われるようになって、記録はにわかに注目を浴びている。そこでは客観的な記録ではなく、当事者の思いによる主観的な記録が大切にされている。

5) 評価は英語でEvaluationと表記されます。ラテン語のex-（引き出すこと）とvalue（価値）を組み合わせた単語で、評価対象となるモノの価値やメリットを引き出していくことを意味します。（源由里子『参加型評価 改善と変革のための評価の実践』、源由里子編著、晃洋書房、2016、p4

6) 学校教育における教育評価は，教師の指導改善のためであるが，，子どもの学習成果を客観的に捉えようとした「相対評価」が問題視され、現在は学習の到達度をみる「絶対評価」に変わっている。「指導と評価」を一体的に考え、評価は指導のための手がかりを得る手段とされる。「診断的評価」「形成的評価」「総括的評価」の3つの評価を通して、ほぼ全ての学習者に一定水準以上の学力を保証することを目的としている。また、主体的な学びのためには「自己評価」を重視する必要もある。自分が何を学び、どう生きているのかは自分の学習によって決めるということである。つまり評価は客観的なだけ

主題を生み出し豊かに発想し構想を練ったり，美術や美術文化に対する見方や感じ方を深めたりすることができるようにする。(思考力・判断力・表現力等)」、「美術の創造活動の喜びを味わい，美術を愛好する心情を育み，感性を豊かにし，心豊かな生活を創造していく態度を養い，豊かな情操を培う。(学びに向かう力、人間性等)」と発展しました。つまり、評価の4観点から、学力の3要素（①基礎的・基本的な知識・技能、②思考力・判断力・表現力、③主体的に学習に取り組む態度）へと評価の質が変わりました。①は今までの基礎基本の考えに準じています。②はいわゆるグループでのディスカッションや発表などからの評価です。③は学習者が学習を自己調整しながら学びをつくるという、主体的に学ぶという大きな理念の変更です。そこで重視されるのは多様性への理解や主体性、問題解決能力の育成というこれからの不確実な社会へ向けて、個人がどう自分の学びをつくっていけばいいのかを示す観点です。インクルーシブアート教育とは、そのような場面での学習と評価の場をよりフラットにつくることを考えます。その方法がWSやプロジェクト型学習です。

WS（型）学習の評価の意味

　WSの評価は難しい。なぜなら、(授業のように)「目標の達成」ではなく、「(学習)プロセスの活性化や創発」を重視しており、WSの学びの場で起こる出来事（参加者同士のコミュニケーション）の豊かさを高く評価するからです。その意味は従来の知識の蓄積度(行動主義)を評価の対象とするのではなく、学習者個人が他者との協働を通して知識を文脈の中で構成し、さらに自分なりの意味を見いだす活動（社会構成主義）を対象にしているのです[8]。

　学校で実践するWS型学習では、授業型の目標主義とWS型のプロセス重視主義（関係性の揺さぶりや再構築）のバランスを図って学習をつくる必要があります。今わたしたちの学びに必要なものは自分自身が学習という出来事の中で他者との関わりを通して、自己確認・自己承認をし、周囲（社会）へ自己を開いていくことができるようになることです。WSは頭だけでなく、身体全体で学ぶ特徴があります。その意味は他者の評価を恐れて何もしないのではなく、まず「やってみる」学びの挑戦者であってほしいという意味です。

でがいいわけではない。

7) 美術科教育における評価は、1つの正解ではなく目標に対して多様な答えがあり、美術非専門教員にとって扱いにくい教科である。しかし、近年他教科と同様に評価の客観性が強く求められるようになり、観点別評価などの工夫をして、説明責任に応えようと努力してきた（本文参照）。だが、客観性とは「教育のあり方が望ましく変える方向に貢献する場合にのみ意味を持つ」ものであり、それは自己目的化・効率化しがちである点、評価はおかれた状況にあわせて敏感に反応するような調整機能を持つ必要がある点、そしてそのポイントは「かけがえのない人間を対象としている」点である（東洋『子どもの能力と教育評価』東京大学出版会、2001）。

　美術科教育の評価は客観的であらねばならない。このことは教師という職業の倫理に関わる重大な問題であり尊重させるべきだが、子どもが自ら創造する成長を（教師が）止めるような検閲であってはならない。あくまでよいところに目を向ける評価であってほしいし、そういう思い込みによって子どもが伸びることも事実である。茂木一司「教師によって美術の評価がかわるのをどう考えたらいいのですか」（『美術科教育の基礎知識』建帛社、2010、p.190）

8) 昨今では学習者が自分自身で評価する「自己評価」や学習者同士が相互に評価し合う「相互評価」などが、学習の場面で取り入れられてきている。これも参加型評価（次頁）の一つである。たいていの場合は、教員が設定した目標や指標（ルーブリック等）に基づいて評価している。

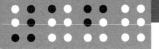

参加型評価について考える

　今学校教育は持続可能な社会の担い手を育てる「社会に開かれた教育課程」を目指してしています。美術科教育の「学力の3要素」もこの考え方を基本としています。

　この大きな目標を達成するために、取り入れてみたいのが「参加型評価」です。手法は様々ですが、参加型評価は文字通りステークホルダー（利害関係者）が評価に参加することが大きな特徴です[9]。参加型評価は、外部指標によって価値づけられのではなく、関わる人たちが自らの価値に気づき、改善していくことができるものです。参加した関係者が参加型評価によって関係性を築き、お互いにエンパワメントし合える仲間にもなります。これはインクルーシブ（社会包摂的な）視点からみると、とても重要です。参加型評価は特にWSや美術の授業にはフィット感があると考えています。子ども達と一緒にねらい（アウトカム）を設定し、活動を決めるロジックモデルを作成することで、外部の力を弱め（やらされた感ではなく）主体的に学ぶことは、そこにプロセスへの関与と考察を生み出すからです。子ども達は主体的に関わることで自分が社会的インパクトをもたらすことができる存在であると認識できます。つまり、子ども達自身が共生社会をつくり出すこと。自分とその周囲の人々の生活が豊かになるために主体的にプロセスに関わり、自らの価値を見出す力を持つことこそ美術教育の意味ではないでしょうか。

○ロジックモデルの作成

　まずはロジックモデルづくり（図1参照）[10]から始めることをお勧めします。自分たちがどんなことを目標にし、何を大切にして活動しているのかを、参加型学習に関わる人たちと共に確認できるからです。

　次に評価するための指標も参加型で作成します。プログラム評価と参加型評価の良いところは発展的に改善できることです。つくった指標をもとに検証し、アウトカムを見直します。活動で何が起きているのかをみんなで参加して考え、ロジックモデルを更新しながら、同時に活動を改善していきます。

9）客観性を重視した第三者機関による一般的な「従来型評価」に対し、社会的課題を解決するための事業、政策、施策、活動などの社会プログラムを評価する方法として確立されている「プログラム評価」があります。参加型評価は、プログラム評価のアプローチのひとつでプログラムや事業に関わる人たちが参加して評価していくものです。

プログラム評価とは、社会的介入プログラムの効果性をシステマティックに検討するために、プログラムを取り巻く政治的・組織的環境に適合し、かつ社会状況を改善するための社会活動に有益な知識を提供しうる方法です。（『プログラム評価の理論と方法』　ピーター・H・ロッシ、マーク・W・リプセイ、ハワード・E・フリーマン著、2005年、株式会社日本評論社、p.15）

　プログラム評価は5つの階層を持ちます。
①プログラムのニーズ評価
②プログラムのデザインとセオリー評価（セオリー評価）
③プログラムのプロセスと実施の評価（プロセス評価）
④プログラムのアウトカム／インパクト評価
⑤プログラムのコストと効率の評価（効率性の評価）

その中で、参加型評価（Participatory Evaluation）

ロジックモデルとは？
○ロジックモデルとは、あるプログラムについて「利用可能な資源（インプット）」や「計画している活動」、「活動の直接的な結果（アウトプット）」、「活動を行うことで達成が目指される成果（アウトカム）」の関わりを体系的に図式化したもの。
ロジックモデルは福祉や教育などの人間を対象とした不確実な変化にリニアな因果律を当てはめられるのかという反論に対して，多様性をきれいにまとめることを目的としていないので，効果的で戦略的な介入のツールであることを理解することが大事！

最終アウトカム	より長期的な効果．社会・組織が改善された状態
中間アウトカム	中間的な成果．対象者（市民，サービス利用者，組織等）の良い変化
直接アウトカム	短期的な成果．対象者（市民，サービス利用者，組織等）の良い変化

【プログラムで実施すること】

アウトプット	事業で産出する財・サービス，活動の結果
活　動	財・サービスを生み出すための一連の活動
インプット	事業を行うための投入（金，人材，資機材，情報など）

図1 ロジックモデルの作成手順

「ロジックモデルづくりや指標づくりなんて難しい！」という方は、まずは最終アウトカムをみんなで考えてみてはどうでしょうか。きっと活動が意味づけされ、仲間たちを同じ方向を向いて活動することができると思います。参加型評価の一番のメリットは、大きな目標を先に決めて、段々と下位の目標に下ろしていくことによって、活動の大きな理念を共有でき、たどる道はそれぞれ違っても目指す目標（理念）から外れないように活動ができることです。

○誰のための評価なのか

文化芸術活動やワークショップはプロセスを通して答えが出るものであり、何が導き出されるのか分からないところに良さがあります。活動の中で想定もしていなかった答えに参加者それぞれが辿り着くことや、その場で答えが生み出されることに価値があるのです。では評価基準で価値づけること自体、馴染まない分野なのではないかという意見もあるでしょう。最初に想定した基準では測れないものを大切にし、個人の成長や生み出された作品やアウトプットそのものを評価しようとすると、そこに矛盾が生じることがあります。だからといって評価を遠ざけてはいけません。特にインクルーシブな活動においては、事業やプロジェクト全体の価値を社会に説明することが社会包摂への理解と指針となります。活動で生み出されたものが想定外であった時、評価基準を自分たちの価値として見出しておけば、何が想定外であり何が新しい価値として生み出されたのかを説明できます。つまり、評価基準があるからこそ、新しい価値が評価できるのです。

参加型評価の有用性は、それが個人のみを対象とするのではなく、活動やプロジェクト全体に目を向けることにあります。可能であれば、障害を持った人と共にする参加型評価においては、支援ではなく伴走型評価 [11] を伴いながら、それぞれの個が社会と触れることで共創的に価値を共有していきたい。アートは個を社会に包括するための優れたツールとなり、システム全体を支える理念になるはずです。評価を結果ではなく発展・継続するプロセスとして理解し、協同学習の中で修正しながら実践する姿勢は、必ずそれぞれの個性を生かす全員参加型の真のインクルーシブ社会構築のへの道を開くはずです。

とは、評価調査の計画・実施に関する意思決定やその他の活動に、プログラムのスタッフや関係者を巻き込む評価アプローチ全般を意味する言葉である。[Mathison ed. 2005:291]

10) ロジックモデルづくりのポイントについて説明する。
・ファシリテーター役がいるとスムーズに進む。
・参加者は関わる人・現場で活動している人等のすべての当事者である。
①事前共有：ロジックモデルを作る対象の活動について資料などで情報共有する
②最終アウトカム決定：自分たちのプロジェクトや活動で最終的に目標にしていること・何のためにやっているのかを付箋に1人1つ書き出す。出た付箋をみんなで見渡して一つに絞る。意味が似ているものはまとめ、関係づくものは中間アウトカムに置き、直し話し合いながら一つする。
③中間アウトカム決定：②と同じ手順で中間アウトカムを決定する
④活動の決定：②と同じ手順で活動を決定する

参加型評価におけるロジックモデル作成時の注意事項は以下のようである。
・具体的に簡潔に書く。
・主語を付けて考える。
・議論の前に付箋を書く。
・誰が書いた付箋かは問わない。

11) 伴走評価論は、世界が予測不可能なほど変容しつつある中で、「ソーシャルイノベーションなど、目的が固定されているというよりも目的自体が変化する流動的で前進的な対象を評価するための評価手法」とし開発された発展的評価（DE）に付随するものである。障害当事者と実践者が「伴走」しながらもお互いに影響し合う新しい関係性の構築は社会全体をインクルーシブなものにするために欠かせない理念と実践であろう。

Q17 触知覚の基礎知識と幼児期からの触る／触らない学習の基本的な考え方と指導について教えてください

大内　進

図1　皮膚の構造と触受容器
Gordon, 1978; Klatzky, 1999; Sherrick & Craig, 1982)

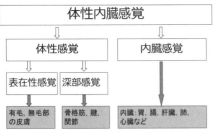

図2　触覚の整理

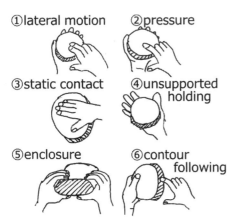

①手を前後左右に動かす（表面の肌理）、
②手を事物に押しつける（固さ）、
③手を触れて静止させる（温度）、
④対象物を手にのせて持ち上げるような動きをする（重さ）)、
⑤片手及び両手で包み込む（形状や大きさ）、
⑥輪郭を探る（詳細な形状）

図3　手による探索法
Lederman,S. J. & Klatzky, R. L. (1987) Hand movements: A window into haptic object recognition. Cognitive Psychology 19 (3), 342-368.

1．触知覚の基礎知識

触覚は、皮膚感覚としての触覚（tactile perception）、筋運動感覚（kinesthetic perception）、触運動知覚（haptic perception）に分類されるのですが、しばしば、これらの用語は混同して用いられています。

・皮膚感覚としての触覚

皮膚感覚としての触覚には触圧覚、温度感覚（温覚・冷覚）、痛覚などがあります。視覚は眼という器官に依存しますが、触覚は単一の受容器で得られるものではありません。皮膚の内部にある複数の受容器が反応して感じられるものです。触圧覚は、皮膚の下部にある４つの特性の異なった受容器（メルケル触小体、ルフィニ終末、マイスナー小体、バチニ小体）の働きによるものです（図１）。それぞれ順応が速いか遅いか、受容の範囲が大きいか小さいかなど特性が異なっています。それらの受容器で感じ取られた情報を統合したものが触覚ということになります。こうした受容器は体中に散在していますが、特に敏感なのは手の指先です。

・筋運動感覚

筋運動感覚は、自己受容感覚とも呼ばれ、筋肉や腱など体の内部の器官にある受容器が働いて、位置、運動、力などを感じとります（図２）。

・触運動知覚

触運動知覚は皮膚感覚と筋運動感覚が統合して働く知覚で、手指を使って大きさや形などをとらえる知覚活動です。視覚障害教育における触覚の活用は、多くはこの触運動知覚のことをさしています。手指を動かさずに事物に触れただけでは、事物の属性の

属性や感覚特性	属性の記述に用いられる用語と手の使い方		
振動	速い	← Static contact →	遅い
表面の肌理	粗い	← Lateral motion →	滑らか
乾き具合/湿り具合	湿っている	← Static contact →	乾いている
表面温度	熱い	← Static contact →	冷たい
形状	複雑	← Enclosure →	単純
傾き	急勾配	← Contour following →	平坦
曲がり具合	曲がっている	← Contour following →	まっすぐ
硬さ/柔らかさ	固い	← Pressure →	柔らかい
重さ	重い	← Unsupported holding →	軽い
弾性（Elasticity）	伸縮性のある	← Enclosure etc →	堅固な
柔軟さ	しなやかな	← Endosure,Lateral motion etc. →	硬直した

McLinden, M., McCall, S (2002)

図4　手指の使い方と属性認知

情報はわずかしか得られません。手指を動かして探索することで、事物のパターンや形状、大きさ、重さなどとらえられる属性が増えてきます。

　Lederman, S.（1987）らは、事物を触察する際の手指の使い方を分類整理し、特定の属性をとらえるために適した手の使い方[3]として6つのタイプを明らかにしました（図3）。なかでも、「包み込み」と「輪郭探索」の2つの探索法は、形や大きさなど視覚に代わる情報を得るために重要な役割を果たしています。こうした視覚と同様の情報が得られるのは触覚のみです。触覚のメカニズムについてはこれまで関心が持たれてきませんでした。上手な手の使い方を育てるためには、触覚に関する基礎的な知識も必要です（図4）。

・能動触／受動触

　また、触覚活動には、能動触／受動触という分類もあります。自から外界に働きかける活動が能動触で、静的に外からの刺激のみを感じ取るのが受動触です。一般に知覚の精度は能動触の方が高いと言われています。触覚による情報収集では、児童生徒の自発的・主体的活動が大切だということになります。

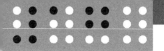

・触覚の特性と配慮

（1）触の感性的側面と理性的側面

　手指による探索活動は、触の理性的な側面にターゲットを充てています。理性的な触は、分析的、識別的、科学的です。他方、他の感覚と同様に触にも快不快があります。こちらは触の感性的側面ということになります。感情的で情緒的です。感性的な印象は認知活動に優先します[1]。触り心地が不快な触教材では、触って知るという認知的な活動が抑えられてしまいます。不快な触感が感じられる触教材では、学習効果は期待できないということです。

（2）全体把握の制約

　触知覚は時間特性の面からみると、刺激を受けてから認知までの時間が短く瞬間的といえます。また、空間特性の面からみると触覚による認知は一般に部分的で断片的です。触野[2]が狭いとも言えます。認知の精度の点からも視覚にはかないません。視覚は全体的・同時的で空間特性に優れていて、精密さはもちろん遠近や広がり（視野）においても優れた特性を持っています[3]。

　そこで、触知覚によって事物をひとつのまとまった情報として読み取るためには、継時的な探索によって瞬間的に断片的に入ってくる情報を頭の中にでつなぎ合せることで、全体像を描くことになります。

（3）自己受容感覚ということ

　触知覚では、対象の形や表面の肌理を皮膚面で直接感知しているのではなく、対象が手指の皮膚に与えている変形をとらえ、内部の様々な部位にある触受容器が反応し、それらを介することによって対象の属性等をとらえています。従って、触覚による認知能力は、体の各部位も動員して触知覚する場合と単に指先だけで触る場合とでは、その認知のレベルが大きく異なってきます。触運動知覚は、手の状態や手指、腕を含む体の使い方、対象物の状態などの環境に大きく影響を受けることになります。

（4）接触感覚としての制約

　触覚は接触感覚です。事物に接しなければ情報は入手できません。したがって、対象が大きすぎる場合は、縮小したモデルを用意して全体像がイメージできるようにするなどの配慮が大切になってきます。

1）フェスティンガー（Festinger,L.）は、不協和によって生じる不快が認知の再体制化（修正）を促し、感情が認知に優先されて処理されるものとみなしている。

2）触野
手指の探索では、いちどきに得られる情報量が限られている。つまり、触野が狭いということである。そのために、大きな事物については、継時的に情報を入手し、それらを統合してイメージを形成していくことになる。また、触野が狭いために、触対象についての一部の情報が欠落してしまう場合もある。こうしたことをカバーするためには、手指を系統的に、かつ効率的に動かして対象物をスキャンしていく技術が必要であり、目的に応じた手指を使うことも大事になってくる。

3）分解能
分解能を触覚と比較すると、触覚は最も敏感な部位での2点弁別閾値が2mm前後であるのに対して、視力1.0の2点の分解能は30cmの視距離で約0.1mm（視角1分）となる。
視覚のほうが10数倍優れている。面に置き換えると、この差は数百倍になる。視覚においては、色や明度の違いなども利用できるのでより明確な認知が可能である。触教材を用意する場合、この触覚の分解能の特性に合わせて、触知覚できるよう配慮しなければならない。

これは、微細な事物の場合にも当てはまります。小さすぎて認知が困難な場合は、拡大したモデルでイメージが持てるようにします。

2．幼児期からの触る／触らない学習の基本的な考え方と指導

（1）基本的な考え方

①視覚障害児の前に一人の子どもであること

　Fraiberg（1977）は、保護者や養育者が目の見える子どもと同じように子どもを愛し、育てることが大事で、「視覚障害のある子どもが動き回り、探索し、間違いを犯し、転んでは再び起き上がり、膝の皮を擦りむき、走り、ジャンプし、登り、そして新しい経験を試すことを温かく見守るように」と訴えています[4]。

　見える／見えないにかかわらず子どもの発達のプロセスは変わりません。視覚障害のある乳幼児に接するは際に第一に留意しなければいけないのは、視覚に障害がある子どもとしてではなく、一人の子どもとして対応していく姿勢です。触る学習もこのことを前提としていることにくれぐれも留意したいものです。

②見えない／見えにくいこととみかけの「遅れ」への熟慮

　視覚障害教育のベテランは、一般的に見えない子供の発達的な遅れというものは、成長と共に回復することを学んできています。身体の動きや触覚による認知は、一定の水準に至るまで時間がかかります。それが見かけの「遅れ」です。すぐに結果を求めようとするわが国の教育における風潮は、見えない／見えにくい子供にとっては大きな障壁になっています。諸々の活動に際しては辛抱強く働きかけること、活動の初期段階ほど時間制限ではなく作業制限を重視すること等により、達成感を得られるように配慮したいものです。

③主体性の尊重－手を添えた指導は当然ではない－

　視覚の活用に制約があるために、見えない／見えにくい子どもの指導に際しては、教師や保護者が自身の手で子どもの手を動かして指導するテクニックが用いられています。しかし、このテクニックを当然のように多用することは望ましくありません。自分の身体に他人が直接触れることに違和感を持つ子どももいます。一般的にはその方が自然だともいえます。他人の身体接触は子どもに反感をもたせたり気持ちを萎縮させたりする場合もあります。見えない／見

4）Fraiberg S.（1977）. Insights from the Blind: Comparative Studies of Blind and Sighted Infants. Basic books.

えにくい子どもを指導する場合、身体接触は不可欠ですが、必要最小限にとどめるよう指導法を工夫するなどの配慮が必要です。

そうした配慮をしながら、「遊び」への様々な間接的な仕掛けなどにより、子どもの主体性自発性を促す働きかけをしていくようにします。

④操作や体験の重視とその継続

触運動知覚の発達は、触体験の質と量が強く影響します。自ら環境に働きかけていくことも発達に影響します。日常生活での対応も大きく影響します。保護者と共に歩んでいくことも大切です。「見えない子には無理」とか「見えない子には無駄」などとして、活動や体験の機会を奪ってはなりません。

また、視覚障害者は触覚が敏感だといわれることがあります。しかし、視覚活用に制約が生じたからと言って、直ちに触覚の感度が高まっていくわけではありません[5]（Axcelrod,1959）。中途障害者の点字習得の難しさはそのことを端的に物語っています。幼少期からの手指による認知活動の地道な積み重ねによって、触認知力が向上してくるのです。中途障害であっても、生活や学習に使用できるレベルの点字触読力をつけた人も少なくありませんが、こうした人たちも点字が思うように読み取れない悔しさを長期間にわたって感じ続けながらも挫折せずに継続してきたのです。

上手に触る力を育てるためには学習の質と継続した経験の積み重ねが重要であることを視覚障害教育に携わる者はしっかり銘記しておかなければいけません。

⑤基礎的な概念形成の重視

目が見えない／見えにくい子どもにとって大きな不利益となるのは概念形成です。特に空間の概念形成は視覚からの情報が大きく影響します。それをカバーするのが、触覚や聴覚情報です。とくに見えない子にとって触ることは概念形成の入口ということになります。適切な経験を積み重ねていくことで、触察を通して事物の属性を捉えて様々な概念を形成していくことができるようになります。

⑥触覚の特性を踏まえる

・基礎基本を大事にする

触覚を活用することによって様々な属性等の情報を入手できるこ

5）Axcelrod S.（1959）. Effects of early blindness: Performance of blind and sighted children on tactile and auditory tasks. American Foundation for the Blind.

とを確認しましたが、先に示したような特性を踏まえて教材を用意したり指導したりすることが大切で、具体的には以下のような配慮が考えられます。

3．触ることが上手な子を育てるために−指導上の留意点−

上手な触り方を身に付けさせるためには、触ることが好きになることが早道です。そのためには指導法や用いる教材について様々な工夫が考えられます。

（1）指導法の工夫

1981年に発行された『観察と実験の指導』[6]には、効果的な観察をするための工夫点が示されています。ここに示されている4つのポイントは、触覚による学習を進める際の基本事項だといえます。

①時間をかけて全体を満遍なく観察させる

基本の理解のためには、時間をかけて、確実に正確に観察させることを優先させることが大切になります。限られた時間での処理（時間制限法）ではなく、作業を完結させることを重視（作業制限法）で対応するということです。時間が制約されている学校教育では難しい面がありますが、指導計画の立案における重要な留意事項として配慮したいものです。

全体を満遍なく触るためには、両手の活用が有効です。リアルタイムで把握できる範囲が広がります。両手を使うことで大きさや長さも把握しやすくなります。また、触野のところでも触れたように、手指を移動させながら部分毎に認知を積み重ね、それらのイメージを統合することで全体像を把握するわけですが、そのためには、系統的で秩序のある手指の動かし方を身に着けていることが大事なことになります。

また、広い範囲を触る場合は、基準が大切になります。触ろうとしている範囲（基準枠）や基準となる位置が明確になっていると部分の位置関係が明確になり、距離や方向をとらえることができるようになります。基準点が明確であれば、迷った時の原点としても活用できます。

学習量が増えてくると、正確さ重視では限られた時間内での対応が困難になってきます。そのため、基礎学習の段階を経て、少しず

6）文部省（1981）．観察と実験の学習．慶應義塾大学出版会

つ効率を上げる働きかけをしていくことも大事なことです。

②繰り返し観察させる

　一度触っただけでとらえられたイメージは不明確です。全体を触って概要を把握したら、部分部分を丁寧に触って詳細を把握し、それを踏まえて改めて全体を触るといったように、系統だって繰り返し触ることで、確かなイメージを構築していくことが可能となります。

　繰り返し触ることで、触り方も向上してきます。昆虫を上手に触って観察できる子どもがいたということを聞いたことがあります。この子どもは幼児期から小学生になるまでに、数多くの昆虫を犠牲にしたということでしたが、繰り返し経験することで対象に応じて触圧をコントロールし上手に触ることができるようになった例だといえます。こうした調整力を付けるためにも繰り返し触る経験が有効です。

③会話を大切にし、体験を共有させる

　かつての視覚障害教育では、学習内容の理解に重点が置かれ、わかったことを表出させることについては軽く扱われていました。しかし、学習の理解を確実にするためには、理解と表出をセットで扱っていくことが大事になります。わかったことは必ず整理し、表出させるようにします。言語による説明、記述によるまとめ、立体造形や描画による表現と様々な方法がありますが、状況に応じて使い分けるようにします。そのためには、図や絵で表す力も、可能な限り育てていくことが大切になります。幼少時から描画[7]に慣れておくことも大事なことです（図5）。

　また、理解を深めるためには、児童生徒同士の会話も大切です。見えない／見えにくい子どもにとって、触って・見てわかったことを、他者に伝える有力な手段は言葉です。また、観察で得られない情報を言語情報で補うことも大切なことです。「豊かな言葉」とともに観察するということを心がけたいものです。その際、表出が遅れて出てくる場合もあることにも留意します。また、日本語には豊かなテクスチャー用語があります。オノマトペ[8]を活用するなどして触感イメージの言語化もはたらきかけたいものです。

図5　Wikki Stix

7）筆記用具が使えなくても表現する方法はある。たとえば Wikki Stix を使えば簡便な図を表すことができる。（Q19を参照）

8）オノマトペによる触の表現
ツルツル、カリカリ、トロトロ、ヌルヌル、パリパリ、パラパラ、パサパサ、サクサク、トロトロ、ポリポリ、サラサラ、ザラザラ、ネトネト、ドロドロ、プチプチ、プリプリ、バリバリ、グニャグニャ、サラサラ、ニチャニチャ、クチャクチャ、ガリガリ、ベタベタ、ベトベト、ポロポロ、シャキシャキ、ポロポリ、シャリシャリ、フワフワ

④観察したことはその場でまとめ、その都度評価する

　触覚による観察は、視覚に比べると記憶がおぼろげになりがちです。そこで、記憶が鮮明なうちに、印象をまとめておくことが必要になります。紙に記録することが難しい場合は、音声や映像の記録、造形物等を残しておくことも有効です。こうした記録は、ポートフォリオとして蓄積しておくと振り返りや評価にも役立ちます。

（2）教材の工夫

　用いる教材も重要です。触教材は、発達の段階や触認知力のレベルに応じて有効に利用できるよう、一人一人の子どもの実態に合わせて準備することが望まれます。具体的には、次のような工夫が考えられます。

①触認知しやすい教材から複雑あるいは抽象度の高い教材へ

　同一の学習課題では、学習の初期は認知しやすい形状の触覚教材を用いて、確実に全体像の概要を把握させるようにします。全体の概要が把握できてきたら、子ども自身の知覚力の発揮が必要となる教材を用意し、スモールステップで触知することに負荷をかけ、観察力を高めていくようにしたほうがよいでしょう。

　概念形成の観点からも、形あるものは、実物や模型（3次元教材）によって理解を図っていくことが大原則です。3次元形状のイメージを有することによってこそ、2次元的な情報も十分に活用することが可能となってくるのです。視覚障害教育では、その重要性を理解した上で触覚教材を扱っていくことが求められます。実物や3次元の教材を触って具体的イメージを明確に持つ → 2.5次元教材を

立体度		教材例	手指の使い方
高い　触認知度　低い	3次元教材	・実物教材 ・3次元立体模型 ・3次元立体モデル	包み込み 輪郭探索 表面こすり 圧迫 静的接触 不支持保持
	2.5次元教材	・真空成型教材 ・レリーフタイプ触地図教材 ・各種の素材を利用した触覚教材	包み込み△ 輪郭探索 表面こすり 圧迫 静的接触 不支持保持
	2次元凸教材	・点図教材 ・立体コピー教材 ・紫外線硬化樹脂教材	輪郭探索 表面こすり 静的接触

図6　教材の立体度と認知のしやすさ

9）立体触地図

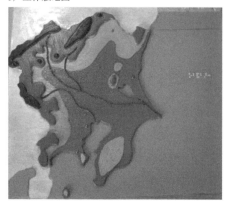

群馬県立盲学校小針先生作

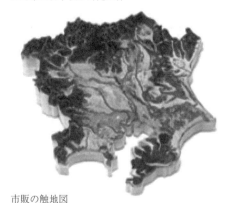

市販の触地図

触って一定の方向から見た形をイメージするとともに輪郭線を抽出する → ２次元的凸教材（触図）を触って平面的な面、線、点の情報から立体物をイメージするという方略が考えられます。

立体触地図[9]の場合、市販のレリーフ地図は、３次元地図データに基づいて、詳細に地形の形状が再現されていますが、情報量が多く学習の阻害要因になりかねなません。そこで導入段階では、情報が整理されたわかりやすいレリーフ地図を使って、特徴をとらえるようにします。全体のイメージがつかめていると、複雑なレリーフ地図も利用できるようになります。こうした学習を経ていれば、抽象度が高く、情報が削ぎ落された２次元的な触地図（凸図）の内容も、習得済みのイメージで補いながら活用できるようになるのです。最初から２次元的な触地図を用いたり、触地図のみで学習を進めたりしたら適切な概念は形成されにくいでしょう。

②操作しやすい教材から難しい教材へ

触覚を用いる教材には操作が難しいものが多くあります。学習の初期段階は、できるだけ手指の操作に制約の少ない教材を用いて、学習活動そのものに集中できるよう配慮します。この段階で、基本の力を身につけておくことが後々に影響してきます。そして、触察力があがるにつれ、操作の難易度が高い教材へと発展させていきます。合わせて、小さすぎたり複雑すぎたりして直接認知できない部分にも対応できる力をつけていきます。

３次元から２次元へ学習の初期段階ではじめて触れる教材はできるだけ、本物か本物に近い属性を持つもので、それらの事物にじっくり触れて、それら持つ属性や特徴をしっかりとらえるようにします。操作が簡単な教材は軽く扱われがちですが、基本の習得のためには繰り返し利用することが大事です。一つ一つの所作をしっかり身につけて、次のステップへ進むためには、単純でも飽きずに取り組める活動を工夫する必要があります。例としてモンテッソリ教具

を活用した描画の基礎学習の例を欄外に紹介しました[10]。

③大きさへの配慮

建築物などの立体教材については、全体を把握するための教材、部分を正確に把握するための教材、リアルサイズを把握するための教材等の学習課題に応じて準備しておくことが望まれます。例えば法隆寺の模型であれば、伽藍全体を把握するための模型、それぞれの建物を詳しく知るための教材、大仏の掌の面積を知るための実寸サイズの紙の切り抜きといった教材を準備することでリアリティのある学習活動が可能になります。また、建物の全体像のイメージを明確にするためには、手指を大きく動かさなくても全体が把握できるサイズの教材と詳細を把握する

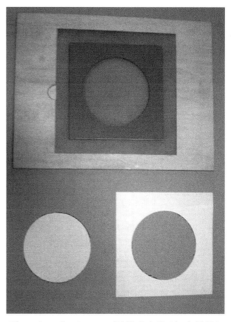

10) メタルインセッツ（鉄製はめ込み）を活用した基本図形の理解と作図の基礎練習

ための大画面教材を用意しておくと理解が深まるでしょう。さらに同一縮尺の他の建物模型を用意しておけば、大きさの比較をすることも可能となります。

シリコンラバーを下敷きにして、折り紙の上にメタルインセッツを置く。
メタルインセッツの形をボールペンなどの先端の硬い筆記具でなぞる。
何度も同じところをなぞっていくと、形が切り抜ける。鋏を使わなくても形が切り抜けることが動機づけとなり、切り抜きを楽しむことができる。
この活動を繰り返しているうちに、描画の基本となる手指の力の動かし方や力の入れ方などを調整する技能が身についていく。
さらに、切り抜いた紙は部屋飾りなどにして遊ぶことができる。

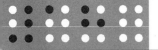
Q18 触る絵本（触察本含む）とワークショップとは何ですか？

梶原　千恵

1．触る絵本のいろいろ―さわる絵本～触察本

「触る絵本」とは絵柄が凹凸や様々な素材で表されていて触察できたり、文章が点字で印刷されていたりという工夫のある絵本のことを言います。様々な種類がありますが、ここでは「さわる絵本」、「てんやく絵本」、「点字絵本」、「点字つきさわる絵本」、「触察本」、「布の絵本」を紹介したいと思います。これらは視覚障害のある子どもや大人だけでなく、見える人も共に楽しめる工夫があります。触る絵本について考えることが既存の絵本のあり方を再考するきっかけにもなるはずです。

「さわる絵本」とは、主に視覚障害のある子どもを対象に、布などの触素材を用いて絵柄を半立体的に表わした絵本です[1]。絵柄は布などの素材でぬいぐるみを薄くしたように作られ、輪郭を多少回り込んで触ることができるのが特徴です。そのため、3次元の立体物を2次元の絵に変換する際に生じる「輪郭線」が、視覚障害のある人にとっても理解しやすいと言われています（図1）。中には絵柄に合わせた香りがついている「匂う絵本」もあります[2]。こうした絵本はほとんどがボランティアによる手作りです。商業出版のものは図2などがあります。原画の触感に合った素材を使うため、様々な手触りを楽しむことができます。

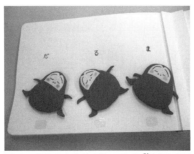

図1　『だるまさんが』つみき[3]製作（原著作：かがくいひろし、ブロンズ新社）

図2　『さわる絵本点字つきさわる絵本はらぺこあおむし』作・絵：エリック・カール、訳：もりひさし、偕成社[4]

次に点字を使った絵本を3種類紹介します。1つめは手作りの「て

1）小西萬知子によると、さわる絵本は「視覚に障害がある子どもやおとなが、触って絵が分かるように工夫してあり、文章が点字と墨字（普通に書かれた文字）で読めるようになっているもの」で、①絵が布その他相応しい素材を使って作られ、紙に貼ったもの。②台紙そのものが盛り上がって、絵の部分が触って分かるようにしてあるもの。③特殊なインクで浮き出るように印刷したもの、の3種類がある。（小西萬知子「さわる絵本―大阪での試み―」『図書館界』53巻4号、2001, pp.442-454.）

2）1970年東京都品川区で発足した視覚障害児・者を対象としたボランティア・グループ「むつき会」（代表・嘉藤千代子）は、1976年の盲学校訪問をきっかけに「匂う絵本」を思いつき、香料会社と共同で、軽くひっかくと香りのする絵本を開発した。（攪上久子「日本のさわる絵本開発プロセス―視覚の障害（バリア）を超える絵本―」『子ども学研究紀要』第7号, 2019, pp.47-56.）

3）さわる絵本の会「つみき」（大阪府大阪市、代表小西萬知子）
大阪市立中央図書館で、毎月第1土曜に活動。さわる絵本の制作、読み聞かせ、展示会等を行っている。HP http://www9.plala.or.jp/sawaruehon/

4）偕成社（東京都新宿区、社長 今村正樹）
1936年に創業、子どもの本を専門に年間新刊110点、出版点数約8400点を誇る出版社。TEL: 03-3260-3221
HP https://www.kaiseisha.co.jp/

んやく絵本」です。てんやく絵本ふれあい文庫のウェブサイトには次のように説明されています。「一般に市販されている絵本の文章を透明なシートに点訳し、原本の活字部分に貼付してあります。また、同じシートで絵を形づくって貼りこんだり、説明文を書き添えたりしてあります。見える人と見えない人が、一緒に楽しめるように工夫した絵本です（図3）」2つ目は「点字絵本」です。文章の部分は点字で、絵柄は点図でエンボス印刷されています。市販の絵本をもとに手作りしたものやオリジナルの内容で商業出版しているものがあります（図4）。3つ目は商業出版の「点字つきさわる絵本」です。既存のフルカラー印刷の絵本の上に、点字やイラストが特殊なインク（発泡インク、ＵＶインクなど）で盛り上がるように印刷されています。原画のまま凸部を印刷すると、登場人物同士の重なりや遠近法が理解しづらいことや、誤解を招くことがあります。そのため凸部は原画を省略、単純化して表わされます（図5）。

図3 『てんやく絵本　エルマーとまいごのクマ』てんやく絵本ふれあい文庫[5]
（原著作・絵：デビッド・マッキー、訳：きたむらさとし、BL出版）

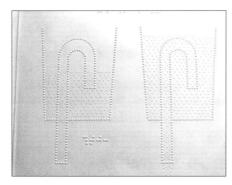

図4 『てんじ手作り絵本ためしちゃ王』
文：金子修、絵：ちふゆ、桜雲会[6]

図5 『てんじつきさわるえほん じゃあじゃあびりびり』作・絵：まついのりこ、偕成社

5）特定非営利活動法人てんやく絵本ふれあい文庫（大阪市西区、代表 岩田美津子）
1984年に開設、現在約12,000タイトルの蔵書を有し年間4,000冊の本を全国の160家族及び21の点字・公共図書館・盲学校などの施設に貸し出し、120人を超えるボランティアが点訳や発送の部門を担当している。
TEL/FAX（06）6444-0133
（年末年始および祝日を除く水〜土：13：30〜16：30）
HP http://tenyaku-ehon.la.coocan.jp/index.htm

6）社会福祉法人 桜雲会（東京都新宿区、理事長 一幡良利）
1892年に東京盲唖学校の盲学生の同窓会として発足。1902年に今田束著『実用解剖学』全8巻が点字本として販売したことから、点字出版部が発足。日本最古の医学書専門点字出版所として、出版事業、デジタル製作事業、卒後教育支援事業を中心に、国際交流や展覧会、ツアーなど幅広く情報提供を行っている。
TEL：03-5337-7866
FAX：03-6908-9526（月〜金：9:00〜18:00）
HP http://ounkai.jp/

7）日本点字図書館（東京都新宿区、理事長 田中徹二）
1940年に創立者・本間一夫が「日本盲人図書館」設立、点字図書・録音図書や録音雑誌などの全国・海外への無料貸し出しのほかに、図書やICTに関するサービス、図書の製作、触知案内図・点字サインの製作・監修、視覚障害者用具の販売、自立支援事業、海外支援、募金活動などを行っている。
HP https://www.nittento.or.jp/

8）岩崎清（ギャラリーTOM 副館長）
1939年生まれ、早稲田大学卒業後、美術出版社に入社。1965年のInSEA東京大会をうけて『美術手帖』誌上で戦後の民間美術教育運動の特集を担当。その後、メキシコ遊学を経て、こどもの城造形事業部に入社。「ブルーノ・ムナーリ展」、「フランツ・チゼック展」など企画多数。またハーバート・リード（2001）『芸術による教育』（新訳）の翻訳に携わっている。
＊ギャラリーTOM（東京都渋谷区、館長 村山治江）
創設者である村山亜土・治江夫妻が、視覚障害者だった長男・錬の「ぼくたち盲人もロダンを見る権利がある」という言葉につき動かされ、1984年、「視覚障害者のための手で見るギャラリー」として開設した私設美術館。
TEL：03-3467-8102
HP https://www.gallerytom.co.jp/index.html

9）株式会社コンセル（埼玉県戸田市、代表取締役社長 近藤修平）
1993年に創業した絵本・知育玩具・教材の制作・販売会社。TEL：048-442-8313
HP https://www.comcell.co.jp/company/

10）公益財団法人 ふきのとう文庫（北海道札幌市、代表 髙倉嗣昌）
1970年、小林静江が設立。布の絵本制作や講習会、展示会、子ども図書館や郵送による本の貸し出しなど。
TEL：011-222-4839
HP http://fukinotou.org/

そして、「触察本」は紙を加工し絵柄の部分を凸状に盛り上げたものです。また、絵画などの複雑な図形は触って理解することに時間がかかるため、上面、側面などいくつかの角度から提示したり、情報を段階的に提示したりという工夫がされています（図6、7）。

図6 『ふれる世界の名画集』日本点字図書館[7]、2012、写真提供：社会福祉法人日本点字図書館

図7 『手で見る北斎－富嶽三十六景 神奈川沖波裏』作：岩崎清[8]、NPO視覚障害者芸術活動推進委員会、写真提供：黒蜜堂

また、視覚障害のある子どもや大人を対象として作られたものではありませんが、乳幼児などを対象に作られた「布の絵本」があります。台紙が布でできており、ジッパー、ボタン、マジックテープ、紐などで留め外しや結び解きなどができます（図8）。また、布の絵本をつくるボランティア団体は、完成品と手作りするためのキット販売をしています（図9）。

図8 『布絵本できるかな2』株式会社コンセル[9]

図9 『布の本 むし』原作ふきのとう文庫[10]

2．さわる絵本の担い手—ボランティア・グループ

日本では長い間、民間のボランティアが中心にさわる絵本を作ってきました。1970年代から視覚障害をもつ子どもの保護者、ボランティアらがさわる絵本の制作と貸出を始めました。現在も活動

を継続し、手作りのさわる絵本の草分けと呼ばれるのが「むつき会」[11]（東京）です。「むつき会」はもともと点訳グループでしたが、1974 年からさわる絵本作りを事業化し、全国の視覚特別支援学校にさわる絵本を届けるほか、1975 年より品川区立図書館を通して全国の利用者にさわる絵本の貸し出しを始めました。「むつき会」の影響で、1976 年に「つみき」（大阪）が結成され、1982 年には京阪神 12 グループによる「さわる絵本連絡協議会・大阪」[12]の結成につながりました。2017 年に、さわる絵本を作るボランティア団体は全国に 20 ほど確認されています。しかし、視覚障害児の減少や作り手の高齢化、布絵本への移行などを背景に団体数は減少傾向です[13]。

　さわる絵本の作り方は団体によって様々です。てんやく絵本の作り方の本[14]はありますが、触素材の使用に関するガイドブックのようなものはないため、各団体が試行錯誤して作っています。これまでの実践と研究から以下のような提言がなされています。例えば、ストーリーに関しては、児童が生活経験と照らし合わせることができること、見える子どもにも人気のある絵本をさわる絵本化するなどです。絵柄の表し方は、重なり、遠近法、斜め上からの表現に留意することや、背景は登場人物と重なるため省略することなどが述べられています。また、知らない物を立体コピーで理解しようとしても非常に時間がかかり難しいため、具体物の理解、凸図、立体コピー（線画）というように段階的に触体験の抽象度をあげていくことが有効であると指摘されています[15]。今後は各団体で蓄積されたノウハウや研究成果を共有していくことが期待されます。

3．さわる絵本の担い手—印刷会社、出版社、書店の連携

　1979 年に偕成社から翻訳出版された『これ、なあに？』（作：バージニア・A・イエンセン、ドーカス・W・ハラー、訳：菊島伊久栄）（図 10）は、日本で商業出版された初めての点字つきさわる絵本です。この絵本は、登場人物が幾何学形態で表されているため、視覚イメージをもたない子どもも楽しむことができます。1983 年には手で見る学習絵本『テルミ』[16]（図 11）が創刊されました。迷路などゲーム性のあるコンテンツが子どもたちに人気で、見える／見えないに関わら

11) むつき会（東京都品川区、代表 加藤千代子）
点字部・録音部・さわる絵本部からなり、約 130 名の会員がいる。（「ようこそバリアフリー絵本の世界へ」HP https://www.bf-ehon.net/bfinc/mutuki）

12) さわる絵本連絡協議会・大阪（大阪府大阪市、代表 小西萬智子）
関西でさわる絵本製作団体 9 グループで活動。（2019年 5 月現在）大阪府立大阪南視覚支援学校へ各学期 1 回と文化祭で読み聞かせ会や、寄贈したさわる絵本の修理、個人への貸出を行っている。
HP http://www9.plala.or.jp/sawaruehon/

13) 横山純子・攪上久子（2019）『ヒーリング・アートとさわる絵本：研究実践記録「絵本の向こうに人がいる - 対象研究からの絵本制作プロジェクト』pp.9

14) 岩田美津子（2015）『点訳絵本のつくり方＜増補改訂第 4 版＞』せせらぎ出版

15) 詳細は、横山純子・攪上久子（2019）を参照。

16) 手で見る学習絵本『テルミ』
視覚障害のある子ども向けに 1983 年に創刊され、昨年で 38 周年を迎えた隔月刊雑誌。A4 判、定価 400 円（税込）。雑誌名は「手で見る」の語順を変えて命名。
一般財団法人日本児童教育振興財団「テルミ」ライブラリー
TEL：03-5280-1501
HP https://faje.or.jp/terumi/

ず楽しめる本です。

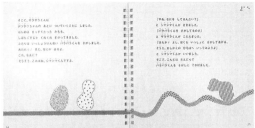

図10 『さわる絵本これ、なあに？』作：バージニア・A・イエンセン、ドーカス・W・ハラー、訳：菊島伊久栄（きくしまいくえ）、偕成社

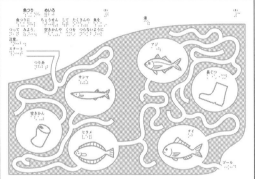

図11 『手で見る学習絵本　テルミ』一般財団法人日本児童教育振興財団

　点字つきさわる絵本は通常の印刷よりもコストがかかります。なぜなら、通常の印刷の後にもう一度隆起部分の印刷をかけ、さらに隆起部分がつぶれないように通常とは異なる製本を行うためです。そのため、再版されず欠品が続いていました。

　こうした状況を変えたのは先天盲の岩田美津子[17]です。岩田が息子に絵本を読んであげたいと思っても、図書館には点字の絵本がありませんでした。手作りのさわる絵本は普及し始めていましたが図書館で扱えません。そこで岩田は点字つき絵本の出版を思いつきました。岩田は2年の歳月をかけ、1996年に国内初フルカラー点字付き絵本『チョキチョキチョッキン』（作：ひぐちみちこ、いわたみつこ、てんやくえほんふれあい文庫刊、こぐま社発売）（図12）を出版しました。この絵本の出版は「見えない人も絵本を必要としている、このような工夫をしてくだされば見えない人も楽しめる」（本人談）ことを日本で初めて子どもの本の関係者に伝えた重要な契機となりました。その後、2002年に岩田の呼びかけで、出版社、印刷会社、盲支援学校の教員、書店員、作家、画家らによる「点字つき絵本の

17) 岩田美津子
1952年北九州生まれで、1984年に「点訳絵本の会岩田文庫」（現・てんやく絵本ふれあい文庫）を自宅（大阪市）に開設。郵政省との3年に及ぶ折衝の末、てんやく絵本の郵送無料化を実現。受賞「IBBY朝日国際児童図書普及賞」（1998）ほか多数。
HP http://tenyaku-ehon.la.coocan.jp/

出版と普及を考える会」[18] が発足しました。2020年9月までに14冊の新刊、4冊の翻訳出版、5冊の再販・復刊が実現しました。現在、同会の「点字つきさわる絵本・さわる絵本リスト」第6版[19] では約60点の絵本が紹介されています。NPO法人「ユニバーサルデザイン絵本センター」でも触図付き絵本を発行しています[20]。

図12 『チョキチョキチョッキン』作：ひぐちみちこ、いわたみつこ、てんやく絵本ふれあい文庫

このように、国内のさわる絵本はボランティア団体や出版社らの担い手によって約50年間で発展してきました。しかし、開発や普及はいまだ途上にあります。既存の絵本は指の探索力のある児童でも先に絵柄を触ると何の絵柄か分からなかったり、内容が幼稚で楽しめなかったりなどの課題があります。攬上は「点字がついて、絵が隆起印刷されていれば、見えない子も楽しめる絵本ができてよかったと思ってしまいがちですが、もう少しつっこんで向き合わなければならない、次のステージに来たのではないか」[21] と述べます。

4．海外のさわる絵本や触察本

イタリアの Silvio Zamorani（シルヴィオ・ザモラーニ）社[22] は、これまで多数の触察本を出版しています。トリノで触覚コミュニケーションを扱う非営利団体「Tactile Vision（タクタイル・ヴィジョン）」と協働して開発するシリーズ「Tacto」は、視覚障害者の3次元の認識と2次元の認識をつなぐ試みです（図13）。このシリーズの1冊『Oggetti e disegni（オブジェと図面）』は、誰もがすでに知っているコーヒーカップやスプーン、フォークなどの日用品の正面、側面、上面の図を、実物と1：1の縮尺で表しています。これによって、生活経験で得られた物に対する感覚を平面上に記号化して表わす方法を学ぶことができます。また、大英博物館の触察本『The

18）点字つき絵本の出版と普及を考える会 「目の見えない人と見える人がいっしょに絵本を楽しめるようになること」を目指して、2002年に発足。
HP https://tenji.shogakukan.co.jp/index.html

19）「点字つきさわる絵本・さわる絵本リスト」第6版 点字つき絵本の出版と普及を考える会
HP http://tenyaku-ehon.la.coocan.jp/tenjiehon/index.htm

20）ユニバーサルデザイン絵本センター
紫外線硬化樹脂による凸印刷により、晴眼者と視覚障害者が共に楽しむことができる絵本やカレンダーを発行している。これまでに21冊の絵本が発行されている。

21）横山純子・攬上久子（2020）『ヒーリング・アートとさわる絵本II―出版されているさわる絵本を考える―』女子美術大学

22）Silvio Zamorani（シルヴィオ・ザモラーニ）社
アートポスターや本の出版、額縁製作を行う。代表・シルヴィオ・ザモラーニ氏は1984年エジプト生まれ。10歳の時に家族とともにイタリアに渡る。大手出版社「Einaudi」を退職後、1982年にシルヴィオ・ザモラーニ社を創設。
HP https://www.zamorani.com/

Second Sight of Parthenon Freize（パルテノン神殿のフリーズ）』（図14）は、晴眼者であるタイムズ・オブ・ロンドンの評論家から「パルテノン神殿のフリーズがどんなものか理解できた！」と評され、視覚障害者のためにつくった本が、健常者にとっても新たな概念を学ぶことができる本になることが示されました[23]。

23) ザモラーニ氏へのインタビュー（2017年11月7日）より
PRINTED_MATTER
http://primolevicenter.org/printed-matter/silvio-zamorani-through-books-one-thinks-the-world/

図13 「日常品のデザイン」ザモラーニ社（Rocco Rolli（2001）"Oggetti e disegni", Zamorani)

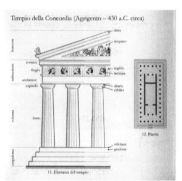

図14 「パルテノン神殿のフリーズ　第2の見方」英国博物館出版（Sue Bird, Ian Jenkins, Fabio Levi（1998）"The Second Sight of Parthenon Freize", British Museum Press)

24) Les Doigts Qui Rêvebt（レ・ドワ・キ・レーヴ、夢見る指先）
フランス東部、ディジョンを拠点とするNPO団体。代　表・Philippe Claudet（フィリップ・クロデ）氏。活動は欧米を中心に24か国に広がっている。団体は2018年に国際児童図書評議会（ＩＢＢＹ）・朝日国際児童図書普及賞を受賞。

絵本工房「Les Doigts Qui Rêvebt（レ・ドワ・キ・レーヴ、夢見る指先)」[24] は、1994年にフランスに設立されました。2020年までに約259タイトル、47,992冊の「触覚アルバム」（図15）を制作しています。原画の絵柄に従ってイラストを立体化するのではなく「触覚的に翻訳」し、登場人物や背景等を幾何学形態で表すことが特徴です。同時に、この団体の本は見える人にとってもインスピレーションを与える優れたデザインになっています。こうした本は子どもたちとのワークショップ、保護者や視覚障害をもつ専門家からのフィードバック、触覚イメージの概念に関する研究成果から生まれています。

図 15 『赤ずきんちゃん』レ・ドワ・キ・レーヴ "Little Red Riding Hood by Warja Lavater éditions Maeght.（1965)", Myriam Colin, LES DOIGTS QUI RÊVENT　Photo：LES DOIGTS QUI RÊVENT

5．触る絵本や触察本の課題と今後の展望

　様々な触る本を紹介してきましたが、図書館や書店で手に取ることができる絵本の全体量から比較すると、視覚障害のある子どもや大人を対象とした絵本はごくわずかです。さらに、近年は手作りの触る絵本のボランティアも減っています。

　そこで注目されるのが、触る絵本作りのワークショップです。例えば、前節で紹介したフランスの絵本工房「レ・ドワ・キ・レーヴ」では視覚障害のある子どもたちが自分だけのオリジナルの触る絵本を作るワークショップを開催しています。会場には、皮革やビニール、フェルトなどの触素材が準備され、あらかじめ幾何学形態などに型取されています。参加した子どもたちは自分で話を作りながら、白紙の絵本に触素材を貼り付けていきます。触る絵本が完成すると何人かの子どもたちで鑑賞し合います。こうしたワークショップは、少人数で子どもたちが安心して表現でき、創造性が発揮できるような環境がデザインされています。子どもたちが作った触る絵本には、これまでの触る絵本にはないアイディアが生まれていることもよくあります。

　視覚障害のある子どもといっても、彼らの認知の仕方や経験は多様です。ワークショップのように一人一人の違いを生かせる環境を設定するのは一つの方法です。また、絵本だからといって平面や半立体だけにこだわる必要もないでしょう。これからは、ワークショップや立体的な絵本など、新たな触る絵本の展開が期待されます。

みえないひとほどよくみえる

絵画編

のえみ

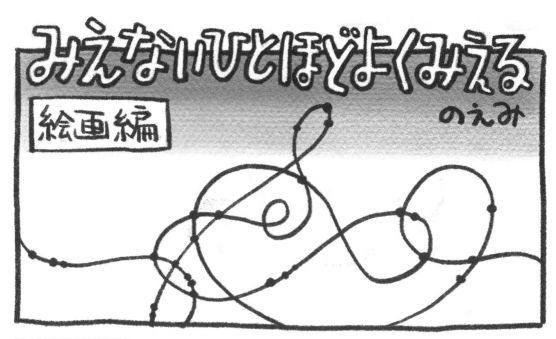

F市のとある喫茶店にて「ギャラリーコンパ」という催しが行われました。それは…

視覚障がい者と晴眼者が対話を通して共にアートを鑑賞するワークショップです。

私も参加しました

のえみ

グループに分かれ、まず晴眼者が作品を見て思った事を語ります。視覚障がい者は、質問をし、「対話」がはじまります。

【主催者】

石田陽介さん

松尾さちさん

濱田庄司さん

実際やってみると…

「イメージ」を「ことば」にするのは
かなりムズカシイ!!

イメージ

え→

てことば

やわらかい
糸のような
…

かたい
ワイヤーの
ような…

←あ→
真逆

しかし、
質問される
ことで、「ことば」が
クリアになっていきます。

どんな色
ですか？

どんな感じが
しますか？

線は 何本
ありますか？

「対話」が生まれました。

そして。

時々、説明が
ピタリと通いあう
ことがあります。

恋愛みたいに。

※対話型鑑賞：ソーシャルビューとも呼ばれ、知識を一方的に伝えるのではなく、参加者が作品から感じ取れることを自由に発言し、その意味を探求する学習。

Q19 見えない子と見えにくい子の描画の指導と発達について教えてください。レーズライターって何ですか？

多胡 宏

見えない子は触図、いわゆる触って分かる図や絵によって2次元的な情報や空間を理解します。触る絵本や点字教科書など様々な本で触図は多く取り入れられています。しかし、2次元的な情報や空間を理解する力は、幼少期から環境を整え、意図的で計画的な指導・支援を継続的に行わなければ育ちません[1]。描画学習は、このような力を育てる指導・支援と並行して行われることが望ましいといえます。

1. 描画学習の基礎を育てる

（1）ウィッキスティックス（Wikki Stix）による造形遊び

ウィッキスティックス[2]は、アメリカ製の蝋引きのカラーひも（10色程度、長さはいろいろ）です。ウィッキスティックスは紐を覆う蝋によって、平面に貼り付けたり、自由に曲げたり、紐同士をくっつけることなどができます。ウィッキスティックスのよい点はやり直しが簡単にできることです。見えない子／見える子／見えにくい子が一緒に学習できるインクルーシブ教材です。ただ、使った後手指に蝋が残りべたつくためウェットティッシュなどで拭き取ってください（Amazon 等で購入可能）。

（2）3Dペンによる造形遊び

3Dペン[3]は指先でペン先から液体のプラスチックを押し出し、ペン先にある紫外線ライトで固めていくものです。平面に描くことは比較的容易ですが立体的に描くことは慣れが必要です。見えない子／見える子／見えにくい子が一緒に学習すると活用の幅が広がるインクルーシブ教材です。空間に絵を描くというこれまで経験した

1) 大内進（研究代表者）、「全盲児童の図形表象の評価に関する実際的研究」、独立行政法人国立特別支援教育総合研究所、2011

2) Super Wikki Stix、Wikki Stix
大内進氏が開設した「手と目でみる教材ライブラリー」（東京都西早稲田3－14－2）で体験することができる。要予約：https://spot-lite.jp/tetome-library/

3) 3Dペンは高価なものから安価なものまで様々な種類がある。ペン先はやや熱いので注意が必要である。また、短時間ではあるが固まるまで紫外線ライトを当て続けることが必要である。

ことのない学習を子供たちに提供します。

 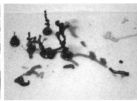 

（3）面ファスナーと毛糸による描画

　写真左は Lensen Drawing Kit（毛糸の描画用具）です[4]。タイ製なので入手が難しいですが、簡単な仕組みなので手作りも可能です。既成の面ファスナーに使い終わったマジックの空き容器＋毛糸を糸巻き状にして描画用具を作りました。面ファスナーの色、毛糸の量や毛糸を切る方法などに改善の余地があるので、見えない子／見える子／見えにくい子が一緒に学習できるインクルーシブ教材としてのみんなで改善してもいいですね。

（4）触図筆ペン（みつろうペン）による描画

　触図筆ペン[5]は栗田晃宜（元香川県立盲学校）と安久工機（東京都大田区）が開発した描画用具です。蜜蝋を熱で溶かして描きます。色つきの触れる線ができるので、見えない子／見える子／見えにくい子が一緒に学習できるインクルーシブ教材です。

2．表面作図器（レーズライター）

　表面作図器（レーズライター）[6]はレーズライター板とレーズライター用紙でできています。ビニール製の作図用紙の表面にボールペンで描いた図形や文字がそのままの形で浮き上がるため、描きながら指先でたどれる器具です。ベークライト版に薄いゴムを貼り付けてあり、ゴム板の表面に作図用紙を密着させて紙押さえで固定し、ボールペンで描くと、ゴムの弾性の作用で鮮明な

4) Lensen Drawing Kit
動画：https://www.youtube.com/watch?v=JZsGS8eijXY
https://www.youtube.com/watch?v=47n1VSO3Auw
・滝沢穂高、小森山郁典、小林 真、Lensen Drawing Kit を用いた視覚障害者のための作図支援の基礎的検討、電子情報通信学会技術研究報告、117（66）, 63-66, 2017

5) 触図筆ペン（みつろうペン）
http://mitsuroupen.jp/whatis.html
・障害者自立支援機器等開発促進事業視覚障害者用のペン「ワイヤレス型触図筆ペン」の商品化に関する開発報告書、開発代表機関 有限会社安久工機、2012

6) レーズライターのキットは日本点字図書館で販売している。
https://yougu.nittento.or.jp/product705_80.html

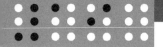
点線があらわれる仕組みです。古くから開発されてきた盲児の作図用具の中で、レーズライターは簡便で比較的安価であり有効な教具の一つです。盲学校では算数・数学における図形やグラフの作図、社会科や地理での作図、歩行経路を表す作図などに使用されています。ボールペンで描いた跡を指先でたどると汚れるのでインクのないものを使用します。教師が描いた跡をみる必要があるときは児童生徒の了解を得てインクのあるものを使用しますが、学習後手を洗う必要があります。

3．レーズライターによる描画学習の実際

子どもの描画の発達段階は、一般的に①錯画期（2〜4歳）、②象徴期（3〜4歳）、③前図式期（4〜7歳）、④図式期（7〜9歳）、⑤初期写実の時期（9〜11歳）、⑥擬似写実の時期（11〜13歳）、⑦決定の時期（13〜17歳）とされています[7]。発達段階を固定的に考えることには注意すべきであるといわれ、特に生育環境や経験が成長に大きく影響する盲児は個別の特性を踏まえた意図的・計画的な学習と指導・支援とが必要になります。したがって、美術科教育においてレーズライターを使用した作図や描画をいつ、どのように始めるのかは、それまでの触察経験や認知の発達段階、手指の発達段階などの実態を踏まえ、子ども一人ひとりによって大きく異なります。他の教科等でも同様ですので、担任や他の教科等の教師との相談と連携が必要になります。

（1）錯画期

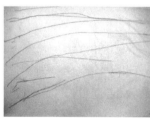

線錯画　　　　　　　　　　円錯画

・点や線たどりなどの学習から、点や線など凸部、凹部への関心を高めます。
・レーズライター用紙のレーズライター板への設置を教師と一緒に行います。

7) 福田隆眞，福本謹一，茂木一司編著『美術科教育の基礎知識』建帛社，2010，pp.52-53.

◎用語解説
「触察」とは、触覚による観察のこと

・ボールペンを使ってレーズライター用紙を盛り上げる描き方を体験します。

　盲児によっては身近にある玩具や空き箱などを使ってスクリブルと同様の動きが表れることがありますが、レーズライターでの描画学習の機会がなければスクリブルとしての表出はありません。

（2）錯画期から象徴期

・直線（縦、横、斜線など）、曲線、弧（上向き、下向きなど）を型に沿ってなぞり描きします。描いた跡を手の指先でたどります

・○△□（内の形、外の形など）を理解します。

フリーハンドによる四角

・フリーハンドで直線や曲線、○△□などの閉じた図形を描きます。

　スクリブルを経験した盲児は自ら線を描くことを学習します。学習経験を積み重ねて直線や斜線、曲線などが自在に描けるようになったら、○△□などの基本的な形を学びます。基本的な形は厚紙や板などで学ぶのですが、このとき切り抜かれた内側での形と外側をなぞる形の両方を触察とレーズライターの描画で学びます。そして、フリーハンドで閉じた形が描けるようになったら「この形はこれまで触ってきた何かに似ている？」などと質問を投げかけ、基本的な形と物を結びつけてイメージをふくらませます。

（3）象徴期から前図式期

・手のひら、足の形、ハサミなど比較的平らで硬いものをレーズライター用紙に載せ、周囲をボールペンで描き形を写します。

・手袋や靴下、洋服など柔らかいものをボンドで固めるなどして形を写します。

手のひらの形を写す

　盲児は立体物を平面として表すことを学びます。触察したものを平面として整理することは描画学習だけでなく、建物や駅の地図を理解することなど生活においても必要です。盲児が触覚を通して立体（3次元）から半立体（2.5次元），平面（2次元）へと段階的に移

8）佐藤直子、大内進、視
覚障害児学習用圧縮教材
特別支援教育教材・指導法
データベース
http://gakko.rdy.jp/kdb/
search/kyozai/detail/418

9）真空成型の原理を利用
し、凸図版複写機で作成さ
れたプラスチックシート。
原板を忠実に再現すること
ができる。
国立特別支援教育総合研究
所「真空成型法による立体
教材作成ガイド」
https://www.nise.go.jp/cms/
resources/content/567/
ShinkuseikeiManual.pdf

行する過程の理解を促すための視覚障害児学習用圧縮教材が開発されています[8]。これはトイレットペーパーの芯をつぶして簡易的な代用もできます。サーモフォーム（真空成形）で半立体にして学ぶことも行われます[9]。手袋や靴下、洋服などは素材の手触りで捉えていることがあるので、ボンドで固めて形をイメージする学習も必要です。

（4）前図式期から図式期、初期写実の時期

まず、日ごろ使っている身近なものをレーズライターで描くことを積み重ねます。次第に人物を描くことを始めます。しかし、いきなり人物を描くのは難しいので、ボディイメージや顔のイメージを作る学習を造形遊びやその他の教科等の学習、特に

筆とハケ　　　　デジタル時計

自立活動の学習で行います。ボディイメージはモデル人形やパズルを使った学習、等身大の体の形を段ボールで型をとるなどの学習、顔のイメージは福笑いやパズルなどを使った学習などで行います。

　以下のレーズライターの作品は、一人の盲児の人物画を小2から中1まで追ったものです。事例は限られたものですが、盲児がどのようにボディイメージや顔のイメージを形成していくのか参考になると思います。これを見ると、見えない子も見える子と同じような軌跡をたどってボディイメージを形成することがわかります。

　ボディイメージの形成の作例を紹介します。身近なものや剥製などをたくさん描いてから人物を描きました。図1は友達と手をつないでいる様子を描いた作品（小2）です。目、口、腕、足、手の指、足の指などが描かれています。手足の指は1本1本表現されていて強く意識されていることが分かります。目と口は描かれてい

図1

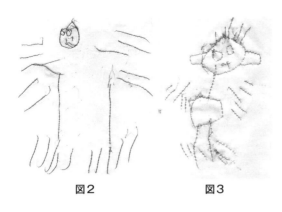

図2　　　　　図3

るのですが、まだ輪郭がなく顔としてまとまっていません。首や胴体などが描かれていないのは意識されていないか弱いからだと思われます。

図2、3は自分の体を描いたものです。図2（小3）は手足の指が強く意識され描かれていますが、顔が一つのまとまりとして円で描かれています。

図3（小4）円で描かれた顔に耳があり、髪の毛があります。首、胴体、足などが描かれ、つながりが意識されるようになったと思われます。

図4はシャベルで砂をすくいバケツに入れている様子を描いた作品（小5）です。頭や胴体、腕や足などがつながり、ボディイメージがしっかりしたことがうかがえます。砂をすくう動作やものの位置関係も明確です。鼻は触察して捉えた形です。が、すべての盲児が同じように捉えるわけではありません。砂場やシャベルには砂が点で表され、バケツに横線

図4

が描かれているのは触察したときの触感を反映していると思われます。

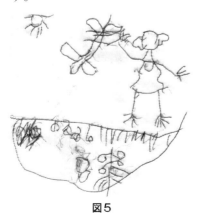

図5

図5の作品（中1）は山に向かって飛行機を飛ばしている様子を描いたものです。広い範囲を描くことを意識して人物が簡略に描かれています。相対する山には木や草が描かれているのですが、自分を基準として麓が手前に、山頂が遠くに描かれていま

す。太陽がシンボルとして描かれているのですが、美術科教育では「太陽（シンボル）の描き方」のパターン化した描画指導はしません。日常生活や他の教科等の学習などで自然と身に付くはずです。

　レーズライターの利点は触れるので、指先からすぐに結果がフィードバックできること、つまり盲児が2次元的情報や空間を学んだり整理したりするには適した教具です。レーズライターの描画学習は線画による情報の認知が絵画、写真や映像など、多様な材料や技法での表現へとつながる基礎になると考えています。

4．見えにくい子の描画学習

　見えにくい子の描画学習では、視覚を使った描画学習が適しているか、どの程度まで可能なのかなど実態を把握することが大切です。視力や眼疾、生活の様子、学習の様子などから総合的に把握しますが、成長にしたがって変化もあり、小学部と中学部では配慮（指導）が異なります。また、見えにくい子の見え方は様々で、視力が低いだけでなく視野が欠けている、目の動きが定まらない、色や形がうまく認識できないなど見にくさはそれぞれ異なります。明るくなければ見えない子もいれば明るいと見えにくい子もいるという具合です。子ども達は自分に適した目の使い方を習得していますが、不十分な場合もあります。教材や教具、指導法の工夫、配慮の工夫などがどの見えにくい子にも通用するわけではないことをいつも意識している必要があります。

（1）線を描こう

　線が描けることは大切です。右から左、左から右と水平線を描くこと、45°の斜線を描くこと、十字や×など交差する線を描くことなどを学びます。このとき、何を使ってどう描くべきかを子どもの実態から判断します。線の学習は訓練のように単調にならないこと

が大切です。「教室に大きな木を描こう」や「廊下の壁に電車の線路を描こう」など題材を工夫し興味・関心・意欲を高めます。

（2）○△□で動物を描こう

見えにくい子は筋感覚で鉛筆や筆の動きを覚えることが必要だと思います。特に三角はどこから始めてどの方向へ線を引くか、次にどの方向へ折れるか、最後は始点に戻れるかなどの難しさが

◎用語解説
「筋感覚」とは、筋運動感覚のこと。形を描いた手の動きを記憶してイメージし見なくても描けること。

あります。丸、四角、三角が描けるようになったところで線を描く学習をほぼ終えます。これらの組み合わせや応用で多くのものが線で表現できるようになります。

（3）身の周りのものを描こう

下図作品図6（中1）、図7（中2）は墨汁と割り箸ペン、コンテで描いた見えにくい子の作品です。割り箸ペンは墨汁がはっきり見えるので描きやすいのですが、短時間で使い終わります。生徒はペン先を注視して描く必要に迫られます。生徒の苦手な部分を補い、かつ、見る力を高めようとする描画材料の工夫です。

図6

図7

圧縮立体で学ぶ遠近法【絵と立体】

Q20 身体感覚で空間や遠近を学ぶ描画や圧縮教材について教えてください

佐藤　直子・大内　進

　視覚に障害のある児童、とりわけ全盲児童にとって、描画は表出や認知において個人差が生じやすく、習得に多くの時間を要するため、視覚特別支援学校（盲学校）における図工の授業では、触覚的に認知しやすい粘土や工作などの立体的な内容が中心となり、描画活動に関する指導はあまり重視されていないのが現状です。しかし、幼小の頃から適切な実物や触覚教材を併用した描画指導を積み重ねることで、全盲児童も２次元的に描かれた世界に親しみ、それらを読み取る力や表現する力が向上する、という報告があります[1]。

　ここでは、全盲児童への描く力を育む手だてや、触覚で３次元空間を２次元的にとらえる取り組みについてご紹介していきます。

1) 大内進『触知覚の観点から』国立特殊教育総合研究所特別研究報告書，2001.

描画の導入－モンテッソーリ教具『メタルインセッツ』による型抜き

　全盲児童の描画力を高めるための導入期の働きかけの一つとして、モンテッソーリ教具『メタルインセッツ』（図１）による型抜き活動が挙げられます。

　この型抜きでは、『メタルインセッツ』（円・四角形・三角形などの基本形がくり抜かれた鉄製の型）に折り紙を敷き、型の輪郭をボールペンでなぞりながら形のでき方を学びます。型の輪郭に沿って繰り返しボールペンを動かしていくと、なぞった形が折り紙からきれいに外れるため、児童に分かりやすく成就感が得やすい活動です。これらの意識的・継続的な取り組みを通して、児童は筆圧や運筆法を習得したり、腕や肩の筋運動感覚を高めたり、形のでき方を意識したり、描画の素地が培われたりするようになっていきます。

図１　メタルインセッツによる型抜き

２次元のものを２次元にトレースする

　描画のレディネスが備わると次のステップとして、児童は２次元に表された単純な線や形を平面上に描いていく活動が可能になります。ここでは『描画基本カード』（図２）という触覚教材を用いた全盲児童の描画認知・表出活動をご紹介します。

図２　描画基本カード

『描画基本カード』は、全盲児童へのひらがな学習の導入期の教材として大内が考案したものをもとに、描画指導用に再構成し真空成型装置で作成しました。この基本カードの学習では、描画の基本となる単純・明快な線描をじっくり触察する、それらのパターンの読み取り・特徴の把握・

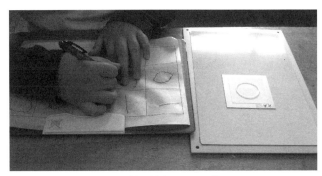

図3　描画基本カードの模写

名称を理解する、とらえた形を利き手で宙に大きく表現する、カードと同じサイズの表面作図器（レーズライター）のマス目に模写をする、という活動を行います（図3）。こうした取り組みを通して全盲児童の基礎的な描画力を育み、向上させることをめざします[2]。

さらに『描画基本カード』の発展学習として、数種類のパターンを組み合わせてつくったシンプルな絵図を描く活動へとつなげていきます。一例としてうさぎの顔の『絵描き歌カード』（図4）をお示しします。

この絵描き歌は『描画基本カード』で学習した線描を用いて、それらの要素を徐々に増やしながら絵を完成させていきます。新たに描く部分は線で表現し、既に描き終わった部分は手触りの異なる面情報で表すことによって、触覚で認知しやすいように工夫しています[3]。『絵描き歌カード』は『描画基本カード』と同様に真空成型装置で作成した真空成型教材です。これらは、立体コピー機やサーモフォームなどで作成した教材に比べ、原版に様々な素材を使用することにより多彩なテクスチャーや高さの表現ができ、形状が直感的に理解できるという利点があります[4]。

2）増岡直子 佐藤知洋 土井幸輝 大内進『真空成型による触覚教材の活用3』日本特殊教育学会第44回大会発表論文集，2006.

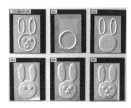

図4　うさぎの絵描き歌カード

3）筑波大学附属盲学校小学部『本校小学部における触覚教材事例』関東地区視覚障害教育研究会小学部会，2006.

3次元のものを 2.5 次元・2次元に置き換える

全盲児童における描画活動は、描く技術の習得とともに、立体的

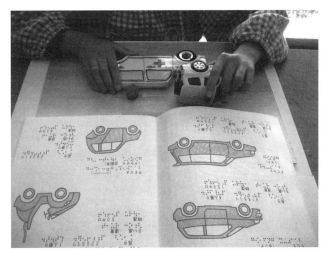

図5　立体・半立体・平面の車の触察

181

な形状を平面上に表現するとどのように表されるのか、といった概念形成も重要になります。

　健常児の場合は、幼小の頃から視覚を通して立体的なキャラクターやそれらが平面に表されたイラストなどに慣れ親しむことができるため、3次元と2次元の置き換えについては特別な学習をせずごく自然に身に付けていきます。ところが、触覚を手がかりに事物の理解を深める全盲児童については、具体物を用いて言葉で説明を加えながら丁寧に指導する必要があります。図5にお示しするのは、側面からみた3つの車の関係性 - 実物のミニカー（立体）・厚紙でつくられた車（半立体）・さわる絵本に描かれた車の触図（平面）- を全盲児童が触察している様子です。これらは、同じ視点から見た3種類の車ですが、全盲児童がこの相関関係を理解するのは容易なことではありません。こうした点から全盲児童への描画活動には、描く技術と併せて3次元のものが絵（平面）に表された状態を学ぶ・理解するという特別な学習が必要になります。

　ここでは、全盲児童が触覚を通して立体（3次元）から半立体（2.5次元）、平面（2次元）へと段階的に移行する過程の理解を促すための試みとして開発した、木製の『視覚障害児学習用圧縮教材』（図6）をご紹介します。この教材は、全盲児童が基礎的な立体物圧縮の触

四角柱A

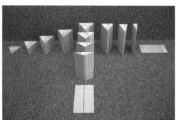
三角柱

四角柱B

六角柱

円柱

図6　視覚障害児学習用圧縮教材

察を通して、2次元的な理解を促すことを目的としてつくられたもので、円柱・三角柱・四角柱・六角柱の基本立体と、それらの立体の前面・上面・側面に視点を定め、それぞれの方向から圧縮した形状の模型群で構成されています[4]。基本立体の高さや奥行きを圧縮する割合は、一方向につき 3/4・1/2・1/4 とし、さらに輪郭の外形を保ち板状に表した模型を含むことにより、全盲児童が触覚を活用して圧縮の過程を段階的に把握できるように配慮しています。圧縮模型の数は一基本立体につき 8 ～ 12 ピースとなっています。これらの教材は手に取り包み込んで触察できるため、同一の基本立体であっても、圧縮する視点や圧縮率によって形状が変わることも触り比べることができます。

　さてここからは、全盲児童が触覚を通して絵の基本原理を学習するための取り組みに焦点をあてていきます。

　一般にいう絵画とは、3次元空間を定められた視点から2次元的にとらえ表現したものです。その原理を全盲児童が触察を通して理解できるように、真空成型装置で『圧縮教材シート』（図7）を作成しました。この教材は、立体物を平面上に貼り付け一定方向から段階的に扁平化したもので、ものの表し方が3次元から2次元に移行する過程を一立体につき厚さ3～5段階（3/4・1/2・1/4・1/8・平

4）増岡直子 佐藤知洋 大内進『立体物圧縮による全盲児の二次元的理解を促すための教材開発と指導実践』日本特殊教育学会第 43 回大会発表論文集, 2005.

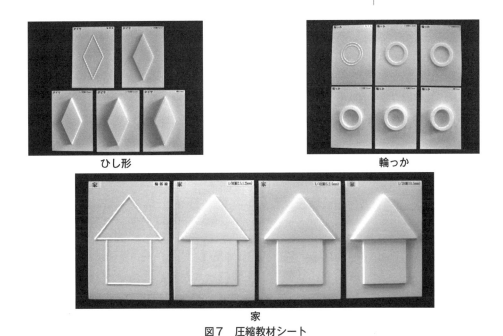

ひし形　　　　輪っか

家

図7　圧縮教材シート

面上の輪郭線）で表しました。ここでのポイントは、立体を平面へと圧縮した結果、最終段階は形状を輪郭線で表現するというプロセスを全盲児童に触察教材を用いて理解してもらうことです。輪郭線は、盲児が描画で表す線描そのものです。しかし、触って認識する全盲児童に事物の最も外側にあたる輪郭線への意識付けは難しく、彼らに新しい理解の仕方を導く大切な学習となります。

奥行きのある空間に置かれた物の描画表現

　最後に、全盲児童に対して触覚を手がかりに行った、３次元空間に存在する立体の平面への表し方についてご紹介します[5]。図８にお示しするように、手前のみ開放した箱を用いて簡易的な空間を設定します。この箱の内側には提示する条件に応じて全盲児童自ら積み木を操作・配置し、自分の位置から見た積み木の状態をレーズライターで２次元に表現する活動です。提示した条件の一部を以下にご紹介します。

・箱内の中央に積み木を単体で置いた状態を描く。
・二つの同じサイズの積み木を奥行き方向に隙間を空けて縦列し、その状態を描く。
・高低差のある二つの積み木を奥行き方向に間隔を空けて縦列し、その状態を描く（①手前が低い・奥が高い積み木②手前が高い・奥が低い積み木）。

　ここでの全ての取り組みは、児童の側から視点を定め、規定された空間内の立体を平面に表す活動で、各々が考えたことを描いた後に、積み木を触察しながら確認作業を行います。確かめの際には、まず、空間内に配置された積み木を奥行き方向にスライドさせ、箱の奥の面に密着した状態を触察してもらいます。その後、さらに平面に近い状態まで圧縮した場面を予測し、その形状をレーズライターに描くことを伝えます。

　一連の取り組みにより全盲児童は、積み木の手前の面の外形のみが保持され絵に表される、積み木とともに空間も奥行き方向に圧縮される、高低差のある積み木が重なり合った状態や、その表現の仕方を知るなど、触察をベースに様々なことを確かめ理解します。触覚では全て触って確認できる状態であるにもかかわらず、視覚の

5）増岡直子 佐藤知洋 大内進『全盲児への立体物圧縮による二次元的理解を促すための指導法の開発』日本特殊教育学会第42回大会発表論文集，2004.

図8　箱の内部に配置した積み木を描く

場合（目で見て描く場合）では異なることを知識として学習するのです。

　本活動中に、児童から思わぬ発言がありました。「そうか、写真撮影の時にカメラマンが、低学年の子は前、高学年はその後ろに並んでね。と言った意味が分かったぞ！」－背の高い児童が背の低い児童の前に立つと隠れて写真に写らなくなってしまうという現象が、本取り組みを通して理解できたようでした。

　今後の課題としては、先の空間内に配置した積み木を様々な方向から視点を変えて平面に表す、積み木をミニチュアやフィギュアといったより具現化したものに置き換えて空間を描写するなど、全盲児童に対する３次元空間の２次元的把握を促すための体系的な指導法の確立に向け取り組む必要があります。

　以上のように、全盲児童が幼小期から描画の認知や表出を育むための意図的・系統的な学習や体験を積むことは、絵画（２次元）の理解・見える世界の理解を深めることにつながり、人生をより豊かにするものと考えます。

児童作品
二人乗り自転車に乗ったよ

Q21 アートって何？キュビズムの多視点を通して、平面と立面の越境を学ぶ題材について教えてください

多胡　宏・茂木　一司

1．キュビズム[1]と自画像

　見える／見えない／見えにくい子どもが美術（アート）とは何かを理解し、表現するインクルーシブな学習題材を考えたとき、20世紀初頭のパブロ・ピカソとジョルジュ・ブラックによって考案され創始されたキュビズム（立体派）がいいなと考えました。その理由は、絵とはほんものそっくりに描くことと思っている固定概念をまず壊すことからはじめたいからでした。つまり、ルネサンス時代に確立された視覚によって対象を単一方向の視点から捉える方法である線遠近法、いわゆる透視図法的に立体を平面に移し替える技法から、同一平面上に多方向・多視点から見た対象を並置させる画期的な絵画技法を確立させたからです。ピカソ[2]の『アビニヨンの娘たち』（1907）[3]はアフリカのマスクを思わせる顔と多視点から見た形とを構成することによって、いわゆる抽象絵画を創造し、伝統的な遠近法による絵画を破壊しました。多視点が同居する絵画は心理的にも人間の多面性を表現できる可能性を秘めています。キュビズムは多くの芸術家に影響を与え、美術をもの（作品）だけでなく考えること（アイデア）に変更する現代美術の起点の一つとなったとみなされています。すなわち、キュビズムについて学ぶことは「美術とはそれ自体が何かを問い続けること」で、「美術教育とはそういう力を培う」ことだと考えました。また、視覚障害美術教育の観点から対象を多方向から分析し解体して再構成する捉え方は、盲児が触察（触覚による観察）によって正面を規定せずに対象を捉える方法と共通するものがあります。キュビズムは盲児にとっては絵画芸術を理解する手がかりのある題材であり、逆に見える生徒にとっては盲児の捉え方を知るのに適した題材であるともいえます。

　また、中学校美術科教育において自画像はほとんどの学校で取り扱われている題材です。自画像の学習は中学生にとって自分と向き合い自分について考えるきっかけになるからです。思春期を迎える中学生は心身ともに大きく成長し、自己と他者、自己と外界・社会

1)「キュビズム Cubism・立体派」とは20世紀初頭にパブロ・ピカソとジョルジュ・ブラックによって創始され芸術運動である。それまでの具象絵画の透視図法的な見方を否定し、多視点を一つの画面に収めた画期的な絵画を作成した。キュビズムの原点は、ピカソの『アビニヨンの娘たち』（1907）であり、1908年にマチスがブラックの風景画を「キューブ（立体派）」の言葉をもって評したのが名称の起りとなる。キュビズムの初期は人物、静物、風景などすべてのものを立方体で描いたので「セザンヌ的キュビズム」と呼ばれ、次に対象の分析・解体が進み、作品は平面になった「分析的キュビズム」、そしてパピエ・コレ、文字の導入、シェイプト・キャンバス、色彩の復活などが現れる「総合的キュビズム」の各段階に区分される。代表的な作家としてピカソ、ブラックのほかに、レジェ、グリス、ヴィヨン、デュシャン、ドローネ、ピカビア、クプカなどの画家があげられる。ほかにアーキペンコ、アンリ・ローランスなどの彫刻家も参加している。形態の極端な解体・単純化・抽象化はその後の美術に大きな影響を与えた。

2) パブロ・ピカソ（1881-1973）は、キュビズムの創始者で、スペインの生んだ20世紀最大の芸術家である。大半をフランスで過ごし、絵画以外にも、彫刻、版画、陶芸、舞台デザイン、詩、劇などを制作し、アッサンブラージュ彫刻、コラージュの発見など、20世紀の芸術家に最も影響を与えた１人である。『青の時代』（1901-1904）、『ばら色の時代』（1904-1906）、『アフリカ彫刻の時代』（1907-1909）、『分析的キュビズム』（1909-1912）、

について考え、不安や悩みを抱えることも多くなります。自己と向き合い、内面を深めることと他者との関係を確認し形成することなどの葛藤が起こります。盲学校中学部の生徒はこれらと共に自分の障害に気付いたり向き合ったりすることが加わるのですが、これらの不安や悩みは見える／見えない／見えにくいに関わりなく誰もが抱えるものです。これらの理由からキュビズムと自画像の学習は、インクルーシブアート学習に適した題材であると考えました。

2.「ピカソの自画像・私の自画像」（鑑賞と表現が往還する自画像の学習）

　キュビズム×自画像の題材として「ピカソの自画像」を取り上げることにしました。ピカソは若い頃から高齢になるまで多くの自画像を描いていますが、1907年（25歳）のキュビズム時代初期の自画像（図1）を選択しました。この自画像はキュビズムとしての特徴は少ないのですが、鼻筋や頬骨の表現はキュビズムのものであり、何よりこれから新たな表現へ挑もうとするピカソの強い決意が感じられます。この力強い自画像を学習することは、思春期を迎えつつある中学生に適していると考えました。

図1　ピカソの「自画像」（1907）

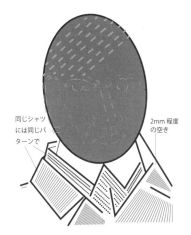

同じシャツには同じパターンで

2mm程度の空き

図2　触図（イメージ）

　まず、自画像を立体的に捉える教材の第一段階として立体コピー（図2）を製作しました。立体コピーは図や絵画などの触図化、つまり輪郭などの線を盛り上げて触れるようにする簡便な教材製作法の一つで盲学校などでも使われています。触図の製作方法には配慮が必要で、単に原画を白黒にして立体コピーにするのでは触ること

『総合的キュビズム』（1912-1919）に分類され、代表作は、キュビズム黎明期に制作した《アヴィニョンの娘たち》（1907）や、スペイン市民戦争時にスペイン民族主義派の要請でドイツ空軍やイタリア空軍がスペイン市民を爆撃した光景を描いた《ゲルニカ》（1937）である。（Artpediaより）

3）「アヴィニョンの娘たち」（1907，ニューヨーク近代美術館蔵）は、パブロ・ピカソによって制作された油彩作品（243.9 × 233.7 cm）である。バルセロナのアヴィニョン通りに存在した売春宿にいた5人の売春婦のヌード画である。5人のヌード女性はアフリカン美術のようなプリミティブな芸術の影響を思わせ、伝統的なヨーロッパ絵画への革命ととと捉えられる。（Artpediaより）

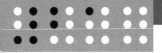

4）大内進，土肥秀行，ロセッタ・セッキ，イタリアの視覚障害者のための絵画鑑賞の取組，『世界 の特殊教育 20』独立行政法人 国立特別支援教育総合研究所，2006,pp.83-100, など参照。

ができても分かりにくい図になります。今回は大内進[4]のアドバイスによって製作を試みました。特に指先の弁別域に留意して輪郭を単純化することを主として以下のような工夫をしました。

①輪郭の交点や線とテクスチャーを2mm程度離し，指が認識しやすくした。

②ワイシャツやブレザーなどの同一生地を弁別しやすくするために，触覚で捉えやすいドットや線などのテクスチュアを同一生地に使用した。

③全体的に余分な視覚情報を省き，絵画のエッセンスを理解しやすいようにした。

次に第二段階としてより立体的な教材として段ボールレリーフと石膏レリーフを彫刻を学んだ専門家[5]に依頼して作成しました。

5）梶原千恵（当時、群馬大学大学院教育学研究科）

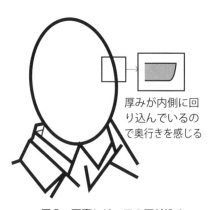

図3　石膏レリーフの回り込み

段ボールレリーフは顔の頬と鼻、口や目、髪の毛、ワイシャツとブレザーなど部分の関係を階層的に捉えやすくするためのものです。また、鼻や目など各部分の形も捉えやすくなっています。これは平面の立体化を理解する上で教師も含めた見える生徒にも有効だと思います。石膏レリーフは大内が2.5次元絵画と呼んでいる絵画のレリーフ化[6]を参考にして作成しました。各部分が滑らかにつながっており人物の顔やワイシャツ、ブレザーなどを一体のものとして捉えやすくなっています。このレリーフのポイントは、2.5次元でも奥行きが感じ取れるようにつくっていることであり、このわずかな工夫によって平面を立体的な人物像として捉えられるようになります（図3）。石膏レリーフはシリコンによる型がありますので学習において生徒一人一人に教材が渡り十分に触察ができるよう、複数作成しました。

6）大内進は「手と目でみる教材ライブラリー」（ボローニアのアンテロス美術館の分館）を開設し、視覚障害児者の美術鑑賞教育等を支援しており、そこには『モナリザ』（ダヴィンチ）をはじめとした幾体かのレリーフ絵画が展示されている。

3．「ピカソの自画像・私の自画像」の学習

参加者は、中学部2年女子（弱視）、高等部1年男子（全盲）の2

7）群馬県立盲学校と同寄宿舎の協力を得て希望者を募り実施した。

名です[7]。ピカソの自画像を立体コピー、段ボールレリーフ、石膏レリーフで鑑賞する学習と、鑑賞と表現を往還しながら自画像を紙粘土で制作する学習の2回、それぞれ50分の学習です。ここでのポイントは鑑賞から入って制作をする。つまり、認知や理解の後、感じたことを表現することで今までの美術教育とは違う鑑賞と表現を分けない学習に特徴があります。

　生徒達は自画像を描いたり粘土で作ったりした経験はあります。しかし、多視点から対象を捉えたり内面に踏み込んだりした学習ではありません。プリントと立体コピーを観察しながら自画像から受ける最初のイメージを発表していきます。次に段ボールレリーフと石膏レリーフを観察しながら、どのような人物の自画像なのかを問いかけます。プリントと立体コピーを観察したときより正面を見つめる目と横を向く鼻、頬骨や鼻筋のラインが強調されていることなどに生徒の注意は向いていきます。そこで画家ピカソのことやキュビズムの考え方を話していきます。人はいろいろな面を持っている、一方向や一面だけから捉えることより対象に迫っていけるのではないかという問いかけに生徒は口ごもりました。問いかけが生徒の内面に届いたのだと思います。最後にキュビズムの考え方は対象を手で観察して捉えることに似ているのではないかという問いかけを加えて学習を一段落させました。

　プリント、立体コピー、段ボールレリーフ、石膏レリーフなどを傍らに置き、鑑賞しながら紙粘土で自画像を制作します。どのような気

図4　生徒作品（粘土による自画像）

持ちや性格を表したいか、目と鼻の向きはどうするか、鼻や頬の捉え方はどうするかなど制作途中で質問します。生徒は傍らに置いたピカソの自画像を観察しながら制作していきます。友達の制作途中の作品を観察したり質問したりして鑑賞と表現を往還させた学習を進めました。ピカソの自画像を参考にしていますがワイシャツやブレザーを省いて顔の表現を中心にした自画像ができあがりました。

4．「キュビズムの人物」（鑑賞と表現が往還する人物画の学習）

2回目はキュビズムの考え方を学習しながら、自分の自画像を粘土で制作しました。最後3回目では、多視点がより明確なピカソの絵画を鑑賞し、多面性をポイントとした人物像をコラージュで制作をしました。鑑賞する教材として選択したのはピカソの1937年作の「黄色い背景の女」です。この絵を選択した理由は人物の正面図と側面図がきれいに同居した構成になっており、線による色面分割がシンプルでわかりやすいからと考えたからです。

図5　ピカソ「黄色い背景の女」（1937）　　　**図6　パズル（イメージ）**

触図（立体コピー）の制作ではピカソの自画像の時と同様色面ごとに違うテクスチャーを配置し、2mmの空きを考慮し、さらに複雑でわかりにくい胸部の線を省略し、単純化を図りました。制作者の知識や考え方、感覚で単純化の解釈が変わる可能性がありますが、触察で優先すべきはわかりやすさです（図は省略）。また、人物の顔が正面と側面の視点から捉え再構成した表現であることをレリーフのパズルを作成して触ったり組み立てたりしながら学ぶことも試み

図7　材料を観察しながら多視点で捉え、多面性のある人物画を制作する

ました。このパズルは生徒達から多視点による人物画の構成を理解しやすいと好評でした（図6）。

　学習には中学部3年女子（弱視）、高等部1年女子（全盲）、高等部2年男子（全盲）の3名が参加し、2回目と同様に鑑賞を主とした学習と鑑賞と表現を往還しながら人物画をコラージュで制作する学習（50分×2回）を行いました。

　制作にあたって、全盲の生徒には画面の位置がわかりにくいと思ったので、顔の正面図と側面図をあらかじめ入れ込んだ台紙を準備しました。もうひとつ、制作の前に対話を取り入れました。自分の性格は自分では案外わからないもので、対話が新しい自分を発見させてくれます。言葉にすると、明るいと暗い、悲しいと嬉しいなど対になる単語になったりして会話が進んでいきます。会話をしながら手触りと形で材料を選んでいくと、自分の多様なイメージが自然にコラージュ＝貼り合わされていくようでした。制作途中で友達の作品と較べるなど表現と鑑賞が往還する活動を随時取り入れました。それぞれの場面で会話が弾み、最後まで変更が繰り返され、完成した後の工夫点の発表はいつもより多弁で学習に満足している様子が伺えました。

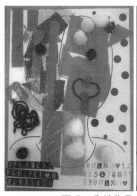

図8　生徒作品（ざまざまな素材によるコラージュ自画像）

Q22 デュシャンの「泉」（1917）の鑑賞を通して、「美術が考えること＝コンセプト」であることを学ぶ

茂木　一司・多胡　宏

はじめに－美術教育の基礎とは－

「子どもは図工美術教育で何を学ぶのか？」。図画工作・美術科の学習指導要領でも「美術」とは何かについては定義はなく、教科書にも明示されてはいません。したがって、図工美術教育の授業内容や評価は教師の持つ美術観によって変わります。このことは答えがたくさんある美術科教育ならではのよさとも欠点とも言えます。欧米のように「美術科」は美術を教える教科であるのに対して、日本の美術科教育は"Education through art"（H.Read）や「美術による人間形成」（V.Lowenfeld）のような児童中心主義の理念が継続され、今まで美術科教育で扱う「美術＝アートと何か、その教育とはどういうものか」の議論はあまりされてきませんでした。そして、当然のように視覚中心主義で教科は成り立ってきました。しかしながら、アートの本質とは「見えないものを見えるようにする」（インクルーシブアート教育）ことなので、授業時間の少ない美術科教育では教科の「基礎」をどう考えるかはとても重要な問題です。とりわけ視覚に障害を持つ子どもたちは通常より時間をかけて、触る活動を中心に情報収集し、美術を学ばなければならないので、見える見えないを超えて学ぶインクルーシブアート題材開発においては新しい美術科教育の基礎を考えることが必要です。

　芸術（アート）の定義が明確でない中で「造形美術教育の基礎とは何か」を示すことは難しいのですが、基礎は物事や活動の下にあって上に応用や発展が積み重なるというリニアな教育観ではなく、基礎そのものが「部分と全体が照応する全体」を意味し、「発展プロセス（Developing process）」「継続プロセス（Continuing process）」と特色づけができる、つまり基礎は変わると理解したいと思います。すなわち、インクルーシブアート題材の基礎も、「わからないもの・見えないもの」をアートのエッセンスとして探求するプロセスとして、また（Bauhausと同様）社会に対する「プロジェクト（投げかけ・きっかけ）」として解釈したいと考えています。

◎補足説明
「基礎・基本」の語は学習指導要領の変遷の中で重要な位置づけをされてきた。昭和22（1947）年の最初の学習指導要領はジョン・デューイの経験主義を背景にした児童中心主義の特色を持ち、やってから考えるという学習であった。日本の高度成長を背景に読み書きそろばんを重視した、いわゆる「基礎学力論争」が勃発する。学校は知識を学ぶ場という論理である。昭和33（1958）年学習指導要領は法的拘束力を持ち、科学技術教育を重視し、基礎学力向上のために学習指導要領は系統主義に変わる。これ以降日本は急速に学校中心の学歴社会に移行し、やがて知識中心主義は「落ちこぼれ」などの学校の疎外化現象によって教育は批判されていく。
昭和52（1977）年最初の「ゆとり教育」が提言され、授業時間数の削減等に伴い、「基礎・基本」の重視が謳われる。これ以降、「基礎・基本」は色付けは多少変わっても、現行学習指導要領（平成29（2018））「主体的・対話的な深い学び」に至るまで強調され続けてきた。「急速かつ激しい変化が進行する社会を一人一人の人間が主体的・創造的に生き抜いていくために、教育に求められているのは、子どもたちに、基礎的・基本的な内容を確実に身に付けさせ、自ら学び、自ら考え、主体的に判断し、行動し、よりよく問題を解決する資質や能力、自らを律しつつ、他人とともに協調し、他人を思いやる心や感動する心などの豊かな人間性、たくましく生きるための健康や体力などの［生きる力］をはぐくむことである。」（新学習指導要領についての基本的な考え方、文科省HPより）

現代アートとアート教育

　芸術の語がギリシャ語の'テクネー'やラテン語の'アルス（ars）'に由来することは知られています。テクネーは'technique'の語源ですが、それよりも広汎で未分化な魔術、医術、建築術などの「わざ（術）」の総称として用いられ、コリングウッド（R.G.Collingwood, 1889-1943）は「アルス」から生まれた「芸術（art）」[1] が「美しい技能（fine art）」という意味を帯び始めたのは18世紀後半からだといいます。芸術はこれ以降感情を扱う術(純粋美術)と定義され、デザイン（応用美術）と区別されました[2]。

　現代アート（美術）は別名20世紀美術ともいい、19世紀の古いアカデミズムを壊し、新しさを求め続ける実験場としての美術運動でした。それはキュビスム[3]、未来派、表現主義、構成主義、ダダイズム、超現実主義、コンセプチュアルアートなど多種多様に展開され、一般的にはキュビズムから、もしくは印象派以降を含める場合や第1950年代以降の美術をいう場合もあります。「アート」の用語は、現代の多様な美的な文化状況を反映して、芸術や美術では包括できないほど拡張してしまって、同時に複製や情報メディア時代にマッチした「軽い」言い回しになっています。このカタカナ語は、場（インスタレーション）や行為（パフォーマンス）、テキストやイメージ、音楽や演劇など、artが元々持っていた「分けることのできない」豊かさを総合的に表す用語です。それは、昨今アートが地域（大小のコミュニティ）でコミュニケーション機能によって、人・モノ・場の関係性の再構築を促す「アート・プロジェクト」と呼ばれる「コトづくり」のアートになっている要因とも理解できます。

　美術科教育でももちろん現代アートを教育内容に含めますが、それぞれの思想（イズム）を美術史的・体系的に学ぶことは授業時数的にも難しく、また造形性（形・色・イメージ）を他教科と区別する教科性にしている制作中心の美術科教育の下では「かたちのない（触れない）」アートを教えることは現場では難しい課題です。しかし、見えない人／見える人がみんなで学ぶインクルーシブアート教育では、「モノづくり」だけでなく、「コトづくり」としてのアートが学習のキーになりそうです。総括するとアート／教育とは言葉（テキスト・コンセプト）とイメージの学習ともいえそうです。

1) 日本語の「芸術」にあたる'Art'（英仏）'Kunst'（独）ギリシャ語の'テクネー'やラテン語の'アルス（ars）'に由来し、狭義の芸術を意味するのでなく、「一般に一定の生活目的を有効に達成するために、なんらかの材料を加工し形成して、客観的な成果あるいは作物を産出する能力または活動としての〈技術〉を総称し、今日では広くはこの意味に用いられている」（『美学事典』、pp.150-151）。
テクネーは'Technic'や'technique'の語源をなすことばであるが、それよりも広汎な意味を持つ未分化なことばで、魔術、医術、建築術などの「わざ（術）」の総称として用いられており、アルスも古代ギリシア・ローマ時代から中世にかけて用いられており、「ある特定の職業や手仕事、あるいは専門職において明確な規定にしたがって仕事をする際に発揮される技能を意味した」（中山修一・織田芳人訳、美術教育の歴史と哲学、玉川大学出版会、1990、p.17.）

2) .Collingwood, R.G.: The Principles of Art, 近藤重明訳、勁草書房、1973、pp.8-10.

3) 「キュビスム Cubism・立体派」Q21 を参照。

4) マルセル・デュシャン（Marcel Duchamp, 1887-1968）はフランス生まれの美術家で、初期の画家として活動から、「レディ・メイド＝Fountain 泉」によって、ニューヨーク・ダダの作家として活躍し、20世紀の美術に最も影響を与えた作家の一人と言われる。既製品による「レディ・メイド」以降、『彼女の独身者たちによって裸にされた花嫁、さえも』（大ガラス・未完、1915 - 23）の他ほとど作品発表をせず、チェスに没頭する。死後、『遺作』が発表された。デュシャンの評価は芸術を「観念」に変えたことであり、複製や思考をアートとするポップアート、コンセプチュアルアート等に影響を残した。

5)『泉 Fountain』（1917）は男性用小便器に偽名のR・マットのサインをして自分も審査員の一人であるニューヨーク・アンデパンダン展に出品した、展示拒否された作品である。小便器はデュシャンが展覧会の1週間前に、J・L・モット鉄工所のショールームで買い求めたものだった。サイン名は当時人気のあった漫画『マットとジェフ』も踏まえたものである。ネタは当時、現代とは比べようもないほどのタブーで、便器は「一般家庭用の新聞ではその名さえ使えなかった」。デュシャンの芸術は芸術の制度そのものを批判することによって、作者ではなく観賞者が芸術をつくることをあぶり出し、それ以降の芸術をいわば「何でもあり」の状態にした。（小崎哲哉『現代アートとは何か』河出書房新社、2018、p.253）

A. スティーグリッツ撮影　マルセル・デュシャン『泉』(1917)

◎インクルーシブアート題材：「デュシャン[4]の『泉』（1917）[5]を鑑賞しよう」

　題材開発の基本的なポイントを整理すると、まず題材のワークショップ（WS）化：鑑賞→制作→説明→鑑賞…を循環する学習、つまり「分けない」開発です。次は現代アートの題材化ではアート（美術）が「モノ」から「コト」へ変容したことに伴う題材観の更新を迫るという意味で、現代美術科教育自体に大きな変更を迫るものです。しかし、盲学校図工美術教育がモノを触る学びを通して探求してきた「見えないもの（芸術としてのエッセンス）」を大事にしながら、コトづくりとしてのアートとして題材化しました。現代アートは芸術を「感じるから考える」に変更します。それは、美術教育を「イメージ＋テキストの教育」にすると言い換えることもできます。つまり、イメージ（触る）と言葉（対話）の交換による教育は鑑賞と表現を往復し、触る／触らないの2元論を越境させ、見える／見えない人がともに学ぶインクルーシブ化がしやすくなるからです。

　デュシャンの作品を題材として取り上げる目的は、コンセプト（概念）そのものもアートと捉える現代アートの制度や思考を理解し、アートの教育を「感じる＋考える」に変更することです。そのきっかけを作ったのがデュシャンの『泉』（1917）です。既製品が芸術作品になるという発想は、芸術の概念そのものを反転させ、アートをモノづくりからコトづくりへ転換し、美術学習を面白いが難しくしてしまいました。以下に、授業の構成について説明します。

A. デュシャンの「泉」（1917）を鑑賞する[6]

　今回の題材開発では、既製品に少し手を加えただけのものをデュシャンが「レディ・メイド」と名づけ、挑発的に反芸術として提示することを、①芸術制作における技術の否定、②思考＝コンセプトこそアートだという主張として理解すること。①はポップアートのような消費社会における大量生産品やポップカルチャーなどのヴィジュアル・カルチャー美術教育につながることを、②はテキストからイメージを作り上げる、いわゆるコンセプチュアルアートに発展することをそれぞれ押さえ、それによって芸術（アート）とは見えないものを見えるようにする創造活動だということを学びます。

　題材の大きな流れは、写真家マイブリッジの「階段を降りる女

性」を鑑賞後、2人の兄のキュビスト（画家）から「遅れてきたキュビスト」（平芳幸浩）として、デュシャンが連続写真と運動表現をヒントにした新しいキュビスム作品「階段を降りる裸体 No.2」（1912）を制作したことを理解し、「レディ・メイド」思想の具体化としての「泉」（1917）の鑑賞に結びつける実践です。

この鑑賞は、デュシャンが現代アート史を急速にスクーリングし、ある種のアートの「型」として「レディ・メイド」の思想を作り上げるまでを辿るもの[7]で、現代アート思想（運動）をいくつかの段階に分けて教材開発しました。まず、第1段階として、①印象派（アカデミー芸術の権威主義を否定し、見えたままの印象（光）を点や細かい線で表現する）、第2段階はすでに開発済みの②多視点のキュビスム作品（透視図法的な遠近法を否定し、同一画面に多視点を盛り込む）「黄色の背景の女」、第3段階は③連続写真と運動表現を加えた新しいキュビスム作品「階段を降りる裸体 No.2」（1912）の鑑賞、第4段階ではデュシャン的なアート思考を理解し、最終的に⑤「Don't Follow the Wind」で社会のアートを考え制作するという流れです。

デュシャンのアートを考えるポイントとして、現代アートとは実験（experiment）の繰り返しだったこと、それも前のアート（思考）を否定・破壊し創造し続けたことは重要です。そして、この探求にある意味終止符を打ってしまったのが、デュシャンの「泉」でした。彼は印象派→ポスト印象派（セザンヌ、ゴーギャン）→象徴派→野獣派を短期間で学習し、いわばそれらをアートの既製品の「型」として受容し、この考えが後の「レディ・メイド」の思想に結実していくのです。そして、映像表現的な新しいキュビスム作品として「階段を降りる裸体 No.2」（1912）を制作し、彼はいわば「遅れてきたキュビスト」としての立場を利用し、アートの型こわしとして男性用既製品便器を用いた「泉」を反芸術（ダダイズム）として提示したのです。デュシャンの「泉」は美術を思考＝意味の創造に変えてしまい、破壊（否定）を創造の種としてしまいました。これ以降、アートは「アートとは何かを問い続けること」になってしまい、それは美術学習にも混乱の種をまいてしまったといえるでしょう。

B. 鑑賞のためのツール（教材）開発

制作したツールは、現代アートを「型」として理解するための教

6) この「泉」の鑑賞は京都国立近代美術館の「感覚をひらく」の研究授業で京都市立盲学校の生徒たち（中学生）が同館所蔵の本物の作品を使って実験済みである。講師の広瀬浩二郎が「男性用小便器に顔を突っ込んで声を出し、その響きを感じてみるなどユニークな方法を交えながら、全身の感覚を使って作品を体験してみようと生徒たちに呼びかけた」ことで、「便器に顔を入れたこと、普段便器を触ることがないので、不思議な感覚になった」という、「モノを触る」鑑賞も経験ずみである。（平成31年度文化庁地域と共働した美術館・歴史博物館創造活動支援事業感覚をひらく―新たな美術鑑賞プログラム推進事業・平成31／令和元年度報告書、2020、pp.48-52.）

7) 既製の日用品を主題や視点を変えてアートとして提示する「レディ・メイド」という概念の成立過程は兄2人のキュビストと異なった動くキュビズムの表現を模索する中で、印象派、後期印象派、象徴派、野獣派等の現代アート史のエッセンスを急速に学習し、それぞれの芸術運動を「型」として捉え、「思考のかたち」がアートであることを発見したと捉える。（平芳幸浩『マルセル・デュシャンとは何か』（河出書房新社、2018）を参照）

◎用語解説
「印象派」とは、19世紀半ばにフランスで起こった芸術運動。擬似的な自然の再現をやめ、輪郭線ではなく、光の変化や空気観を効果的に描くために、固有色を否定し、細かい筆触（タッチ）で原色を画面上で混色する技法（筆触分割、並置混色）を使う特徴がある。印象派の名称はクロード・モネの作品『印象・日の出』に由来する。他に、マネ、ピサロ、シスレー、ドガ、ルノワール、セザンヌ等がいる。20世紀の絵画の先駆的役割を果たした。

材です。最初に、印象派の考え方と表現を理解するために、林檎の鉛筆デッサンを基に輪郭線を立体コピー化し、現実には存在しない輪郭線と印象派の光の重なりを点シールで表す絵を触ってもらいました。

○ポスト（後期）印象派とは、印象派の後に、フランスを中心として主に 1880 年代から活躍した画家たちを指す。印象派を乗り越えるという意味でのポストであるが、様式的な共通性はなく、それぞれの画家の画風は大きく異なる。一般的には、フィンセント・ファン・ゴッホ、ポール・ゴーギャン、ポール・セザンヌ等を指す。

図1　印象派を理解するために制作したツール（元絵・立体コピー・丸シールを用いた絵）

次は多視点を持つキュビスム作品を理解する教材、ピカソの「黄色い背景の女」の触図とパズルを制作しました。原画を立体コピーに加工し、同時に厚紙でパズル化しました。パズルはわかりやすかったようです。この絵を選んだ理由は正面と横が同居した顔が多視点をよく表していたからです。

© 2021-Succession Pablo Picasso-BCF（JAPAN）

図2　ピカソ「黄色い背景の女」（1907）を使った多視点のキュビスムを理解するためのパズル（イメージ図）

8)『階段を降りる裸婦2』(1912) は、デュシャンが 18 世紀の産業革命以降、ますます加速化し、発達する機械文明の中で人間もそのシステムの中に組み込まれ、「運動する機械」として生きる人間の姿を表現を表現した絵画である。しかしこの絵画は多くのキュビストたちから否定され、デュシャンはその後、パリからニューヨークへ渡る (1915)。

9) マイブリッジ(Eadweard Muybridge、1830 - 1904) は英国生まれの写真家で、1855 年にアメリカに移住する。72 年以後, 技師 J. アイザックスと共同でギャロップする馬の連続動作をとらえるために 12 台のカメラによる装置を考案してモーション・ピクチャー（活動写真）を開発し、運動の写真解析分野の先駆者と見なされている。1879 年に動物、1886 年からは人間も対象とする。1880 年には写真を連続投影できるズージャイロスコープを開発した。

3つ目はデュシャンの運動表現を加えた新しいキュビスム作品『階段を降りる裸体 No.2』(1912) 8) を鑑賞するための教材です。この作品はマイブリッジの連続写真「階段を降りる女性」(1887) 9) から影響を受けたとされています。教材は連続写真から最も影響を受けたと思われる4ポーズを選び立体コピーを作成しました。デュシャン作品とは階段を降りる向きが逆なので修正して製作をしました。

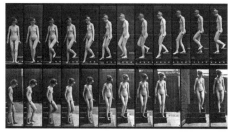
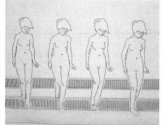

疾走中の馬の連続写真

図3　マイブリッジ「階段を降りる女性」の元絵・立体コピー

最後にデュシャンの作品を4ポーズに分解し、首や足などが可動式のパズル人型を厚紙で製作しました。これによって階段を降りる裸体が揺れ動くように描かれていること、絵画における写真による残像的な表現を理解する手助けになると考えました。パズル化は分析の手順がわかりやすいのか、非常に効果的な反応がありました。加えて動きを捉える補助として、漫画の効果線（スピード線）の強調と回転の教材も作成しました。

図4　デュシャン「階段を降りる裸婦2」（1912）の原画、触図とパズル

まとめ

「美術は見えないものを見えるようにする。もともと大切なものは見えないということを言われたのは初めてで、見える人が全部みえているわけではないんだ。」この参加者の感想は、デュシャンの作品鑑賞を通した「考える美術教育」が見える見えないを越境できたことを証左する大きな一歩になる言葉と思います。「今回の鑑賞は爽快感があった」という感想は見えない人が見える世界に合わせなくていいと感じとることができた大切な言葉です。触図は主に輪郭線絵画ですが、印象派の鑑賞で使ったドット教材によって、光が点の集合体であることを新鮮に感じ取ってもらえたり、また「階段を降りる裸婦2」では見える人でも判別しにくい作品がある、つまりわからないことを探求／共有することがアートの学習では大切であることを体験できたのではないか。見えない人が動くものを身体で捉えるのは（視覚的な）模倣ができないから難しい。今回の題材開発からわかった教材製作のポイントは、①線描の平面の触図の理解の難しさと多面的（音声情報、立体化など）な支援の必要性、②協働的な学習、③鑑賞と表現を分けないインクルーシブアート教材・題材開発などでした。

◎補足説明
○デュシャンの「レディ・メイド」の解釈について、平芳は以下のように分類した。「A.ダダイズム型：既存の価値を破壊する装置、B.シュルレアリスム型：発見されたオブジェあるいは「見立て」の装置、C1.コンセプチュアル・アート型：概念としてのアートを発生させる装置、C2.メタ・アート型：制度・文脈・枠組みを前景化させる装置、C3.還元主義型：絵画を代替えする装置、D.リレーショナル・アート型：出来事を起動させる装置、E.オートメーション型：アートを機械的に生産するシステム」（平芳幸浩『マルセル・デュシャンとは何か』（河出書房新社、2018）pp.84-110を参照）

◎まとめの補足
デュシャンの『泉』を通した鑑賞＋表現学習から多くの成果を得ることができた。この「アートは見えないものを見えるようにする（表現）活動」であることを体験的に知る学習は見えない人だけでなく、造形教育のモノづくりが苦手で疎外されてきた多くの美術ぎらいたちを解放し、アートへの参加を美術学習の基礎とすることを可能にできそうだ。美術教育を真の創造性教育とすれば、見た目のきれいさにとらわれず、アイデアを出し、他者と協働し、問題に立ち向かう力やそれによって自分をエンパワーできる能力こそ大切であろう。このようなことを考えるとき、最後に大きな問題点として、学校教育を含めて、視覚障害者の置かれた文化的な状況が芸術・美術から遠ざけられていることを根本的に改善する必要がある。美術館や劇場等に視覚障害者が普通にいる社会を実現することはすべての人が豊かな文化的な生活をおくる基礎になるはずだ。

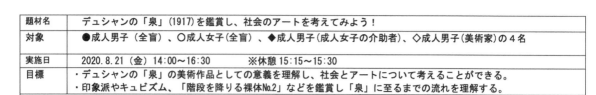
題材名	デュシャンの「泉」(1917) を鑑賞し、社会のアートを考えてみよう！
対象	●成人男子（全盲）、○成人女子(全盲)、◆成人男子(成人女子の介助者)、◇成人男子(美術家)の4名
実施日	2020.8.21（金）14：00～16：30　　※休憩 15：15～15：30
目標	・デュシャンの「泉」の美術作品としての意義を理解し、社会とアートについて考えることができる。 ・印象派やキュビズム、「階段を降りる裸体№2」などを鑑賞し「泉」に至るまでの流れを理解する。

1　あいちトリエンナーレで展示された「平和の少女像」を中心として起こった出来事（『表現の不自由展、その後』を巡る問題）を解説する。

・政治とアートとの関係が社会問題になっていることや愛知県知事と名古屋市長の意見の違いなどから社会でリアルに起こっている問題をどう教えたらよいか投げかける（Yuotube の映像鑑賞）。
・ジョン・レノンとオノ・ヨーコの反戦パフォーマンス「ベッドイン」(1969) を紹介する。
・「アートとは何か」という問いかけをする。

2　4人が2グループ（見える人、見えない人）に分かれ、交替で「泉」(1917) を鑑賞する。

◀□触りながら便器であることを確認する。サインが入っていることの説明を受ける。この作品が発表された当時のモラルについて解説を受ける。なぜデュシャンは便器を作品として出品したのか？

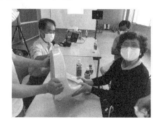

3　デュシャンが「泉」を出品する以前にどのような美術史的な流れがあったかを辿る

①印象派（アカデミー芸術の権威主義を否定し、見えたままの印象（光）を点や細かい線で表現する）

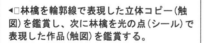

◀□林檎を輪郭線で表現した立体コピー（触図）を鑑賞し、次に林檎を光の点（シール）で表現した作品（触図）を鑑賞する。

◀□②ピカソの多視点のキュビズム作品（透視図法的な遠近法を否定し、同一画面に多視点を盛り込む）「黄色の背景の女」の立体コピー（触図）を鑑賞する。

◀□③マイブリッジ「階段を降りる女性」の連続写真の立体コピー（触図）を鑑賞し、デュシャン「階段を降りる裸体№2」の立体コピー（触図）を比較しながら鑑賞する。

＜発話＞
●成人男子（全盲）
○成人女子(全盲)
◆成人男子(成人女子の介助者)
◇成人男子(美術家)

2
○答えがわからない
●実際に売っている（もの）？が実際に存在してるってこと？
○ツルツルで冷たい。穴がたくさん！結構重いでしょ。中に指入れて穴の数数えちゃった。
●私は瞬間的に、ここの部分が気になって・・・（上の位置を触りながら説明）なんか間違えるのは恥ずかしいんで。
○あ～便器～！！（嬉しそう）
○誰も作品として取り上げない物を敢えて作品として作ってみた？言葉がうまく出ないんですけど、興味があるていうか、そういうことがしたかったのかな？
●便器を「出す」ってことで考えると自分とさらけ出すっていうそういう意味合い？かなり強引かと思いますが、そういう意味があったのかな？
◇今の流れからしますと表現の自由？展覧会を通してそういうことを訴えたかった？

3
①
○これはなんだろう？栗？これは？なんだろう？
●○これはお皿！
●○影！？難しい。お皿かと思っちゃった。
●点で描いてる。すごいねえ。数えてみた（笑）
●見えてた頃って、絵を描くって最初に線を描いてた。
○つぶつぶの集合体。

②
●耳はここだ。だけど、こっちは髪の毛。
●正面と側面をいっしょにしたって？
○正直言ってわかんない。作品がこうなの？
●実際にこの風景が見える？混ぜて描いているからこうなっている？
●作品とか絵、芸術は自由なんで、あるものだけを表現するとは限らないんでしょうけど、どうしてもあるものを基準に考えてしまうんで、実際には一緒にするってことできないことだと思うので、イメージするのにかなり難しい。実はこれ、斜めから人を見ているのかとかな？正面から見ているのかな？実際には一緒にする。あるものをイメージしながら。その自分のイメージを当てはめようとして考える。なかなか説明がもっとないと難しいかなという感じはしました。
○反対側が男の人だと思った。髪の毛がなかったから

③
◇そうね階段はラインだけでも。ここがねやっぱり、階段が太すぎって、ここの足の運びが消えちゃうんだよね。触ってるとやっぱり太いとか高い方に指がいってしまうから、集中できなくなってしまう。足の細さが（わかりにくい）。

◄□「階段を降りる裸体No.2」の立体コピ
ー（触図）には動きを表す線や点線があ
り、それを理解するために漫画などに使
われている動きを表す線の立体コピー
（スピード線・足の回転の触図）を鑑賞す
る。

④デッサン人形を使って「階段を降りる
裸体No.2」の人の動きを理解する。

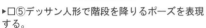

◄□デッサン人形に初めて触れる人もお
り、人形の正面がどちらであるか、関節
がどのように曲がるかなどを説明する。

▶□⑤デッサン人形で階段を降りるポーズを表現
する。
・最初のポーズ、最後のポーズなどと助言する。

□⑥デッサン人形での動きを参考にし
てパズル状の厚紙人型を鑑賞し、デュ
シャンが階段を降りる人の動きを4つの
ポーズによってどのように表現したか
を理解する。

⑦学習の振り返りをする。
・デュシャンは急激に変わる当時の美術運動（イズム）の流れをパッケージ
（型）化した。つまり、印象派→ポスト印象派（セザンヌ、ゴーギャン）→象
徴派→野獣派→キュビズム（立体派）を急速にスクーリングすることでア
ートを型として理解する方法を考え、自分が「遅れてきたキュビス」
（平芳幸浩）であることを挽回しようとした。
・このアートのパッケージ化＝型づくりが既製（工業）品の便器を用いて
「泉」(1971)というレディメイドという作品の創造につながった。つまり、
「泉」（便器）はアート（美術）の型壊しである。
・広義のアートがモノからコトへの変わっていく歴史を振り返り、デュシ
ャンは、美術を思考＝意味の創造に変えてしまい、破壊（否定）を創造の種
としてしまった！
・これ以降、アートは「アートとは何かを問うこと」になった。
・デュシャンは美術教育をむずかしくした！
・あいちトリエンナーレで浮き彫りになったアートが社会問題にダイレク
トに関わること。
・見える／見えない／見えにくい人が共に鑑賞できる題材・教材は開発は
今までの美術教育を大きく変える可能性を持っている。

⑧「社会のアート」ワークショップについて
・「Don't Follow the Wind」という福島県帰宅困難地域で行われている
アートプロジェクトを学び、制作する学習する。
・2015年3月11日より東京電力福島第一原子力発電所の事故に伴う帰還
困難区域内で行われている国際展で、Chim↑Pomが立案し、艾未未（アイ・
ウェイウェイ）、グランギニョル未来（椹木野衣、飴屋法水、赤城修司、
山川冬樹）、小泉明朗、宮永愛子などが出品している。2015年にワタリウ
ム美術館で展覧会をして以来、実際の展示は誰も見られておらず、2015と
2020の数字が示されたホームページがあり、数字をクリックすると説明の
音声が流れる。
・授業ではここに何を展示したいかを問い、社会の中で「アートの果たす
役割や機能」について考え、実際にマケット（モデル）を制作する。

ゃうんだよね。触ってるとやっぱり太いとか高い方に
指がいってしまうから、集中できなくなってしまう。
足の細さが（わかりにくい）。
●自分の中でどうしても単純化しようとするから、当
然単純なわけもないんで・・・。なかなか自分の中で
イメージするのは難しい。
○あ〜、1人が見えてればできるのか。わたしたち触
ったところだけだもんね。説明してもらおう。
○そうね、縦に触るんじゃなくて、横で比較しないと
いけなかったのかも。
●実際の絵もぱっと見てわかるものでない？
○人が走ってる？いいんですか？あのね、肩の動きで
わかった。足もそうなんですけど、肩がこうなってい
る（ジェスチャ）から、それで確信しました。

④⑤
●3番目っていうのは左足を出している。
○何気ない動きを再現するって難しいですね。今日階
段を降りる時に自分の動きを確かめてみよう
●（自分は）昔は弱視だったので、視覚障害でよく昔か
ら特に先天の全盲の子には例えば投球動作だとか動
きをマスターさせるのは難しいって、子どもの頃から
聞いて、小学校の頃から育ったんで。それぞれ状況ひ
とつとったって、カクカクした動きになりやすいって
よく聞いてたんで。
○体の動きを覚えるのがすごく大変なんだよね。私た
ちって。
●模倣ができないから。

⑥
○わかる〜、わかります！
これ（触図）だと線が繋がっちゃってるからね。
たぶん視覚障害の人って、先天の人って、空間認知と
か特に難しいのかなって、私は思っていて。逆に触る
ことに慣れているので、先に触らせてイメージをつけ
てあげると、それが絵になるとこうなるんだよってい
う方がわかりやすい。

⑦
○私たち視覚障害者でも、答えがないじゃないですか
これって。なので、自由なイメージで自由な発想で作
品を鑑賞できるんだなって改めて認識できました。
●僕も数は少ないですけど、作品展とか、触れる作品
展とか行って触りますけど、今日伺ったようなことを
がないので、今日伺ったようなことを考えたり感じた
りっていうところまでできなくて。
実際、美術館ってそういうストーリーはどこかに描い
てあるんですか？
●健常者の人はそういう鑑賞の仕方は可能なんです
か？
たまにこういう鑑賞の仕方ができるとすごく新鮮で
す。
○視覚障害者と美術ってなかなか結びつかない。造形
とか粘土とか形を作るものに対して親しみはあるけれ
ども、絵画は、触るとか、見たものを聞いて自分の中
でイメージしていくっていうのは難しいことなんだろ
うなって。
◆見方によってはいろいろな人の考え方の方がいる。
批判的にもなる。見方です。見方によって作品は全然
違ってくる。
○当事者になって参加しないとわからない。

立体の発達と学習【立体・彫刻】

Q23 視覚障害のための立体の学習と立体感覚の発達（主に粘土による）について教えてください

多胡　宏

1）V. ローウェンフェルド,『美術による人間形成』, 1963, 黎明書房

　美術教育者のヴィクター・ローウェンフェルドは見えない人の表現手段としてモデリングの有効性について述べました[1]。このことを神戸市立盲学校に勤務した福来四郎や千葉県立千葉盲学校の西村陽平らは陶芸用粘土による実践を通して豊かで具体的に展開したともいえるでしょう。見えない子の美術科教育において粘土など可塑性の高い教材は必要であり大切でもあります。

1．触れる手から触察する手へ

　触覚は感覚の中ではプリミティブな感覚なので、乳幼児期から育む必要があるものです。しかし、ものに触るのに臆病な子がいるので、触覚を育む第1の目標はまず主体的にものに触れることです。触るのに臆病な子は、触る経験の少なさが原因していることが多いです。幼稚部では意図的に手あそび歌などでその子の手をやさしく包んであげたり、指の一本一本や手のひら、手の甲などを自然に、ていねいに触ってあげたりすることは必要です。手袋の指人形で遊んだり、手袋を着けたりするだけでもいいですし、靴下で代用もできます。生活や遊びの中で自然に手に触られ、泥団子作りなど指先や手のひらなどを使う経験を多く積ませます。そうして触ることができるようになった手は、たくさんの経験を積むことによって触察する手、表現する手へと成長するための準備をします。

2．表現する手と土粘土

　幼稚部の表現、図工や美術の学習は手で触ることのできる材料や教材を中心にして展開することが多くなります。したがって、立体的な造形遊びや制作が多くなるのは自然なことです。しかし、触れることができるものであれば何でもよいというわけではありません。安全や健康（アレルギーなど）への配慮、それから美術科教育

の授業としてどのような資質・能力を育てるのかなどを考慮します。

　見えない／見えにくい子にとって様々な材料を体験することはとても大切ですが、その中でも粘土は最も取り組みやすい教材の一つです。このことは盲学校美術科教育の先達である福来四郎、山城見信、西村陽平らの実践をみても明らかです。

　小さい子はものを手だけでなく口でも確認するので、口に入れても安全な粘土から始めるとよいと思います（アレルギーがある子には米粉を使用した粘土にします）。口に入れるなどの心配がない子なら市販の紙粘土や土粘土を使用します。クリスマスケーキを作る、十五夜の団子を作るなど行事に関連させたもの作りで一緒に作る体験を積みます。粘土は力を加えて形を変えることができること、足したり引いたりできることなどが大きな特徴です。これは描画でいう殴り書きと同じような学習です。玩具のブロックや積み木など他の材料と併用した学習でも粘土の可塑性という長所を学習できます。粘土に慣れてきたら可塑性とその自由さをダイナミックに体験できる学習に発展させていきます。

（1）土粘土（以下、粘土）遊び

①粘土の塊を胸のあたりまで持ち上げて粘土板の上に落とす。

　子供たちは「ドン」、「ベタッ」という音に驚きます。胸の次は顔の高さから、頭の上の高さから、両手を伸ばしてつま先立ちをした高さから落としていきます。大きな音が出ます。子供たちは音が大きくなるのと一緒に力を入れてたたきつける感覚を身に付け、力を入れると粘土の形が大きく変わることに気づいていきます。

②粘土を手のひらでたたき平らにします。

　粘土の塊から握りこぶしほどの大きさの粘土をちぎります。そして、手のひらでたたきます。お好み焼きやピザのように平らにする、平べったくするなどと話します。「平ら」「平べったい」「厚い」「薄い」などの言葉を体験的に理解していきます。全体を平らにするには厚いところをたたけばいいのだと学んでいきます。

③粘土を指先で押したり引っかいたりする。

　塊から平らにした粘土を変化させることを学びます。指先を使う、粘

おす、ひっかく⇒せんべい⇒ひも

土べラを使う、型を押し当てるなどです。クッキーを作るための型抜きなどを使っても楽しめます。

④粘土をちぎってせんべいやひもを作る。

　自由に粘土を変化させることを楽しんだ後は意図的に手を加えることを学びます。その始めに、せんべい状にしたりやひも状にしたりがあると思います。

　せんべいにするのは塊を平らにすることの延長ですから比較的簡単にできるようになりますが、ひもにするのは難しい子もいます。そんな子には棒や塩ビパイプを両手のひらや机の上で転がす遊びを取り入れ、手を前後に動かすことを学びます。へこませた板やせんべい、ひもなどを繋ぎ合わせることを通して粘土を足して増やしながら形を作ることを学びます。

（2）団子を作る

　次は団子を作る学習です。ひもやせんべいを作る手の動きは1方向ですが、団子は縦と横の2方向の動きを組み合わせて調節しなければなりません。団子づくりは手の動きと力加減の微妙な調整を学ぶ学習です。団子を作るのに苦労する子がいます。両手のひらで、あるいは板の上でボールを転がす遊びを取り入れる指導が有効です。うまく転がせない子には教師が手を添えて一緒に動かします。両手のひらで動かすときも同様です。団子が作れるようになったら、積み重ねて入れ物や花瓶などを作る学習につなげます。粘土の接着剤である「どべ」で粘土を接着していきます。作った団子を接着しながら2段、3段と積み重ねていきます。積み重ねによる形や高さの変化は子供達に達成感をもたらします。

（3）サイコロを作る

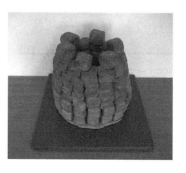

　団子の次はさいころ（立方体）づくりへ発展します。球に面を付けて、角のある形を作る練習で、経験が少なくなりがちな見えない／見えにくい子の発達には系統的に学ぶことが大切です（もちろん粘土だけに偏った

◎用語解説
「どべ」は粘土の接着剤です。乾燥した粘土を乳鉢でくだき、水を足してドロドロにする。筆で塗り接着する。

図：文部科学省「図画工作科で扱う材料や用具」
https://www.mext.go.jp/a_menu/shotou/zukou/nendo/idea_advice/index.htm

学習にならないように注意すべきですが)。

　立方体を観察し、頂点と辺は面によって形成されること、面は上下、左右、手前奥の３つの平行な組み合わせの６面できていることを確認します。作った団子を粘土板上で軽くたたきつけて面を作ります。ひっくり返してまた軽くたたきつけて平行な面を作ります。このようにして上下、左右、手前奥の３つの平行な組み合わせで面を作りサイコロにします。団子のときと同じようにサイコロを積み重ねて入れ物などを作る学習につなげます。

　せんべい（面）、ひも（線）、団子（球）、サイコロ（立法体）という粘土立体の基礎ができれば、子供たちは表現する手を獲得したといえます。後は作りたいものの構造に当てはめればよいのです。子供たちがよく知っている果物や野菜も４つの要素で整理します。人物でしたら頭は少しいびつな団子、腕や脚はひも、体は長細いサイコロの変形などと構造を整理すれば作りやすくなります。算数や数学で習っていたら球、立方体、直方体、円柱などの言葉を使います。最初は別々に作ってつける方がわかりやすいようです。

3．ひも作りで作る

　表現する手を獲得した子供たちは豊かな発想や構想の学習に大きく踏み込むことができます。盲学校ならではの触覚を中心とした図工美術の学習が展開できるようになります。

　粘土練りは陶芸の基礎の基礎ですが、以外と難しいので、最初から取り組まなくてもいいです。市販の粘土をそのまま使い、粘土に慣れることから始めた方がよいです。扱いに慣れ、腕の力もついた頃に練る学習をします。粘土を練る目的は柔らかさを均一にするためと（見えない）空気を抜くためです。練り方は、荒練り、棒練り、菊練りなどですが、子供達は荒練りと棒練りを学習するのがよいと思います。荒練りは柔らかさを均一にするため、棒練りは粘土の空気を抜くための練り方です。荒練りは粘土練りの学習として実施するとよいと思います。荒練りは普段あまりすることのない全身の体重を両手にかけて力を加えるという学習になります。

　粘土を使った陶芸の技法には、二つ割り、ひも作り、板作り、ろくろ作りなどがあります。盲学校の子供たちにはひも作りが取り組

◎用語解説

「荒練り」は粘土の硬さを均一にするための練り方である。両手で持てる２～３kgの粘土を机の上に置いた粘土板上で練る。立ち上がって自分の体重を利用しながら前に押し出すようにして繰り返し練る。
「棒練り」と「菊練り」は粘土の中の空気をぬく練り方である。菊練りはコツが必要で身に付けるのに時間がかかる。授業では棒練りでも十分に空気がぬけると思われる。市販の粘土はすでに十分練られているので、あえて練る必要はないと思われる。少し硬くなってしまった粘土を使うとき、または、乾いてしまった粘土を水で戻すときなどには荒練りや棒練りが必要になる。
(https://neriage.jp/kiso/kiso4.html を参照)

◎用語解説
「二つ割り」は粘土の塊で成形した後に二つに割り、中の粘土をへらで掻き出して薄くし、また、一つにつなげる技法である。

「ひも作り」はひも状にした粘土を圧着しながら積み重ねて成型する技法である。

「板作り」は板状にした粘土を部分ごとに切り、どべで貼り合わせながら成型する技法である。

「ろくろ作り」は回転しているろくろの中心に粘土を置き、遠心力を効果的に使いながら成型する技法である。

みやすいと思います。小さな作品はよいのですが大きな作品を作る場合は時間が必要になります。しかし、図工や美術だけでは十分な時間がとれませんので、かつてのように粘土を10kg、20kgと使い格闘するように

「ざしきわらし」1990、中2男子

して作品を作る学習をすることは困難になっています。年間計画を立てるときの工夫が必要になります。

4．心棒を使って人物を作る

人物を作るにはボディイメージができていないと難しいのですが、逆に人物制作学習が身体全体を意識できるように発達を促すことにつながります。

人物の動きや姿勢を表すにはある程度の大きさが必要です。土粘土だけでもしっかりした小作品はできますが、細かい人物の動きを表すには心棒＋紙粘土の学習が適しています。心棒を作ると多くのことを学びます。また、題材は、運動、学校の生活、働く人な

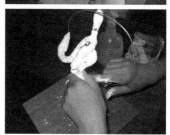

どよく知っている日常生活からとります。レーズライターでアイデアスケッチを描き、完成を予想しながら体の動きや姿勢を確認することができます。

5．抽象表現：空間構成へ挑戦してみよう

材料を空間へ拡張していく作品を作るのは、全体的な形やバランスを検討しなければならず、見えない／見えにくい子にとって難しい学習です。広い空間を想定した学習でも同じです。視覚障害は空間認知の障害だという指摘もあるので、だからこそ空間に展開する学習を積極的に取り入れたいのですが、そのためには自分の体を基にした空間の基準作りが必要です。椅子に座って机の上で収まる空間、立ち上がって手を伸ばして届くまでの空間、手が届かず脚立を用いたり移動した

りしなければならない空間など、実体験と融合させます。

　初めは両手のひらで包み込めたり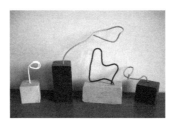
机の上で把握できたりする見通しを
持ちやすい触れる程度の空間から始
めます。写真は、手で曲げることが
できるコーティングされたアルミの
針金を使って自由な形を作る題材の作例です。ワイヤの先は顔で触
れても安全なように曲げておくなどの配慮をします。発想しやすい
題材名として「春になって土から芽を出す植物」などがあります。
木片にドリルで穴をあけて差し込み、台座（土台）にしっかりと固
定してから発想した形を作ります。やり直しができるので、短時間
でいろいろな芽を作れる子がいます。

　次は机上であっても手を伸ばさないと届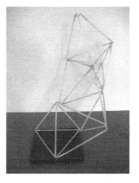
かない、あるいは立ち上がらないと把握で
きない空間構成です。「ストローで塔を建
てよう」などの題材を設定します。モール
をジョイントにしてストローで正四面体を
作り、組み上げていく学習です。最初の正
四面体を土台にしっかり固定してから組み
上げます。ジョイントが弱くなった箇所はホットボンドで固定する
などの手助けをします。机の上では間に合わなくなり床におろして
制作しなければならない子も出てきます。制作途中や完成した作品
をお互いに鑑賞し合い、組み上げ方と高さを確認します。横に展開
することもあります。他に紙コップやアルミ缶などを床から積み上
げ、脚立を使って拡張していく学習などもできます。

　さらに広い空間を使った学習もできます。ゴム動力で羽ばたく模
型飛行機を作り、体育館のステージやギャラリーから飛ばす題材で
す。滞空時間を計ったり羽ばたく音に耳を傾けて辿ったりすること
で体育館の広さと高さを感じることができます。レーズライターで
音の軌跡を描くなどそれまで経験していない描画の学習もできま
す。広い空間を感じて捉えるには音の方向や反響、空気の流れ、香
りの広がりなどが手掛かりになり、視覚だけでない他の感覚を使っ
た学習ができ、子供たちの興味関心と集中力は高まります。

コラム ④ 手で見るかたち

日本女子大学名誉教授　西村　陽平

「見たことないもん作られへん」から「見たことないもの作ろう」へ

　1974年から23年間、千葉県立千葉盲学校小学部で図工を担当していた。当時、視覚障害児の美術教育に関する資料はあまりなく、唯一心に残ったのは、福来四郎氏の神戸市立盲学校の粘土による実践「見たことないもん作られへん」だった。その後、私は現場での実践を重ねつつ1984年に「見たことないもの作ろう」（偕成社）にまとめた。福来氏は、触覚を生かし、子どもたちの生活の中での素朴な思いを粘土で具象的に表現させておられた。それから時代を経て、子どもたちの環境も変わり、美術そのものを楽しむようになった。私も触覚の表現を大切にしながら、美術表現の多様性により、子どもたちの気持ちを解放しようと努めてきた。この変化は、それぞれの本の表題に表れていると思う。私が盲学校を離れて、しばらくして盲学校を訪ねたことがあった。盲学校の倉庫には多くの子どもたちの粘土の作品が残っていたのだが、それについて教頭から「このゴミを片付けるのに1kg80円かかる。」と言われた。そういえば、福来氏も、子どもたちの作品を残すために奔走されていたことを思い出した。幸い千葉盲学校の作品は100点ほど愛知県陶磁美術館に収蔵されている。機会があれば見ていただきたい。愛知県陶磁美術館には陶芸史上著名な作品が展示されている。その中に、名も知らぬ目の不自由な子どもたちの作品も展示される。このような機会があれば、くらべてみると面白い。表現とは何か、という原点について考えることができる。この問題の関連でいえば、最近、障害者の作品も含むアールブリュットが注目されている。日本の知的障害者の作品がヴェネツィア・ビエンナーレで展示され、大きな話題となった。優れた作品を生み出している障害者の作業所の職員に話を聞いてみると、「私たちは教えていません」という言葉をよく聞く。もともとアールブリュットは、美術教育を受けていない者という条件があったのだが、曖昧になっているようだ。しかし、教育に携わる者にとっては大きな問題であり、それぞれの立場により異なった解釈がなされているようで、広い視野を持って障害者の美術教育を考えていかなければならない。

手で見る美術館　ギャラリーTOM

　私が「見たことないもの作ろう」を出版した1984年、視覚障害の美術教育において大事な出来事があった。「手で見る美術館ギャラリーTOM」が開設されたことだ。東京・松濤にあるギャラリーTOMの入口の壁には、「私たち盲人もロダンを見る権利がある」というプレートが掲げられている。余談だが、このプレートの文字は、私が教えていた小学4年の弱視の女の子が書いたものだ。美術教育において鑑賞は大事なのだが、目の不自由な子どもたちに美術の知識は教えられるが、子どもたち自身が感じ、感動する機会を提供することは難しかった。当時の日本では、目の不自由な人が美術館を訪ねることなど想像もされなかったであろう。しかし、ギャラリーTOMが実現したことによって、アメリカでは、すでに美術館で視覚障害者の鑑賞プログラムが行われていることを知った。1987年、ギャラリーTOMが「手で見る美術鑑賞　アメリカの旅」を企画し、盲学校の高校生たちを招待してアメリカの美術館を訪ねた。ワシントンのハーシュホーン美術館は、円筒形の建物であり、ドガ、ロダン、ブー

ルデル、ルノワール、マチスなどの彫刻が壁に沿って展示されていて、触ってみていくうちに、元の場所に戻って見終わることになる。"TOUCH TOUR FOR VISUALLY DISABLED PERSONS" というパンフレットがあり、視覚障害者に対して適切な配慮がなされている。フィラデルフィア美術館でも多くの作品を触って見たが、マルセル・デュシャンの一連の作品を見ることができたのは良い経験になった。フィラデルフィア美術館では、視覚障害者のための美術教室 "FORM IN ART" が行われている。1972 年から始められたが、彫刻の実習と美術史の講義、および美術館のコレクションの見学で構成されている。ニューヨークでは、メトロポリタン美術館、ニューヨーク近代美術館などを回り、最後にイサム・ノグチ庭園美術館を訪ねた。大きな美術館では、案内の学芸員がついて解説を受けながら順番に作品を見ていくことが多いのだが、ここでは一人一人になって作品を見ていた。この時、突然イサム・ノグチ氏が現れ、高校生たちと握手をされた。思いがけない出会いであった。11 日間にわたる旅の疲れで感覚も鈍っていたが、この出会いで精神が研ぎ澄まされたようだ。大きなドーナツ状の石の彫刻が展示されていた。ある全盲の女性が大きな石の輪に寄り添うようにぴったりと左頬をつけ、両手で静かに抱きしめていた。冷たい石の彫刻に、彼女の頬の熱が伝わり、そして彼女の頬の温度と石の彫刻の温度が同じになる。静寂の中で永遠の時のように感じた。帰国後、彼女から手紙をいただいた。

　彫刻と一緒にいると彫刻の側から私が見える。
　彫刻を見るとき、耳を澄ます。
　何か語っているのではないかと。
　人生のほんのひととき。そう思うとうれしい。

　アメリカでは、1973 年の改正リハビリテーション法により、視覚障害者も美術館を利用できるようになった。そのため美術館においても、それぞれ独自のプログラムを用意するようになり、美術館の収蔵作品により見せ方を考えなければならず、研究が進むことになった。日本では、やっと最近 2018 年「障害者による文化芸術活動の推進に関する法律」が制定され施行された。後は、美術館の活動に期待したい。

1.「顔」大塚 滋子、千葉盲学校小学部 6 年、高さ 39cm、1980 年制作

2.「かお」押尾 恵子、千葉盲学校小学部 1 年、高さ 23cm、1982 年制作

3.「目」太田 美穂子、千葉盲学校小学部 6 年、高さ 44cm、1980 年制作

4.「象が白熊になっちゃった」椿 浩一、千葉盲学校小学部 4 年、長さ 59m 高さ 30.5cm、1982 年制作

Q24 見えない人の色彩学習の考え方と題材
教材・カリキュラムについて教えてください

多胡　宏・茂木　一司

1. 色彩学習の現状

　見えない人の色彩学習の必要性について指摘する意見は少なくありません[1]。盲学校でも様々な形で色彩学習を行っています。では、実際にどのような学習を行っているのでしょうか。以下は2018（平成30）年度に関東甲信越地区盲学校17校に色彩教育に関するアンケートを行い14校から回答を得たものです。なお、アンケート項目の「活動」と「内容」の作成にあたっては2017（平成29）年告示学習指導要領及び日本文教出版2015（平成27）年度版教科書「図画工作」、2018（平成28）年度版教科書「中学美術」を参考にしました[2]。

1) 伊藤亜紗（2015）「目の見えない人は世界をどう見ているのか」光文社新書
広瀬浩二郎（2017）「目に見えない世界を歩く」平凡社新書
編著全国盲学校長会（2018）『新訂版視覚障害教育入門Q & A』ジアース教育新社

2)
多胡宏、茂木一司（2019）「視覚障害児（盲児）のための色彩教材・題材の開発過程」『美術科教育学』41号、pp.213-224を参照

【質問1】

貴校では図工・美術科の時間に色彩に関する学習を行っていますか。

　「行っていない」と回答した2校は、図工・美術科の時間全体で行っているとのことでした。

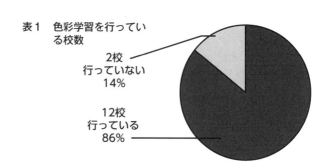

表1　色彩学習を行っている校数

- 2校 行っていない 14%
- 12校 行っている 86%

【質問2】

貴校では色彩に関する学習が年間指導計画に組み込まれていますか。

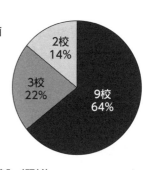

表2　色彩学習が年間指導計画に組み込まれているか

- ■組み込まれている
- ■組み込まれていない
- □無回答

- 2校 14%
- 3校 22%
- 9校 64%

【質問3】

どのような学習を行っていますか。結果は表3〜表6を参照。

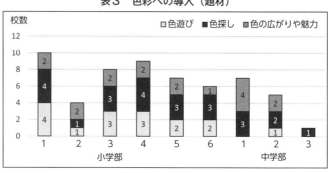

表3　色彩への導入（題材）

□色遊び　■色探し　■色の広がりや魅力

表4　色彩の基礎理論

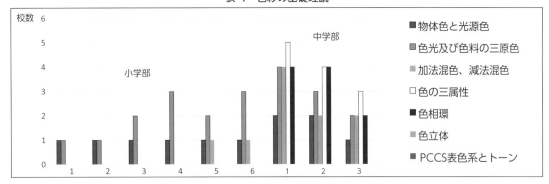

表5　配色や感情効果

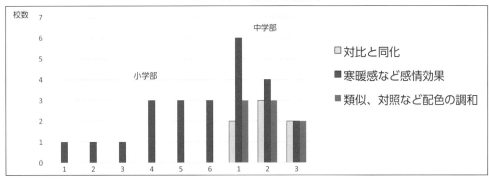

表6　その他（カラートーク[3)]の使用など）

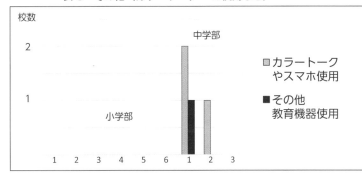

3）カラートーク
視覚障害や色覚異常の方が色名を知りたい物体の表面にあてボタンを押すと光の反射をセンサーが測定して、そのデータにより系統的に分類してある色を選び出し、色名を音声で伝える。携帯できる大きさで電源は単3電池を使用。外国語対応機種もある。
http://www.hokkei.co.jp/c_1.html
（2020.1.12）
使用の様子は図1、図2を参照のこと。

【質問4】色彩教育の目的をどうお考えですか。（複数回答可）

表7　色彩教育を学ぶ理由

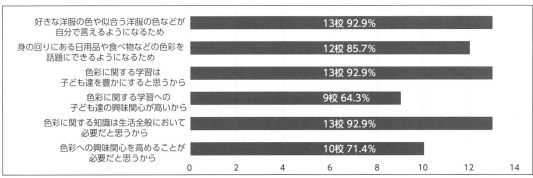

このアンケートでは、各学校に在籍する盲児と弱視児の割合など児童生徒の実態について詳細な配慮はしていません。したがって、各盲学校においてどのような取組みが行われているかのおおよそを知ろうとするものです。そしてアンケートからは色彩学習はすべての盲学校で行われていること、生活を豊かにするために必要であること、基礎理論については中学部で行われていること、しかし、色相環や色立体、カラートークやスマホなどを使用している学校は少ないことなどが分かります。

2．色彩学習のカリキュラムについて

色彩の存在に気付くことから始まり，色彩の多様性，言葉や触覚などと関連させイメージを豊かにしていくなどを積み重ねること、中学部を卒業する頃には，自分なりのイメージや好みを形成する素地を習得することを目標としました。

アンケートを参考にしながら盲児の色彩学習のカリキュラムの基本的な考え方について次のようにまとめてみました。

（1）幼稚部及び小学部低学年

この頃の盲児は色彩の存在に気付いていることが多いのですが、まだ曖昧です。学習や学校生活の様々な場面でものには色があり色名があることに気付くことが大切です。知っている色を聞いたり話題にしたり、カラートークなど

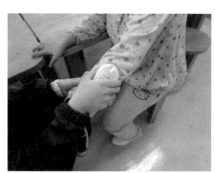

図1　カラートークを使って
友達の服の色調べ

の機器も使用したりして色や色名への興味関心を高めます（図1）。

（2）小学部低学年及び中学年

色名から連想する野菜や果物、身の回りの品などを集めたりしながら色彩のイメージを広げ豊かにしていきます。また、「赤いリンゴと青いリンゴ」「青いバナナと黄色いバナナ」など色彩は固定的でなく多様であること、味や臭い、手触りの変化等と共にあり変化することに気付くことが大切です。

（3）小学部高学年

　折り紙やクレヨン、絵の具やマジックなどにより基本的な色彩があることを学習し、これまで積み上げてきた知識を整理します（図2）。「顔を真っ赤にして怒る」「幸福の黄色いハンカチ」など色彩を比喩に使った言葉からイメージをさらに豊かにします。同じ色でも手触りが異なる物などから色彩と触感を関連させその多様性に気付く学習をします。また、生活の中で使用さ

図2　色名の確認と整理

図3　ピクトグラムの色を調べる

れる色彩やピクトグラムなどについて調べ、色彩の役割や効果などを学習します（図3）。

（4）中学部

　スペクトル、色相環、補色、3属性、対比、寒暖、軽重など基礎理論について学習し、色彩の総体を把握します。また、似合う色の服を選んだり好みの色のバッグを選んだり、体験を通して自分の好みを形成する学習をします。

3．加法混色の学習教材

　色彩学習のアンケートでは、中学部で色立体や色相環などを使用して基礎理論を学習している学校は少数でした。そもそも色彩は光が生みだすものです。混色は最初絵の具（減法混色）で考えていましたが、カラートークを使えば加法混色で学べることに気が付きました。

　カラートークのスイッチを空中で押すと「黒」といいます。それは光の反射がないことであり、光と色との関係を理解する手がかりになります。LEDライトと照明用カラーフィルターで赤、緑、青の色光を作ります。

　色光を普通に上から当てるのではカラートークの陰になり、色光を識別することはできません。そこで半透明のアクリル板、または

透明アクリル板にトレーシングペーパーを貼ったものに色光を下から当て識別する方法を考案しました。カラートークの識別は、その日の天気や室内の照明、電池の消耗度などによって不安定なことがあります。また、カラートークには詳細モードと簡易モードがあります。学習の前に教室内の光量などを調整し、どちらのモードが生徒にとってわ

図4　明るい部屋での加法混色学習

図5　暗い部屋での加法混色学習

かりやすいかを確認する必要があります（図4、5）。また、3色光が混色した中心を白と識別することは難しいです。最終的な加法混色の確認はデジタルで示すモニター上の加法混色図を識別するなどの必要があります。

4．色彩の全体像を理解する学習教材（色立体と色相環）

　盲児にとって色立体より色相環の方が学習しやすいのではないかという考えもあると思います。しかし、全盲のミュージシャンが映画制作する過程を追ったドキュメンタリー「ナイトクルージング」[4] では、アクリル板に色コマを添付した色立体を使った説明で主人公が色彩の全体像を理解する場面があります。そこでは光としての色彩の全体像を触覚に

図6　3Dプリンタで作成した色立体（住中 浩史作）

置きかえて理解することの可能性が示唆されていました。光によって色彩が生まれることを学習した生徒は、光としての色彩の全体像をまず把握する方が理解しやすいのではないかと考えました。旧型の木製の棒に色コマを貼り付けた色立体（日本色彩研究所製）は明度で層状に分解でき、盲児が色彩の3属性（縦軸が明度、横軸が彩度、

4）ナイトクルージング
佐々木誠監督，2019（平成31）コラム②を参照。

旧型色立体（日本色彩研究所）

円周上に色相）を学習するために優れています。しかし、色彩は連続したものであることを全体的に理解するには適していません。そこでPCCS（日本色研表色体系）のデータに基づき、住中浩史氏（群馬大学大学院教育学研究科）に協力を得て連続した曲面の色立体を3Dプリンターで作成しました。大きさは両掌で包み込める大きさです。支える台に12本の足（12色相）を付け，色相番号（たとえば2Rなど）と色相名を示す点字を付けました。この教材が画期的なのは見える／見えない／見えにくいに関係なく誰でも使用でき、インクルーシブ教材でもあることです（図6）。

　色立体と同じく色相環でも12色相を使いました。盲児が日常生活でも使用するクロックポジションと対応させ、12時の方向を「黄8Y」とし順次12色相を当てました。8Yの文字は凸字になっており盲児が指先で識別でき貼ってある点字とも対応しています。これもインクルーシブ教材を想定して作成しました（図7、8）。

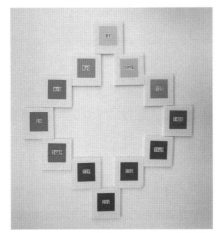

図7　クロックポジションの12色相環

　視経験のない盲児であっても色彩学習は必要です。色彩学習は日ごろの生活やその後の人生を豊かにするものです。小さい頃から会話や日常生活などで色彩への興味関心を高め、知識を

図8　12色相環を使った学習

増やしイメージを形成する素地を培うことが大切です。幼稚部や小学部での色彩学習だけでなく、これまでほとんど触れられなかった中学部での基礎理論の学習においても工夫次第で楽しく学習することが可能だと考えます。そして、色彩学習は学んだことを実生活で生かす場面の多い学習です。盲児が主体的で自立した社会生活を送るためにも不可欠な学びの一つなのです。

Q25 "色って何だろう？"から視覚障害児の色のイメージを育む色彩学習プログラム「私の色辞典をつくる」について教えてください

藤井　康子・西口　宏泰・髙橋　泰佳

1）大分大学では「2016〜2019年度科学研究費基盤（B）（一般）（課題番号16H03799）「幼小期における地域の色をテーマとした教科融合型学習の開発」の助成を受け、大分県立美術館と協力して研究・実践を行った。本稿で紹介した内容は、安藤英俊（元大分県立盲学校校長）、木村典之（前大分県教育委員会）、関係各位の協力の下で実践したものである。

2）大分県立美術館教育普及グループ編「びじゅつってすげぇ！2016〜2017, p.57, 2017〜2018, p.57」の実践一覧に紹介されている。

「私の色辞典をつくる」は、大分大学研究チーム[1]と大分県立美術館[2]、大分県教育委員会、大分県立盲学校が連携し、各機関の特長を活かしながら3年間に渡って継続して行った授業実践[3]から生まれた色彩学習プログラムです。視覚障害単一障害学級の児童（視力：右0.01、左 手動弁）1名に対し、小学4年生〜6年生にかけて図画工作科で授業を行い、色の基本的な知識や考え方の基礎を育む学習を構築しました[4]。私たちは色を介して身のまわりの対象（物）を認識したり、他者と情報を伝達し合ったり、温かさや悲しみ等の感情を共有したりしています。すなわち、他者との共通理解を促す言語の1つとして使用されているといっても過言ではありません。私たちは、色彩に関する学びの蓄積に加えて、その子ども特有の色のイメージを形づくるためにはどのような方法があるかについて考え、美術的アプローチ（五感とそれに伴う感情等で色を感じ取り表現する）と科学的アプローチ（光の三原色の実験・体験や数値化等で色を捉えて理解する）を組み合わせた授業を行いました。学習の過程は、4年生で身の回りの自然や生活にある様々な"色への気づき"を促す体験的な学習を行い、5年生で"自分自身の色の理解"を促す学習、6年生で"一般的な色の解釈"へ、色から"色彩"へと拡がる学習に繋がるように構成しました。本稿では、16回行った授業の中から「黄色とオレンジ色」「混色遊び」の授業内容とその成果について紹介します。

3）「私の色辞典をつくる」プログラム（3年間）

1.　美術館に行こうⅠ	9.　「7色のまとめ」
2.　美術館に行こうⅡ	10.　美術館に行こうⅢ
3.　「緑色」	11.　美術館に行こうⅣ
4.　「茶色」	12.　「白色と黒色、光の関係」
5.　「青色」	13.　美術館に行こうⅤ
6.　「光と影の色」	14.　「色の三原色〜混色遊び」（図3，4）
7.　「赤色・ピンク色」	15.　「色について学ぼう」
8.　「黄色・オレンジ色」（図1，2）	16.　「私の色相環」

　魚形幸助（元大分県立盲学校校長）「盲学校の取り組み－視覚障害のある者と「色」」、「地域の色・自分の色」実行委員会＋秋田喜代美編著（2019）『色から始まる探求学習－アートによる自分づくり・学校づくり・地域づくり』、明石書店、137頁〜148頁に4年時の実践が紹介されている。

1．美術的アプローチによる授業「黄色とオレンジ色ってどんな色？」（5年時，2時間）

> **材料や用具：**自然物（黄色いリンゴ、黄パプリカ、キウイ、キンカン、ユズ、バナナ、トウモロコシ、ビワ、オレンジ、カボス、カレー粉、タンポポ等の3種類の花）、液晶タブレット、音声色彩判別装置、点字盤、点字用紙。

（1）目的

黄色やオレンジ色の様々な食べ物等を五感で確かめながら表現や諧調を理解し、色のイメージを拡げる。

（2）内容

①色の認識と理解を言葉などで確認する②色探しアドベンチャーを行う③自然物をさわって、見て、五感でそれらの色を感じ取る④色の諧調を表現する⑤色のイメージを言語化する流れで行いま

図1　点字ブロックの観察

した。授業前、児童は「黄色のものなんてそんなにないよね」と言いました。児童にとっては黄色は見えにくい未知なる色であったため、「外の点字ブロックは白いんです」と話していました。教室外に児童を連れ出し、点字ブロックの色を一緒に観察しました（図1）。自分で直接色を識別するとともに、音声色彩判別装置を用いて客観的に点字ブロックの色を確認すると、黄色以外は無いことが分かり予想を裏切られた様子でした。「なぜ点字ブロックに黄色が使われているのか？」という疑問が生まれ、色の意味を自ら考え始めました。

教室に戻り、机の上に用意した黄色系の自然物13種類に加えて児童が校庭で見つけた黄色い花を一つずつ手渡し、色を確認していきました（音声色彩判別装置も併用）。感情や感覚を伴った体験は記憶に残りやすいため、本授業では児童が直接ものに触れて、見て、においや味を確かめながら五感を使って色を感じ取ることができるように留意しました。やがて、自分から机の上に黄色の諧調を表現するようになりました（図2）。

4）藤井康子・西口宏泰・髙橋泰佳（2020）「視覚障害児のための色彩学習プログラムの開発と実践－色のイメージを育む"私の色辞典"をつくる－」『色彩教育』Vol.38、No.1・2合併号2019、JACE日本色彩教育研究会、24-25頁。

図2　濃い色から薄い色に物を並べた結果

色のイメージを言語化する際には、黄色の諧調をもとに「カレー粉は香ばしいにおいだけど辛くて苦い」などの結果も点字で記録し、黄色を知識として蓄積するようにしました（表1）。これらの記録や作品[5]、日々の日記も「私の色辞典」の一部となっています。

5) 学習のプロセスを蓄積する木製の“カラーイメージボックス”を教室内に用意し、児童が授業や生活の中で見つけた「好きな色や形、気になるもの」等の素材、対象児の点字の記録、レーズライターで描いた作品や図画工作等での作品等を保管し、いつでも見たり触れたりできるようにした。

表1　黄色とオレンジ色のイメージを、体験を通して児童が言語化した内容

濃い	1. キウイ：外側の色は予想は青。本当は茶色。においはつーんとするにおい。
	2. カレー粉：色は茶色。すごく辛くて苦かった。
	3. キンカン：色は濃いオレンジ。酸っぱかった。
	4. オレンジ：色は濃いオレンジ。味は甘かった。
	5. ユズ：色は濃いオレンジ。キンカンよりも酸っぱかった。
	6. ビワ：色は濃いオレンジ。味は甘酸っぱかった。
	7. ヒラホソ（花1）：色は濃いオレンジ。花びらがたくさんあった。
	8. カボス：色は濃いオレンジ。一番酸っぱかった。
	9. パプリカ（黄）：色はオレンジ。赤のパプリカと形が同じ。
	10. バナナ：色は濃い黄色。
	11. おしべの多い花（花2）：色は黄色。花はふわふわ。
	12. タンポポ：色は黄色。茎が太く、花はとても濃い黄色。
	13. トウモロコシ：色は黄色。つぶつぶがあった。
	14. 黄リンゴ：色は薄い黄色。かなり甘かった。
薄い	15. 点字ブロック：色は黄色。白ではなかった。

(3) 美術的アプローチによる色の学習でみられた児童の成長

本実践を受ける前は、それまでの図画工作科の授業の中で「黄色のセロハンは色が無いのでいりません」と言っていました。例としてミカンのように言葉で色を認識していたもの以外は、黄色と認識していたものは殆ど無かったと言えるでしょう。黄色は未知なる色

と捉えていた児童が、本授業を通して「食べ物の外側の色は濃く中は薄いことが多い」ことに加え「音声色彩判別装置は黄色を金色と表現することが多い」ことを発見するようになり、色と光は密接に関係することにも気付きました。

授業後の日記では、「地面が黒で見やすいから（点字ブロックは）白だと思いました。でも、調べてみると黄色でした。黒と黄色はとてもみえやすくて危険という意味があることが分かりました」、「こんなに黄色は色々な食べ物に使われているのだなぁと思いびっくりしました」と書かれていました。見えないもの、分からないものであった黄色が見える色、区別できる既知の色になったことが分かります。黄色の効果や意味についても自ら考えるようになりました。身近な食べ物や物の色を確認することに対する関心が高まり、色で他者と共通理解を図ることのに喜びを感じていたようでした。

2．科学的アプローチによる授業「混色遊び」（6 年時，2 時間）

> **材料や用具：**3 色の絵の具（赤、青、黄）、絵筆、スプーン、水、絵の具を入れる容器、紙皿、LED 光源装置と RGB コントローラー（LED 電灯と色セロハンで一部代用可能）、スクリーン、音声色彩判別装置、点字盤、点字用紙、雑巾。

（1）目的

3 色の絵の具（色料の三原色）の混合の割合で表現できる色を予想するとともに、実際に試してみることで、自分で表したい色を作り出す喜びを味わう。作り出した色から好きな色を選んで順位付けを行い、色の名前とその意味を考えることを通して色のイメージを拡げる。

（2）内容

①前回行った授業「赤色」のふり返り②LED 光源と RGB コントローラーを用い、3 色の光（赤、緑、青）の組み合わせで白色になる光の三原色の復習を行う（図3）③他の教師や児童等に聞き取り調査をした好きな色と意味を発表する④3色の色料（絵の具）を用いた「混

図3　光の三原色の体験

色遊び」を行う⑤好きな色ベスト5を選び、順位付けを行う⑥色の名前とその意味を考えて言語化する流れで行いました。児童は、混色の経験が殆どありませんでした。そのため私たちが「絵の具も2色から3色を混ぜたら光の場合と同じようになるのかな？」という問題を提起すると、自信満々の表情で「なると思います」と答えました。混色遊びでは、例として黄＋青＝緑、黄＋赤＝オレンジ等と結果を予想し、絵の具の量と割合を考えてもらいました。予想通りにならなかった場合はその原因や理由を考えさせるようにしました。

「白色を作ってみたい」と思った児童は、白を作り始めました。青1滴：赤4滴：黄10滴を混ぜると「あずき色」、青0.5滴：赤4滴：黄大量を混ぜると「バナナの皮色」になり、3色の絵の具では白色にならないことを知りました(図4)。「白はどうやったら作れるの？」という疑問が生まれました。

図4　絵の具を用いた「混色遊び」

児童は自ら作った色に順位をつけ、色の名前「1位 うれ

図5　色の名前を考える様子

いちご色（赤5：青1）、2位 アクアブルー色（青5：赤1）、3位 ほそキュウリ色（青1：赤1：黄1）、4位 深い海色（青5：赤3：黄1）、5位 象色（青1：黄7：赤4）」を考えてその意味を点字で記録しました（図5）。

(3) 科学的アプローチによる授業でみられた児童の成長

3色の絵の具から様々な色を作り出すことだけでなく、絵の具（色材）と光は性質や特性が異なることや、濡れた絵の具と乾いた絵の具の色の違いにも気付きました。私たちは児童に1位と2位の色を光の三原色で再現して見せて、光は1677万色程度も表現できることを教えました。

授業後の日記に書かれた「絵の具の色と同じような色を光同士で合わせても絵の具で混ぜた色じゃなく違う色になったので驚きました。他の絵の具でも混ぜて好きな色をみつけたいな、やってみよう

と思いました」という記述から、色や絵の具による表現への学習意欲が高まったことが分かりました。

3．色彩学習プログラム「私の色辞典をつくる」で育まれる力

　実践開始当初、児童が区別していた色の数は３色程度で、その他の色については曖昧な認識でしたが、小学校卒業前には識別できる色の数が20色以上に増えました。３年間取り組んだ「私の色辞典をつくる」学習の最後に、緑、茶、青、赤、黄、白、黒、その他の色として紫（児童が加えた色）のイメージ[6]（季節、音、温度、香り、感情に例えるとどんな感じ？）とその色が使われている場所について記述してもらいました。例として黄色のイメージを「季節は冬。音はシーン　シーン。温度は８℃。香りはバナナのにおい。感情に例えると笑顔」と表現し、場所については「イチョウの葉、バナナ、スターフルーツ、月、キンカン、点字ブロック」と記述しました。実践前は児童の中でバラバラであった色、色の名前（言葉）、対象（物）、色彩が一つにつながり、色のイメージが大きく拡がりました。

　また、自分の色のイメージだけでなく、他学年の児童生徒や教師、家族の色のイメージ（前述）も調査し、他者との比較を通して自分自身の色の認識を確認してもらう取り組みも行いました。調査後の日記には「ぼくが思ったよりはみんなは同じ意見でした。でも、みんなそれぞれの意見があって面白かったです。特に色の季節のイメージが夏や冬などと逆のことを書いているのもあったので面白かったです」と書かれており、色が人に与える感情や印象の共通性や色の効果など、色彩に対する認識が深まったことが分かりました。私たちは、様々な経験と体験、知識、感情との往還・融合が色の認識の幅を拡げ、色のイメージを膨らませる素地となったのではないかと考えています。

　色彩は、視覚障害を持つ児童にとっても、多様な学びの実現に適したテーマの一つであり、概念であると言えます。今後も実践・研究を一層深めていくとともに、是非読者の皆様にも実践して頂きたいと思います。

6）佐藤直子（2020）「視覚特別支援学校小学部における色彩教育の現場から－色の不思議体験－」『色彩教育』Vol.38，No.1・2合併号2019，JACE日本色彩教育研究会，22-23頁。

Q26

多感覚学習題材（味覚、嗅覚など）や身体ワークショップ（ダンス、演劇、音楽など）について教えてください

茂木　一司

◎補足説明

多感覚教育の例として、「シンセティック・フォニックス」という英語指導法がある。文字と音の対応指導を行う際、聴覚だけでなく、同時に視覚、触覚、運動感覚（単語にアクションを付ける）などを用いる方法である。楽しく学習ができ、記憶にも残りやすいという利点がある。英語を母国語としない子どもや発達障害の子どもに有効だといわれている。（山下桂世子「多感覚を用いたシンセティック・フォニックスと特別支援教育」https://kayokoyamashita.com/archives/7380）。また、盲学校では普通に行われている、複数の感覚を効果的に活用して自然現象を認知させる「理科の多感覚アプローチ」もある（高橋晋司「多感覚アプローチによる理科学習の構想－インクルーシブな理科教育をめざして」日本理科教育学会北海道支部大会発表予稿集、2015）。

1）岩﨑陽子「アートとしての香り」嗜好品文化研究1、2016、pp.28-35.

2）「香木は生き物、その一つ一つに魂が宿ると考え、この稀少な天然香木を敬い大切に扱う。大自然の恵み、地球に感謝し、そして彼らが語りかけてくる事を聞き取らなければならないと考えるのである」香道、『ウィキペディア（Wikipedia）』https://ja.wikipedia.org/

はじめに

　多感覚学習題材では、視覚障害者が「触る（触覚）」を軸としながらも、音（聴覚）やにおい（嗅覚）、味（味覚）などの感覚情報と言葉によるコミュニケーションを両方活用し、身体感覚全体で学ぶことを考え、見えないことをマイナスな観点としない題材開発がポイントになります。わたしたちは皆見える見えないに関わらず、感覚を統合的に働かせて生きています。しかし、わたしたち視覚常習者は「見えるもの」を優先し、他の感覚に気づかないことも多いのです。たとえば、食べることは味覚だけで感じるわけではなく、おいしそうな色や香り、咬んだときの食感や音、全ての感覚が助け合いながら食べる行為は完結します。また、あるにおいが特定の記憶と結びついて、過去の映像をリアルに再生することなども知られています。この理由は嗅覚の情報が大脳へダイレクトに届くからといわれています。

香り・匂いと音のアート学習

　香り・においは宗教的、匂い消し（香水）、異性へのアピールなどの実用的な意味の他[1]、一般的に癒やしの効果を持っています（アロマテラピー）。しかし、香りのアートやアーティストはほとんど存在してきませんでした。その理由は、西洋的な芸術観においては嗅覚が低級感覚とされ、見えるモノしかアートの価値づけがされていなかったので、「見えない・残らない」香りのアートは評価されなかったからです。しかし、日本には香りを楽しむ作法である香道という天然香木の香りを鑑賞する芸道があり、そこでは大自然の魂が宿る香木の香りを嗅ぐではなく「聞く」と鑑賞方法（聞香：もんこう）を表現します[2]。香りを聞き分ける遊びである香道は、芸術を「はかなさ」という感覚で捉える独特な表現です。

　香りや匂いを使うアーティストは現代アートに中に少数見られます。廣瀬智央[3]の『レモンプロジェクト03』1997/2020は3万個の生のレモンを床に敷き詰め、壁をレモンイエローで塗り、人工的な

レモンの精油を室内に散布し増幅させる作品です。ここにはたくさんの曖昧（複雑さ）が存在します。レモンが枯れていく様は生と死の間を、人間が手を加えたものとの共存を考える自然と人工の混交、そして何よりも最初にわたしたちの知覚全体を包み込んでしまうレモンの香り（嗅覚）は視覚優先を弱め心地よい感覚の調和をもたらします。色と匂いはコロナ禍での閉塞感を一気に解放し、廣瀬のアートは「ひとつの正しさに行きつかないように」（住友）あえて曖昧さを創り出し、見えないものに対する畏敬の念や知的な関心を刺激します。それは、人間をミクロコスモスと捉え、マクロコスモスとの調和の中にわたしたちが存在する自然な在り方を感じさせます。

　井上尚子[4]は環境、文化、歴史を匂いから楽しむ「匂いと記憶」をコミュニケーションツールとした「くんくんウォーク」ワークショップを国内外で開催しています。日常生活の様々な場所に嗅覚神経を集中させて“くんくん”と匂いを嗅ぎながら歩くワークショップです。直接鼻で嗅ぐ場合もあれば、匂いの記憶を他者に尋ねる探求もあり、言葉と匂いの関係にも注目します。2012年から視覚を含めた障害を越えて誰でも楽しめるユニバーサル・プログラムを葛西臨海たんけん隊（感じる公園ワークショップ）を共同開催していて、匂いの可視化が喚起する想像力の大切さを示唆しています。井上は、学校美術教育では「絵画や立体造形など可視化できる表現制作の授業が多く、コンセプト・シンキングに時間をかけることが少ない」ことを指摘し、感性を豊かにする体験活動の重要性を述べています。

　インクルーシブアート題材としての香り・匂いの可能性は高いと感じます。なぜなら、「見えない」香りを対象とする学習はもともと視覚に依存していないからです。また匂いは必ず他の感覚、たとえば音や皮膚感覚（触覚）とセットになって感じ取られるからです。たとえば音の風景として知られる「サンドスケープ soundscape」[5]との融合は、視覚障害者のアート教育に有効です。サウンドスケープの「個々の音をそれぞれ単独に扱うのではなく、それらの組み合わせが構成する音環境全体をひとつの『景観』あるいは『風景』としてトータルにとらえ」、「音を物理的存在としてとらえるだけでなく、特定の社会で生活する人々がどのような音を聞き取り、それらをいかに意味づけ、価値づけているかを問題にする」を視点に持つ

3）廣瀬智央の「レモンプロジェクト03」は1997年東京銀座のザ・ギンザ・アートスペースで初めて展示され、床いっぱいに当時は1万個のレモンを引き詰め、来場者は色と香りに圧倒された。レモンは時間とともに変化するがその時間の作品の一部であり、また通路上の透明ガラスによって参加型の作品となっている。2020年のアーツ前橋の再演ではレモンが3万個に増え、使用したレモンを石鹸や紙に再生する環境に配慮した新しい試みもある。

アーツ前橋にて（撮影：茂木一司）

4）井上尚子は女子美術大学大学院美術研究科版画専攻修了で、香り・匂いと記憶をテーマに作品やワークショップをする美術作家である。ワークショップは日本全国の美術館や植物園、企業、教育機関、公園で実施された。2019年動物のうんちの匂いを言葉にする環境教育プログラム「においでめぐる動物園-くんくんPlanetに出かけよう」（WWFジャパンと共同）でグッドデザイン賞2019を受賞した。活動の詳細は井上尚子「くんくんウォーク～匂いがつなぐ軌跡～」アロマリサーチNo.64、Vol.16 No.4 2015, pp.50-54などを参照．

くんくんウォーク＠砧公園（2016 サマー・アート・スクール）Photo:Hisako Inoue

5）サウンドスケープとは，視覚的な「風景＝ランドス

ケープ」に対して「耳でとらえた風景」，すなわち「聴覚的景観／音の風景」を意味することばである.」鳥越けい子，サウンドスケープとはなにか，環境技術，Vol.19. N0.7，1990，p.1.

6）2008年群馬県立盲学校において，障害児のためのメディア・アート・ワークショップ「盲学校 de アート 2008 in maebashi」を実施した。「かたち・おと・うごき・からだの共鳴と共振」のタイトルのもと，音による空間認知にもとづくワークショップを行う。詳細は古川聖「うごきとからだが共鳴するかたちとおとのワークショップについて教えてください」（茂木一司代表編集『協同と表現のワークショップ』東信堂，2014，pp.238-243を参照。）

演奏提示の場面（演奏空間の中に入り，音を形として感じている。

7）

写真上　学生とのコンタクト・インプロの場面 .body surfing で上に乗って波乗りを体験.
写真下　生徒同士のコンタクト・インプロの場面 .肩を接触させ，お互いの体重を感じながら，歩く.最初はぎこちないが，次第に呼吸が合い，身体が一体化する感覚を得ることができる。（群馬県立盲学校，2007年にて）

ています。それは，生活の中で人がどんな音に季節感を感じ，地域らしい音とは何か，など「それぞれの時代や地域における音環境をひとつの『文化』としてとらえる，あるいは『音』という観点からその社会の文化をとらえようとする」サウンドスケープの基本的な思考は社会の芸術の教育へ発展できる可能性を秘めています。

　以前東京芸術大学で音のメディアアートを研究する古川聖に視覚障害児と健常の学生に音で形を作る空間ドローイング・ワークショップを実践してもらったことがあります。内容は，音の直進性を利用して，最初に空間の中の音の位置を探る「音に集まれ」で耳のチューニングをし，次にあらかじめみんなで話し合って決めた音の空間デザイン（四角，星形など）を数点選んで，ベルで順番に演奏し音で作る形の美を感じるものです。古川は音による非日常的な空間体験は「未知なる自分との遭遇」であり，自分，他者，それらの関係性への気づきを促すことのできる障害であることを感じさせない音のコミュニケーション学習になったことを述べています 6)。

身体・メディアによるアート学習

　ワークショップは頭だけで学ぶのではなく，からだ全体で学ぶ特徴があります。現代人が便利さと引き替えに鈍らせてしまった身体感覚をを取りもどすためには，身体ワークショップはとても有効です。2007年群馬県立盲学校で，勝部ちこ・鹿島聖子の「コンタクト・インプロビゼーション Contact Improvisation, 以下CI」ワークショップを実践しました。CIは1970年代初頭スティーブン・パクストンがモダンダンス，器械体操の経験や合気道を通した東洋思想（禅）の影響を受け，「触れ合いから始まるコミュニケーション」という独自のダンスを創造したことから発展しました。CIは主に触覚（触れ合い）を使うダンスですが，同時に他の嗅覚や聴覚を合わせて使い，視覚はむしろ重点ではないと言えます。したがって，視覚を遮断したワークショップも十分可能で，CIを継続的に休験・修行を積んでいくと相手の身体を目ではなく，身体自体で感じ，動くことができるようになるといわれています。実際，学生へのプレワークショップでは目を閉じて部屋の中を一周する（空間とのコンタクト），パートナーの身体を身体の形を閉眼で当てる（maping とい

う身体地図／空間認知）、閉眼でパートナーと両掌を合わせ、お互いの手の甲を叩く／逃げる（触覚を使った洞察力）などを目を閉じるワークを多く行いました。

視覚障害児との実際のワークショップでは、身体と気持ちのウォーミングアップとして「気」を合わせるワークから、触るという探り合いを経て、相手の気を捉え、後半には body surfing（一人が転がるもう一人の身体の上に波乗りの要領で流されていくワーク）を行いました。相手の重さを必然的に意識し、相手への思いやりを育てます。CI で最も大切なのは「お互いが支え合う」ことの実体験です。背中や肩を接触させ、お互いにバランスを取りながら動くことは相手のすべて（身体、感情や感覚など）を受け入れることと支えることを同時に体験し、それは社会の中で生きることへと繋がっています[7]。

おわりに

多感覚題材だからといって、いつもたくさんの感覚へ刺激的にアプローチする必要はありません。むしろ感覚は統合的に働いていることを無意識に感じながら、自然に造形活動と連携しましょう。そういう意味では、食のアートは誰もが笑顔になれるアクティビティです。ホットケーキやクッキーづくりは簡単な手順ででき、チョコペンでドローイングしたり、装飾の工夫ができる題材です。ピザも同様に季節や地域の食材を並べて、形や色の工夫を楽しめます。味覚は嗅覚と合わせて、「匂いと記憶」の学習になります。さらに食は自然に会話を豊かにするはずです。また、食は今貧困や環境などの社会問題と直結しているので、アートで社会にある問題を考える学習になるでしょう。食品の安全や食品ロス、子ども食堂などを考える社会デザインの学習です[8]。

現在科学の分野では触覚などの未開拓な分野への挑戦的な研究が盛んです。たとえば「テクタイル」（2012）[9] は「触感表現の普及活動」と命名され、音声情報を触覚の再現や表現に使える装置です。音を楽しむ音楽のように、触を楽しむ「触楽」という新しい表現分野の可能性を示唆しています。感覚を他の感覚に変換したり、融合（多感覚統合と呼ばれる）したりするテクノロジーの研究が視覚障害者が楽しめるアートを拡張する可能性を秘めています。

7) この内容については、勝部ちこ・鹿島聖子「身体でコミュニケーションするダンス・ワークショップについて教えてください」（茂木一司代表編集『協同と表現のワークショップ』東信堂、2014、pp.196-201 を参照。）

8) 「おいしいとは何だろう」を探求すると食が味覚・嗅覚だけで成り立っているわけではないことがわかる。触覚、聴覚、視覚や他の多くの感覚を総動員して「風味」を感じていることをボブ・ホルムズは明らかにする（『風味は不思議 多感覚とおいしいの科学』原書房、2918）。

宮川紗織「クレープ de アート」（中之条ビエンナーレ2013より）

9) テクタイルルールキット

写真上　TECHTILE は、「触感を表現する」ためのテクノロジープラットフォームやコミュニティを構築することを目的としたツールで音声情報を触覚に変換する（筧康明、仲谷正史 他作、2012 年度グッドデザイン賞受賞）
写真下　筧康明の「視覚を超える造形ワークショップ」（クリエイティブ・アート実行委員会、2017）で制作した触覚アート（茂木一司作）．

絵画と触図と遠近法【絵・立体】

Q27 見えない人の絵と見えている人の絵をつなぐ 絵画と鑑賞について教えてください

栗田　晃宜

1）エム・ナマエ
本名は生江雅則（1948〜2019年）イラストレーター、児童文学作家。34歳の時、糖尿病のため失明する。人工透析の時に看護師だった方と連れ添い、再びイラストレーターとして活躍する。1989年の『UFOリンゴと宇宙ネコ』で第18回児童文芸新人賞を受賞した。NHKラジオ深夜便の「ゆめぞう君」のデザインをしている。
作品の複製物（部分）を作成し全盲生徒と鑑賞した。マット紙に描いた凹んだ線に触れて、点字を裏点（凹点）で読める技能があっても、初めて触れる凹線の触察は難しくて「小さな子が描いたり、触れるのはできんやろう」と生徒は感想を述べた。輪郭線を越えてはみ出して色が付いているのを聴いて「輪郭線から色がはみ出してもいいんですか」と色の塗り方に驚いた全盲生徒もいる。中途失明の生徒は、見えなくなっても描くのを諦めず、工夫して表現する姿に感動したようである。

2）アメリカ盲人協会（AFB）
1921年に設立されたアメリカ盲人協会（American Foundation for the Blind）は、先進的な支援技術による製品の開発と販売だけでなく、視覚障害者が自立した生産的な生活を送るために必要な情報、技術、教育、法的資源や政策にもコミットしている。
また、ヘレン・ケラーと協力した団体でもあり、デジタルアーカイブ・コレクションには、手紙、写真アルバムやヘレン・ケラーに関する論文など、ヘレン・ケラーに関する世界最大の資料を保存し、アクセスできるようにしている。

見えない人が絵を描く方法

　見えない人が普通の筆記具で線を描いても分かりません。クレヨンなら感触で分かるという人もいますが、その線に触れてたどるのは厳しいです。しかし、線を盛り上げられるなら触れて確認できます。

　線に手で触れながら描く方法として、下敷きや紙側の工夫をした表面作図器のレーズライターというセロファンのような薄い特殊な用紙がよく使われます。筆記具側の工夫をしたものに触図筆ペンがあり、紙や樹脂等の素材に描けます。これはガンタイプの熱可塑性樹脂の接着剤や3Dペンのように火傷をする心配はありません。

　他の方法としては、画家の光島貴之さんが絵画表現に用いた製図用のラインテープを貼る方法やイラストレーターのエム・ナマエ[1]さんのマット紙にボールペンで描いて凹ませる方法もあります。幼児用の玩具には筆記具内に毛糸が入っていて、描くとボードに毛糸がくっつくもの等があります。教育では粘土でレリーフを作ることや紙を切って貼るコラージュ等も絵画として取り組んでいます。

触図をつくる方法

　手で触れる図を触図といい、見えない人が絵を描く方法の他に、見えている人が提供する単純な方法からコンピュータを使った機器による複雑な方法があり、その代表的なものを取り上げ簡単に解説します。

◇表面作図器・レーズライター

　アメリカ盲人協会（AFB）[2]で開発された透明な用紙で0.03mm程の薄さです。シリコン樹脂シートを下敷きにレーズライターを置き、先の尖ったもので描くと引きつるように0.5mm程盛り上がります。視覚障害者が線に触れながら簡単に描けますが、強い筆圧が必要で動きが速いと破れてしまいます。国立特別支援教育総合研究

所（NISE）が、紙の繊維を加えた厚手のタイプを開発しましたが、湿度により丸まりやすいという欠点があります。

◇表面作図器・蚊帳盤（蚊帳・金網）

板に蚊帳や金網を張ったものを下敷きに紙を置き尖ったもので描くと、凹んだ線の中に織りの凸凹が表われます。凹凸が感じやすい平滑な指滑りのよい点字用紙等が分かりや

すいでしょう。金網の網目に流されやすいので、強い筆圧が必要となります。金網は20メッシュ（1インチ間目数）、線径0.3mm、平織り、目開き0.97mmの規格のものを使いました。

◇触図筆ペン[3]

蜜蝋粘土を加熱し塗料とする筆記具で紙や樹脂、木材等に描くことができます。蜜蝋粘土は数秒で固まり、削って消すこともできます。線に触れながら描くのは困難で、手や腕の位置感覚で描きます。弱い筆圧で幼

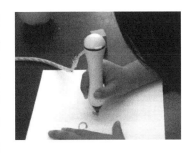

児から使用でき、描く速さやペンの角度で線の太さが変わります。直射日光に長時間当てると溶け、耐水性の定着液を使うと保存性は向上します。

◇カプセルペーパー・立体コピー[4]

熱膨張性のあるカプセルペーパーに描画や複写をして立体コピー作成機で線を盛り上げます。図と地の区別のため網点等を加えますが、線の周りは省いて、指でたどりやすい線にする工夫が必要です。描画成分により盛り上がる反応が異なり、溶剤入りの筆記具は使えません。コピー機やレーザープリンターはインクの種類により適さないものもあります。加熱するワックスペン[5]で描くと盛り上げることができます。

◇バキュームフォーム・真空成型機[6]

図をレリーフに翻案して石膏型や木型、TAセメント等で原型（凸

3）触図筆ペン
2004年、科学研究費補助金奨励研究で全盲生徒が絵画の線の理解を深めるために、図のように蜜蝋粘土を塗料にして、筆やペンで描き、画家の線画の模写教材から、線の多様性や面白さを理解する学習方法を研究した。

その年に視覚障害者の筆記具の可能性を感じて、触れる図の触図と筆ペンを組み合わせ、「触図筆ペン」と名づけ（有）安久工機の田中隆氏と開発をスタートした。

4）立体コピー
カプセルペーパーの用紙は数社から発売され、その触り心地などが微妙に異なる。立体コピー作製機で文字等を盛り上げ、高さを調整できますが、盛り上げると柔らかく、ざらつきが多く感じられる。使用者の希望により調整する。触図として簡便に作製できるが、線が潰れて微細な線間隔は認知できないこともあり工夫が必要である。通常のコピー機は、メーカー毎にカプセルペーパーが通る部分の内部温度が異なり、高温でカプセルペーパーの白い部分が発泡しやすい機種もある。

5）ワックスペン
指輪やピアスなどのアクセサリーをワックスの原型で作り、鋳造する技法がある。そのワックスの原型を削る道具の1つである。ペン先を加熱してワックスを溶かすが、小型化された乾電池式のものが誕生し、海外では、カプセルペーパーに線を描く道具として販売されたことがある。線質は明瞭だが、硬くて立体コピーの線とは異なる。

6）真空成型機

真空成型機（バキューム
フォーム）と点字複写機
（サーモフォーム）の主な
違いは、高さのある原型を
収めるための空間の有無に
ある。写真は、かがわボラ
ンティアサークルｉの所有
する真空成型機だが、点字
複写機のブレイロン（樹脂
シート）の成型にも対応が
可能となるよう工夫をして
いる。

7）点図描画ソフトエーデル
1991 年徳島県立盲学校教諭
であった藤野稔寛氏がパソ
コンの画面上に描いた図形
を点図化するソフトを独自
開発した。点図の絵が出る
ことから「エーデル」と名
づけて無償提供している。
点字プリンターの機種が限
定されますが、全国の盲学
校や点訳ボランティアには
必須となっているソフトで
ある。2017 年の第 14 回の
本間一夫文化賞を受賞して
いる。

8）点図

点字教科書の点図は、亜鉛
版の裏面に反転した図を貼
り、写真のように足踏み式
点字器で凹みを手作業で付
けて原版を作る。熟練した
手業で線にぴったりと添っ
た点の並びは美しく触れや
すい点図を生む。写真は東
京点字出版所での様子であ
る。

型）を作ります。その上に熱可塑性樹脂シートを成型枠に留め、加熱軟化させ空気を抜き、原型に貼り付かせて冷却硬化させます。この真空成型機の方法は複製が容易です。形状は抜き勾配で空気がたまらないようにします。量感のあるレリーフで初心者にも分かりやすいです。

◇サーモフォーム・点字複写機

サーモフォーム（American Thermoform Corporation）は 0.1mm 程の厚さの樹脂シート（ブレイロン）専用の真空成型機等で作ります。点字の複写、紙や布等を切り重ねた段差やテクスチャーまで成型でき点字教科書で使われます。点字印刷所では多部数の複写のため原型を薄いベーク板に貼り耐久性を高めています。吸引は紙の繊維を通した下部ではなく、横から抜くため小さな教科書サイズに限定されます。

◇紫外線硬化樹脂（UV レジン）

線画の上に紫外線硬化樹脂の線を重ねて硬化させます。夏の屋外の太陽光なら短時間で硬化します。出版物は一般的にシルクスクリーンで紫外線硬化樹脂を印刷します。その樹脂の表面はのっぺりとして指滑りが悪くこの感触を好まない者が多いですが、シッカロールやタルクを塗布したり、薄いサテン生地を掛けて摩擦を減らすと触れやすくなります。

◇点字プリンターの点図

Windows 用点図描画フリーソフトのエーデル[7]（Edel）で編集、点字印刷機 ESA721（JTR）により大・中・小点で印刷します。新しい ESA600G は裏点の 3 種類を含む 6 種類の点種です。線画はスキャナーで読み取りフリーソフトのテンカ（Tenka）で点図化でき、点字を加えデータ保存ができます。点字教科書の『点図』[8]は足踏み式製版機等で亜鉛版の原版を作り点字印刷機で印刷するもので、この方法とは異なります。

◇エンボッシング・ツール[9]

先の尖った筆記具や各種ルレットで、紙やアルミ箔の裏面から凹ませた線を描き点字を打ち表面にして触図としたものです。なまし

加工の 0.127mm のアルミ箔は凸部を平らに修正できサーモフォームの原型に活用しました。イギリスの王立盲人協会（RNIB）とアメリカの盲人印刷所（APH）でキットやガイドブックが販売されました。

◇布や樹脂などさまざまな素材を使った触れる絵本

羽子板の押し絵のように様々な生地に芯材を入れ、木や樹脂等も使った素材感のあるレリーフ状の絵です。幼児児童用に適していて分かりやすいです。多くはボランティア団体が作成しています。柔らかな布絵本や透明な樹脂シート（タックペーパー[10]）を絵柄に合わせ切り貼り、点訳を付けた視覚障害の保護者向けの『さわる絵本』[11]とは異なります。

◇エンボス・デボス加工

真鍮製の凸版と凹版の間に紙を鋏んでプレス加工した、高さが2mm 程の絵画や彫刻、建築物等のレリーフで、緻密で情報量が多くイタリアやフランスの触察本に活用されています。それを日本の竹尾の樹脂を含んだエンボス紙パチカが支え、触れやすいと高い評価を得ています。

◇３Dプリンター

３Dプリンターで作成するレリーフで、アメリカのスミソニアン博物館の他、美術館等で作成されています。3D ソフトのデータ処理のできるパソコンと大判の３Dプリンターが必要です。フリーデータとして国土地理院の「地理院地図３D」等提供先は増えています。

輪郭線と遠近法を学ぶ方法

学びを輪郭線と遠近法の２つの項目に分け、主要な教材とともに解説します。実際には描画や触図の理解度、学習の興味関心に基づき、他の教材の活用やレリーフでの表現の学習も行いました。

◇輪郭線を学ぶ[12]

幼児期は体や腕を意味する丸や線で描きます。児童期には長い太いという見える意味が加わります。弱視児は鮮明に見えないので輪郭線のない顔や身体を描くことがあります。顔や身体に触れながら

9）エンボッシングツール

写真は、過去にイギリス王立盲人協会（RNIB-Royal National Institute for the Blind）が販売していたエンボッシングツールである。先端部分を交換することで、紙の上に実線や大きな点、細かな点線、粗い点線などを凸型に表現できる。

写真は、アメリカ盲人印刷所（APH-American Printing House for the Blind）の触図作製キットの一部である。焼鈍アルミニュウム箔には飴ゴム板の下敷きが使われ、シンボルやパターンを加える道具が含まれている。

10）タックペーパー
点字用透明シール紙のことである。点字を打ったこのシートを貼ることで、下地の文字等を隠さずに点字を加えることができる。環境への配慮から、PVC 製から薄くてやや硬い PET 製に素材が変わり、点字盤との相性や好みにもよるが、認知し難くなった印象を感じる。

11）さわる絵本
「点訳絵本」ともいい、岩田美津子（1952 年～）氏が、視覚障害のある保護者向けに、見える子どもに絵本を読み聞かせる方法を考えた。絵本にタックペーパーという透明の樹脂シートを貼って作る。絵本をそのまま使うことで著作権の許諾の課題を回避している。視覚障害者の福祉の貢献に対し第13回本間一夫文化賞を受賞している。

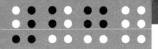

12）輪郭線

小学部高学年から中学部の児童生徒では、立体、半立体、線画と薄くなって画面に貼り付くイメージを培えるような教材を多く準備した。幼稚部や小学部低学年では、造形遊びで人や物の外側に輪郭線を描くなどして、自然に輪郭線の意識を高める。中学部では科学的に学ぶ。触図に視覚的な要素を含んだものを準備し、図のグラスの縁の輪郭線が絵では円にならない理由を学んで違和感をなくした。

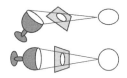

13）視野のポーズ

物体を反射した光は、まず角膜で光を屈折させて、光彩で光量を調整し、水晶体のレンズ（毛様体でピント調節する）で再び光を屈折させ網膜上に物体の像を結ぶ。網膜に投影された映像は上下左右が反転している。

学ぶに当たって、光は触れられないので、それを棒で代用して触れられるようにする。図のような「視野のポーズ」という基本的な姿勢をとり、眼球の細かな光の屈折などは省き、科学に身体を使って、眼で見る（光の受容）ことについて学ぶ。
光＝棒（手を伸ばして持つ）
焦点＝脇（棒の末端を手で固定）
網膜像のサイズ＝眼に入る光の角度（腕の振り幅）

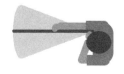

描くと輪郭線の意識が自然に培われて表現されます。盲児は手が2本なのに左右で4本の線が出るのは変だと感じたりしますが、触図に触れたり色を塗ったりする体験を積むことで、輪郭線への意識は変わります。

全盲生徒は鼻を小さな丸い穴2つと中央の鼻筋の直線の手で見た印象の触覚的に描きがちです。盲児が視覚的な輪郭線を理解するにはその理由を学ぶ必要があります。例えば1本の細い棒の片方を固定

し、その正面に生徒が立ち身体や顔に棒を添わせると、棒を固定した位置から見たシルエット状の輪郭線が分かります。紙で大きな鼻の模型を作り、斜めにして棒で触れるとかぎ鼻になって、自分の絵とは異なる理由に気づきます。顔の深彫りのレリーフ、浅彫りのレリーフ、輪郭線の立体コピーの教材を活用し、輪郭線がどう生じるか確認しました。

また、腕を真っ直ぐ伸ばして棒を持ち（位置は固定する）、その伸ばした腕の付け根に棒の末端を付けて持ちます（これを仮に「視野のポーズ[13]」と呼ぶことにします）。この棒は光の直進性を表し、腕の付け根は眼球の焦点に当たります。棒を円い穴の開いたボードに通してその正面に立ち、手を穴の淵に触れながら回すと、同じサイズの円形になります。ボードを斜めにすると棒は楕円に動きます。コップの淵の形は触ると円いのに、見える人はコップの淵を楕円形に描く、その視覚と触覚の違いを体験できます。他にも、正面向きや横向きの人物などの外周などを棒でなぞることで、見える形を推定するトレーニングができます。授業のまとめでは、生徒は棒が楕円に動くのを体験し、その説明をします。「円い穴のボードを斜めにした」「残念‼楕円のボードでした」と種明かしすると、生徒は「だましや！」と声を出し喜び、錯覚の世界に触れて終わりました。

◇遠近法[14]を学ぶ

ここでもボードと棒を使います。25センチ程の円形の穴の開いたボードと長さが300センチ程に伸び縮みするたわみの少ないカーボン製の軽量の棒を使います。「視野のポーズ」から棒をボードの

穴に入れ淵に添わせてゆっくりと回します。ボードから離れるほど棒の動きは小さくなります。生徒の腕の付け根から持ち手までの距離は50センチ程で、その距離が倍毎に、棒の振れる角度と回す大き

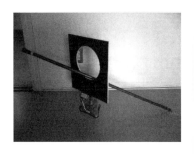

さは半分程度になり、感覚的には分かりやすいでしょう。自ら角度を変えたり、正方形や長方形の穴のボードに交換したりして、形の変化を説明させます。

　次に、触図でも遠近感を学びます。距離が近いほど、高く盛り上がる風景のレリーフです。1点目（福井爽人「明」翻案）は単純で分かりやすいものから始めます。手前から緩やかな傾斜の曲がりくねった道を進んで、丘のような山裾に至ると道は細く分からなくなります。地平線は遠いので低くなっています。この空間表現は重要で、大地を机の上に見立て数本ペットボトルを置き、視覚的な表現を説明させます。遠くのものは小さく、風景の圧縮したイメージを育むことができます。

　2点目（依田万美「Mother Ship」翻案）は広い大地の遠くには地平線が見えます。大地にはいくつもクレーターがあり、そこから空に浮かぶ複数の雲に細い梯子が伸び

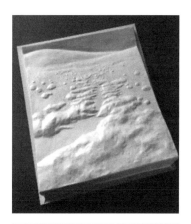

ています。クレーターの遠近は傾度と地平線からの距離で考え、雲の遠近は重なり具合と盛り上がりの度合い等で考えます。様々なタイプの触図を体験することは意味がありますが、レリーフ状の触図を活用しなくても、平面的な遠近法で描かれた良質な触図と簡単な教材を活用することで、視覚的な図の理解は深められると思います。ぜひ工夫してください。

14）遠近法

「視野のポーズ」で棒を穴の開いたボードに通して触れながら回すと穴のサイズは実物と同じサイズである。

ボードから離れれば離れるほど棒の動きは小さくなって遠近感を感じられる。穴開きボードの代わりに窓枠の一部を教材として活用することもできる。学習では机の前後に触れられる缶を置いたり、2つ折りで前後に開く紙や触図を教材として学んだ。遠近法は東洋の遠近法との違いを理解する基礎にもなる。このような体験や関連する話題は、興味関心を高めて想像力を鍛え、学びの質を高める。

参考文献
・栗田晃宜（2014）「視覚障害教育」，三澤一美＜監修＞『美術教育の題材開発』p.405-416，武蔵野美術大学出版局．
・後藤良一（1973）『サーモフォームによる地図の作り方』日本点字図書館．
・John L. Barth, et al. (1982) Tactile Graphics Guide-book Kentucky:American Printing House for the Blind.
・Polly K. Edman (1992) Tactile Graphics New York:American Foundation for the Blind.
・遠き道展実行委員会（2008）『遠き道展-はて無き精進の道程』生活の友社．
・長谷川栄（1979）「美術館の児童造形教育へのアプローチ」，『博物館研究』p.30-36，日本博物館協会．

Q28 見えない人はデザインや工芸をどう理解したらいいですか？ 日常生活の中での学ぶ方法について教えてください

茂木　一司

はじめに

　視覚障害者が駅のホームから転落する事故のニュースを耳にします。駅のユニバーサルデザインはどうなっているのでしょうか。駅のホームには視覚障害者に内側を知らせる「内方線付き（点字）ブロック」がありますが、その段差に躓いたり、線路側にあるゴム状の滑り止めの区別がつかないこともあるなど、モノのデザインだけでは回避できない危険があり、デザイン[1] を「思いやり＝コトづくり」として理解することが必要です。

　粘土の造形学習を主に発展してきた盲美術教育では個人の内面を表現する美術教育に比重が置かれてきましたが、これからはアートを生活の中で生かすという意味でも、デザインの学習がより重要になっています。視覚障害児はどのようにデザインや工芸[2] を学んだらいいのか、理念や方法を考えてみたいと思います。

モノからコトへ：メディア時代のデザインの拡張と変容

　視覚障害（盲）教育に限らず、デザインや工芸などの適応（機能）表現の学習は十分ではありません。その要因には、デザイン概念がモノからコトへと拡張し、学校教育で扱うべきデザイン学習の核が見えにくくなっていることがあります。産業革命以後のモノづくりを革新・牽引してきた、いわゆるモダンデザインは装飾・視覚伝達・プロダクト（生産）・環境・建築など、近代の視覚中心社会の象徴でもありました。特に形や色を中心としたスタイリングによる「売れる」（商業主義的）デザインの感性やスピード感の中を生きていくことは視覚障害者はもちろん、現代を生きる人間・社会全体に大きな問題を投げかけています。大量生産・大量消費から生みだされる環境（エネルギーや地球温暖化など）、格差社会や貧困、食の安全、超高齢化と障害やジェンダーによる差別、グローバル化と情報メディア社会、新型コロナウィルスと新しい生活様式……などなど、私たちが安心安全に豊かに暮らしていくために、多様で複雑に絡まり

1) デザイン（design）とは、意匠、設計などの目的と計画を持った表現をいう。デザインの語源はデッサン（dessin）と同じく、「計画を記号に表す」という意味のラテン語 designare である。当初はモノのかたちや色の美的構成をいったが、問題解決やそのプロセスにある思考や概念の組み立てそのものをいうようになった。最近（情報デザイン以後）のデザイン思想の傾向は作り手ではなく、使い手（もしくは社会）との相互作用（関係性）の中にデザインの意味があると考えるようになった。しかしながら、デザインという営みはモノからコトへ移行したとしても、他者（人や人以外）に対する配慮、つまり思いやりであることには違いない。

2) 工芸とは、手仕事によって日用品をつくり出すこと、生活用具としての実用性と鑑賞性を備えた製作物である。工芸の「工」という文字は、象形文字で握りのついた「のみ」、あるいは鍛冶をする時に使用する台座（金床）を表したものと言われ、芸とあわせて、手先や道具を使ってものを作ること、さらに匠にものを作ることを意味するようになったという。工芸は材料によって陶磁、金工、漆工、木工、竹工、ガラス、染織など多くの種類に分けられる。日本のおける工芸の定義は曖昧である。伝統工芸（長年に亘り受け継がれている技術や技が用いられた美術や工芸。国などの指定を受けるのは伝統的工芸品）、民藝（大正期に柳宗悦らによって提唱された民藝運動で名付けられた民衆的工芸品をいい、日々使う生活道具には、簡素で飾らない健康な美しさ「用の美」があると主張した。

合った問題群を見える化し解決に導くための社会の中で必要なことを学ぶことがデザインの学習です。モダンデザインはペブスナー[3]が言うように、大量生産から生まれる粗悪なデザインに"よいかたち（Die Gute Form）"を与えるモノのデザインから始まりましたが、工業製品は形や色だけでなく、モノと人間のインターラクションから対話（コミュニケーション）や関係性を考える情報デザインに変わりました。たとえば、家電のスイッチは見た目のよさではなく、ユーザーインターフェースの問題として評価されます。さらに情報デザイン[4]は個人と社会をつなぐワークショップ（参加協働型学習）による「学びのデザイン」や地域を住民を巻き込んで改革する「コミュニティデザイン」、社会の理念を考える「社会／公共デザイン」にまで拡張されています。また、最近流行の「デザイン思考」はイノベーションのためにデザイナー的思考方法を使う創造的経営デザインに拡張されています。つまり、モノからコトへ変容したデザイン概念は基本的にはアート学習と同様「見えないもの」ということです。

3）ニコラウス・ペブズナー（Sir Nikolaus Pevsner、1902 - 1983）はドイツ出身のイギリスの美術史家で、モリスのアーツアンドクラフツを起点とし、アールヌーボー、ドイツ工作連盟、バウハウスに至るモダンデザイン史の基礎をつくった『モダン・デザインの展開　モリスからグロピウスまで（Pioneers of Modern Design）』（1949）で知られている。

4）情報デザインとは、文字通り「情報に形を与えること」、つまりメディア社会 に存在する複雑で多様な「モノ・コト」を組織化し、他者が理解しやすい「かたち」にする営みでその背後にある意味を捉えるデザインである。メディア空間にあるデータを他のデータとの関係性を構築し情報に生まれ変わらせる。（須永剛司ほか,2000）。

共用品の思想[5]とインクルーシブデザイン

視覚障害当事者が受け身ではなく、主体的に見える人と協働しながら「見えないもの」を見える化する創造的なデザインについて理解するためには、社会にあるユニバーサルなデザインについて学ぶことは重要です。ここでは日本から世界に発信した「共用品」の思想と定義について紹介します。共用品とは福祉と一般の間にあるモノやコト（共用サービス）のことで、「身体的な特性や障害にかかわりなく、より多くの人々が共に利用しやすい製品・施設・サービス」

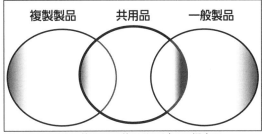

図1　共用品・共用サービスの概念図

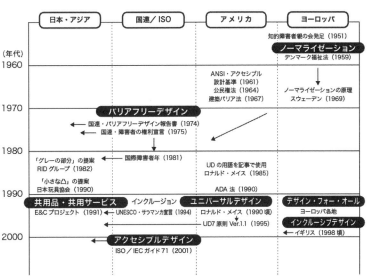

図2　広義のユニバーサルデザインの歴史
（青木誠（共用品推進機構運営委員 兼 企画委員）作成）

5）共用品については、公益社団法人共用品推進機構のホームページや同パンフレット、及び『共用品という思想　デザインの標準化をめざして』（後藤芳一・星川安之岩波書店、2011）等を参照。

6）ユニバーサルデザインは、1985年に米国の建築家で工業デザイナーのメイス（Ronald L.Mace）が提唱した概念で「調整又は特別な設計を必要とすることなく，最大限可能な範囲ですべての人が使用することのできる製品，環境，計画及びサービスの設計」である。その「7つの原則」とは、公平な利用、利用における柔軟性、単純で直感的な利用、認知できる情報、うっかりミスの許容、少ない身体的な努力、接近や利用のためのサイズと空間である。

7）インクルーシブデザイン（ID）は、英国王立大学（RCA）のロジャー・コールマン（Coleman,R.）が提唱した概念で、1991年から「デザイン・エイジ（Design Age）プログラム」を実施し，先進国で急速に進む高齢化問題をデザインから解決しようと試みる中で医学モデルではなく、あらゆる人に魅力的なデザインを生み出すことができた成功したプロジェクトであった。IDの特徴は，「障害のある人や高齢者などの特別なニーズをもつユーザーをデザインプロセスから包摂し、かつビジネスとして成り立つデザインをめざしている」。ジュリア・カセム（京都工芸繊維大学客員教授）は名古屋の美術館で視覚障害者の鑑賞プログラムを実践し高い評価を得た（『光の中へ　視覚障害者の美術館・博物館アクセス』小学館、1998にまとめる）。その実績を元にインクルーシブデザインの研究を開始し、さまざまなプロジェクトを実践している。（ジュリア・カセム他『インクルーシブデザイン』学芸出版社、2014等を参照）

（2000）と定義されます。共用品には、①多様な人々の身体・知覚特性に対応しやすい、②視覚・聴覚・触覚など複数の方法により、わかりやすくコミュニケーションできる、③直感的でわかりやすく、心理負担が少なく操作・利用ができる、④弱い力で扱える、移動・接近が楽など、身体的な負担が少なく、利用しやすい、⑤素材・構造・機能・手順・環境などが配慮され、安全に利用できるの原則があり、a.最初からすべての人々を対象に、適合するよう考える共用設計、b.一般製品の利用上の不都合をなくすバリア解消設計、c.福祉用具がもとで一般化した福祉目的の設計の3つを含んでいます（図1）。

　図2は広義のユニバーサルなデザインの変遷です。障害のある人ない人が普通の生活を送れるような条件を整える「ノーマライゼーション」から始まる思想は共生社会構築に必要な理念や方法のデザインとして見ることができます。バリアフリーデザインは障害と健常の壁（バリア）をなくすという考えで、ここまでは障害のあるなしは区別されています。ユニバーサルデザイン(UD)[6]は文化・言語・国籍や年齢・性別・能力などの違いにかかわらず、多様な人が利用できることを目指した建築（設備）・製品・情報などのデザインとそのプロセスであり、主にハード面が強調され、デザインフォーオール（DA）はあらゆる能力・状況にある人が使いやすい製品やサービスなどをいい、主にヨーロッパで使われる用語です。そして英国生まれのインクルーシブデザイン(ID)[7]は「障害のある人や高齢者などの特別なニーズをもつユーザーをデザインプロセスから包摂したデザインをめざす」という特徴を持っています。IDは参加する障害者等の固有の属性を活かし、いわば参加者全員を学びのプロセスに巻き込みながらデザインを進める点でモノ・コトを統合するソーシャルインクルージョンのデザインになっています。

　これらの3つのデザインと共用品のデザイン及びアクセシブルデ

図3　かしわ餅はあんこで葉の裏（みそ）表（こし）が違う　　図4　牛乳とビール（点字でおさけ）の触覚サイン　　図5　シャンプーとリンス、ボディソープの触覚サイン

ザインは誰もが使えるモノコトのデザインという意味で共通の目的を持つデザインです。共用品の具体例をみると教材開発のヒントがあります（図3・4・5）。視覚障害当事者が困っている問題を見える人とともに考えることは共用品の思想そのものです。「話し合いの中でみんなの使いやすさが生みだすこと」は多様な参加者によるインクルーシブデザイン教材開発のポイントです。①不便さに気づく、次に②モノやサービスのデザインに具体化する（動く・かたちにする）、③法制化しガイドライン化やマニュアル化する（共有する）、④教育を通して普及する（続ける）というモノコトを通したデザイン方法論はインクルーシブアート教材開発を具現化しています[8]。

工芸（モノづくり）とその他のデザインの学習

大量生産品ではなく、紙すき、織りや染色、陶芸、木材・金属加工などの工芸作品は実用的面ばかりでなく触って鑑賞し、人間が手のぬくもりを以てモノづくりをしながら生活してきた心を受け渡していく学習になります。素材そのものの手触りや用の美の持つかたちの美しさなどを味わい、同時に制作を通して自分で使用し、仲間とコミュニケーションをとるツールにもなります[9]。

その他のデザイン学習で、ファッションやテキスタイル学習では自分らしさを表現できる装飾を学びます。また、サインやロゴマーク[10]、ポスターなどの視覚伝達のデザインの学習を通して、社会の中で色や形態がどのような意味や機能を持っているのかを学ぶことは生活の中の安全学習にもなります。大きくて空間概念としては捉えにくい建築や環境のデザインも知識学習だけでなく、叩いて音を聞き分けるなど多感覚を活用した体験も重要です。現代社会は情報ネットワークのバーチャル空間の中で自己表現が簡単にできるようになりました。デジタルは見えない人にとってはプラスマイナスの両面があります。触るのが難しいという欠点もあるが、SNSやICT技術は表現やコミュニケーションを拡張するツールになることは間違いありません。映像メディア時代にマッチした視覚障害者に適した画像や映像、音声、プログラミングなどのツールの開発が進み、ゲームやeスポーツなど、若者のリアルな文化が次のアート教育を拓いていくことが期待されます。

8) 後藤 芳一・星川 安之「共用品という思想 - 実践と考察」独立行政法人経済産業研究所 BBL セミナー 2011 プレゼンテーション資料、https://www.rieti.go.jp/jp/events/bbl/11071201.html

9) 陶芸の茶碗づくりの学習ではつくった作品を持ち帰ってご飯を実際に食べてみる活動ができる。茶碗という工芸品を通すと、学校の授業や先生、友人のことが話しやすくなり、このような家族とコミュニケーションもモノを通した鑑賞で、美術学習の一環である。

10) 多胡宏は、「生活の中の色彩」と題して、トイレの男女のマーク・避難マーク・バスの路線図・工事中の標識・ユニフォーム・冠婚葬祭の式服などを色彩の弁別の機器カラートークを使って学習する授業をしている。目的は、①色彩の寒暖、軽重、硬軟などを利用して生活でどのように使われているか、具体例を元に調べる、②なぜその色が使われているかを考えまとめる（男女などで使われる色に傾向があることを知る。注目を引くこと、見やすいことなどのために工夫されていることを知るなど）である。視覚障害児が社会にあるデザインから、色の持つ視覚伝達ための共通した意味（赤＝禁止、黄色＝注意など）を知り、使いこなすことはデザインが生活の中に活かされることを強く意識させる。

図6　マークの意味（障害者が利用できる設備や建物、場所）

Q29 視覚と触覚が相互に情報補完し合うデザインって何？
～紙を使ったデザイン制作～

桑田　知明

　もちもちとしたクッションやぷにぷにした石鹸、さらさらのタオル、ふわふわのスイーツなど、私たちの日常生活は、常に目新しい触感に囲まれています。沢山の触感が表現されているのは、紙一つとっても例外ではなく、驚きと楽しさを伴って情報発信をしているのです。しかし、その驚きと楽しさに心を奪われ、紙の触感の可能性から探る視野を狭めてはいないでしょうか。

　紙を使ったデザイン制作を通して、ここでは以下３つの側面から、視覚と触覚の関係を探り、視覚と触覚が相互に情報補完し合うデザインとは何かを考えます。

①　視覚で情報を得ている（以下、視覚優位とする）人間にとっての触覚デザインの意義

②　視覚デザインから考える、視覚と触覚の関係性

③　触覚で行う思考の深化

視覚デザインと触覚デザインの意味と、その関連性

　一般的に視覚デザインとは、絵や写真、墨字などの視覚的な表現で情報伝達することを目的としたデザインの総称をいいます。対して、触覚デザインとは、主に皮膚や筋肉で感じる感覚を用いて情報伝達することを目的としたデザインの総称をいいます。これらの前提に立つと、視覚に障害を持つ人間は、視覚デザインの領域で疎外されることになりかねません。では逆に、触覚デザインの領域では、視覚優位な人間が疎外されることになるのでしょうか。いや、そうとは限りません。何故なら視覚優位な人間も触覚で情報を得ている（以下、触覚優位とする）人間も皮膚や筋肉で感じる感覚を持っていれば、同等に触覚デザインから情報を得られるからです。ただし、個人の感性と経験、また努力によって、触覚情報の取得に差があるのは事実です。それは、視覚で墨字を読む際に体験と知識が豊かであればあるほど、情報を素早くかつ、確実に取得できるのと似てい

ると言えます。そういった点を踏まえると、視覚優位な人間も触覚優位な人間も、触覚デザインでの情報伝達は平等なのです。

　情報伝達の条件が逆転し、同様に立場も逆転することが何故無いのでしょうか。多数派であると自負してきた視覚での情報伝達は、それよりも更に多くの人間が、感覚の拠り所にしている触覚での情報伝達に比べると、可能性が硬直をし続けているように感じます。

①視覚優位な人間にとっての触覚デザインの意義

　触覚を通して情報伝達を行う紙を使ったデザイン制作の実践を通して、視覚優位な人間にとっての触覚デザインの意義を考えてみます。

　私は視覚と触覚の両者ありきで成り立つ、触る絵本の制作を行ってきました。その中の１つに、視覚では何が起きるのか分からなくとも、触ると物語が展開する「触るポップアップ絵本」があります（図１）。この触るポップアップ絵本は、ページを開けば仕掛けが飛び出すポップアップ絵本とは異なり、鑑賞者自らがページ内の紙を折り起こさなければ、物語が展開しません。

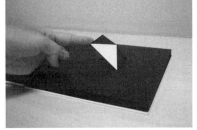

図１　絵本のページには、手触りの異なる紙２種類の紙を用いた。黒色と白色で種類の違いが表現されており、視覚でもその違いを認識できる。

図２　過去に制作を行ってきた触るポップアップ絵本　（左）触覚情報で構成された触る絵本、（中央・右）白と黒で表現し、視覚にも配慮した触るポップアップ絵本

　作り始めたきっかけの１つには、ポップアップ絵本を手にした際、ページを捲ると受動的に物語が始まることに違和感を覚えたことでした。まだ絵本を読み進めてもいないのに、ページを捲ると同時に物語は進んでおり、その行為とスピード感が合わないように感じたのです。また、美しい色彩と作り込まれた造形の迫力に感動する反面、視覚を奪われ、物語が頭に入ってこない寂しさもありました。そして、読書が能動的に物語を展開させられるポップアップ絵本とは何かと考え、制作を始めました。

　私が触る作品を作る時に、心がけていることは２つあります。１つは、手で触れることを前提に制作を行うことです。そしてもう１つは、私自身を作品の鑑賞者として排除しないということです。私自身を鑑賞者に含むことで、触る作品を自分ごととして考えることが出来、より実感のある物になると感じています。

　絵本づくりを続ける理由は、グラフィックデザイナーである私が、視覚優位な分野にいながら、それを頼りとしないことにも取り組むことに意味があると思っている点にあります。その意味こそ、触覚による視覚デザインの情報補完の可能性です。視覚にしか出来ない、また視覚には出来ない情報伝達を整理し、視覚の可能性を考えることこそが、次世代の視覚デザインを育むのではないでしょうか。

　次に紹介する触る絵本は、触覚情報で構成された物語を体験してもらう為に制作したものです（図３）。

　真っ白なページに登場するテクスチャーが何を意味しているのかは、その側に記入された点字からしか分かりません。点字の読めない人間にとっては、そこに何かがあるということだけ提示され一向

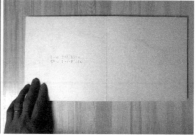

図３　「虹」をテーマに真っ白の絵本を制作した。絵本の中には虹の色の代わりに、多様な手触りが登場する。手触りの密度や形態が変化しながら、物語を読み取ることを目指した。

に解読ができません。それらを知るには、点字ユーザーからの読み聞かせに頼るしかなく、この体験が意味するのは、視覚優位な近代社会における点字ユーザーの気持ちではないでしょうか。

視覚優位な状況によって、これらの気づきにくいことを考えさせてくれるのが触覚デザインであると考えます。

②視覚デザインから考える、視覚と触覚の関係性

2019年3月、京都大学総合博物館で企画展「ないをたのしむ展」を実施しました（図4）。本企画は、おぼえられない、みえない、きこえない、できない等の様々な「ない」状況は、障害である以前に、必死に生きている人の世界観でもあり、それら異なる世界観の壁を逆に楽しむことを目的とした内容でした。そして、そういった「ない」という状況は、鑑賞者それぞれにも体験があることではないか、と投げかけるものでもありました。そこで広報物である紙のポスターやフライヤーでは、視覚と触覚の関係性を考えるデザインを制作しました。

このデザインは、"触覚として手跡"と"視覚として見跡"をテーマとしています。表現している図形はそれぞれ4つです。紐を垂らして作った図形、鉛筆を尖らせて1センチ程度の引っ掻いた線の塊の図形、ペンで円をぐるぐる描いた図形、帯の紙を手でちぎり並べた図形、これらを手跡としました。そこから4つの手跡を、パソコンで見やすいようテクスチャーを省き単調な線にし、色をつけた図形を作成し見跡としています。

"手跡"と"見跡"の図形を見比べることで、視覚で得られる情報がある一方、得にくくなる情報もあります。それら視覚と触覚の関係性をデザインで表現し、鑑賞者に自分ごととして考えてもらう体験としました。

企画展「ないをたのしむ展」
A4版フライヤー墨字版

同フライヤー点字版では、図形を触れるようにフロッキー加工で表現した

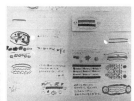

図4 「ないをたのしむ展」会場。会場では鑑賞者に様々な「ない」状況を考えてもらう触れる作品やワークショップを用意した。それらを通して、鑑賞者の数だけ多様な答えがあった。

③触覚で行う思考の深化

2018年11月、国立民族学博物館で視覚障害者文化を育てる会のワークショップで、「飛び出すトーテムポールづくり」を実施しました。本ワークショップでは、全体を触察できない大きなものに触り、触覚で獲得した部分的な情報を元に、鑑賞者が全体を思い描くことで、目に見えない「世界」を想像するプロセスを体験する内容でした。参加者の身長よりも遥かに大きなトーテムポールをモチーフにして、視覚や触覚で観察を行い（図5）、手が届かず触れられない部分や見辛い部分は、鑑賞者同士で意見交換し、観察を通して得た情報から想像をします。そして、想像したトーテムポールの姿を紙のポップアップ技法で制作を行いました。

参加者は1人につき1作品の制作で、ほぼ全員が初めてのポップアップ作りでした。ポップアップの仕組みを理解するのには視覚の有無に関わらず、紙を触って作ってみないと分からないということが共通にあり、参加者は仕組みを触って確認しながらの制作となりました（図6）。

図5　国立民族学博物館に常設されているトーテムポールを参加者が観察する様子

図6　触ることで想像を広げ、紙を用いて自分が想像したものを触れる形にし、他者と共有する

触覚で行う思考とは、思考するきっかけに触る行為があるということです。そして紙という素材は加工が容易ですが、一度加えた加工を戻すことはできない緊張があり、作り手に表現の責任を与えます。そこにも触覚を通した思考の特徴がありました（図7）。

図7　ワークショップ当日は、約70名の参加者によって多種多様な物語が形となった

相互補完の関係から、無意識の感覚へ

　視覚優位な近代社会の中で、多数派であると自負してきた視覚は、それよりも更に多くの人間が感覚の拠り所にしている触覚によって、新たな表現を模索できる可能性があります。触覚には、触ることで得た情報を自由に解釈ができると同時に、個々の人間が持つ自分ごととしての物語が引き出す可能性があり、触ることで思考を深めることができることが触覚にはできるのです。

　私たちが視覚と触覚での情報取得が一方に偏ることなく、相互に補完し合うことを習慣的に両感覚を自然と意識できるようになった時、その意識はやがて無意識となって、両デザインは次のステージにいけるのではないでしょうか。

Q30 触知図のつくり方とペアで見る使い方を教えてください

齋藤　名穂

デザインを学びに留学したヘルシンキで、フィンランド視覚障害者協会の複合施設 IIRIS（イイリス）の館内案内の触知図をデザインしました。視覚障害者協会の職員の方達とヘルシンキに住む目の見えない人たちと一緒に作ったこの触知図の一番の特徴は「目の見えない人と見える人が一緒に読む地図」（以下「さわる地図」）としてデザインした、ということです。これは、駅などの公共空間に見られる一般的な触知図が、音声ガイドと組み合わせて、一人で読めるようにデザインされているのと別のアプローチです。そのあと、「見えない人と見える人が一緒に読む地図」というコンセプトに共感してくれた東京国立博物館と本館の触知図を作り、この考え方を応用して東京都庭園美術館と、歴史建造物を読み解く「さわる小さな庭園美術館」を作りました。イイリス・マップから15年。3つともそれぞれの場所で今でも毎日使われています。なお、この文章の中では、「しょくちず」の漢字表記は、触って知る地図という意味をこめて、「触知図」としています。

友人が歩く街の空間

写真1　フィンランド視覚障害者協会複合施設（IIRIS・イイリス）触知図

1Fから6Fまでの館内案内図。1階分の地図のサイズは、幅90cm×奥行き60cmと両手を広げて読めるサイズ。点字図書館からプール、宿泊型のリハビリルーム、各団体の事務局まで、多様な用途の部屋がある。公共施設の工事費の1％はアート作品の財源となる、というヘルシンキ市の法律を財源に作られた。
© Yehia Eweis

写真2　東京国立博物館本館の触知図

2011年盲学校のスクールプログラム基盤整備事業の一環で制作された。盲学校の学校見学のイントロで使う他、通常は19室みどりのライオン（教育普及スペース）に常設され、ボランティアスタッフによる館内案内に使われている。
© Takeshi Yamagishi

◎写真3 さわる小さな庭園美術館の補足説明
庭園美術館の建物は、アールデコ様式の旧朝香宮邸.

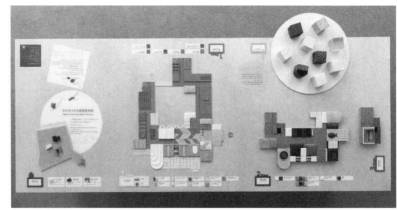

写真3　さわる小さな庭園美術館　　© Hideki Ookura

　大学時代のある日、大人になって失明した友人が日常空間の話をしてくれました。自宅から駅、友人宅、大学への道のり、校舎の様子。アスファルトの足ざわりや、玄関マットのコイルの形状、ドアノブの形、自宅前の目印にしている僅かな傾斜、改札機の音が聞こ

えてくる方向・・・世界を構成する小さきものをひとつずつ丁寧に拾い集めて、歩く空間を形作っていることが伝わってきました。それは建築を学んでいた私の、透視図で全体を把握してからディテールを見ていく空間の見方と対極にありました。同じ空間を一緒に歩いていても隣の人が見ている風景は違う－この時の発見とわくわくした気持ちがさわる地図を作り続けている個人的な理由です。建築家／デザイナーとしての私が大切にしている美しい空間のイメージです。友人が説明してくれた、彼の頭の中で組み立てられた歩く空間のイメージを「メンタルマップ」といいます。

ふたりでよむ地図を作る

イイリス・マップを一緒に作ったフィンランド視覚障害者協会のヘレナさんは30年以上のキャリアがある歩行訓練士。見えない人が触知図を読んで、学校や習い事にひとりで行けるようになること、都市の中で自立することがとても大切と考え、歩行訓練や都市計画に情熱をかける女性です。彼女と話をしていて、見えない人は、初めての場所に行く時、友達や歩行訓練士など見える人と必ず一緒にいくことを知りました。ならば、ひとりで読むのではなく、ふたりで会話しながら読む地図を作ろう。小さいけれど大きなこの発見は、さわる地図の哲学やデザインにユニークな方向性を与えました。

指で 目で 読む

見えない人と見える人が対等に会話するってどういうことだろう？それはひとりが地図を読んで一方的に説明するのではなく、ふたりがそれぞれに読んで発見し、話題を投げかけることだと思いました。さわる地図では、すべての情報に対して同量の触覚情報と視覚情報を与えています（※例は写真に）。またさわる地図では、情報を整理する方法として、情報のヒエラルキーを素材の温度差でつけています。見えない人が触知図を読むところを観察していると、まず地図のアウトラインを指でなぞり全体を把握したあと、現在地を起点に、歩く時の要となるエレベータや出入口の位置、廊下の方向など、交通系を見ていきます。さわる地図では、交通系の情報はざっとブラウズした時に、指にひっかかるように、冷たい触感の金属を

邸宅時代の使われ方を元に「さわる小さな庭園美術館」は制作された。ウェルカムルーム（教育普及スペース）に常設されている。

写真4　イイリスの中央階（3F）にあるカフェテリアの地図ピース
コーヒーカップをイメージさせる陶磁のタイルに、菓子パンをのせるナプキンの柄をイメージするレースを凹凸で表現。

写真5　東京国立博物館本館第一展示室「日本美術のあけぼの」は、縄文土器のうずまき。「仏教の興隆」は大仏の螺髪を連想させるぶつぶつ模様。

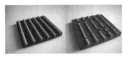

写真6　イイリス大人向けと子供向けの2つのリハビリルームのピース

視覚的には、緑白、赤白のストライプ柄。触覚的には、白線を木の丸棒に置き換え、シマシマを凹凸で表現。では、大人と子供の違いをどう触覚的に表現しよう？

— 結局、おもちゃのイメージから、子供のストライプがそろばんの駒のように動く仕掛けとした。歩行訓練の最初のレッスンは、現在地から子供のリハビリルームへの道のり。一生懸命読んだ先に、ちょっとした驚きを入れたかったという気持ちもある。

写真7　イイリス・マップ制作の様子

フィンランド芸術デザイン大学（現アアルト大学）の工房にあるNCを使って制作。機械を動かしている木工の先生が、触知図をよく理解して、技術的にサポートしてくれた。

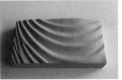

写真8　東博「彫刻」地図ピース

最初のモックアップ（上）では、木に漆・金箔の仕上げを表現にとり入れた。2人で触ってみると、情報が重なってしまい肝心の「仏像」が伝わらないことが分かった。これをうけて、最終版（下）では仏像に最も

小さな面積で表します。全体感をつかんだ後読み始めるそれぞれの部屋は、さわる楽しさ、発見の楽しさをしのばせる機会です。木や皮革、布など、指に暖かい素材と日常の記憶に根ざしたディテールを盛り込みたい。

さわる地図を読む時間は人それぞれです。ざっと読む人、繰り返し読む人。情報を整理する一方で、繰り返し読む度に新しい発見がある、絵本のような地図が理想のイメージです。

連想ゲーム

各部屋のデザインは、その部屋でのアクティビティーを連想させるモチーフで表現します。例えば、イイリス・マップの「カフェテリア」（写真4）は、フィンランド人の休憩のお供のコーヒーとプッラ（シナモンロール）から。陶磁器のタイル（コーヒーカップ）にレースの模様（プッラを載せるナプキン）を凹凸で表現しました。つまり「陶磁器のレースといえば何の部屋？」と連想ゲームのように地図が聞いているのです。東京国立博物館本館の第一展示室「日本美術のあけぼの」（写真5）はぐるぐる模様。これは展示品の縄文土器からきています。読み手の想像力に答えを委ねるこの方法は、会話のきっかけを作る発見や楽しさをつくります。そして個人が体験する日常の記憶が、さわる地図を読む引き出しになっていることに気づきました。

指に美しいとは？

「目の見えない人の施設に置かれるものこそ、美しいものを作りたい」―ヘレナさんの想いは、触知図を読むテウボさんの指の動きの美しさと重なって、指に目に、美しいものとはなんだろう？という問いとなりました。

さわる地図では、地図のアウトラインを指でざっと掴みやすいように、CAD図面通りの正確な線が切削できるNC切削機で全体を制作しています。素材はNCで加工できる素材をリサーチし、必要に応じて使います。各部屋のピースは、複数の素材を組み合わせたり、工芸的な手法を取り入れたりと、できるだけ手のディテールを入れて、発見の糸口を散りばめたいと思っています。例えば、東京国立博物館本館の触知図では、15種類の素材を使用。無垢の木・

合板・カラー MDF・キャンバス地・ジェッソ・人大・スチール・真鍮・陶（釉薬あり・なし）・漆・布・糸（刺繍）・アクリル・鹿革。指で触った時に「木」であることが伝わってほしいので、オイル仕上げにして、木肌を残します。布の柔らかい手触りは魅力的ですが、摩耗が早いので、取り替える仕組みを合わせてデザインします。

デザインのプロセスをひらく

　東京国立博物館本館は、日本美術の歴史の流れに沿った展示室と、技法にフォーカスしたジャンル別展示室から成り立っています。日本美術の流れは展示内容を図案化したモチーフをデザインし、ジャンル別展示室は工芸家に本物の素材と技法で制作してもらいました。木彫、金工、刀剣、陶、漆と５人の工芸家と、各展示室の代表的な技法や作品を話し合い、それを端的に表わす作品をコレクションから選び、その一部を再現して地図ピースを制作しました。モックアップを作りながらのやり取りは、デザイナーの私にとっては、触知図が表現する日本美術を理解する機会となり、工芸家にとっては、見えない人と美術について考える大きな学びのプロセスになっていることに気づきました。

ペアで見る使い方

　さわる地図は、見えない人と見える人が２人１組で見ます。例えば、東京国立博物館本館での盲学校の学校見学では、学生と博物館のボランティアスタッフの組合せ。触知図の前に二人で立ち、まず全体のレイアウトを説明します。左から B1, 1F, 2F と館内図が並んでいること、展示室の内容をそれぞれのピースが表していること、手前にはマップキーが並んでいて、展示室名が点字で書かれていることなど。次に学生の指を現在地にガイドして「いま、私たちは1Fのここにいます」とスタート地点を伝え、「今日はどこへ一緒に行きましょうか？」と会話が始まります。興味がありそうな展示室を探して全体を読む時もあれば、「今日は刀剣の展示室に行きたい」と目的地への道順を現在地から見ていく場合もあります。例えば会話はこんな風に進みます。「これは何だろう？木かな。随分凹凸がある。すべすべしていて気持ちいい。」と指で触った感触を学生が話し始めると、

使われるヒノキ無垢材に、東京国立博物館のコレクションから選んだ、阿弥陀如来像の袈裟のドレープを彫刻した。

写真9　東博　ジャンル別展示室の工芸ピース
（左下から（）内は制作者。）
漆（深澤勇人氏）・金工（河内晋平氏）・アイヌ（西田香代子さん）・琉球芭蕉布（森山冨士子さん）・陶（角谷啓男氏）・刀剣（河内國平氏）・彫刻（小沼祥子さん）・漆・螺鈿（深澤勇人氏）

「この模様は何だと思いますか？」とスタッフ。「波みたいなカタチ」という返答に「これは仏像の衣装、袈裟のドレープを表しているんですよ。ここは彫刻の展示室で仏像がたくさん展示されています。」と解説を交えて話が進む時。また「このぼつぼつは一体何ですか？」「ここは仏教の興隆の展示室で、ぼつぼつは仏像の頭の螺髪を表しているんですよ」と答えると「ふふふ。山かと思ったよ」と別の解釈が返ってくる時もあります。

いつも機能していること

東京国立博物館の触知図はみどりのライオン（教育普及スペース）に置かれていて、ボランティアスタッフによる一般来館者への館内案内に毎日使われています。「この地図は、見えない人と見える人が一緒に読む触知図として作られたのですよ」と、案内の終わりに説明する声を聞くと、10年前にみんなで考えたことが、こんな風に代々スタッフに受け継がれて幸せな地図だなあと思います。東京都庭園美術館の「さわる小さな庭園美術館」は、ウェルカムルームに置かれていて、日々使われる他にも「五感と想像力で歩く建築ツアー」などワークショップのツールとしても使います。参加者の日常空間の記憶や、実際に美術館空間を歩いて発見したことを地図にマッピングする様子は、建築と人がおしゃべりしているみたいです。そして、すべすべの木や、ふかふかの布など'触れる'ということは、見える人にとっても、心がリラックスし、身体を通して発見した小さなことをみんなに話す気持ちにさせることを、地図を使うたくさんの場面を見させてもらって知りました。

コミュニケーションの道具として触知図が公共空間で機能するということは、この地図の文法を理解して共感する使い手が、愛着を持って試行錯誤しながら使い続けることなのだ、ということが私がこのさわる地図を通して知ったことです。デザイナーにできることは触知図を作って、その場所に設置するところまで。ならばいかに、デザインのプロセスをひらき、一緒に作る人達との対話をデザインに反映して、クリエイティブな使い手となる共謀者をつくるか、だと思います。

さわる地図は、手作りやDIYの仲間です。みなさんも自分の場所で作ってくれたら嬉しいです。できたらぜひ見せてくださいね。

写真10　現在の東京国立博物館みどりのライオンに置かれている触知図の様子
この日は、スタッフと来館者が、地図を挟んで前回来た時の展覧会の話をしていた。

写真11　東京都庭園美術館「五感と想像力で歩く建築ツアー」の様子
建物を回ったあとウェルカムルームに戻ってきて、その日発見したことをマッピング。

コラム ⑤ ふれる小さな長野県立美術館

建築家・デザイナー　UNI DESIGN 主宰　齋藤　名穂

　2021年4月 美術館のリニューアルに合わせて、長野県立美術館では、インクルーシブ・ミュージアムがスタートしました。視覚以外の感覚も使って鑑賞できる作品を展示する専用スペースのアート・ラボができ、様々なグループを対象にしたラーニング・プログラムが始まります。私は、学校見学やワークショップで使う、五感を使った対話鑑賞のためのツールを美術館と一緒にデザインしました。

　さわる地図「ふれる小さな長野県立美術館」はその一つとして作られ、善光寺側のエントランスに常設されています。長さ3mの大きなテーブルの上に、コンクリートやガラス、木、真鍮と様々な素材が模型のように組み合わさり、敷地模型、1F、2F、3Fの館内図。正面側にはマップキーが並び、館内案内図として機能します。テーブルをぐるっと反対側に回ると「五感でめぐる」をテーマに、5人が美術館の中の好きな場所について五感を切り口に描いた短い文章とマップキーが並びます。テキストもキーも交換可能で、今後ワークショップの参加者など様々な人のお気に入りの場所が紹介される予定。美術館を、情報と空間と両側から見てもらいたいという思いからこのような配置にしました。

　この触知図は、来館者の館内案内図として機能しますが、この章で書いた「見えない人と見える人が一緒に読む地図」としてしっかりデザインしました。この美術館は、傾斜地に建ち、全ての階にエントランスがあり、四方八方から人が入ってくる、メンタルマップを描きにくい空間です。エレベーターや吹き抜け階段、外階段など、歩行の縦方向の移動手段を特徴的に描き、歩き出したあと、これらの場所が自分がどこにいるかのガイドとなるようデザインしています。また、一般の来館者に向けて「手元にあるのは「マップキー」。目の見えない人は、地図と同じカタチや素材を指で探し、その横にある部屋名を点字で読みます。」など、この地図がどうしてこういうデザインなのかの説明を地図中に入れました。来館者が、同じ展示空間で自分とは違う見方をしている人がいることに気づくことは、アートと建築空間をより自由な気持ちで楽しむ入口となると思います。

　このほか、美術館の9つの空間をキューブで表現した「たてものキューブ」や、コレクションを鑑賞するきっかけとなる「さわるアートカード＆オノマトペカード」、二人で見るようにデザインした立体絵画（UV印刷）「ふれるコレクション」を作り、学校見学やワークショップで使われる予定です。どのツールも見えない人と見える人のように、2人以上が対話しながら使うように、おしゃべりのきっかけとなる小さな発見を散りばめた、さわるシリーズです。一つの正解がないことも共通。どんな読み方をしてもOK。

　これからどんな風に使われていくか見るのが楽しみな一方、ツールの目的やパターンが意味するもの、使い方など、デザインの過程でみんなで思い描いた様々なシナリオを、きちんと冊子の形にして共有したい。デザインの過程に関わっていないスタッフや学校関係者が、ツールのデザインのルールを理解し、あ、面白そう！って、使い始めれるようなそんな冊子をツールと合わせて作ることが、一見なんだかよくわからない、おしゃべりのツールが楽しく使われていく道なのだと思います。

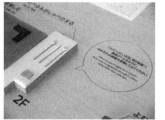

Q31 インクルーシブなメディアアート教材の開発はできますか？

布山　タルト・松本　祐一・牧　奈歩美

つくってみる／やってみる

　インクルーシブなメディアアート教材の開発を目指して、筆者3人のチームはまず具体的なモノをつくることからはじめました。本来は「インクルーシブなメディアアートとは何か」をしっかりと議論することから始めるべきかもしれませんが、あえてそこは曖昧にしたまま、まずはつくってみる／やってみるコトを優先し、そこで生まれたモノをベースに考えてみようと考えたのです。いわば手探りの実験です。

　筆者はそれぞれ、アニメーション、音楽、VRという異なる専門領域を持っていますが、その専門性を重ね合わせつつ、インクルーシブなメディアアート教材を幾つかつくってみました。そこで重視したことは、大きく二つあります。一つは、メディア表現を媒介とした学習者同士の対話を活性化するということ。もう一つは、ともすれば視覚情報に偏重しがちなメディアアートに対して、聴覚や触覚などの知覚をプラスすることで、視覚障害者が主体的にメディアアートの表現行為に関われるようにするということです。

対話を促すアニメーションの授業

　はじめにメディアアートの教材として、図工・美術教育でも比較的取り組みやすいコマ撮りアニメーション[1]の教材を考えてみましょう。

　筆者（布山）は、図工・美術教育向けのアニメーション制作支援ツールとして『KOMA KOMA for iPad』というアプリを2012年に開発してAppStoreで無料公開しており、国内外の学校教育でも多く使われています[2]。実は盲学校でも、高等部の美術科でこのアプリを使った実践事例があります[3]。生徒自身がカメラの前で少しずつポーズを変えてコマ撮りする技法（専門的には「ピクシレーション」と呼びます）を中心としたアニメーション制作の授業で、弱視と全盲の生徒たちがアニメーションのしくみを理解し、主体的に参

1) 1コマずつ静止画像を撮影し、それを連続的に再生して映像にするアニメーション制作技法の一つ。英語ではStop Motion Animationと言う。

2)『KOMA KOMA』は、4つのボタンによる簡単な操作でコマ撮りアニメーションを作れるツール。コマ撮りプロセスを出来るだけプレイフルにするため、ボタン操作時にコミカルな効果音が鳴ったり、ムービー再生時にフィルム上映のような効果音が鳴ったり、音にもこだわって開発したツールである。発表から10年間で400万回以上ダウンロードされ、教育現場でも多く使用されている。

3) 鳥居信吾「コマ撮り映像をつくろう」
愛知県立名古屋盲学校で行われたコマ撮りアニメーションの教育実践。

加することができたそうです。報告の中で教師が指摘していたことの一つに、アニメーション制作は「協力して作るため、対話を通じた共同制作ができる」ということがあります。コマ撮りのプロセスが対話を促しやすいという指摘は、海外の研究でも報告される重要な点です[4]。

そこで筆者（布山）は、自身がこれまで行ってきたワークショップをもとに、対話を促すためのモデル授業を考えてみました。具体的には『ハンズ・アニメーション』という、「手」をモチーフとしてコマ撮りアニメーションをつくるという内容です。その授業の進め方を、見える生徒／見えにくい生徒／見えない生徒が混在した少人数グループによる共同制作のスタイルを想定して考えてみます。

まずはじめに、生徒たちに自分たちの「手」を使った2コマのアニメーションを作ってもらいます。2コマというのはアニメーションの最小ユニット。ループ再生で鑑賞することを前提とすれば、短すぎることはなく、たった2コマでも工夫次第で様々な表現が可能です[5]。

ここで重要なポイントは、思いついたアイデアをどんどん試すトライアル&エラーと、その結果を積極的に言葉で表現させるということです。『KOMA KOMA』を使って沢山の作品をつくりながら、撮影した2コマアニメを再生し、そこでどんな動きが生まれたか、動きの印象をオノマトペで表現したり身体を使って説明するなどして、見える生徒／見えにくい生徒／見えない生徒がお互いに「動きの感じ」について言葉で理解しあう対話を促します。

いくつか作品が出来てきたら、グループごとに撮影した作品をふりかえってもらいます。その時、グループ内でのベスト作品を選んでもらうと良いでしょう。自分がなぜこれを面白いと感じてしまうのか、それは一体どんな面白さなのか、お互い言葉で表現しあいながら、メンバー全員の納得する作品の評価を合意形成していくプロセスが重要です。最終的にはグループごとに順番に自分たちが選んだベスト作品を上映し、その面白さについて言葉でも発表してもらいます。

以上を1回目のセッションとして、次に2回目のセッションでは少しハードルを上げます。例えば撮影コマ数を増やしたり、共通テー

4) Fleer & Hoban (2012) は、コマ撮りのプロセスは1コマ撮影するごとに作業が区切られるため、対話を誘発しやすいことを指摘している。

5)「ハンズ・アニメーション」の作品例

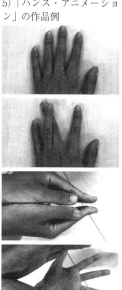

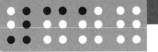
マを設けたりといったことが考えられますが、どの程度ハードルを上げるかは、1回目の様子を見て教師が判断すると良いでしょう。

　以上の『ハンズ・アニメーション』の実践では、見える生徒／見えにくい生徒／見えない生徒の共同制作を促進するために、「手」というモチーフを使うこと（身体を使った説明がしやすい）、少ないコマ数の制限を設けること（トライアル＆エラーを促しやすい）、オノマトペなどを用いて動きの印象を伝え合うこと（対話を促しやすい）などがポイントになります。

音のコマ撮りアプリ『KOMA OTO』

　上述の『ハンズアニメーション』における一つの限界は、作品を鑑賞する段階では視覚障害者がワンテンポ遅れた参加を強いられてしまうということです。例えばある作品を再生して、みんながドッと笑う。その後でそれがどんな面白さだったかを後から言葉で説明されてはじめてそれを理解する。そんな時差が生じてしまいます。

　こうした問題を解消するための方法として、私たちが着目したのは「音」でした。視覚的な情報だけでなく、音も同時にコマ撮りできれば、見えない生徒・見えにくい生徒がもっと主体的にコマ撮りアニメーション制作に関われるようになると考えたのです。例えば1コマ目を撮影するときに手を広げたポーズで「わー」という声も同時に録音する。次に2コマ目を撮影するときに手を閉じたポーズで「んー」という声を録音する。この2コマのアニメーションを再生すると、手が開いたり閉じたりする犬に見立てた映像にあわせて「わん」という効果音が鳴るはずです。こうした「音のコマ撮り」のアイデアに基づき、音楽を専門とする筆者（松本）が、映像と音を同時にコマ撮りできるアプリ『KOMA OTO（コマオト）』を試作しました[6]。

　『KOMA OTO』を使ってアニメーションを撮影してみると、「音のコマ撮り」は、意外と予想通りにならない偶然性の面白さがあることがわかりました。上述の「わん」も、犬の鳴き声のようにはなかなか聞こえるようにならないのです。しかし自分が意図しなかった音が生まれることが、むしろ創造的で面白いと感じました。一般的にアニメーションを作る題材では、まずは映像を作り、その後

6) 『KOMA OTO』のテスト版は、MAX/MSP という音楽制作のプログラミング環境を使って、わずか一日で開発された。

で音楽や効果音をつけるという段階的な手順を踏みます。しかし『KOMA OTO』を使った実践では、それを同時に行うことで、視覚情報と聴覚情報をうまく結びつけたり、逆にずらした表現をしたり、複合的な表現として工夫するという、新たな楽しみが生まれそうです。

　現在、筆者（布山）は『KOMA OTO』のiPad版を開発しており、2022年度中には一般公開できる予定です。是非、みなさんの授業でも同アプリを使ってみて頂けると幸いです。また、もしみなさんが授業の中で『KOMA OTO』を教材にする時には、ノーマン・マクラレンというアニメーション作家を生徒たちに紹介してほしいと思います。マクラレンの作品はカナダの国立映画庁（NFB）のWEBサイトで視聴することができますが[7]、その中に『ペン・ポイント・パーカッション/Pen Point Percussion』（1951）というアニメーション技法の解説映画があります。その映画で詳細が説明されていますが、マクラレンは、フィルムのサウンドトラックをペンで描くという特殊な技法を開発し、「音を描く」ということを実現しています。アカデミー賞を受賞した彼の代表作の一つ『隣人/Neighbours』（1952）も、この技法によってサウンドが作られました。

　マクラレンの技法は『KOMA OTO』の方法とは異なりますが、いずれも作品の絵と音を「コマ」という単位で操作するという点では共通します。そもそもアニメーションという表現は、映像を「コマ（frame）」という単位で扱うというプロセスに特徴があり、コマとコマの間の連続性と非連続性をコントロールすることによって無限の表現を生み出すことができる点にこそ、独自の面白さがあります。そうしたアニメーションの魅力を、視覚障害者にも直感的に理解してもらうためには、『KOMA OTO』は一つの有効な教材になりうると思います。

絵を音楽にする装置『えがく譜』

　もう一つ、絵と音を組み合わせた実践のための装置として『えがく譜』[8]をご紹介します。これは筆者（松本）が石巻で行ったワークショップのために開発した大きなオルゴールのような装置で、子どもたちが描いた「絵」をこの装置で読み取ることで、音楽が奏で

7) NFBがWEBで公開しているマクラレンの作品は以下から見ることができる。
https://www.nfb.ca/directors/norman-mclaren/

8)「えがく譜」の装置（上図）と画面（下図）。

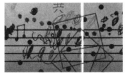

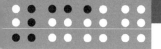

られるというものです。

　この装置は、子ども達が描いた絵を左から右へと読み取り、絵の上部にある図像は高音、下部は低音という単純なルールで音に変換します。従って自分の描いた絵がどのような音楽に変換されるかを予測することも、ある程度は可能なのですが、子ども達はそうした意図的なコントロールよりもむしろ、自分の描いた絵がどんな音楽に変換されるのかという偶然性を、ワクワクしながら楽しんでいるようでした。

　現代音楽の世界では、図形楽譜と呼ばれる抽象絵画のような形で記された楽譜の系譜がありますが、それらに共通するのは自由な音楽を志向するということでしょう。『えがく譜』が目指すのもやはり子ども達と音楽の自由な関わり方を育むことなのです。

　現時点ではまだ視覚障害者に『えがく譜』を体験してもらう機会を設けられていませんが、レーズライター等を使えば、主体的に「作曲」を楽しんでもらうことも出来そうです。現状はまだ技術的に改善すべき点が多く残されていますが、いずれ『えがく譜』を携えて各地でインクルーシブな音楽ワークショップを行えればと考えています。

触れる視覚玩具『TACTROPE』

　最後にもう一つ『TACTROPE（タクトロープ）』という、まだ実験初期段階の教材も紹介します[9]。これは映画前史の視覚玩具として知られるゾートロープを触覚的に体験できるようにする、いわば「触れる視覚玩具」です。

　この装置のアイデアは、もともと筆者（布山）がポンピドゥー・センターの土産物屋で見つけた手漉きの紙を束ねた分厚いノートに端を発します。そのノートをパラパラとめくった時、とても心地が良く、そこから「触覚で楽しむフリップブックを作る」というアイデアが生まれました。その後、色々と試作を重ねていく中で、筆者（松本）がコンピュータ制御できる特殊なモーターを使ってゾートロープを試作し、二人のアイデアを組み合わせて『TACTROPE』の試作品が完成しました。現状はまだ実際の授業で使えるほどの安定性がなく、更なる改善が必要ですが、視覚と聴覚を組み合わせた

9) TACTOROPE の試作品

立体的な点描によって図形が描かれており、それを指で触れて体験する。

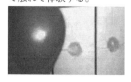

『KOMA OTO』や『えがく譜』に対し、視覚と触覚の組み合わせによる可能性を広げる教材として、『TACTROPE』の今後の展開が期待できそうだと考えています。

インクルーシブなメディアアート教材の開発に必要なこと

以上、本稿ではインクルーシブなメディアアート教材として、開発途上のものも含めていくつか事例を紹介してきました。最後にインクルーシブなメディアアート教材の開発に際して私たちが重要だと考える点をまとめます。

まず、映像メディアを用いた表現は基本的に視覚情報を偏重しやすく、特に「鑑賞」の段階で視覚障害者が主体的に関わりづらくなりがちです。この「鑑賞」の問題を回避するためには、なるべく短い尺の表現に制限するとともに、一義的になりがちな具体的なストーリーにはあまり依存せず、多義的な解釈が可能な表現に取り組ませたほうが、対話を活性化しやすいと考えられます。また視覚だけでなく、聴覚や触覚など多感覚的に関われる教材の開発が鍵になるでしょう。

本稿の冒頭で述べたように、私たちはまずつくってみる／やってみることから始めましたが、インクルーシブなメディアアート教材の開発で重要なことは、完成度の高い教材を提供することよりも、むしろ教師が生徒と共に様々なメディアに好奇心を持ち、ありあわせの技術でモノをつくってみる／やってみることを促すことであるようにも思われます。そうなると私たち研究者がこれから取り組むべきことは、教材そのものよりもむしろ教材をつくるための教材を開発することかもしれません。

文献
Fleer M, Hoban G. *Using 'Slowmation' for intentional teaching in early childhood centres: Possibilities and imaginigs*. Australasian Journal Of Early Childhood. 2012.

Q32 触覚学習の意味と可能性について・（オノマトペによる）触覚表現ワークショップについて教えてください

渡邊　淳司

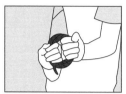

目を閉じて、伴走者と「伴走ロープ」でつながって走る行為は、相手と一つのシステムになっていくような感覚があります。目を閉じて恐る恐る歩いた時には感じられない感覚が、走り出した瞬間に生じるのです。

伴走と身体感覚について（参考）：伊藤亜紗「バンバンクラブ2」
http://asaito.com/research/2017/07/2.php

コミュニケーションにおける身体的想像力と身体的創造力

　数年ほど前、私は視覚障がい者がランニングを行う際に安心して走れるよう晴眼者が伴走を行うという場に参加しました。視覚障がい者と晴眼者が1メートルほどのロープを輪にした「伴走ロープ」でつながって走るのです。そこでは、ロープを通じてお互いの身体の動きや心の動きが生き生きとした感覚として、リアルタイムに伝わってきました。スピードを落としたがっているとか、少し不安を感じているとか、本当にそう思っていたのかはわかりませんが、私には様々な感覚が感じられました。言語的なやり取りが無いなかで1本のロープから生じる触覚は、その向こうに相手の心身の状態を想像させる生々しいきっかけとなったのでした。

　もう一つ、逆に私が目を閉じて、目の見える人に伴走される体験をしたときに強く感じたことがありました。まず、目を閉じてゆっくりと歩き始めた時は、どうにか自分の耳や足で状況を知ろうとしていました。実際、多少は感じることができたのですが、走り始めた時にはそれはまったく役に立ちませんでした。自分の感覚だけで走ろうとしてもどうにもならない。環境を感じること自体を伴走してくれる人に委ねないと、ランニングのスピードでは走ることはできないのです。伴走してくれる人の感覚を借りながら、私の身体を前に進める。伴走をする／されるという、「わたし」と「あなた」が協力するという関係から、だんだん一つの「わたしたち」が創造されていくような体験がありました。このように、触覚によるコミュニケーションや身体的な共同作業は、自分と相手が一つになることを指向しているのです。

　つまり、多様な他者との関わりの中で生じる学びにおいて、触覚が果たす重要な役割とは、「身体的に他者を想像したり、身体的に他者と創造するときの原動力となる」ことではないかと私は感じています。以下、そのような視点から構成されたワークショップの具体例を挙げていきます。

空気触感コミュニケーション

　はじめに、ボールを握りしめることで相手に触感を伝えるデバイス（下写真）を使い、「触覚を通じて相手の気持ちを想像する」ことをテーマとした試みについて述べます。

　普段の生活の感情の共有場面では、触覚を伴うことが多いです。例えば、愛情を表現するために相手に優しく触れたり、自分に注意を向けてもらうために相手を小突いたり、興奮を共有するためにハイタッチをするといったことです。そして、このような触覚からの感情の共有は、目を閉じていても可能です。つまり、私たちは言葉や表情を介することが無くても、触覚だけからでもある程度は感情を伝えたり読み取ったりすることができるのです。そして、触覚を通じた身体的想像力のあり方に意識を向けることは、視覚や聴覚の障がいを超えてコミュニケーションを行う能力を育む一つのきっかけとなるでしょう。

　触覚による感情の共有の仕方を考えると、直に手を握ることが最も表現力が豊かですが、一方で、ワークショップのような場において、初めて会った人の手を握ることは抵抗感があったり、衛生的な配慮から、直接触れることはワークショップで汎用的であるとは言い難い面もあります。そこで「触覚を通じて相手の気持ちを想像する」ことを、デバイスによって媒介することを考えました。具体的には、空気で収縮する二つのボールをシリコンチューブで接続し、片方のボールを握ると、もう片方のボールに空気が送られて膨らむデバイスを使ってコミュニケーションを試みました。「手に汗握る」という言葉にあるように、人が手に力を入れることは自然な行為ですし、その行為によって、もう片方の人のボールが膨らみ、手の平が内側から広げられる生々しい触感が生じるのです。

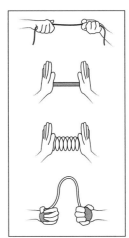

人と人のコミュニケーションでは、その間の空間には物理的に何もなかったとしても、社会的な関係性によって力の感覚が生まれる。引っ張られる感覚（紐のメタファ）、一定以上の距離に近づけない感覚（棒のメタファ）、反発する感覚（バネのメタファ）等。このデバイスを2人で握っている時には、どんな感覚が生じるでしょうか。

社会的距離をテーマにしたパフォーマンス（参考）：Yui Kawaguchi & Ruben Reniers「DisTanz（Work in Progress）」
http://mendora.com/works/distanz/distanz.htm

渡邊 淳司, 藍 耕平, 吉田 知史, 桒野 晃希, 駒﨑 掲, 林 阿希子：空気伝送触感コミュニケーションを利用したスポーツ観戦の盛り上がり共有：WOW BALL としての検討：日本バーチャルリアリティ学会論文誌、Vol. 25 No.4 , pp. 311-314, 2020.

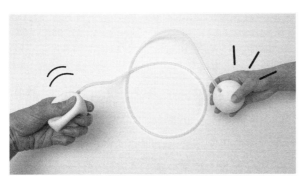

　二人一組になって、一人が目隠しをして歩き、もう一人は歩行を介助するブラインドウォークというワークショップがあります。ボールを介するブラインドウォークでは、さらに手のひらの触感によるコミュニケーションが加わるのです。

触覚距離ワークショップ
WS構成協力：駒﨑揚
デバイス着想：棐野晃希
デバイス構成：吉田知史

　そして、このデバイスを使って以下の体験を行うことを考えました。(1) 二人の人がボールを一つずつ握り、ボールを握りあうことでコミュニケーションを行う、(2) コミュニケーションに慣れたら、ボールを持ったまま声を出さずに二人で一定距離を歩く、(3) 片方の人が目を閉じて、声を出さずに二人で一定距離を歩く。この体験では、ボールを握ることだけでどれだけコミュニケーションができるのかを確かめた後、歩きながら「どう？」「疲れた」「ゆっくり」といったメッセージの交換をボールを使って行います。そして最後には、一人が目を閉じて、ボールの膨らみからメッセージを感じたり、自分でボールを押したりしてコミュニケーションを取りながら歩きます。目を閉じた人が目の見える人に引っ張られるだけではなく、手に握ったボールの触感を通じて相手の状態を感じたり、こちらから働きかけて歩くのです。今後、視覚障がい者と晴眼者がこれを持って歩くことで生まれるコミュニケーションの可能性や、盲聾の方のナビゲートについても検討していきます。

スポーツ・ソーシャル・ビュー

　次に「触覚を通じて相手と創造する」ことをテーマとした試みを紹介します。私が所属するNTTの研究所は東京工業大学伊藤亜紗氏とともに、視覚障がい者と晴眼者が一緒にスポーツ観戦を楽しむための新しい方法論"スポーツ・ソーシャル・ビュー"（Sports Social View、以下"SSV"）の研究を行っています。SSVでは、晴眼者がスポーツの試合を観ながら、その「実況要素」（どこで何をした）と「運動の様態」（どのように行った）を、何かを叩いたり引っ張ったりする等の別の身体動作に表現しなおし、それを視覚障がい者とリアルタイムで共有します（筆者らは「翻訳」と呼んでいます）。

　この方法論の着想は、美術鑑賞の場で行われる「ミュージアム・ソーシャル・ビュー」（Museum Social View）にヒントを得ています。そこでは晴眼者と視覚障がい者が一緒に美術鑑賞を行い、晴眼者が視覚障がい者に美術作品について説明するとともに、視覚障がい者と晴眼者、ときに晴眼者同士が対話を行い、その作品の理解を深め、新しい意味を発見します。美術鑑賞とスポーツ観戦の違いはありますが、この試みは他者の解釈や身体を通して対象を深く理解すると

いう点においては同じ方向性をもつと考えられ、筆者らはこの取り組みを「スポーツ・ソーシャル・ビュー」と名付けました。

例えば、テニス観戦における翻訳では、晴眼者（翻訳者）と視覚障がい者は向き合って座り、二人の膝の間に円形のボードを渡します。ボードをテニスコートに見立てて、手前と奥でボールがやり取りされるとすると、二人はネットを結ぶ位置に座ることになります。翻訳者は試合映像を見ながら、打球を打つ場所やタイミングを反映して、ボード上の対応する位置を素手で叩きます。打球のインパクトは、叩く強弱や叩き方によって表現されます。視覚障がい者はボードに両手の手のひらを置いて、振動の位置や強さを感じました。また、翻訳者は選手がサーブを打つ前に心の中でリズムを取っている心の状態も、軽くトントンとボードを叩いて表現しました。

柔道観戦の翻訳では、翻訳者2人が手ぬぐいの両端を両手で持ち、試合映像の中のそれぞれの競技者になりきって、両手で相手選手の道着を引っ張る動きを模して、手ぬぐいの端を引っ張り合いました（下写真）。例えば、投げ技を行う時は手ぬぐいを翻して投げる動作を表し、足技は手ぬぐいを下方で素早く操り、固め技は手ぬぐいで相手の手を上から包み込んで抑え込む、といった形で三次元的に布を動かしました。視覚障がい者は、翻訳者2人の間に座り、手ぬぐいの真ん中を持ち、その動きを感じ続けました。

ちなみに、このとき翻訳者は試合の状況を模倣しながらも、試合映像の試合とはもう一つ別の「試合」を行っていることになります。翻訳には動きの特徴だけでなく、翻訳者が感じる不安や緊張、驚きや喜びも反映されるのです。つまり視覚障がい者は、単に触覚に変換された情報を伝えられているのではなく、翻訳者の解釈を通じたもう一つの「試合」を一緒に体験しているのです。これは情報伝達をサポートする「情報保障」とは別の身体的な創造による観戦体験だと言えるでしょう。

翻訳者（晴眼者）と視覚障がい者が向き合って座り、円形のボード（三ヶ日紙工、えんたくん）を膝の上に渡します。翻訳者は、テニスの試合の映像を手前のモニタで見ながら、選手がボールを打つ位置・タイミングにあわせてボードを叩きます。視覚障がい者は全盲であるにも関わらず、首を左右に振りテニスボールを追うような動きが見られました。このような人を介するスポーツ観戦の方式自体は、テクノロジーを介することでも実現可能です。

テクノロジーを介するスポーツ観戦について（参考）：NTTサービスエボリューション研究所「スポーツ観戦の再創造展」https://re-imagined.jp/

林 阿希子、伊藤 亜紗、渡邊 淳司：スポーツ・ソーシャル・ビュー：競技を身体的に翻訳し視覚障がい者と共有する生成的スポーツ観戦手法：日本バーチャルリアリティ学会論文誌、Vol. 25, No.3, pp.216-227, 2020.

触感オノマトペマップ

　ここまで、他者との関係のなかでどのように身体的な想像力や創造力を育むことができるのか、二つの試みを紹介しました。次に、環境を認知する「触覚の違いと体系」について述べます。

　視覚障がい者にとって触覚は重要な情報の一つです。環境にどのような触感があり、その感覚の関係性を知ることは環境を認知し、行動する上でとても重要なこととなります。例えば、視覚で色の関係性を色相環によって理解することは、その共有やデザインにおいて大きな利便性をもたらしています。もし、触覚でもそのような体系があるとしたら、それは環境を把握し働きかける上で一つの手がかりとなるでしょう。私は、一つの試みとして、「さらさら」「すべすべ」等の触感を表すオノマトペ（擬音語・擬態語の総称）を利用した感覚の分布図を作成しました（下図）。ここでは、近い触感を表すオノマトペが空間的に近接して分布しており、日本語の触感カテゴリが空間的に表されています。

　分布図ができると、この上に実際の触素材を配置することが可能になります。そうすることで、触素材に抱く触感の関係を空間的に把握できます。これまで行ってきた分布図を利用したワークショップの手順は以下となります。（1）様々な触素材に触れ、参加者がそれをどんなオノマトペで表現するか比較する、（2）参加者同士で話し合いながらいくつかの素材を分布図上に配置する、（3）分布図上で好きな素材と嫌いな素材の位置をそれぞれ示し、その傾向や原因を参加者同士で議論する。

触感を表すオノマトペ（擬音語・擬態語の総称）を42語選択し、それぞれが持つイメージをいくつかの観点から点数付けしてもらい、その値を主成分分析することによってオノマトペの二次元分布図を作成しました。このマップは、日本語によって表現される触覚の感覚空間を表したものとなります。また、これまで電気通信大学 坂本真樹教授と共に木材や紙、味等の分布図も作成しています。分布図の詳細に関しては、『情報を生み出す触覚の知性：情報社会をいきるための感覚のリテラシー』（渡邊淳司、2014、化学同人）を参照。

早川 智彦、松井 茂、渡邊淳司：オノマトペを利用した触り心地の分類手法：日本バーチャルリアリティ学会論文誌，Vol. 15, No. 3, pp. 487-490, 2010.

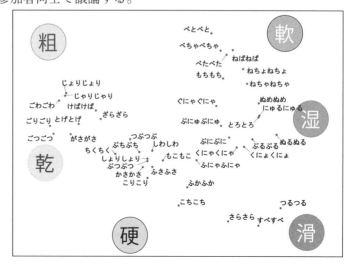

一つ目の手順では、同じ素材でも人によって異なるオノマトペを選んだり、親子や兄弟でも表現にばらつきがあります。もちろん、感覚と言葉の結び付きは個人で異なりますが、その多様性を理解することが重要です。次の触素材を配置する手順は、参加者が触り心地の認知をすり合わせながら、感覚の共有マップを作っていく作業です。オノマトペはそれを口に出してみると、感覚と合っているかしっくりくるか実感できるという特徴があり、そのような身体的な体験を一緒にしながら、触感の関係性を体系化します。

　ワークショップには視覚障がい者が参加することもありました。分布図の内容を説明するのに、空間的に右下が滑らかな感覚であり、左上に上がるに従って粗い感覚になるといったことを実際に素材に触れてもらいながら、手を移動させて触覚空間を実感していました。最後の好きな触感や嫌いな触感を選ぶ手順でも、分布図上での位置の違いによって個人の趣向の違いを理解することを試みました。これらの手順は「触覚の違いと体系」に意識を向け、その気持ちとの関係性を理解することをめざすものでした。

触覚とインクルーシブ社会

　触覚は誰もが持っている感覚です。感覚や身体の差異によらないインクルーシブな社会を構成する上で、触覚に着目するのは、一見よい解決案に見えます。しかし、触覚も人によって大きく異なるし、どのように触覚で他者と関係することができるのか、その方法論は発展の余地があります。触覚のデザイン論、そこからの他者への想像力、さらには共同行為による創造の実践が求められています。他者との差異を強調するだけではなく、それを共に感じ、愉しみ、つくりあうことで「わたしたち」としての社会を構成する態度を育む入口となることが、触覚教育の資する道ではないでしょうか。

個人としての閉じた感覚世界・情報世界に関する認知と、そこからどのように共生社会をつくりあっていくのかについて、以下の著作も参照。

『情報環世界：身体とAIの間であそぶガイドブック』（渡邊淳司，伊藤亜紗，ドミニク・チェン，緒方壽人，塚田有那，他，NTT出版，2019）
『わたしたちのウェルビーイングをつくりあうためにその思想、実践、技術』（渡邊 淳司（編著，監修），ドミニク・チェン（編著，監修），安藤 英由樹（著），坂倉 杏介（著），村田 藍子（著），BNN、2020）

みえないひとほどよくみえる

花と学校編

のえみ

濱田さんは、おしゃれなしゅみ人。
美術館に、博物館に、とってもアクティブ。

好きで遊びようと。

ファッションは見えていた時の感覚で
自分でコーディネイトされるそう。

ファッションは
コミュニケーションツールでも
あります。

22才頃まで弱視で
見えていた濱田さん。
学校では？

普通ですよ
支援学校も
他も変わりません

けんかも
あれば
いじめも
ある

長年 視覚特別支援
学校で教鞭をとる○さんは…

子どもたちは美術や音楽が
好きで、色々なエピソードが
あり…

空が高く
なったよ

雲が
はれてる！

止まっている車が
わかる。

すごい
ですね！

視覚以外の
感覚や音に対する
注意力が強いが
「特別」ではない
んです。

他の学校と
同じ。

学校は、花屋。
色々な花が並んでいる

けれど、中に入ると
トゲはささるし 力仕事。
日々が戦い。

だけど
そうして…

ありがとう

目が見えないのも
悪いことばかりじゃない

ぼくは
人にめぐまれて
いるなぁ…

美しい花が
育っている。

259

立体・彫刻の鑑賞【鑑賞】

Q33 手で見ることで気づく立体・彫刻の鑑賞の ポイントについて教えてください

栗田　晃宜

1）対話型鑑賞
1984年ニューヨーク近代美術館で教育プログラム担当したアメリア・アレナス氏が、作品をよく観察し深く理解するために対話型鑑賞を始めた。人文科学の分野では、それに先立つ哲学者のマルテン・ブーバーや文芸学者のミハイル・バフチン等が対話の意味を考究している。特にバフチンの「文芸学の方法をめぐって」では、「認識の相互的行為である洞察」について「認識は対話的でしかありえない」と述べている。文学作品（文芸学）の認識と理解の方法を美術館での作品鑑賞に置き換えて考えるとき、相互的行為として他者の他者性を超えて深めるその方法は、時間を隔てた間接的コミュニケーションで、時空のズレが生まれる弱点がある。アレナス氏は身近な対話のスタイルを美術鑑賞に応用することで、時空を隔てない直接的コミュニケーションで認識の相互的行為を成し得ている。

2）ダビデ像
ルネサンス期の最も卓越した作品として知られているミケランジェロの代表作で力強く美しい彫刻作品である。1501-1504年に制作され高さは517cmで、イタリア、フィレンツェのアカデミア美術館の所蔵である。ここではこのような彫刻をイメージして、ポーズを取って客観的にその変化を観察する。

はじめに

　手で見ることを触察といいますが、これは見ることの代替手段です。見ると触れるでは異なります。見るのは一瞥でき、触れるのはその箇所しか分からず、記憶を統合することが必要になります。盲生徒たちは両手を別個に働かせ、自らを触察しながら自分の首像の制作を行い、美術館で首像を触察して学びました。しかし、全身像の小さな彫刻の学びの方に、基礎基本の要素が多いと感じられ、中学部で学ぶことにしました。その概要について報告します。そして手で見る鑑賞を行う美術館や考え方の変遷、触察や対話型鑑賞[1]にふれ、今後の課題を考えたいと思います。

身体の理解

　自らの身体を動かすと重心やバランスが変わります。触察等でその変化を考察して、表現や鑑賞につなげることが目的です。

　始めに力を抜き、足を揃えて直立不動の姿勢をとります。このとき体重は左右の足に均等に掛かっています。次にミケランジェロのダビデ像[2]のイメージで、左足の膝を僅かに曲げ斜め前に前に出し軽く床につけます。この段階で生徒は身体にどのような変化があったか説明をします。肩と腰、背骨の変化に気づきが欲しいところです。触察方法の助言や肩に棒を載せ両手で持つ方法もヒントになります。この動作で接地する右足の真上に上体が移動して、ほとんど全ての体重を支えます。体重を支える必要がなくなった左腰は下がり（右腰は上がる）、上体は斜めになるので、胴体を曲げて右足側に体重を乗せ、左肩を上げます（右肩は下がる）。

　触察のポイントは両手で左右対称の場所2箇所を触れ、最初の直立からの単純な動きをゆっくりすると、そのバランスの変化を感知しやすくなります。このような方法は最初から示さずに、生徒は身体の変化を知るためにどのような手立てで理解しようとしているのか言語化させ、対話をしながら観察し助言をします。基本的なポー

ズの学習のみならず、次の段階では自ら作りたいポーズを考え、その身体の変化を探ることも意味があり、互いに発表し合うことでさらに理解を深めることができます。

理解の確認

　自らの身体を触察しながら、人形の姿勢に再現することが目的ですが、伝えたい思いや造形的メッセージをポーズで表現することも重要です。人形は木製の関節や腰を曲げられるモデル人形とアルミニウムの針金の骨

図1　モデル人形と紙人形

組みが入ってポーズがとれる布人形、関節や腰が動く割りピンでとめた正面と側面からの紙人形を準備しました（図1）。布の人形[3]で、自が作りたいポーズを考えて作ります。曲げて簡単に作れそうですが、関節の場所や比率等を再現するのは簡単ではありません。人形に関節が備わっていないので、身体への意識が明るみになります。針金の背骨は真っすぐなので、触察しその曲がりを丁寧に作る必要があります。自らの身体を意識して触察し観察する力を付けられるとよいでしょう。

塑造で表現

　表現では、粘土[4]の可塑性や接合について学びました。作品は手に乗るサイズであり、細部から作ろうとせず、身体の骨格や構造、バランスといった全体像から考えることが重要であると説明します。この段階では既に基礎的な学習を終えていて、指導者は生徒の行動を観察し、特質や課題を見付け見守るだけです。作品の完成後は互いの気づきを話し合い終わらせます。

美術館で鑑賞・準備

　人体の塑像に合わせて、美術館では人体の彫刻を鑑賞しています。当日参加者は自己紹介の後、留意事項の説明を受けました。指輪などアクセサリーを外し、油分を取り除くため香料の入って

3）布の人形
平成23年度の「美術館を活用した美術教育充実のための指導者研修」に参加したとき、国立西洋美術館で子どもたちの鑑賞のための美術教材として「布の人形」が紹介された。

それまで木製のモデル人形と正面と側面の紙人形を活用してきたが、この研修以後加えた針金の入った布人形をともに活用するようになった。塑造の前の段階で、友だち同士で考えたポーズの布の人形を交換して触察し講評し合うのも簡単である。

4）粘土
素材としての粘土では、その感触や微かな香りを好まない幼児児童生徒がいる。そこで抵抗なく使用ができる粘土を調べた。発泡スチロール系の粘土、プロ用の油土、そして蜜蝋粘土が該当した。多くの幼児児童生徒にとって抵抗がなく学習で活用できる粘土はわずかであった。通常の粘土よりも高価だが、幼児児童の心理的な負担の少ない素材を準備することで造形や触察に抵抗感がなくなった。写真のような塑造でも、抵抗感のある生徒には手離れの良い肌理の細かな陶芸用の水粘土を準備して、授業の直前に練って硬さ調整をした。

5）手引き

視覚障害者の誘導方法のことである。様々な環境において安心、安全で、効率的に無理なく自然に誘導を行う方法を、一般的な言葉で「手引き」と呼ぶ。現在、香川県立盲学校では、社会福祉法人日本ライトハウス養成部（大阪市）の実施する、3か月の「視覚障害者歩行指導員講習会」を修了し視覚障害者の歩行等における理解を深めた指導技能の高い職員が、外部からの依頼により研修会を行っている。また、香川県視覚障害者福祉センターでも、その研修を修了した者がおり、視覚障害者本人だけでなく要請に応じて研修会を行っている。

美術館では、展示室も盲導犬と同伴できるが、両手での触察や館内の混み具合、盲導犬を好まない子どもやアレルギーの方もいるため、相談して盲導犬には待ってもらう場面もある。そのような時には一時的に手引きが必要なことがある。防災面でも安心安全に対応するためには、この技能の習得は必須である。

6）基点

触察の基本は両手が自由に使えることである。片手では効率性が低く、その情報は充分ではない。比較的小さな彫刻でも、記憶を統合するつなぎ目となる基点が必要である。全体像をざっくりと把握して的確な基点を設ける。未知の形状、例えばZ型の作品ならば角であるが、形状と量的な（面的な）変化をする場所が基点となる。離れた2つの角から先の変化と2つの基点の関係性を確認することで、形の理解はより正確になる。立体、平面を問わず、最適な基点での分割と統合は触察の効率性を高めて、形を認知する負担の軽減にもつながる。

いない石鹸で手洗いをします。外れない指輪があれば傷テープなどでカバーをしました。両手が自由になるよう白杖や盲導犬を預け、付き添い人と展示室に移動します。高松市美術館や香川県立ミュージアムでは、ボランティアや学芸員に対して視覚障害者や移動のための講習を行って学芸員が手引き[5]をすることもありました。このような手引きの対応は信頼感や安心感を高めることにつながります。作品の展示台の正面に移動すると、作品のサイズや安全性を含めた簡単な説明を受けて、助言や手を添えて作品に触れていきました。

美術館の鑑賞・触察

　彫刻が見えている者は、近づきながら構造や大きな量感の変化を感じ、更に近づき腕、手指等の細かな形や動きを見ます。実は見えない人の触察もほぼ同様の順番で確認します。既に冒頭で述べましたが、全体像の理解のためには記憶との統合が重要です。全体像を効率的に理解するには、適切な説明による支援や最適な基点[6]を設定する想像力が、分割した情報を集めて理解を深めるのに役立ちます。これは触察の基礎であり、他の立体や抽象彫刻でも応用できます。

　首像における頭部の鼻は身体の正中線上で中央部にあります。その鼻は触れると顔の向きがすぐに分かります。しかし、首像を正面から触れても十分把握できない量感や動きがあります。そこで背後や側面からも触察をして、形の把握しやすさを試しながらその能力を涵養し、自らの得手も理解するようにします。

　具象彫刻で全身像なら、基点とする肩と腰に同時に触れることで、胴の捻りや傾き等の動きが瞬時に想像でき、彫刻のダイナミックな動きやバランス等が理解できます。起点の先、例えば肩からその先の触察では、上腕と前腕を同時に触れると関節の曲がった角度を理解しやすく、両手で包むように腕を触れると肉付きが理解しやすくなります。このように多元的に触れて形を統合しながら鑑賞します。

　鑑賞の手順は、単純化すれば彫刻を作るように、動きのある骨組みから肉付きへ、そして表現の精神的な意味を探ります。これは見える、見えないは関係がないことです。触察に慣れた者は、小型の彫刻の全体像を理解するために、指先の軽いタッチで素早く触察す

ることもあります。

触れる鑑賞の合理的配慮

　触れる鑑賞が認知されたのは、1979 年国際児童年に渋谷の西武美術館『ポンピドゥー・センター[7]「子供のアトリエ」による：手で見る展覧会』です。視覚に頼らない美とは何かを考える機会となり、フランスの美術館では鑑賞が視覚障害者や子どもたちに広がっていて、高い意識に驚いた記憶があります。1981 年盲学校の全盲の教諭桜井政太郎[8] さんが盛岡の自宅を博物館として開館し、視覚障害者とその関係者に予約で収集品の説明しています。1984 年渋谷にギャラリー・TOM が「ぼくたち盲人もロダンを見る権利がある」との息子の言葉から村山亜土・治江夫妻が設立した。「ロダンから現代まで」ではロダンやブランクーシ等の彫刻が展示されました。1988 年東京でリハビリテーション世界会議が開催され、障害者に対する社会啓発として、有楽町アート・フォーラムで「手で見る美術展 ART FOR TOUCHING」が開催され、現代日本で活躍する 36 人の造形作家の作品が展示されました。1989 年兵庫県立近代美術館が「触覚による表現：フィラデルフィア美術館 Form in Art 展」を開催し、美術教育プログラムに参加した視覚障害者の石彫等による作品と館収蔵品が展示され、終了後に報告書が出されました。この後、手で見る展覧会は全国に広がります。

　1998 年高松市美術館の「ロダン展：開館 10 周年記念」の開催に合わせフランスのロダン美術館より障害者担当の教育普及学芸員が来県し、全国から参加した学芸員等に視覚障害者の鑑賞方法を解説し、全国 7 会場を巡回しました。2008 年に明石市文化博物館で開催された「遠き道展[9]」は、日本画を視覚障害者が鑑賞するための様々な合理的配慮をした初めての展覧会で全国 17 会場を巡回しました。この 2 つの展覧会は異なる観点からでしたが、あまり知られていない視覚障害者の鑑賞方法の深化を目指し、全国を巡回する試みでした。

　この頃、障害者観には転回がありました。1980 年に WHO（世界保健機関）が発表した ICIDH（国際障害分類）[10] での障害者観は、医学的、機能的な障害のマイナス面に着目していましたが、2001 年に採択された ICF（生活機能分類）[11] では、障害は個人の問題で

7) ポンピドゥー・センター
パリの三大美術館のひとつである。ピカソやルオーなどの「絵画を手で見るコーナー」の設置等、視覚障害者が触覚で美術鑑賞を行うための鑑賞方法の開発にも取り組んでいる。2010 年には NPO 法人視覚障害者芸術活動推進委員会、ギャラリー・TOM の企画協力により、ポンピドゥー・センターの視覚障害者教育担当による講演会が日本で開催された。

8) 桜井政太郎
1937 〜 2016 年、小学生の時に視覚障害者となり、東京教育大学付属盲学校へ進学。理療科教員養成施設を経て、1961 年岩手県立盲学校に理療科教員として赴任。かつて博物館での触れられなかった出来事があり 1981 年には視覚障害者とその関係者のための「手で見る博物館（桜井博物館）」を開設した。そこでは太陽や地球にも触れられ驚いた。2011 年からは NPO 法人として活動を継続している。

9) 遠き道展
遠き道展実行委員会（2008 〜 2013 年）による現代日本画の展覧会である。絵画の鑑賞について視覚障害者に合理的配慮をした。対話型鑑賞の取り組みや各種触図（日本画、点図、石膏の深彫のレリーフ、サーモフォーム、バキュームフォーム、立体コピー）があり、作品に近づくと解説が流れる作品案内ラジオ（写真）などの盛沢山の試みと多くのイベントがあった。

10) 国際障害分類
（ICIDH：International Classification of Impairments, Disabilities and Handicaps）
障害を機能障害、能力障害、社会的不利の３つのレベルに分けて捉え「障害の階層性」を示している。

11) 国際生活機能分類
（ICF：International Classification of Functioning, Disability and Health）人間の健康状態は、心身機能・身体構造、活動、参加、環境因子、個人因子が相互に影響しあっていると考える。環境因子を加えているのが特徴である。

12) 障害者差別解消法
平成25（2013）年６月「障害を理由とする差別の解消の推進に関する法律」が制定され、平成28年（2016）４月１日より施行された。（令和３年５月改正障害者差別解消法案が可決成立、施行日未定）行政機関等と事業者は、事務・事業を行うに当たり、障害者から何らかの配慮を求められた場合には、過重な負担がない範囲で、社会的障壁を取り除くために必要かつ合理的配慮を行うことを求めている。静観が常態化していると事ある時には混迷し対応を誤る。すべての障害者の受け入れを前提に検討し、方策を整えて齟齬なきよう備えて欲しいものである。

13) 合理的配慮
障害者の権利に関する条約の第二条定義において『「合理的配慮」とは、障害者が他の者との平等を基礎として全ての人権及び基本的自由を享有し、又は行使することを確保するための必要かつ適当な変更及び調整であって、特定の場合において必要とされるものであり、かつ、均衡を失した又は過度の負担を課さないものをいう』とされている。

はなく例えば建物やサービス側に原因があり、「環境の変更は社会全体の共同責任」と考えられるようになりました。2016年には「障害者差別解消法[12]」が施行されました。

　美術館での試みは、視覚以外の感覚を開くことを問う意味と視覚障害者に対する触覚による鑑賞を探る意味がありました。現在、後者については環境の変更が進み視覚障害者への鑑賞の広がりを感じます。その一方合理的配慮がなされていない事例も多くあります。先進的に取り組んできた美術館で視覚障害者と鑑賞をしましたが、見えている人の展示順で、複雑で巨大なレリーフから触察を行い、疲れて全体像を触察するのさえ困難でした。こんな時は触察の疲れやすい特性を理解し、見える人の進路順とは異なる、単純で分かりやすい作品からスタートして複雑な作品へと進みたいところです。また別の美術館では、初めて彫刻に触れた全盲の人が、小さな薄い彫刻の正面に立ち、左右の手を対称に両脇から摘んで「分からない」と話しましたが何も助言はありませんでした。こんな時は「作品を回りながら触察してみますか」とか「両手が対称にならないよう。両手で同時に前後と左右を摘まむように触れてみますか」といった助言が有効となります。形は触れれば分かる、触れられる作品のある環境は合理的配慮[13]だというのは認知バイアスです。

対話型鑑賞と触察

　美術館では触れる作品があれば触察を行い（図２）、触れられない場合は模型や触図を準備しました。それらを準備できない時にはやむなく言葉だけに頼った対話による鑑賞として取り組んでいます。1997年から2018年までを振り返ると、美術館での鑑賞[14]を30回程、延べ50回以上行っていましたが、その多くは触察と対話型鑑賞です。対話型鑑賞は学芸員の知識を傾聴するのではなく、同じ作品を通してグループで対話を重ねます。対話相手の話を聴くことや感想を述べるために説明の仕方を考えるのも自然に学べます。視覚障害者に対

図２　泉美術館での触察のようす

する鑑賞方法として、言葉だけの対話型鑑賞を否定はしませんが、視覚障害児教育等で培い磨かれた解決策が既にあるのです。視覚障害を克服するための手で見るための模型や立体物、触図を併用し、理解を助けたいものです。

ロダンの「永遠の青春（縮小像）」は、別の彫刻の手を組み合わせていました。ロダン美術館の鋳造前の石膏像なら見ると分かるものがありましたが、ブロンズとなった作品は見ても分かりませんでした。それが手で見る鑑賞として丹念に指先で包むように腕に触れると、簡単に分かりました。私は見る鑑賞と触れる鑑賞の交わりに驚嘆しました。速水史郎の瓦の作品「土のかたち」も見るとざらつきを感じましたが、触れるとその感じは全くなくつるりとして、視覚の優位性は壊れ見るだけでは気づけない、触れることを抜きにしては感じられない世界が明るみになります。時間をかけ真摯に探る力が、見る鑑賞と触れる鑑賞には必要ですが、この交差と協力は対話型鑑賞の醸成の要件のひとつです。

小倉遊亀の「径」の対話型鑑賞では、犬、傘を差す子ども、傘を差して篭を持つ婦人とそれぞれ立体コピーの触図にして、絵を想像し自由に画面に貼りました（図３）。各児童は異なった画面配置の違う物語を想像して話しました。そして実際の絵を見た弱視児はリズミカルで構成がすっきりしていると言いました。その触図に触れた盲児は「行進しているようや」と話し、自分のバラバラな絵とは違う、背の高い順に並びすっきりした力強い構成を見つけました。盲児の言葉で弱視児は足のリズミカルな美しさを発見しました。私もその言葉で改めて足並みの美しさに気づきました。触察から分断された言葉だけの対話型鑑賞ではこのような気づきは得られません。

同じ造形美術言語[15]による触れられる図の活用は、共に学び理解を深める自然の学びに誘います。対話型鑑賞においても、可能性を秘めた触覚の根源的な体性感覚の活用を最初から放棄すべきではないのです。触れられない彫刻でも触図化などあらゆる鑑賞方法を工夫して欲しいと思います。

図３　どこでも貼れる立体コピーの触図

14）美術館での鑑賞
私のHP「おしごと 盲学校の図工美術（1997～2018）」の中で美術館での鑑賞についてまとめた。多くは対話型鑑賞だが、学習方法についても簡便に記載しているので、誤用せず児童生徒の実態に鑑み批判的に考察し参考にしてほしい。
https://pukkuri.jimdofree.com/

15）造形美術言語
意味は、形、色、材料からなるメッセージのことである。遠藤友麗氏が［文部科学省初等中等教育局視学官］の時に使ってきた造語である。日本画家としての美術への深い造詣から、見ることと触れることを隔てずに、ほぼ同等の美の概念とする捉え方をして新しい意識を感じた。

参考文献
・アメリア・アレナス（2001）『みる・かんがえる・はなす鑑賞教育へのヒント』（木下哲夫訳）淡交社.
・建畠覚造ほか（1965）「新・技法シリーズ彫刻をつくる」美術出版社.
・遠藤友麗（2001）「これからの美術教育の充実・発展を考えた改訂」,『美術手帳』2001年3月号,Vol.53 No.801,p.83-87,美術出版社.
・ミハイル・バフチン（1976）「文芸学の方法をめぐって」（新谷敬三郎訳）,『はいまぁと』1976年-秋6号,p.53-61,はいまぁと編集委員会.
・西武美術館編（1988）『手で見る美術展 ART FOR TOUCHING』西武美術館.
・鍵岡正謹ほか編（1998）『ロダン展 AUGUSTE RODIN 1998-1999』読売新聞社・美術館連絡協議会・現代彫刻センター.
・遠き道展実行委員会（2008）『遠き道展-はて無き精進の道程』生活の友社.

Q34 触る2.5次元の絵画をつかった鑑賞とはどのようなものですか？アンテロス美術館との共同研究と鑑賞教材開発

大内　進

1) Loretta Secchi, L'educazione estetica per l'integrazione,2004.

2) 手による触知活動の制約を少なくするためには、サイズは体を移動することなく触ることのできる範囲に収める必要がある。したがって大きいサイズの絵画は縮小し、小さすぎる絵は拡大することになる。翻案サイズは、絵画の精緻度も影響してくる。また、そもそも「手でみる絵」への翻案が適切であるかどうかも検討する必要がある。

3) 絵が表現しようとしている人物や事物等について、オリジナル作品の構図を損なうことなく、触覚を通して読み取れる様にするためには、輪郭の扱い方、立体的形状や表面のテクスチャ等にも留意する。触覚の特性に考慮して、必ずしも原画に忠実な形状再現をしない場合もある。例えば、ボッティチェリの「ヴィーナスの誕生」では画面全体に舞い散っている花びらを一部を省略している。花びらがノイズとなって背景の波の状態などを触認知しにくくしてしまうからである。できる限り原作品の再現をめざしながらも触覚の特性にも配慮している。こうした省略の部分は言語情報でしっかり補っていくことになる。

4) 手でみる絵では、平面絵画に表された3次元的な空間を触知できるように、レイヤーで切り分けて遠近や奥行きを示している。レイヤーにアンダーカットを入れることにより3次元空間が描かれていることを伝える。レオナルド・ダ・ビンチの「モナリザ」の翻案に

はじめに

　触覚教材は、その形状から3次元（立体）教材、2.5次元（浮彫）教材、2次元（平面的凸）教材に分類できることを理論編17に示しました。手指から伝わってくる情報量は2次元より2.5次元、2.5次元より3次元と多くなっていきます。こうした触認知における立体形状の優位性に着眼して、絵画鑑賞に浅浮彫の翻案作品（以下、「手でみる絵」）を積極的に導入しているのがイタリアのアンテロス美術館です。アンテロス美術館の概要については、理論編11及びコラム⑧でも紹介しました。ここでは、アンテロス美術館における、「手でみる絵画」の作製、それを用いた鑑賞の原則、手と目でみる教材ライブラリーにおける日本での対応について説明します。

「手でみる」絵の作製

　アンテロス美術館のキュレーターであるロレッタ・セッキさんは、平面に描かれた絵画を2.5次元に翻案することで「画像、内部構造、遠近感、時空間的特性がとらえやすくなる」と主張しています[1]。実際の製作に関しては、「手でみる絵」に精通した浮彫作家が、原画のイメージを損なわないように留意しながら粘土で造形します。その製作過程では、学芸員、学識経験者、視覚障害当事者などと議論を繰り返しながらチームで対応しています。絵画を「手でみる絵」へ翻案する際には，以下のようないくつかの基本原則があります。

1）絵画の美学的価値を触覚的価値に翻案したり触察に適したサイズ等を決定したりするための予備研究[2]。

2）浮彫（2.5次元）に変換する際の輪郭線、立体的な形状や表面の肌理等の表し方の検討[3]。

3）作品の構図に認められる空間のレイヤーとその奥行き感に留意した半立体的モデリングの検討[4]。

4）レリーフの形状、細部の表現、表面のテクスチャの表現などに関しての触認知の可能性についての検証[5]。

5）複雑な形状のモデルを樹脂または石膏で複製するためのシリ

コンゴムによる型取りの検証[6]。

アトリエにて造形作業
中のグアランディ氏

完成した原型作品

原型からシリコンゴムで
成形された型

「手でみる」絵の鑑賞

●作品目録

アンテロス美術館では、それぞれの作品の様式，作品の内容，美的価値等、作品を知るために必須の情報をまとめた目録が用意されています。点字、音声、拡大文字版の３パターンがあります。

●鑑賞の基本原則

鑑賞は、原則として、美術史やアート作品に造詣が深く、かつ視覚障害への配慮に精通した指導者が鑑賞者に手を添えて導く接触によるガイドから始まります。次いで鑑賞者が主体となって鑑賞する準接触によるガイドの段階に入ります[7]。そして、最終的には、間接ガイドによる本人自身の読み取り活動による自律的な鑑賞に至るというプロセスをたどっていきます。ガイド付き鑑賞においては、鑑賞者の主体性が最大限尊重されることは言うまでもないことです。この点は誤解を招くことが多いので、念のために申し添えておきます。

●鑑賞における３つのフェーズ

作品鑑賞のプロセスは、画像を手指で認知した上で、それを目録からの情報やガイドとのコミュニケーションから得た情報などと結び付けて鑑賞者がイメージを膨らませ、意味づけしていくということになります。ロレッタ・セッキさんによれば、この流れはイコノロジー（iconology、図像解釈学）の研究で有名なパノフスキー[8]が提示した、絵画の解釈で辿る３つの段階に合致しています。この段階には①前図像学的読解[9]、②図像学的分析[10]、③図像解釈学的解釈[11]があるのですが、セッキさんは、パノフスキーが主張するこの３つのフェーズが相互に関連し合い切り離せないものであること、そして、それが手でみる絵の鑑賞にも対応していることを強調しています。

あたっては、近景の人物と背景の室内空間をレイヤー化して表している。

5）モデリング作業では、常に触認知によって適切なイメージ化が図られるようにレリーフの大まかな形状や細部の形状、表面のテクスチャの妥当性が確認される。その際には、視覚障害当事者も含めてチームで多角的に検討することを重視している。

6）彫塑による原型が完成したら、複製するための型取りをすることになるが、アンダーカットの部分を再現するために、型取り剤としてはシリコンゴムを用いる。

7）実際には、手指を動かして言語的なコミュニケーションを取りながら、触覚によっても読み取っていくことになるが、一口に触察力といってもそのレベルは多様である。ガイドには、活動を始める前に鑑賞者が触覚による認知に慣れているかどうか、またその慣れ具合を的確に把握しておくことが求められる。また、この鑑賞は、ガイドとコミュニケーションをとりながら総合的に進めていくものである。したがって、ガイドが先導する場合であっても、触ることだけに主眼が置かれているのではないということをしっかり理解しておく必要がある。

8）エルヴィン・パノフスキー（Erwin Panofsky, 1892 - 1968）ドイツ出身でアメリカで活躍した美術史家。『イコノロジー研究 ルネサンス美術における人文主義の諸テーマ』浅野徹・阿天坊耀・塚田孝雄・福部信敏訳　美術出版社、1971年、新版1987年／筑摩書房〈ちくま学芸文庫〉、2002年。

9）前図像学的読解
形態および構造の触覚による読取り（ロービジョンの場合は視覚を活用した読取り）になる。絵画の構図の隠された幾何学的構造と内部スキームを読み取るということである。

10）図像学的分析
この段階では、手指を活用した手でみる絵の触覚による観察から描かれているものの形状や構造をとらえ、それが何を表現しているかその内容を認識する。これが図像分析ということになる。

11）図像解釈学的解釈
図像学的分析によってアート作品の意味を探求した後に、表現されている画像の意味とその意味の拡張、つまりイコノロジー的解釈が展開されるというプロセスが想定されている。パノフスキー流にいえば、鑑賞者はここに至って、美的体験に到達するということになる。

12）アンダーカットを用いた遠近表現の例

（ピエロ・デラ・フランチェスカ『フェデリコ・ダ・モンテフェルトロ公』）ロレッタ・セッキさん提供

鑑賞ガイドの役割

　ロレッタ・セッキさんは、作品を効果的にとらえるための手指の使い方について熱心に研究しています。「手でみる絵」を触察する際の手の使い方についても次のような指摘をしています。

（1）触認知に適した効果的な手指の使い方があり、それを働きかけること。例えば、

・形の輪郭を呼び起こすためには、人差し指と親指を挟むように使ったり、指先を回転させたり、まっすぐ伸ばしたりするなど、「ピンセット」や「筆」の動きに模して用いるように支援するとよい。

ガイドの一場面

・レイヤーによってあらわされている空間の位相をとらえるためには、深彫りの輪郭部分とアンダーカット[12]に沿って、指をなだらかになぞっていくとよい。

・場面場面に描かれている要素を読み解いていくときは、指を広げたり、手のひらもつかったりして順序よくたどっていくとよい。

・原則として、鑑賞には両手を利用する。両手を調和させて動かすとともに、時には左右対称に、時には両手を反対方向に動かすなどのダイナミックな手指の使い方を通して絵画に表現されている動きを感じ取ることができる。

（2）触って鑑賞するだけでなく、言語によるコミュニケーションも大事にすること。

・手触りや感じ取った表面の形状の変化などは言語化する。そのことでイメージを明確にする。

・ガイドで同時に行われる口頭による説明やコミュニケーションは、作品理解を深めるために不可欠。言語による相互交信は、心理的安定を保つ機能も有している。そのため、言語での説明は本質的で説得力を持っていること、必要な情報が提供されていることが求められる。

・コミュニケーションにおいて、知覚的および認知的経験が難しかったり、イメージしにくかったりする比喩的な言語表現は避けなければならない。

（3）ガイドはいかなる場合も侵襲的であってはいけない。その観点から、鑑賞者のニーズや疲労に気配りをして対応すること。

（4）手の動かし方は、作品のダイナミズムを感じ取る上でも大変重要になる。

・画像の認知および解釈のプロセスを促進するために、運動感覚（体の動きや姿勢）や触覚の固有受容感覚（身体概念、筋肉の収縮や膨張、可動性）も利用する。

・さまざまな種類の触覚刺激に対する体表面の反応や触運動の原則を最大限活用して鑑賞に導く。

（5）色彩への配慮も欠かせない。色彩に関する理解は言語によるコミュニケーションに依存することになるが、そのため、手で見る絵を鑑賞する際には、オリジナル作品の画像を横に置き、常に原画を参照しながら鑑賞支援をすることが大事なことになる [13]。

入力から出力へ

　アンテロス美術館では、絵画鑑賞という情報の入力のみににとどまらず、作品鑑賞後に、手で読み取ったアート作品のイメージを粘土などの素材を用いて再現する活動も組み込んでいます。こうした入力したイメージを再生するモデリング活動 [14] を行うことにより、鑑賞者が手でみる絵から獲得したイメージを確認することが可能となります。視覚障害者への指導では、入力に力が注がれがちですが、理解を深めるためには入力と出力の相互関係が大事だということになります。また、支援する側にとっても鑑賞者の理解の度合いを知る手がかりを得ることができます。

学校や社会との連携としての機能

　イタリアでは、学校教育の一環として美術館や博物館が日常的に利用されています。アンテロス美術館にも、小・中学校等の児童生徒がたびたび訪問します。また、イタリアの教育システムはフルインクルージョンです。視覚に障害がある子どもも障害の程度に関わらず、原則として地域の通常の学校で学んでいます。学校は、視覚に障害がある子どもが排除されないようさまざまな配慮をしていますが、絵画に関する活動についても、視覚に障害があるからといってその子どもだけを個別対応するのではなく、学級全体の活動をその子にも参加できるようにアレンジしています。アンテロス美術館

13）アンテロス美術館では、ロービジョン者のために「手でみる絵」への彩色にも取り組んでいる。

14）モデリング作業に取り組んでいる様子と作品の例（ロレッタ・セッキさん提供）

作品例

には、視覚に障害がある子どもが在籍する学級の子どもたち全員がしばしば訪問します。この美術館を訪問することは、視覚に障害がある子どものためだけではありません。学級の全ての子どもたちにとっても「手でみる絵画」を知り、それに触れる体験を共有することで、絵画への興味関心を深める機会にもなっているのです。見学活動ではこうした面での配慮や工夫がなされています。成人の場合も同様です。アンテロス美術館は、「教育を生涯にわたって促進し，文化的な成長および社会的統合のための等しい機会を保証する」という生涯学習の側面から、視覚障害がある人だけでなく、地域に住むすべての人に開かれた美術館となっています。

小学生の見学の一コマ
（ロレッタ・セッキさん提供）

日本での取組

アンテロス美術館が開発した「手でみる絵」は、日本国内でも見ることができます。新宿区西早稲田にある「手と目でみる教材ライブラリー」は、アンテロス美術館東京分館という位置づけでアンテロス美術館と連携し、アンテロス美術館から提供を受けた10点余りの「手でみる絵」を展示しています。それらのうち、葛飾北斎「神奈川沖波裏」と喜多川歌麿「姿見七人化粧」の手でみる絵は、科学研究費による研究の一環として大内とアンテロス美術館との協力して製作されたものです。所蔵している作品は、欄外に示したリストの通りです [15]。これらのうち、「最後の晩餐」については、日本点字図書館に貸し出し中で、「日本点字図書館触れる博物館」にて展示しています。

これらの作品は、原則どなたにもご覧いただけます。作品鑑賞方法については、アンテロス美術館の方式を尊重しています。しかし、日本では全盲の児童生徒が盲学校で絵画を学ぶ機会が少ないという現実や、アート作品のとらえ方について文化的背景が異なっていることなどが影響しているのか、絵画の半立体的翻案に疑義が寄せられ、この取組が全否定されたことがあります。そこで、現在は、ゴー

15) 手と目でみるライブラリーが所蔵している作品
・レオナルド・ダ・ヴィンチ『モナリザ』
・レオナルド・ダ・ヴィンチ『最後の晩餐』
・ボッティチェリ『ヴィーナスの誕生』（新版）
・ピエロ・デッラ・フランチェスカ『モンテフェルト伯』
・ティツィアーノ『賢明の寓意』
・カラヴァッジョ『キリスト降架』
・ジャック＝ルイ・ダヴィッド『マラーの死』
・葛飾北斎『神奈川沖波裏（樹脂）』
・喜多川歌麿「姿見七人化粧（樹脂）」
・マンテーニャ『死せるキリスト』
・人物像の練習台
・遠近法の練習台

ルを先見的に定めることをせず、「絵画」に興味を持ってもらうこと、また手でみる絵をきっか手掛かりにアートや文化、歴史、地理などの見聞を広め、新しい世界を発見する機会としてもらうことに主眼をおき、鑑賞される方のニーズに応じて対応するようにしています。そのために、それぞれの作品毎に関連するさまざまな補助資料を用意しています[16]。例えば、「神奈川沖浪裏」では画像に描かれている和船「押送り舟」の立体模型を用意し、舟の実際の形状や波の動きに応じて変化する船の位置の変化を確認するようにします。富士山が相対的に小さく描かれていることを理解する手掛かりとなるように、関東地方の立体地図を用意し、視点となっている東京湾と富士山の距離が100km近く離れていることを実感し、遠近感を感じてもらいます。また、立版古を用意することで、手でみる絵のレイヤーを再確認し、それを平面画像に落とし込むことをサポートしています。

もちろん、興味関心のある来館者には、アンテロス美術館のスタイルでの鑑賞に対応しています。

まとめ

近年、アンテロス美術館の地道な取組が評価されて、イタリア国内の美術館において、オリジナル作品の横に「手でみる絵」を展示する美術館が増えてきています。アンテロス美術館では、「手でみる絵」の鑑賞に際しては、ガイドの役割を重視しており、美術館の学芸員向けの講習にも積極的に取り組んでいます。こうした取り組みにより、美術館の学芸員の方々に「手でみる絵」の理解が浸透してきているのではないかとも思われます。

視覚に障害がある人々の絵画へのアクセスについては、様々な立場がありますが、視覚情報と触覚情報は根本的に異なっていますので、見えなければ触るものを用意すればよいという安直な方法で対応できるというものではありません。触らなくていい学びもたくさんあります。しかし、視覚障害教育とりわけ視覚活用に制約がある児童生徒の教育において、触覚活用は不可欠であり、視覚に対峙できる感覚は触覚です。我が国の視覚障害教育の分野でアンテロス美術館のチャレンジングな取り組みをどのようにとらえていくか、検討すべき課題が山積しているといえます。

16）「神奈川沖浪裏」の鑑賞用に用意された補助教材

①和船「押送り舟」の模型

②立体地図

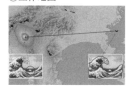

③「神奈川沖浪裏」の立版古

◎用語解説
立版古
江戸時代後期（幕末）から大正期中頃にかけて流行したおもちゃ絵の1種である。1枚の和紙に歌舞伎の場面などの絵柄が印刷されており、それぞれのパーツを切り抜いて、それらを1面が開放された箱の中に立体的に組み立てて遊ぶものである。完成した立版古は、ジオラマ的な立体的な作品となる。

対話型鑑賞【鑑賞】

Q35 見える人・見えにくい人・見えない人が一緒にできる対話型美術鑑賞プログラムについて教えてください

佐藤 麻衣子・白鳥 建二

1) 水戸芸術館は、高さ100 mの塔をシンボルとした、コンサートホール、劇場、現代美術ギャラリーの施設で構成された複合文化施設。1990年3月に開館。水戸芸術館現代美術ギャラリーは現代美術を中心に、展覧会とともにワークショップやトークなど多彩なプログラムを通して、今日の美術を紹介している。これまで、ギャラリーにあわせてアーティストが作品を新たに制作、設置するサイト・スペシフィックな展示を数多く実現。大規模な個展に加え、批評性に富んだテーマ展や地域社会と連携したグループ展など、1年に約4回の展覧会を独自に企画・実施している。また、多様な人々を対象とした教育プログラムにも力を入れている。施設としての展示空間「現代美術ギャラリー」と、活動体としての「現代美術センター」とを呼び分けている。

水戸芸術館全景 撮影：田澤 純 写真提供：水戸芸術館

2) 当センターでは、赤ちゃんからシニアまでの幅広い世代の方を対象に教育プログラムを行なっている。教育プログラムコーディネーターは、教育プログラムの企画・運営をしている。森

思いがけず実ったもの

見える人がこの鑑賞方法を面白いと感じてくれるのは、自分にとって副産物だった――白鳥建二さんは言います。

白鳥さんは全盲の美術鑑賞者。水戸芸術館現代美術センター[1]（執筆当時在籍。以下、当館）の見える人と見えない人が一緒に鑑賞するプログラム「視覚に障害がある人との鑑賞ツアー『session!』」（以下、「session!」）のナビゲーターを、2010年から務めています。

白鳥さんは26歳の時、晴眼者の女性との美術館デートをきっかけに、会話をしながらする美術鑑賞にめざめました。それからは「自分は全盲で美術鑑賞をしたい。誰か一緒に見てほしい」と各地の美術館に電話し、一人で訪れるようになります。鑑賞方法の試行を重ね、作品の前で会話をしながら見るスタイルが自分にフィットしそうだと感じ始めた頃。一緒に鑑賞した見える人たちが「一人で鑑賞するより、じっくり作品を見られた」「見ているようで見えていなかった」と、口々に言うようになります。自分だけの楽しみだと思っていたものが、見える人たちも自分と同じように楽しんでいる様子は、想定外の「副産物」でした。

美術館の活動のヒントに？

白鳥さんは、1998年に一人の鑑賞者として当館に来館しました。前述の電話は当館にもかかってきたのです。その時初めて一緒に鑑賞したスタッフの森山純子（同センター 教育プログラムコーディネーター）[2]は、混乱と反省がしばらく続いたと言います。そして一年後、白鳥さんと再会します。東京都美術館で開催された展覧会「このアートで元気になる―エイブル・アート'99」の関連プログラム「目の見えない人と観るためのワークショップ―ふたりでみてはじめてわかること」に参加すると、白鳥さんがナビゲーターだったのです。これをきっかけに、白鳥さんとの鑑賞は当館の活動に多くの示唆が得られるという考えに至り、ボランティア[3]を対象に

した研修から白鳥さんとの協働がスタートしました。

　当館は、現代美術を展示するアートセンターとして1990年に開館し、その二年後からボランティアを募集してギャラリートークを行ってきました。「難しそう」と敬遠されがちな現代美術ですが、ボランティアは現代美術と市民の橋渡し役。作品解説ではなく、来館者とボランティアが同じ立場で作品について話すことで、自分の見方で鑑賞する充実感を味わってもらえる人が増えるのではという考えから始まっています。この方針と白鳥さんの鑑賞方法には大きく共通する部分があり、ボランティア研修にぴったりだと森山は感じたそうです。

　「session!」と題し、一般の方向けにプログラムを始動したのは2010年1月[4]。ヨーゼフ・ボイスの展覧会「Beuys in Japan：ボイスがいた8日間」を皮切りに現在まで続いています。当初は45名の参加者を7グループに分け、各グループに視覚障害者1名が入る形式でした。2019年からは参加者を5〜8名程度にし、1グループで鑑賞。鑑賞後のふりかえりの時間に、参加者全員が話しやすいようなスタイルに変えています。

2010年の鑑賞風景
撮影：横山さおり　写真提供：水戸芸術館現代美術センター

「session!」の現場

　実際のプログラムの流れを紹介します。基本は以下のとおりですが、展覧会の内容や状況によって変わります。

①白鳥さんからイントロダクション、当館からプログラムの注意事項、参加者の自己紹介（約15分）
②鑑賞（約45分）＊1作品約15分×3作品程度
　（休憩）
③ふりかえり（約50分）

山と筆者の2名が専任で在籍（筆者は2021年4月まで）。教育プログラムコーディネーターは当センター独自の名称。教育普及担当学芸員、エデュケーター、ラーニング・キュレーターなど、美術館によって名称が異なる。

3）正式名称はCACギャラリートーカー。週末に行っている「ウィークエンド・ギャラリートーク」を担う市民ボランティア。作品の解説者ではなく、鑑賞者と対話し意見交換を促しながら、現代美術の楽しみ方を一緒に鑑賞者と探る役割を期待されている。年代は30代から70代まで、約20名が登録（2020年現在）。

4）2006年9月8日、9日に「ライフ展」の関連企画として、「session!」と同様のプログラムを実施している。プログラム名は「ふたりでみてはじめてわかること」。「session!」と題して始動したのは、「平成21年度 文化庁 美術館・博物館活動基盤整備支援事業」として実現してからになる。

イントロダクションの様子
撮影：佐藤理絵
写真提供：水戸芸術館現代美術センター

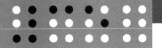

①のイントロダクションでは、鑑賞の方法を紹介します。

・作品に関することだったら何を話してもよい。

　例：作品の印象、感想、気づいたこと、分かったこと、「そういえば！」と連想したことなど。「あー！」など言葉にならなくてもよい。

・参加者全員でできるだけ会話をするように。

・目の前にある作品がどういうものなのかを会話に入れる。

・作品や作家の情報を知っていても最初は伝えない。途中で話題にするのはよい。

②展示室へ行く前に、視覚障害者と一緒に歩く方法を白鳥さんが説明します。鑑賞中は、参加者が交代で白鳥さんをアテンドします。

　この鑑賞は、集まる人によって毎回雰囲気が変わります。参加者が戸惑っている場合は、「まずどんなものがあるか教えてください」と、白鳥さんが促します。一方で、最初から感想や印象の話が止まらない人たちが集まる時もあります。「どんな作品なのか話すんだった！」と、思い出したように説明し始めた人たちもいました。

　鑑賞中、白鳥さんの発言を聞いていると、時々質問を挟みつつも相づちがほとんどです。「うんうん」「へぇー」「はははは」「おー」「そうなんだ！○○なんだ！」「ん？」「上の部分はどうなっているの？」。鑑賞中、白鳥さんは会話の中心的存在になる訳でもなく、参加者の話に耳を傾け興味深く聞いています。

③鑑賞中に出た作品の話題や参加した感想を共有。白鳥さんへの質問なども交えながら、リラックスした時間を過ごします。

主人公は鑑賞者

「session!」は、白鳥さん個人の楽しみから発生したプログラムです。学芸員の解説や音声ガイドを聞く鑑賞術は選ばず、自分の勘と感覚を頼りに経験を重ね、このスタイルを築きました。

　ここでは「session!」のプログラムから視点を広げて、会話を取り入れる鑑賞方法について触れたいと思います。この方法は「対話型鑑賞」「対話による美術鑑賞」などと呼ばれ[5]、グループで作品を見て感じたことや考えたことを聞いて話すことで、作品の見方を

5）対話を介してグループで作品を見る鑑賞法。ニューヨーク近代美術館（MoMA）で開発されたビジュアル・シンキング・カリキュラム（VTC）、ヴィジュアル・シンキング・ストラテジーズ（VTS）が基になっている。
1995年の夏、当センターは当時MoMAの教育部長であったフィリップ・ヤノウィン氏と教育カリキュラム担当のアメリア・アレナスを招聘。VTCが美術関係者向けの研修会で紹介された。
VTCを学校向けの教育カリキュラムに、より発展させたのがVTSである。

深めたり広げたりできます。ファシリテーターが投げかける3つの質問「作品の中で何が起きていますか」「どこからそう思いましたか」「もっと発見はありますか」をベースに、専門知識や作品情報に頼らずに作品を見る方法です。学習指導要領が改訂され、鑑賞が図工・美術の授業に加わり学校現場でも取り入れられています。また、書籍でもマニュアル化され、美術館のみならず社員研修などのビジネスの現場でも使われています。

2019年の鑑賞風景
撮影：矢野津々美
写真提供：水戸芸術館現代
美術センター

　当館では30年近く会話を取り入れた鑑賞をしていますが、鑑賞方法のマニュアルはあえて作っていません。これはマニュアルに則した対話型鑑賞が、ファシリテーターの進行にポイントを置いているような印象を受けるからです。鑑賞の主人公＝鑑賞者という視点が、あたかも忘れ去られているような気がするのです。マニュアル化することで手法が広がり、作品鑑賞を楽しむ人が増えるのは歓迎すべき点です。ですが、私たちはマニュアル化によってこぼれ落ちてしまう「鑑賞者が体験するすべてのもの」を受け止めたいのです。例えば、話したい人が順番を気にせず自由に話せる雰囲気、沈黙、横道に逸れた会話、家に帰ってから「あの作品ってああいう意味だったのか！」と気づく瞬間。会話を取り入れた鑑賞は、鑑賞者個人の言動や経験をきっかけに始まり、他者の話を聞きながら自分の価値観を深掘りする作業です。そう考えると、鑑賞中やその後に起こるすべての出来事に価値があり、誰からの制限を受けることなく自由で尊重されるべきものなのです。これを実現するためには、鑑賞者・ファシリテーターの立場は関係なく、作品の前にいる全員が対等で主体的に話せる、しなやかな鑑賞の場が不可欠です。このような理由から私たちはマニュアルを作らないのです。

　「session!」に話を戻しましょう。白鳥さんは作品の見方に細かい注文はせず、「話したい人が話したい時に何を話してもよいです」と伝え、鑑賞者の会話はまとめません。言葉にならないことや話さ（せ）ない人がいることも歓迎しています。むしろ、参加者から言葉が出ず鑑賞が停滞しているように見える時や、白鳥さんの存在を忘れて鑑賞者同士で自由に話している時の方が、より作品が見えてくるそうです。

　鑑賞者のふるまいや人生経験を起点に作品が見られることを、白

鳥さん自らが体現していると気づきませんか。自分のために手探りで見つけた白鳥さんの鑑賞スタイルは、鑑賞そのものを考えるヒントがいくつも潜んでいます。

心地よい鑑賞とは？

　私たちは「session!」の最後に、「白鳥さんは視覚障害者代表ではありません」と伝えます。他の視覚障害者が、必ずしもこの鑑賞方法を楽しめるとは限らないからです。見える人が自分の好みに応じて解説パネルを読んだり、作品をただ眺めたりするように、視覚に障害がある人も自分なりの作品の楽しみ方を探ってよいのです。実際に当館で盲学校の生徒たちが参加した時、「作品に詳しい学芸員から説明を聞いている方が楽だった」と、居心地の悪さを感じた人もいました。

　鑑賞はあなたのものです。美術館では、学芸員の解説や音声ガイド、触れる作品など、さまざまなプログラムやツールを用意しています。スタッフと相談しながら、来館方法やプログラムのアレンジも可能でしょう。

　美術館は開かれています。いつでもどんな人でも待っています。あなたに合った鑑賞スタイルを見つけることは、作品により近づき、あなた自身を知る味わい深いものに変わっていくのです。

（佐藤麻衣子）

視覚障害の僕が自分の美術鑑賞をみつけるためにやったこと

　僕は生まれつき強度の弱視だったので、「見えないからかわいそう」「目が見えないと苦労する」と、両親や祖母など周囲の大人から、たびたび言われていました。世の中ってそういうものなのかなぁと思う一方で、自分も差別されるのだろうかと疑ってもいました。知識も経験もごくわずかな子どもの頃ですから、それだけ穏やかな日常だったのかもしれません。

　小学３年生から通い始めた千葉県の盲学校でも、目が見えるのが普通で、見えないと不利で立場が弱いという価値観がありました。離任式の挨拶で、小学部の先生が「盲学校に初めて来たとき、子どもたちが元気でびっくりした」「嬉しかった」と話しました。当時

の僕は「なんでそんな当たり前のことを言うんだろう？」と、自分がどう見られているのかがあまり分かっていなかったようです。視覚に障害がある人とない人は、日常生活や仕事で何がそんなに違うのか、あまりイメージできないまま全盲の自分への劣勢感は着実に育っていきました。

盲学校以外の社会を知りたいという気持ちと、目の見える人への憧れもあって、高等部の専攻科に入ると、寮を出て自宅通学と学校以外での活動を始めました。救急講習会に参加したり、ボランティア活動したり。自分自身、何がどこまでできるのか、とにかく試してみたかったのです。そのころは、盲人っぽくないスマートな自分をイメージしていたようです。それでも見える人との間にある壁のようなものを大きく感じていて、盲学校を卒業して社会人になるなんて、怖くてできないと思っていました。そこで、モラトリアムを過ごすために、大学へ行こうと考えたわけです。幸いにも、社会人入試で日本福祉大学の二部に入学できました。

大学生活での一番のトピックは、彼女との美術館デートです。それまでの僕は、触れるものがないので美術館に行こうなんて考えたことがありませんでした。でも、デートとなれば話は別です。それに、盲人っぽくないことを試してみたい気持ちもありました。そして、彼女と二人でレオナルド・ダヴィンチの解剖図展を見に行ったわけです。展示室に入った時から、どきどきわくわく、すっかりその気になってしまって、「全盲でも絵画鑑賞できる！」と、盛り上がってしまいました。後から考えてみると、好きな人と一緒に過ごせたので嬉しかっただけなのですが、全盲の自分が絵画鑑賞するアイディアを気に入ってしまいます。それから、単独で美術館へ行く活動が始まります。

美術の知識はほとんどないし、触察の経験も少なかったので、ほとんどが手探り状態でした。それでも「一人で美術館へ行く」と最初から決めていました。自分が何を楽しいと思えるのかを知りたかったし、そのためにはどういう行動ができるのか試してみたかったのです。それに、美術館の人がどういう対応をするのかを見てみたい、少々意地悪な気持ちもありました。事前に美術館へ電話をしてお願いするのですが、誰かと一緒に鑑賞してほしいこと、触れる作品は望まないこと、専門的な解説ではなく、作品の印象や感想を話した

いと伝えます。全てが経験なので、思うように行かないことも含めて毎回収穫がありました。その中でもキーとなる出来事は、案外最初のころにありました。

印象派の展覧会でのこと。「この絵は湖があって、その周りに木があって…」と、美術館の方が話しました。しばらくしてから、「先ほど湖と言いましたが、黄色い点があるので野原ですね」と訂正しました。「そんな勘違いってあるのか！」と衝撃的でした。が、それよりも重要なのは、目が見えていても分からないものがあることでした。そんな当たり前すぎる理屈ですが、明確に実感できたのはその時が初めてでした。

目が見えていても、分からなかったり間違えたりする。とすれば、見える人と見えない人とで知識や経験を駆使してコミュニケーションをとると、どういうことが起こるだろう？と考えました。そもそも、目が見えるか見えないかの違いだけを考えれば、両者の間に溝があるのは当たり前です。逆に、お互いの共通点を探っていけたら、自分とあなたとの関係性はどうなるでしょう？

鑑賞活動を数年続けているうちに、自分の鑑賞スタイルのようなものができてきました。鑑賞を始めて20年以上経った今では、鑑賞プログラムの提案もします。見える人に対して漠然と抱いていた不信感や警戒心のようなものが、気づくとほとんどなくなっていて、僕の日常は平和なものになっているなぁと感じています。

（白鳥建二）

友人と鑑賞を楽しむ筆者（左から佐藤、白鳥）
撮影：市川勝弘

コラム :6 白鳥建二さんと session! が拓く未来

跡見学園女子大学文学部人文学科教授　茂木　一司

　見えない人と見える人がいっしょにする絵画の対話型鑑賞を体験したのは「視覚障害者とつくる鑑賞ワークショップ」（林建太代表）が最初でした。「作品について色、形など『見えること』と、印象・感想・解釈などの『見えないこと』について、その両方を言葉にするようにしてください」という最初の説明にはなるほどと納得させられました。でも、この白鳥建二さんの session! はある種の方法論・技術論を超えた高い理念＝教育性を持つ別物といっていいように感じています。

　session! は、白鳥さんがナビゲーターとして、水戸芸術館現代美術センターで 2010 年から始まった前述のプログラムです（詳細は Q35 を参照）。私は 2 回経験しました。その体験によって、アートが拓くインクルーシブ教育もしくは共生社会の可能性や本質が見えたような気がしました。

　その意味は、白鳥さんの活動とは自分（個）と社会（公共）の間を行ったり来たりしながら、いつの間にかみんなを心地よくしてしまう極めて中道的な活動で、いわばポスト近代が示す「素人の時代」を体現しているからです。近代はスピードと効率と専門性を特色として発展してきました。その中で障害者が排除されてきたことは周知です。美術／教育も自分たちの特権（美術の知識・技能）を見せつけ、素人との差別化を図ってきました。その結果、美術／教育は必要以上に敷居が高くなって、美術館に行くことはハイソな出来事になってしまいました。白鳥さんの session! が際だって優れているのは、「作品に関することなら何を話してもよい」というルールです。このルールのようなものに従って、参加者達は白鳥さんにわかってもらうように作品を解説しようとします…が、…そんな関係は長くは続きません。別の参加者の無自覚な言葉によって、鑑賞は勝手に盛り上がり、全盲の白鳥さんの存在そのものが透明化し、その場はどんどんとフラットになっていきます。白鳥さんが実際にやっていることは短い質問と同意の相づちがほとんどで、時に沈黙も参加者を多いに刺激します。つまり、白鳥さんはこの鑑賞で素人を演じるプロの役者のごとく、ファシリテーションをこなしているのです。

　この出来事を少し俯瞰して考えてみます。白鳥さんがしていることは、ワークショップ論でいえば、「場のホールド」です。見えていない彼は明らかに場の全体を見ています。参加者（部分＝小宇宙）が大宇宙の中でどのように機能しているのかを心の目で見透かして、session! の場全体の安全と楽しさを促しています。白鳥さんは「いっしょに楽しむ」とよく言います。それは見えない人と見える人の間の見えない壁を壊すための意識的無意識的な所作のような…。「自分は盲学校で盲人として必要なことを多く身につけてきました。しかし、一般社会でより快適に過ごすすべはたぶんあまり身につけられなかった。…見える人とよい関係になりたいのに違いを強調する態度になっていた…普通に考えると誰かと仲良くなりたいときはお互いの共通点から話すのがたぶん一番いい方法でしょう」（白鳥、2010）。これを読むと今ことさら多様性＝違いを強調する社会の異様さを思い知ります。白鳥さんの session! は人間として共通性の基盤に立ち、そこにあるかけがえのなさを基礎に生きている私たちがとても「弱い存在」であることに気づかせるものです。

Q36 レンズを通して触れる： 撮影と鑑賞について教えてください

栗田　晃宜

1）視野のポーズ

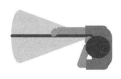

図は Q27 で説明した「視野のポーズ」である。しかし、例えば人物が重なり、写らない人を確認したい場合、脇と眼（カメラ）では視点の位置が異なる。視点の差をなくす必要があり、感覚的な理解度に問題がなければ「視野のポーズ」を変更し、その学びを深めて欲しいと思う。「視野のポーズ」は感覚的（位置覚、運動覚）な受容において誤謬の少ない感度の高いポーズである。

2）ユニバーサルデザイン
ユニバーサルデザインとは、あらかじめ、障害の有無、年齢、性別、人種等にかかわらず多様な人々が利用しやすいよう都市や生活環境をデザインする考え方である。障害のある工業デザイナーであり、ノースカロライナ州立大学教授でもあったロナルド・メイスン氏が 1980 年代の初めに提唱しました。似たような言葉にバリアフリーという言葉がありますが、その意味は、障害のある人が社会生活をしていく上で障壁（バリア）となるものを除去するという意味である。

3）画像を説明するアプリ
TapTapSee（視覚障害者向け画像認識カメラ）やSeeing AI （視覚障害者向けトーキングカメラ）などがある。カメラに写っている物や色を音声で説明をしてくれる。画像の中に文字情報があれば、見分けてそれらも活用して物を詳細に説明する。

写真を学習する方法

　撮影では、カメラでどんな写真が撮れるのか理解をして取り組みます。学習では撮影した画像を可触的に受容できるよう準備します。基礎となるのが「見えない人に見えている人の絵をつなぐ」で示した「視野のポーズ」[1]による遠近法や輪郭線の学びです。ここでは写真画像の理解について概略を説明します。中学部 3 年の全盲生徒の授業は 2009 年のもので現在とは異なりますが、現在のものを加えて説明し、想定した高等部での学習内容やこれまで知り得た内容に合理的配慮を加えて展開できるよう報告します。

写真の活用

　全盲生徒はユニバーサルデザイン[2]に優れたらくらくホンを使用していました。待ち受け画面に写真を活用し、フォルダには大切な写真を保存しています。また、カメラ機能を使って色を読み取らせていました。その後は iPhone のカメラ機能を使い写真を撮ると画像を説明する「Tap Tap See」やテキストを読み上げる「ｉヨメール」などのアプリ[3]を使っています。機種変更があると写真撮影で失敗するとのことでした。写真やカメラへの意識、アプリの活用や困りごと等を理解し学習しましょう。

写真の可触可システム

　触図を作成するために、デジタルカメラの画像をコンピュータのフォトショップを使って線を抽出します。レーザープリンターでカプセルペーパーに印刷し、立体コピー作製機で線を盛り

上げました。生徒はコンピュータに関心が高く技能的にも優れていたので、画像処理の操作を言語化して説明しました。生徒は立体コピー作製機の盛り上げ調整も自ら行い作成しています。撮影後 5 分

程で触図にできますが、今なら Android や iOS には写真を線画にするアプリ「けしはん道場」[4] 等があり、機能を限定すればコンピュータは必要ありません。アプリは線の抽出度と画像範囲の設定が必要で、全盲生徒が行うには学習と支援が必要です。カメラとプリンターを Wi-Fi 接続すると、より短時間で触図にできます。通常の写真のまま立体コピーにできますが分かりにくいです。

このシステムには注意が必要で、カプセルペーパーとインクの相性やレーザープリンターもコピー機も内部温度が高いと盛り上がり不良が起こります。このような不具合を防ぐために学校では異なるメーカーのコピー機数機種を試してから選定しました。

写真の学習

事前に「視野のポーズ」による光の直進性の学びが、人物等が重なると写らない部分の想像と理解につながります。

全盲生徒が使用したデジタルカメラは 35 ミリカメラ換算で 35 ミリ〜105 ミリの 3 倍ズームで今とは異なります。モニターは見えないので、ズームで利用できるのは両端の画角[5]になりますが、望遠側は画角が狭く初心者には適しません。そこで広角側の 35 ミリを使用しました。

写る範囲の画角を理解するために扇型の教材とフード型の教材を使いました。通常カメラのレンズは対角線画角で表示するので、長辺画角（水平画角）で教材を作りました。室内は扇型の教材と棒を使い、屋外の運動場等ではロープを張り写る範囲のイメージがもてるようにしました。「けしはん道場」なら、写した画面から更に切り出すのでそのサイズが近しい横長を選びます。撮影した画像の形状の紙型と触図になるプリントのサイズが異なる場合、画角とプリントの教材とも最終の作品サイズの教材とします。学習で使う機材や使用方法は限定し混乱しないようにします。

画角は写真の効果に影響します。興

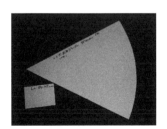

4) けしはん道場
写真を『フィルター』の「けしはん」「コミック」「銅版画」から「けしはん」を選択することで、図のような線画に表現でき、その太さなどを変えられ、触図のような効果の図が作成できる。
写真の線画（部分）のように、いくつか線の抽出方法を変えた触図を数枚活用し、生徒の求める触図の作品イメージを追求した。最終的には、線は太く、背景と髪が盛り上がり黒さを意識できるものを生徒は選んだ。運動場を撮影した風景写真では、人物の線とは異なるものを選択した。

5) 画角
カメラで撮影するときに写る範囲の角度のことを画角という。35mm フィルム（24×36mm）を撮影で使ってきた歴史が長く 35mm 判で換算した画角で示すことがある。参考として、ここではより分かりやすい長辺画角での画角を表記したので参考にしてほしい。《焦点距離(mm):長辺画角(°)、20:84、24:74、28:65、35:54、50:40、85:24、100:20、135:15》人間の普段の視野角に近い画角のものを標準レンズ（50mm:長辺画角 40 度）と呼ぶ。盲生徒が撮影する場合は、標準レンズに近い、純広角（35）から純望遠（85）程度が触れるにもイメージするにも容易である。画角、シャッタースピード、絞りといった基本的な効果は画像効果や錯視とも関連性があり絡めて学びたいものである。学習後「観覧車のような遊具の座席に座った 2 人か 3 人を撮影するのに適した画角のレンズは何ですか」という質問があった。

6）遠近感と圧縮

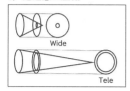

望遠と広角では画角が異なり、図のように手前側の像のサイズを同じにすることで奥側の像のサイズが変わる。残念ながら「視野のポーズ」で、広角の画角で腕を動かすのはやや困難である。教材に慣れていれば、前後の距離感は床面を前後に動かす棒の角度から感じ取ることができる。前後に動かす棒は指導者が接地面で持って動かすと良いと思われる。

説明図（平面図）を活用するとその違いが簡単に理解できる。

作例写真は（35mm フィルムカメラ換算：25mm~125mmズーム）アヒルの玩具を同じ間隔に配置し撮影したものである。望遠側（125mm）と広角側（25mm）で撮影した写真はその印象が大きく異なる。作例写真と説明図の提示は学習の理解を助ける。

スマートフォンで撮影する場合もレンズの効果は同様であるので、確認して活用して欲しい。

他にも広角レンズと望遠レンズを同じ絞値で撮影すれば、広角ではボケ量は少なく、望遠側ではボケ量が多くなる。学部や学年、学習時間や資料の準備等を明確にして、効果的に学習する必要がある。

味関心を高め、誤診なく鑑賞できる力をつけるために、カメラやレンズについて理解することが望ましいです。24ミリ～200ミリで顔を同じサイズになるように撮影すると、広角では鼻は大きく耳が写り辛くなりますが、望遠では鼻は大きくならず耳まではっきりと分かります。これを理解するためには、人の顔や固定したボールと片側を固定した棒を使います。広角は近づいて画角が大きくなるように、望遠は遠くから画角が小さくなるようにして棒が触れた輪郭線の位置をたどると分かります。

レンズには遠近感と圧縮[6]の効果があります。広角は遠近感が強調され、広い範囲を写し近くのものを遠くにします。望遠は圧縮された印象で、遠くの小さなものを大きく写し、遠くのものを近くにします。人物が同じサイズになる画像では、レンズを通して見えた距離が見かけ上の距離となります。つまり、実際の前後の2人の距離が同じでも、広角では撮影者が近く、後ろの人の画角に占める割合は小さくなって遠い感じがしますし、望遠では撮影者が遠く、後ろの人の画角に占める割合が大きくなり近い感じがします。丁寧にレンズの効果を説明し、広角と望遠の画像を触図化し、画角の説明図等を活用して、錯視を学ぶこともできます。ここでの丁寧とは、見える生徒の学習内容を盲児用に概念化することです。

絞りとシャッタースピードは、ボケやブレ具合に影響します。特徴的な画像を触図化して提示したいそのものです。ピントが合う範囲である被写界深度[7]を計算したり、図とすることも可能です。生徒はオートを選択し撮影しました。

ライティング[8]は写真の効果や触図化にも関連しますので、一般的なライティングの効果や撮影イメージを解説しました。直射光は光が直接当たり、凸凹を鮮明にして陰影が鋭く、コントラストが強くて硬いことと、間接光は光が間接的に当たり、拡散して凸凹は不鮮明で、広く包むように柔らかいこと。生徒はこの2種類の光の状態を中心に、正面からの光（順光）、後ろからの光（逆光）等の効果と印象についても学びました。全盲生徒も太陽光を光覚や輻射熱で感じられれば、光の方向や状態を想像できます。この光に関する情報は、具体的な撮影したい被写体が決まった段階で詳細に学びました。生徒は友人の女性のポートレート写真を撮影することにしま

した。自然な姿を写すため被写体の女性が眩しがらない環境のことや柔らかなイメージを作る天候のこと、主題の女性以外は余計ものを写さない背景のこと、服装の色合いが触図化でどうなるかも想像し、時間や場所を選択しました。

画像の触図は線画ですが、光が強く当たると線が消えることがあったり、線が多ければ画面がそれであふれたりすることを、画像の触図化したものを活用し色や影等とともに推測しました。

カメラの構え方については、カメラを両手で持ち身体の中央部で構えて、顔か身体との向きがズレないようにしておきます。シャッターの押し方もブレに関係があり、生徒は正面の窓を撮影し、画像の傾きを指導者がチェックして技能の向上を図っています。この段階で写真撮影の準備が整ったことになります。

写真の撮影

1時間の学習で、カメラについて説明した後で、校舎内で2箇所に限定し2枚程撮影しました。撮影した画像はその都度速やかにコンピュータで線画の触図を作成し、撮影場所にイーゼルを置き画板に留め触察をして撮影を振り返りました。1枚目は廊下の先を見て撮影し、2枚目はホールから教室を撮影したものです。空間表現は学習により少しはイメージできていましたが、廊下の先の小ささや、思った以上に縦横の線が多くなったことに驚いていました。

作品はポートレートとしましたが、廊下の窓やドア枠が多くの線に変換されたので、単純な背景になる場所を探しました。そして、モデルの生徒に依頼して休憩時間に撮影を行いました。

作品の鑑賞

撮影した画像は異なる線質で複数種の触図を作り、生徒はその中から気に入った触図を選んで鑑賞しました。撮影した写真より

7) 被写界深度
ピントが合って見える範囲のことである。光がレンズを通る量が多いF値（絞り値）の明るいレンズでは被写界深度は浅くなる。また焦点距離が長く、画角が狭くなるほど被写界深度は浅くなる。学習内容は機材と絡めて決め準備するが、コンパクトカメラであれば被写界深度は意識せず撮影することになる。

8) ライティング
撮影を楽しんだり、写真を触図とするのに最低限のライティングの知識を理解しておくことは有用である。まず、初心者には、光は影を作るという意識が大切であるし、触図化すると影の縁が輪郭線となる。そこで強い光で白飛びや影潰れのない、光が全体的に回っている影の弱い写真であれば、余計な線が抽出されず、容易に触図を作成できる。生徒が目指している表現を理解した適切なアドバイスが必要である。
作例写真（上から）では、白とび、影つぶれ、ねむい（低コントラスト）、適正コントラストになる。

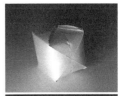

も手で触れられる触図に価値を見出し「うわ!!こんなに顔が丸いんや」と触れて形を確認できることに歓喜しました。ポートレート写真には、被写体の生徒の肖像権と写真を撮影した生徒に著作権[9]があり、その利用には両生徒の了解が必要であること等を学びました。

写真家の作品鑑賞では、全盲の写真家、スロヴェニア共和国生まれのユジェン・バフチャル[10]を取り上げました。バフチャルは撮る行為の関心のみで、生徒の写真の触図を触れて楽しみたいという思いとは対局にあり、新たな写真への誘発につながるのではと考えて鑑賞を行いました。また、全盲のアマチュア写真家たちの音をヒントに撮影したり、支援者とともに撮影したり、触れながら撮影したりする様々な方法を紹介し、展示方法は写真と写真をそのまま立体コピーにして展示をし、授業での触図化の方法とは異なることを説明しました。この「デジタルカメラで写真を楽しむ」は全6時間の学習です。

授業の提案

写真の基礎的な学習内容は既に説明をしました。ここでの提案は次のステップとなる映像メディア表現です。iPhoneはアクセシビリティに優れ、Voice OverやSiri等の活用が考えられますが、ここではふれないので、アプリ毎にその方法を試してください。

全盲の人が見える世界を知る権利を、懐疑的に捉えたり、先入観等で排除したりすることがあります。教育では障害を克服するために、学習の方法を変更します。この提案は視覚障害教育における視覚的な情報取得を保障するために、カメラが捉える世界をできるだけ可触的にするものです。しかし動画では、触覚的な理解を放棄はしませんが、自らの手による演出が中心になります。生徒は多様であり対話を重ねて学習の準備性や意識を確認して取り組みましょう。内容面では簡単な構想の説明とヒントのみで、批判的思考により他者とも協力し良化させた展開を望みます。

学習後には、現代の新しい映像表現の手段として、ソーシャルメ

9）著作権
この学習では、公益社団法人著作権情報センターの出している著作権パンフレットの活用とともに、絵画を触図に翻案する際の問題やボランティア等の協力（いわゆる手足理論）、触れる絵本やさわる絵本についての視覚障害者の身近な事例について学んだ。著作権情報センターの複数の方の異なる見解を踏まえた授業で、生徒は判例のない様々な事例に興味をもったようである。さらに深く学習するのであれば、都道府県にある知財総合支援窓口の相談事業を活用して、弁理士（知的財産に関する専門家）に相談したり、研修会で理解を深めたいものである。文化庁も著作権課では教育事業を行い、関連リンク先情報も整備されている。2019年に弁護士・弁理士から教育現場以外で触図を作製提供する場合「日本にはフェアユース（FAIRUSE公正利用）の記載がないので、触図を作成し利用するには、あくまで著作権者から許諾が必要だ」と言われた。

10）ユジェン・バフチャル
ユジェン・バフチャル（Evgen Bavcar）という写真家は1946年～、スロヴェニア出身でパリに在住しています。13歳で失明した。HPがあり、主要な写真の作品を見ることができる。
http://www.zonezero.com/exposi-ciones/fotografos/bavcar/index.html
写真の撮り方としては、アイデアを基に協力者に依頼し、セッティングをして撮影する方法である。視覚障害者にとって写真とは、撮影とは何かを考える良い事例である。写真を学習した全盲の中学生の方法と異なった方法が、自分の欲する写真や、表現とは何なのかを考える基点になった。

ディア[11] には多くの写真や映像が活用されています。自己と社会のつながりを考察し、新たな課題の発見を期待します。

◇ **ストップモーション**

iOS や Android 等にあるコマ撮りアプリ[12] を使います。盲生徒は動画を見られませんが、静止画は触図にできます。撮影は狭い机の上の空間に限定して演出し、モノを動かすだけで作成できます。テレビ映像は1秒30コマですが、動画は2秒～5秒とします。撮影ではタイマーが使えます。コンピュータのスペックや画像サイズ等を考えての制作となります。親しみや驚きのある魅力的な映像の演出を考えましょう。

◇ **変身アプリ**

肥満化、老人化、ゾンビ化等変身できるアプリは多数あります。撮影を顔に限定することで比較的簡単に取り組めます。アプリの変身の効果の選択には依頼が必要ですが元の顔と比較して明瞭に異なるものを触図化して楽しみましょう。機材やアプリによっては広角と望遠レンズの効果の違いを、顔やバストアップの写真で試すことができます。

◇ **フェイク＆トリック**

静止画は一瞬を切り取ることができるので、空に浮かぶ人も撮影できます。また、画面に写らなければ棒で支えても分かりません。写真に関する基礎的な知識を元に工夫し、箒に乗って空を飛ぶ写真を撮ることもできます。作品の鑑賞では、フェイクとされる宇宙人、妖精、ネッシー等の写真や現在の社会問題化しているフェイクにふれるのも良いでしょう。

◇ **360度カメラ**

360度カメラの画像はミラーボール（円周魚眼画像）やリトルプラネット（小さな星のような画像）、フラット（360度のパノラマ画像）、ストレート（湾曲を補正した180度パノラマ）等があります。内側と外側が触れられる半球と全球の樹脂ボールの教材とそれぞれ小さな部屋を撮影した画像の触図を併用すると画像をイメージしやすいです。画像はアプリを活用して見ます。ユニークな画像の活用方法を考えましょう。

11) ソーシャルメディア
インターネットにより不特定多数の利用者と情報をやりとりできるサービスのことである。これまでの新聞・テレビ・雑誌の一方通行の古いメディアに対して、双方向にやり取りできる特徴がある。Twitterや Facebook、YouTube、Pinterest など数えきれないほど多く誕生している。視覚障害者の利用者の中には、Facebook で自分の撮影した映像や依頼して撮影した映像を活用して楽しんでる例もあるが、機種変更や見えないことで生じる映像面の課題があり、他者に依頼し、チェックすることもあると話していた。

12) コマ撮り
無料のアプリではコマ撮りによる短時間のものが主流であるが、似たものにコマ数の多い長時間にわたる画像の変化を、短時間で表現するタイムラプスという撮影方法がある。デジタルカメラ機材とパソコンと動画ソフトの発達があっての手法である。どちらも静止画の画像が基本なので画像から数枚を選択して4コマ漫画のようにコマ数を限定して触図化すれば、画像の変化が楽しめる。

参考文献
・港千尋（2005）「特色特集写真よ、語れ！」,『芸術新潮』第 56 巻 9 号 ,p.68 ～ 75, 新潮社 .
・Julian Rothenstein（2016）*The Blind Pho-tograper*. London:Redstone Press.
・Esther Woerdehoff（1995）*Evgen Bavčar Nostalgia della luce* Milano:Federico Motta Editore S.p.A.
・杉原厚吉（2018）「新錯視図鑑」誠文堂新光社 .
・塚本基巳彦ほか(1984)「カメラマン手帳」朝日新聞社 .

Q37 見えない人と見える人が一緒に鑑賞する「音で観るダンス」とはどんなものですか？

田中　みゆき

「音で観るダンスのワークインプログレス」
ダンス出演：捩子ぴじん
音楽：星野大輔（サウンドウィーズ）　企画・ディレクション：田中みゆき　企画制作・主催：KAAT 神奈川芸術劇場　撮影：西野正将
3年分の記録映像およびアーカイブブックのPDFは、以下の特設サイトを参照のこと。
http://otodemiru.net/

音で観るダンスの概要と企画意図

　「音で観るダンスのワークインプログレス」は、音声ガイドを使って視覚障害者と晴眼者が共にダンスを鑑賞するプロジェクトです。音声ガイドの種類を複数用意し、ラジオの電波を使って会場内に配信します。来場者は入場時に受信機を受け取り、好きな音声ガイドのチャンネルを聴きながら10分ほどのダンスを鑑賞します。ダンスは照明がある状態とない状態で繰り返されます。3年間のプロジェクトでは、1年目と2年目で3種類ずつ、3年目は1種類と、計7種類の音声ガイドが、このプロジェクトのために作られた10分間のダンスに対して作られました。

　わたしは「障害は世界を捉え直す視点」として、福祉的な観点からではなく、障害を通して芸術の見方や作家／鑑賞者の定義を更新するためのプロジェクトを企画してきました。もともとこのプロジェクトを企画したのも、目が見えていても何を受け取っているかが曖昧なダンスという表現形態に対して、視覚に障害のある人とともにそれぞれの見方を言語化することで、ダンスの見方の多様性を共有することができるのではないかと考えたからです。また、これまでのダンス観賞にある、ダンスを言語化することへの躊躇のよう

観客はラジオの受信機でチャンネルを選びながら、ダンスを鑑賞する。

なものを、見えない人と共有するという前提を通して少しでも取り除くこと、そこから広がるダンス観賞の可能性に視覚障害当事者を含む多くの人が気づくきっかけになればと考えました。

　プロジェクトは、ワークショップと研究会、上演＆トークという３つの要素で構成しました。ワークショップは、最初の２年間で６回開催し、ラジオ実況のアナウンサーをお呼びして映像のないメディアで動きの展開を伝える手法を学んだり、全盲者とろう者が同じ映像を見て何を受け取っているかを共有しながら非言語的な要素を言語化したり、といった「音で伝える／音を感じとる」ことに関してあらゆる方向からアプローチしていきました。研究会は、当事者複数名を含む７、８名ほどで、ダンスを要素／時間などで分けて分析したり、実際に身体を使って踊ったりしながら、本番での上演に向けてひとつの音声ガイドをつくっていきました。

　本番では、研究会でつくった音声ガイドの他に２種類、異なる視点から外部のアーティストや表現者に依頼し、つくって頂きました。１年目は①ダンサーの目線からの音声ガイド、②観客席からダンスがどのように見えているかを意識した研究会の音声ガイド、③舞台を自分の身体に見立ててダンスを俯瞰する、神のような目線の音声ガイドと、徐々にダンサーからの距離が離れていくような違いがありました。２年目は、❶演劇のト書き的な性質を含んだ演劇作家による音声ガイド、❷研究会の当事者たちが自分たちがダンスを楽しむための音声ガイド、❸ラッパーによる意味ではなくリズムを合わせることに特化した音声ガイド、と発展させました。３年目については別途後述します。

当事者も交えた研究会で見えてきたこと

　字数の都合上、ここでは研究会での発見について書きたいと思います。もともとは映画の音声ガイド講座に通った際に、同じ場面でも描写する要素や目線が人によって大きく異なることに興味を覚え、企画したのがこのプロジェクトでした。映画につける音声ガイドは、映像の尺に合わせるという制限の中で、台詞や本編の音を邪魔せずにそれらでは伝えられていない場面／人物描写や時制などを伝える役割があります。ダンスの場合、場面／人物描写、あるいは

１年目の研究会で、踊るチームと原稿を書くチームが稽古場を共有する様子。モニターで参加してくれたある当事者の方が、「わたしは音声ガイドを聴きながら、捩子さんと一緒に舞台にいました」と答えてくれたことは、晴眼者のメンバーに衝撃を与えた。見えていると観客席から観ることが前提になってしまいがちだが、視覚で見ていないということはそういう自由さがあるのだということを気づかされたひと言であった。それがきっかけとなり、正面の優位性がなくても楽しめる上演にしたいということは、３年間ずっと頭の中にあった。

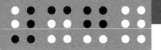

上演の前に「タッチツアー」という、上演を見る前の準備のような時間を設けたのもこのプロジェクトの特徴であった。海外では大まかなあらすじや舞台美術など、視覚障害者が本編だけでは必ずしもフォローできない要素を伝えるために設けられるものだが、今回は舞台美術も何もなく、ダンサーもひとり。そのため、上演の趣旨に合わせて毎年少しずつ内容を変えた。1年目と2年目は振り付けの中で鍵となる動きをダンサーとともに踊ったり体を触りながら体験するものであったが、3年目は参加者全員で「目隠し鬼」を行った。それには、振付を知るのではなく、人の気配や佇まいなどを感じ取る感覚を研ぎ澄ませて本番に臨んでほしいという目的があった。その緊張感は、3年目の上演の2回目、暗闇の中でダンサーを囲みながら何とかその存在をとらえようとする観客の気迫とつながるものがあった。

全体を通した物語も明らかにされていない場合が多く、自由度が高い一方で、何を拠りどころに音声ガイドを作るか、ということからプロジェクトは始まりました。それは、晴眼者がダンスを見る時に何を見てダンスを味わっているのかという問題と通じています。

また、視覚を表す言語表現や語彙は豊富にある一方で、聴覚や触覚などを表す言葉には限りがあります。そして、音声ガイドの原稿を晴眼者は文字から考えるけれども、当事者と共有するための音声に変換する必要があります。そこでは、リズムや声が伝えるイメージの問題がともするとテキストの意味よりも重要になってきます。視覚障害者と晴眼者がともに音声ガイドをつくってきた研究会は、常にそういったボキャブラリーのズレや声の文化と文字の文化の間に立ちはだかるカルチャーショックのようなものに揺さぶられながら進んでいきました。

1年目は、元になるダンスを作ったダンサーの捩子ぴじんとともに踊るチームと音声ガイドの原稿を書くチームに分け、同じ稽古場を共有しながら進めていきました。最初は動きを描写するところから始めましたが、やはり物語がないことや時間に対する動きの展開の速さに言葉が追いつかないことは明白。いかに視覚で見ていない人を置いていかずに、イメージがつながっていくような言葉選びをするかということに、最も神経が注がれました。なかでも興味深かったことのひとつは、途中で2つのチームが合流しそれぞれの進捗を共有したとき、捩子と踊っていたチームが音声ガイドの原稿を聴いて、「自分たちが踊ったダンスと全く違う」と言ったことです。動きの描写だけでは伝えられないダンスの質感をどう踊らずに共有できるかという課題は、3年間を通して大きく立ちはだかりました。

情報保障を超えた、楽しむための音声ガイド

1年目に出来上がった研究会の音声ガイドは、情報保障の側面が強いものになりました。つまり、それを聞けばダンスの展開や流れを見えなくても把握できる一定の水準には達していたと思います。1年目の上演は、好評のうちに幕を閉じました。上演後のアンケートでは、他の2つの音声ガイドと合わせて、どのガイドを好んで聴

いたかを視覚障害の有無や程度とともに聞きました。そこで、どの音声ガイドを選ぶかは視覚障害の有無よりも、どのようにダンスを楽しみたいかに大きく関係することがわかったことは、非常に重要な発見でした。つまり、見えていても見えなくても、ダンサーと一緒に踊っているような気持ちでダンスを観たい人は①ダンサーの目線からの音声ガイドを、何が起こっているか状況を把握したい人は②研究会の音声ガイドを、お話の中に入って妄想を膨らませたい人は③神目線の音声ガイドを選んでいたのです。

　しかし、研究会の音声ガイドに対して、中途失明で研究会にも関わっていたメンバーからは「状況はわかったけれど、これを聞いてまたダンスを見たいとは思わない」という厳しいコメントをもらいました。そうして、2年目は「ダンスを"わかる"のではなく、"楽しむ"ガイドとは何か」という次の段階に進んでいきました。具体的には、1年目から関わっている当事者たちが、自分たちが楽しめる要素をさらに追求し、リズムを整え言葉を簡潔にした音声ガイドに、捩子の動きに合わせてペットボトルに水を入れて振った水音、そして捩子の協力により捩子が発した「擬音」、さらに会場で捩子の足音や息遣いの音を拾い、ライブで重ねました。「擬音」は水音同様に、ダンスの質感を表すための試みでした。

　1年目と対照的に、2年目は、視覚の有無問わずあまり好評とは言えないものでした。というのも、音の要素が多く、実際に生で起こっているダンスとは別の、バーチャルな「音のダンス」をつくりあげてしまったためでした。2年目は3つの音声ガイドすべて情報量が多く、会場のダンスの音を感じる余白がなくなってしまったことが理由でした。映像でダンスを見ながら音声ガイドをつくったことも大きく影響したと思われます。結果、「音声作品」としては完成度は上がったかもしれないけれど、聴かせることに力を注ぎすぎて、ダンサーの気配や佇まいなど、全身の感覚を使って体験できることをおろそかにしてしまったのでした。それは、劇場で他の観客とともにダンスを鑑賞する意味とは何か、視覚の有無を超えてダンスを共有するとは何か、という最も重要な問いとして3年目に持ち越されました。

3年目は、穂の国とよはし芸術劇場PLATでの滞在制作を経て制作した。これまでダンスを観たことがない現地の視覚障害者の方たちにも稽古に参加してもらい、新鮮な意見をもらったことが大きな収穫となった。また、滞在制作最後の試演会では、本番を見据えて来場者に座る場所を変えながら感想を言ってもらうなどの実験も行った。地方の劇場でダンス鑑賞に対しての間口を拡げたり、ダンスについて話す観点を増やすという意味でもこのプロジェクトの可能性を感じた滞在となった。

3年目は、観客も舞台上に上がり、ダンサーを囲んで床に直接座り、前後左右好きな場所からダンスを鑑賞する形式とした。上演はこれまでと同様に、明るい状態と暗闇で2回行った。特に暗闇の状態では、観客席で見るよりもダンサーだけでなく観客同士の息遣いや存在感も強く感じられ、「他の観客とともに鑑賞する」という意識をより強く持った、という感想が複数あった。

「音声ガイドつき上演」ではなく「音で観るダンス」

3年目ではまず、音声ガイドを3種類から選んで聴くというルールを捨てました。3種類あることで、ザッピングしながら異なる視点を行き来できることがこのプロジェクトの特性でした。そのことでさまざまな"見方"の可能性を肯定したかったという意図もあります。しかし、そのことはひとつよりも「聴く」ことに意識を注がせてしまいます。そうではなく、体全体で浴びるようにダンスを観るために、3年目はイヤフォンも用いずに、観客も壇上で床に直接座り、ダンスと並走する音声を丸ごと鑑賞する形式へと変更しました。それに伴い、これまでの「音声ガイドつき上演」から「音で観るダンス」と呼び方も変えました。原稿は、詩人の大崎清夏と滞在制作などを通して密に対話をしながら、ダンスの質感の表し方や言葉の密度を減らしながら想像を喚起させる表現方法などの課題を突き詰めていき、ダンサーの山下残にライブで読んでもらいました。3年目の上演は、多くの観客に好意的に受け止められ、3年間のプロジェクトはひとまずひと区切りを迎えました。プロジェクト全体を通してさまざまな分野のアーティストや研究者に関わって頂きましたが、視覚を使わずにダンスをとらえる試みは、これまでの創作方法をくつがえす大きな挑戦と受け止められ、それぞれの方法で果敢に取り組んでいただきました。

また、その後城崎国際アートセンターにお声がけいただいて、今年は「続　音で観るダンスのワークインプログレス」という形で新たなダンスとともによりダンスの質感に着目し、音響環境も意識した発展形を作ります。

このプロジェクトは、名前に「ワークインプログレス」と入れたように、さまざまな人に見てもらう分だけ、その見方（音声ガイド）は増えるという意味で、永遠に進行形のプロジェクトとして企画しました。今後も何らかの形で実験を積み重ねていきたいと考えていますが、舞台芸術に音声ガイドがつく例は一般的にはまだまだ非常に少ないのが現状です。今後音声ガイドに取り組む劇場や作り手が増え、情報保障が当たり前となり、その先にある、好きなダンスや苦手なダンスについて視覚に障害のある人とも語れる日が来ることをわたしは願っています。

コラム ⑦ 図工・美術教育と3Dプリンティング

国立特別支援教育総合研究所　名誉所員　大内　進

筆者は、長年「手で見る絵」の可能性について慎重に取り組んできました。2000年代初めからその普及の手段の一つとして3Dプリンティングの活用を進めてきました。初期のころは光造形方式が主流でした。この方式は日本人が開発したもので、手でみる絵「神奈川沖波裏」の造形を試みました。その後、粉末焼結、インクジェット粉末積層、熱溶解積層（FDM）などの方式が開発されています。ナイロン粉末による粉末焼結方式で、手でみる絵「牛乳を注ぐ女」を複製しました。軽量で堅牢な造形ができました。インクジェット粉末石膏方式で、手でみる絵「神奈川沖波裏」をフルカラーで造形しました。弱視者の利用も可能となりました。近年、熱溶解積層法が普及しています。紐状の樹脂を

左：光造形法による作品例（モナリザ）
右：ナイロン粉末造形による作品例（牛乳を注ぐ女）

粉末石膏造形法による作品例
（神奈川沖波裏）

細い糸状に押し出して平面造形し、それを積層して立体造形する方式です。精度に不安があるものの低価格で機能も向上し、扱いも容易になってきました。手でみる絵はもとよりさまざまな造形に利用しています。

ところで、一般の図工・美術科教科書には、アート作品や児童生徒作品などのグラフィック情報が満載ですが、視覚障害がある児童生徒には教科書もなく、十分に情報保障されているとは言い難い状況にあります。日々弛まぬ努力を続けている図工・美術担当者のご労苦に敬意を表しながらも大きな課題だと感じています。「形あるものは形で知る」ことは、視覚障害教育の鉄則です。筆者は、20年にわたる取り組みの中で、こうした状況を改善するための方策の一つとして、3Dプリンティングが活用できると確信しています。

海外の著名な美術館等の積極的な努力やデジタルライブラリーの開設により、入手できる彫刻などアート作品の3Dデータも増え続けています。当座のこととして、これらを利用するだけでも図工・美術教育における情報格差をいささかでも埋めることが可能でしょう（残念ながら日本の美術館・博物館からの情報発信は限られています）。アート教育における情報保障の質の向上を図っていくためにはさらなる努力が必要です。触覚活用を前提とした3Dデータ生成や利用に関するガイドライン策定、必要な3Dデータの生成と蓄積、触覚活用に適した造形装置や造形材料の開発等々の実際的研究が組織的に展開されていくことを願っています。

Q38

美術館で見えない人と見える人が共に行う新しい鑑賞への挑戦とはどんなものですか？盲学校と美術館の連携についても教えてください

松山　沙樹

はじめに

　近年各地の美術館や博物館で、障害のある方とない方が共に参加できる実践が広がっています。京都国立近代美術館では地域の盲学校や大学等と連携し、2017年4月に「感覚をひらく―新たな美術鑑賞プログラム創造推進事業」を立ち上げました[1]。これは美術館と視覚に障害のある方が協働して、さまざまな身体感覚を用いながら、作品鑑賞のあり方や美術館での過ごし方についてこれまでにない新しい方法を構築していくプロジェクトです。本事業ではまた、人びとが垣根を超えて相互理解を深める場として、美術館の社会的な役割を考えることも目指しています。

　当館は90年代から見えない方の鑑賞活動を受け入れていましたが、2016年に障害者差別解消法が施行され、障害のある利用者への合理的配慮が義務づけられたことをきっかけに、見えない方と美術館をつなぐための更なる取り組みの必要性を意識するようになりました。これからは健常者から障害者への一方的な支援ではなく、障害の有無を超えてあらゆる人が心から美術に親しみを感じられるようなユニバーサルな鑑賞のあり方を一から構築していくことこそ重要ではないか。館内でのそうした議論があり、見える人と見えない人が一緒に楽しめる作品鑑賞のあり方を模索することを目指して本事業を立ち上げることとなりました[2]。「感覚をひらく」ではこれまで、作品を手で触れたり、匂いをかいだり、音を聞いたり、本物の前でおしゃべりする活動や、所蔵作品を触って学ぶツールの制作などを行っています。

さまざまな感覚を用いる鑑賞プログラム

　見えない人と見える人が行う鑑賞というと、たとえば全員がアイマスクを着用して、視覚を使えない状況で作品を触れる活動を想起する方もいるかもしれません。一方「感覚をひらく」では、それぞれの参加者に個性や特性、専門性を活かしてもらうことを大切にし

1) 単年度事業であり、それぞれ平成29年度～令和2年度の文化庁芸術文化振興費補助金の助成を得ている。また地域の盲学校、大学、行政等と実行委員会を組織している。各年度の実施事業等については、次のウェブサイトを参照のこと。https://www.momak.go.jp/senses/

2) 事業立ち上げの経緯については、次を参照のこと。松山沙樹「感覚をひらく―新たな美術鑑賞プログラム創造推進事業について」、『CROSS SECTIONS Vol. 9』pp. 80-93、京都国立近代美術館、2019年。

ています。たとえば見える人は視覚に加えて触覚も聴覚も使いながら、見えない人は触覚や聴覚を研ぎ澄ませながら鑑賞を行っていきます。また複数人で一つの作品を体験し、感じ取った印象を互いに伝え合うことで、作品についての理解を多面的に深めていくことも重視しています（図1）。

図1 「第2回フォーラム 伝える・感じる・考える—制作者と鑑賞者の対話」での鑑賞のようす（2017年12月）

2018年8月に、「京都国立近代美術館オープンデー　美術のみかた、みせかた、さわりかた」を開催しました。展示室に当館が所蔵する立体作品12点を展示し、実施方法の異なる3つのプログラムを行いました。このうち「美術のさわりかたツアー」では、参加者5名（うち1名は視覚障害のある方）と研究員がグループになり、作品を囲んで手でじかに触れ、見つけたことや感じたことを言葉で共有しながら鑑賞しました（図2、3）。

図2 「美術のさわりかたツアー」実施風景

一作品あたり約20分、さわる場所やさわり方を変え、時には手の甲で軽く叩いた時の音なども聞いたりしながらじっくりと体験。見える人も見えない人も、手や耳の感覚を研ぎ澄ませながら時間をかけて作品と向き合うことで、質感、重さ、形のバランスなど、発見が増えていきます。なかには「作者の手の大きさ、指の大きさ、厚みなども分かってとても嬉しかった」と、作品に対して親近感を抱いた参加者もおられます。また「正解は分かりませんが思いめぐらしながら、他の参加者と言葉をかわしながらのワークショップはとても楽しかった」という感想もありました。他者の発言から新しい気づきを得るなど、一人では見つけられなかった作品の特徴に出会える機会になったと言えるでしょう。

図3 同上

このような触覚や聴覚をつかい対話しながら行う鑑賞プログラムは、作品解釈に正解は無いという前提で行っています。一つの作品をめぐって意見が分かれることもしばしばありますが、違いを前向きに受け入れ、作品のどの部分からそう感じたのかを質問しながら、和気あいあいとした雰囲気で鑑賞を進めていきます。作品の印象やそこから連想するイメージは、各自の価値観や感性、過去の経験などと密接に関わってきます。そのため、対話が進むにつれてだんだんと参加者の相互理解が深まっていくことも、こうした鑑賞スタイルならではの特徴と考えています（図4）。

図4 手でふれるプログラムは「手だけが知っている美術館」というワークショップ・シリーズとして作品を変えながら継続的に行っている。「手だけが知ってる美術館　第3回　ニーノ・カルーソの陶芸」実施風景（2020年2月）

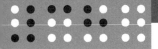
触察ツール「さわるコレクション」

　本事業ではまた、京都国立近代美術館の所蔵作品について触覚を通して学ぶ「さわるコレクション」というツールを制作しています（図5）。さわることを通して作品の魅力を味わい、本物を前にした時のように豊かなイメージを思い描きながら、美術の世界を身近に感じてもらうことを目指しています。毎年3作品、各1,000部発行し、全国の盲学校やライトハウス、点字図書館などへ発送しています。

　「さわるコレクション」は、作品の構図や形状を凹凸のある印刷であらわした「さわる図」と、図だけでは表せない色や技法、制作背景などを紹介し、点字で印刷した「文字シート」の2つからなり、これらが作品のカラー図版や基本情報（作家名・作品名・材質技法・大きさ）を記した紙製のポケットファイルに収められています。図の印刷においては、各作品の特徴を表現するために適した技術を選択しており、作品によってさわり心地が異なっている点が特徴です（図6）。

図5　さわるコレクション
（写真は2019年度版）

図6　左から、エンボス印刷、紙の貼り付けとUV印刷、点図による印刷

　制作にあたり、1、2年目は図と文章のサンプルが出来上がった段階で見えない方に触っていただき、改善点をフィードバックして最終調整を行っていました。3年目（2019年度）以降は、障害のある当事者の視点をより積極的に取り入れるため、作品選定、図と文章の作成、印刷方法の検討という制作の全プロセスを見えない方に関わっていただきながら進めています。作品ごとに、見えない方1名を含めた検討チームを組織し、検討会議を繰り返しながら制作を行います。井田照一《Weekday》というリトグラフ作品（図7）を例に、具体的な制作の様子を紹介します。

　まずは作品の特徴を把握するために、展示室で本物を前に言葉で鑑賞。すると、見える人には「青い空と、赤い腕輪の巻かれた女性の白い腕」や「白いプールサイドから青い水面へ垂れ下がる赤いロー

図7
井田照一《Weekday》
京都国立近代美術館蔵

プ」のように、多様な見立てが生まれることが分かってきました。そしてその印象を言葉で伝え合うことで、見える・見えないに関わらず豊かなイメージを思い描きながら作品のよさを味わうことができました[3]。そこで、こうした作品鑑賞の楽しさ自体も伝えようということになりました。後日、当館の職員に作品図版を見せながらその印象を訊ねるというインタビュー調査を行い、そこで出たさまざまな見方を「文字シート」の文章に盛り込んでいきました。

　一般に視覚障害者と一括りに言っても視覚経験の有無や図を把握する能力には個人差があり、あらゆる人にとって使いやすく分かりやすいツールを作ることは難しいと考えています。ですが今回見えない人が制作に携わることで、「見えない人にとってさわって楽しい図の表現」や「作品のどんな情報があれば親近感を持てるか」といった、当事者の経験や思いを取り入れたものとすることができ、大きな手ごたえを感じました。さらには、色彩や形、構図、作家情報といった美術史的な切り口だけに捉われない、作品についての新たな魅力や価値が掘り起こされたことも、立場や感性の違う者どうしが協働したことによる成果でしょう。

美術館と盲学校との連携授業

　さて「感覚をひらく」では、身体感覚を用いる作品鑑賞についての課題を洗い出し、それを解決するための取り組みも行っています。そのひとつが、盲学校での鑑賞教育の充実のために行っている、京都国立近代美術館と京都府立盲学校の連携授業です。

　学習指導要領では、美術教育について「表現」と「鑑賞」を通して児童生徒の能力を育成することとされています。しかし盲学校における美術教育は、140年以上の歴史を持つ京都府立盲学校[4]においても試行錯誤の段階にあります[5]。その背景には、図工・美術に点字教材がないことや、教員の異動によって教材や教授法の蓄積がされにくい等の事情があると思われます。こうした状況を踏まえ、2018年度から盲学校と美術館が連携して課題解決に取り組んでいます。

「海」を味わい、表現するワークショップ

　初回（2018年度）は、高等部生徒11名（全盲5名、弱視6名）と鑑賞・

3) 2019年6月に実施した第1回検討会議にて。

4) 京都府立盲学校は、明治11（1878）年に日本最初の公立の障害児教育機関として設立された京都盲唖院をルーツとする。

5) 2018年2月の京都府立盲学校との打ち合わせにて、陶芸などを通して表現活動は行っているが鑑賞教育については十分に行えていない状況であることをご教示いただいた。

制作の授業を行いました。

　前半の鑑賞活動では、当館所蔵の鈴木治《掌上泥象　海廿種》（素材：陶、制作年：1987年）を手で触れて体験しました。本作は海をテーマに「最初の波」「海のゆりかご」「方舟」などと個別に題名がつけられた20個の小さなオブジェからなります。鈴木治はこの種の「連作」について、手の中で土をさわって偶然にできた形が様々なものに見えてくると語っています[6]。形から言葉を生み出していったという作家の言葉から、生徒たちも作品をさわって想像を膨らませ、その印象について自分の言葉であらわす活動をしてみてはどうかと考えました。

　まずは少人数に分かれ、グループごとに別々のオブジェをさわって思い浮かんだ言葉を書き出します（図8、9）。次に、記した言葉のみを隣のグループと交換。別の作品を体験して考えた言葉だけを手掛かりに、今度は一体それがどんな形をした作品であるか想像してもらいました。最後に全てのオブジェを鑑賞し、全体が「海」というテーマで結びついていることを種明かし。「『月の渚』がとてもいいなと思いました。僕の中でのベストの作品です。」と作品に対して愛着を感じた生徒もいれば、「同じ作品でも色々な表現のしかたがあると知ることができた。」と造形的な特徴に興味を持った生徒もいて、それぞれに気づきを得たようでした。

　続く制作活動では、見開きで3つの場面からなる冊子状の支持体にさまざまな素材を貼りつけて「海」を表現しました（図10）。綿を波に見立てて表現し、ページを寝かせると海、起こすと雲（空）になるよう工夫した作品（図11）や、波の泡をプチプチシートで表現し、貝や海藻を周りに貼って海の幅広さを表現した作品など、さまざまな海が出来上がりました。正解はなく自分なりに自由に表現してよいということで、のびのび活動する様子が印象的でした。

　こうした成果の一方で学校側からは、生徒が何に対してどのような満足感を得たのかを把握することの重要性が指摘されました[7]。たとえば作品のどの部分を入念にさわっているか。さわり方は積極的か消極的か。どんなことを感じ取り、何をきっかけに心が動かされるのか。指導者には、こちらが何を伝えたいかに捉われ過ぎず、生徒ひとりひとりと向き合いその場で起きる生の反応を丁寧に見取

6）中尾優衣「鈴木治の求めた「象」―「詠む陶」の視点から」、『泥象　鈴木治の世界』展図録、日本経済新聞社、2013年、p. 15。

図8　手で触れて鑑賞する様子

図9　画像は「月の渚」という作品

図10　ふわふわの毛糸、イガイガのモール、モチモチ柔らかいスポンジ、ペタペタしたシートなど手触りが異なる素材を準備した。

図11　生徒作品

7）2019年3月、本事業の研究会における山下融子氏（実行委員・京都府立盲学校副校長（当時））の発言より。

りながら鑑賞能力を育成していく姿勢が求められます。今後も、子どもたちの日頃のようすや特性を把握している盲学校と、作品を所蔵する美術館がそれぞれの専門性を活かしながら、実践を続けていきたいと考えています。

おわりに―共生社会を実現する美術館

　盲学校との連携事業の今後について、本事業の実行委員であり、「ユニバーサル・ミュージアム」の理念のもとに実践を続ける広瀬浩二郎氏は、盲学校＝「彼ら」を招いて美術館＝「われら」が授業をするという二項関係ではなく、その二者が「ごちゃごちゃになって、『われら』なのか『彼ら』なのかわかんない、視覚をたくさん使う人もいれば触覚をたくさん使う人もいる」状況が望ましいと述べています[8]。この指摘は、美術館が多様な人びとと協働する時に持つべき心得と言えるでしょう。美術館自身も、作品収集、展示、教育普及といったこれまでの活動の"当たり前"を問い直しながら、さまざまな立場や背景、個性、専門性を持つ人たちと共に作品の価値や美術館の存在意義をともに創造していこうとする協働的な姿勢が求められます。

　近年、美術館の社会的役割はますます大きくなっています。2019年に京都で開催された国際博物館会議（ICOM）では、美術館・博物館は"さまざまな人たちと協働し、あらゆる人の幸福（wellbeing）に対して貢献するための施設である"という、新しい博物館の定義案が提出されました[9]。この背景にあるのは、博物館・美術館は社会の諸問題（多様性、貧困、環境破壊、健康問題等）の解決のために貢献すべきという議論です。日本でも、2019年3月の「障害者による文化芸術活動の推進に関する基本的な計画」の中で、文化芸術活動が人々の交流の促進をはかりながら「心豊かに暮らすことのできる住みよい地域社会」の実現に寄与しうるとされました[10]。美術館は所蔵作品をはじめとするユニークな資源を活用することで、多様な人びとの交流の機会を創出できる可能性を持っている施設です。こうした強みを生かし、今後より一層、共生社会の実現に向けた実践が広がっていけばと願っています。

8) 2019年3月、本事業の研究会における発言より。

9)「（前略）ミュージアムは、人間の尊厳と社会正義、世界的な平等と地球全体の幸福に貢献することを目的に、多様なコミュニティと手を携えて、収集、保存、研究、解釈、展示、そして世界についての理解を深めるための活動を行う。」（筆者仮訳）定義案の原文は次を参照のこと。
https://icom.museum/en/news/icom-announces-the-alternative-museum-definition-that-will-be-subject-to-a-vote/

10) 基本計画の内容や策定に至るまでの経緯については、次を参照のこと。
https://www.bunka.go.jp/koho_hodo_oshirase/hodohappyo/1414662.html

Q39 感じることを深めるためにはどのようなアプローチがありますか？「ぽさ」の探求とは？

伊藤　亜紗

1) CLIL（Content and Language Integrated Learning）
内容言語統合形学習。一言で言えば、「英語を学ぶ」ではなく「英語で学ぶ」アプローチ。英文法や英単語を覚えることそのものを目的化するのではなく、英語を使ってロボットを作ったり、スポーツをしたりしながら、英語を学ぶというやり方。

英語教育の分野では、以前から CLIL [1] という考え方の重要性が指摘されています。私は、同様の視点が、インクルーシブアート教育にも有効なのではないかと考えています。確かに、視覚に障害がある子供のなかには、美術に積極的に興味を示す子もいるでしょう。しかしながら、そうでない子もいるはずです。そもそも美術にどのような関心を持ったらよいか分からない。美術なんて自分とは関係のないものに思えてしまう。まして西洋の美術となれば、東洋の視覚障害児にとっては二重に疎外されていることになります。

だからこそ、美術を学ぶことを目的ではなく手段とするようなアプローチが重要になるのではないでしょうか。ゴールは美術を学ぶことそのものの先にある。美術の学びを、美術の外に開いていくことが必要です。

では、私たちは美術を学ぶことを通して、いったい何を身につけることができるのでしょうか。ここでは「感じる力を身につけること」という点に焦点を従って、美術の学びを開いていくワークショップをご紹介したいと思います。

ルネサンス vs. バロック

このワークショップでは、美術の「様式」に注目し、さまざまな様式がもつ美を、日常生活になかに見出していきます。

まず、「様式」とは何か。様式は、美術の表現のタイプの流行のようなものですが、単なる好みの変化ではありません。その背後には、人々の価値観の変化や、美術の社会における位置付けの変化があります。宗教改革が起こればそれに応じた表現が、市民革命が起こればその空気に呼応した表現が生まれます。それぞれの時代を生きた人々が何を美しいと感じ、何を重んじていたのか。様式に注目することによって、私たちは、その時代の感性にタイムスリップすることができます。美術の様式を知ることは、人類の歴史を知ることにつながります。

本ワークショップは、どの様式を扱っても実施することが可能ですが、ここでは「ルネサンス」（最盛期は 16 世紀初め）と、「バロック」（16 世紀末から 17 世紀）という二つの様式を例として進めます。これら二つの様式は、美術史家ハインリッヒ・ヴェルフリンがその著書『美術史の基礎概念』や『ルネサンスとバロック』で記しているように、人間の精神がもつ二つの傾向を代表する、もっとも重要な様式上の対概念です。

まず「ルネサンス」とはどんな様式か。ルネサンスは人間の理性の価値を重んじる時代ですから、絵画や彫刻も秩序ある美しさをたたえています。たとえばミケランジェロがシスティーナ礼拝堂に描いた《最後の審判》（1541、図1）。筋骨隆々とした人物たちが層を成して並び、イエス・キリストを中心とした左右対称の構図が際立っています。輪郭線が明瞭に描かれ、個々の身体の境界がはっきりしていることも特徴です。数学的な美しさは、同じミケランジェロの彫刻《ダヴィデ像》（1504、図2）にも見られます。均整のとれた肉体が時間を超越した永遠の美を体現しています。

一方の「バロック」はどうでしょうか。おなじ最後の審判をモチーフにした作品でも、ルーベンスの作品（1615-20、図3）は、はるかに渾然一体としています。輪郭線は曖昧になり、個々の身体は画面右半分を占める運動に飲み込まれています。秩序よりも運動、理性よりもドラマ。これがバロックらしさなのです。このことはベルニーニによる《ダヴィデ像》（1623-24、図4）を見ても一目瞭然です。ミケランジェロのルネサンス的ダヴィデ像が直立に近い体勢だったのに対して、ベルニーニのバロック的ダヴィデ像は体勢にひねりが入り、全身に力の入った瞬間を描いています。演劇のワンシーンのような迫力を感じさせます。

ワークショップの前半では、このように、具体的な作品の例を見ながら、様式の特徴を言葉を交えて理解していきます。

「ぽさ」の探究

ワークショップの後半では、具体的な作品を通して理解し各様式の特徴を、日常のさまざまなものに応用していきます。身の回りにある「ルネサンスっぽいもの」や「バロックっぽいもの」を各自で

図1 「最後の審判」（ミケランジェロ、1541）

図2 「ダヴィデ像」（ミケランジェロ、1504）

図3 「最後の審判」（ルーベンス、1615-20）

図4 「ダヴィデ像」（ベルニーニ、1623-24）

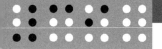

表1

ルネサンスっぽいもの／バロックっぽいもの	
はしご／螺旋階段	
角砂糖／はちみつ	
せんべい／もち	
だし巻き卵／スクランブルエッグ	
おせち料理／鍋料理	
結婚／恋愛	
プールで泳ぐ／海、川で泳ぐ	
大縄跳び／ダブルダッチ	
野球／サッカー	

探して、順番に発表していくのです。

たとえば、私が実施したワークショップでは表1のような例があがりました。ポイントは各自が思う「ルネサンスっぽいもの」と「バロックっぽいもの」をセットにしてたくさん挙げてもらうことです。

最初の「はしご」と「螺旋階段」は非常に分かりやすいと思います。まさにミケランジェロの《最後の審判》ははしごのような階層構造になっていますし、ルーベンスの《最後の審判》はらせん状のうねりが感じられます。

たくさんあがったのは、食べ物。「せんべい」や「だし巻き卵」のような形がしっかりしたものがルネサンスで、より不定形な「もち」や流動的な「スクランブルエッグ」のがバロック、という意見が出ました。だし巻き卵とスクランブルエッグは、作るプロセスの違いも反映されているように見えるのが興味深い点です。一方、食べるプロセスでの秩序と運動を際立たせたのが「おせち料理」と「鍋料理」でしょう。一品ずつきれいにつめられたおせち料理の無時間性と、煮込むにつれて味が変化していく混沌とした鍋では、食べるときの楽しみが全く違っています。

スポーツにルネサンスとバロックを見出したのも面白い連想です。フォーメションが比較的固定された「野球」はルネサンス、展開戦の激しい「サッカー」はバロック。逆に運動をする環境で区別したのは「プールで泳ぐ」と「海、川で泳ぐ」です。プールは人工的な整備された空間ですが、海や川のような自然の環境は、偶発性の度合いが高い、ドラマチックな環境だということができます。

ここで参加者たちが行っているのは、様式を「使う」作業です。ミケランジェロの作品を見るだけではなく、ミケランジェロの作品で見ること。「○○ぽい」という感覚を手がかりにして感じ方を拡張し、深めています。

世界の見え方が変わる

このような「ぽさ」を手がかりにしたワークが、なぜ「感じることを深める」ことに通じうるのでしょうか。そこには、三つのポイントがあると考えられます。

① 抽象化による本質の理解

「ぽさ」という言葉自体は、いい加減な印象がありますが、その背後には、「異なるもののあいだに類似性を見出す」という認知の働きがあります。しかも、この場合の類似性は、「顔が似ている」や「声が似ている」のような表面的な類似性とは異なり、いったん本質を抽象化することを要するような類似性です。特に、触覚的な鑑賞は形の把握に終始しがちなので、本質を言葉と感覚を使ってとらえる作業は重要です。

実際ワークショップのなかで、さまざまな抽象化のコメントが見られました。たとえば「ルネサンスは形で、バロックは背後に力や生命的なものを感じます」「ルネサンスは枠組みどおりにやることで、バロックは枠組みを揺らすことですね」といった具合に。ワークのなかで、こうした抽象化が共有されると、他のメンバーの刺激になって、より多くの「○○ぽいもの」があがるようになります。

② 比較を通して感性が深まる

同時に差異も重要です。今回のワークではルネサンスっぽいものとバロックっぽいものを対にしてあげてもらうことにしました。この結果、２つのものを比較する意識になり、発想しやすく、また感じ方を深めやすくなる効果があります。

③ 世界が違って見えてくる

三つめは、「ルネサンス」と「バロック」という美術史の概念を身近なものにあてはめてみたことで、参加者の中に新しい捉え方の枠組みができ、世界が違って見えてくることです。一度これを経験すると、ワークを離れてからも、何か新しい事象に出会ったときに、それを「ルネサンスっぽい」「バロックっぽい」という言葉で捉えることができるようになります。

言葉は感じることを阻害すると言われることもありますが、決してそんなことはありません。新しい言葉を獲得することによって初めて捉えられるようになる感覚があります。その「感じるためのツール」を子供たちの中に作り出すことが、彼ら／彼女らの生活や他者とのコミュニケーションを豊かにするのではないかと思います。

Q40　タッチアート【絵】みる、さわる、鑑賞する

光島貴之さんのタッチアートとワークショップの関係について教えてください

光島　貴之

1. さわったものを平面に描く方法

　見える世界に対して何かを発信するために、文章ではなく「アート」という切り口で何かを表現したいという思いを抱き、1992年、西村陽平氏のワークショップ（以下ＷＳ）で粘土作品を作るようになった。しかし、粘土による作品づくりに限界を感じて新たな素材を探すようになる。

　そんな頃に出会ったのが、全盲の石彫作家フラビオ・ティトロ[1]である。彼のスケッチブックには、石を切り出すためのドローイングがラインテープ[2]で描かれていた。このテープを使えばぼくにも絵が描けると思い、さっそく画材屋で黒のラインテープを購入した。

　その当時、鍼の患者であり飲み友達でもあった画家の舟橋英次さんが、自ら主催する絵画教室に誘ってくれた。彼から水差しや観賞用カボチャを手渡されて「これを描くように」と言われ、描き方も何も分からないまま、とにかく手に触れる部分を順に描いていった。彼はそのスケッチを見て「なかなかおもしろい。見える人にこうは描けない」と言い、色をもう一色増やして赤のラインテープも使うという提案をしてくれた。

　何度か絵画教室へ通っている間に、今度は自分でモチーフを選ぶようになった。そんな頃に描いたのが、『缶コーヒーを飲む』[3]である。缶の上の丸い部分は、さわったままの円形を描いている。缶コーヒーを飲んでいるときには見えないはずの底や、缶の裏側へとまわっているはずの指も描いている。遠近法を無視した構図だが、実はぼくなりの遠近法で描いている。缶の裏側の指をまず描き、その上に長方形の缶の側面、その上に一番手前にくる親指を描く。テープを上に重ねている方が手前という認識だ。

　次の課題は、面を塗りつぶすこと。舟橋さんの提案はカッティングシートを使うことだった。少しだけ見えていた10歳頃までの記憶に残っている原色である、赤・青・黄・緑などのカッティングシー

1) フラビオ・ティトロ
当時イギリスに在住していた全盲のイタリア人。1995年夏、石川県七尾市で開催されたシンポジウムに参加するため、日本を訪れていた。

2) ラインテープ
筆者が使用している画材。ラインテープとは本来は製図用に使用する道具で、幅・色ともに豊富な種類がある。

3)『缶コーヒーを飲む』
（1996年制作）
撮影：アートと障害のアーカイブ

トを買いそろえた。そして、テーマを決めてスケッチブックに描いていった。

2．映像はさわれない

しばらくすると、世の中にはどんな絵が存在しているのだろうかと気になり始めた。これまではブロンズや石彫などをさわることで満足していたが、ピカソの絵は？マチスは？などと興味が膨らむ。知人に名画の立体コピー⁴⁾の作成を依頼するが、触覚的に絵を理解するためには、画集をそのままコピーして黒い部分を浮き出させるだけではだめだということが判明する。さわって理解しやすくするためには、輪郭線を強調したり、思い切って部分的に削除することも必要である。そんな作業を地道に繰り返していけば素晴らしい図版ができるはずだが、そんな余裕も技術もない。

ならばということで、「絵を言葉で説明してもらって理解する」というもっとも簡易な方法を追求することになった。これは幼少期に母親に連れられて博覧会などへ行き、さわれないものを言葉で何度も説明してもらった経験に通じるところがある。だが実際には、それとは一味違う社会的なコミュニケーションであることに気がついた。

4）立体コピー
特殊なカプセルペーパーと現像機を使用し、点字原稿や図画などを立体形状にコピーしたもの。立体化したい原稿をカプセルペーパーに転記し、専用現像機に通して熱を加えることで、転記した部分が膨張し画像が浮き上がる。

どんなに親しい人が相手でも、見える人との１対１の鑑賞では説明が行き詰まってしまうことがある。しかし、見える人が２〜３人いれば必ず他の人が助け船を出してくれる。理論的解釈が得意な人もいれば、感覚的な言葉でフォローしてくれる人もいる。それらを頭の中で組み立ててイメージを広げて行くと、作品が見える瞬間が訪れる。こちらの興味や集中力にも左右されるので、そういう瞬間が必ず訪れるわけではないが、１回の鑑賞で２〜３作品でもそういう体験ができれば上出来だ。おそらく一緒に見ている人にもその喜びが伝わっているだろうと感じる。

絵を鑑賞しながら対話の素晴らしさも体験できるので、一度経験するとやめられない。絵についての知識だけならネットで検索したり学芸員の説明を聞くことでも満足できるが、なぜかそのようにして情報を得た絵の記憶は画像として残らない。ところが、見える人と一緒に鑑賞した絵で印象的なものは、いつまでも映像として思い

浮かべることができる。このように時間をかけて絵を見ることは、見える人にとっても絵に対する新しい発見と喜びがあると聞く。

このような鑑賞を、気づけばもう20年も続けている。ぼくにはおしゃべりをする技量がないのだろうかと悩んだ時期もあったが、最近では自然な感じで言葉のキャッチボールができているようだ。

3．見える世界を学ぶ「さわる絵本」

次にぼくが知りたくなったのは、触覚的な素材を使う場合に見える人ならどんな作品を作りたくなるのだろうか？ということだった。そこでWSのためにさまざまな素材を集め始めた。

5)「さわる絵本を作ろう」WSの様子

最初は参加者に手ざわりのおもしろいものを持ち寄ってもらい、「さわる絵本を作ろう」というWS[5]をおこなった。西洋紙、和紙、木片、金属、毛糸、ボタン、プラスチックのスプーンやストロー。布でもいろんな手ざわりの違いがある。それらをボンドで台紙に貼りつけるのだが、ぼくが好んで使った台紙は、Ａ３のケント紙を二つ折りにしてじゃばら状につなぎ合わせたもの。連続したストーリーや時間の流れを絵にしてほしかったためである。

このようなWSを通して、ぼくは見える人が感じている世界を手ざわりとして、また構図として知ることができた。ぼくが見ることのできない海や空、雲の様子、星空や木の描き方などを学んだ。中には、かたちではなく手ざわりで抽象的な絵本を作る人もいた。見える人はさわれないものをこのように表現するのだと知った。ぼくの絵も、それらの表現方法を盗むようにして進化していったのだと思う。

4．見える世界を意識し過ぎていたのか？

しかし、自分は色を使うことで見える人を喜ばせようとし過ぎているのではないか、という不安が徐々に現れてくるようになる。ぼくの絵を見て「色づかいが素晴らしいですね」という感想や、「色はどのように組み合わせているのですか？」という質問をもらうことも多くなった。その度に「見えていたときの記憶を引っぱり出して…」とか、「集中すると色が思い浮かぶんです」などと答えてきた。いずれもでたらめではないが、ぼくが評価してほしいのはかたちの

おもしろさや構図の妙なのだ。

　自分の絵を「触覚絵画」と名付けたのは、絵をさわって鑑賞してほしいという思いを込めたからだ。だが実際にはさわるとカッティングシートは剥がれやすいため、どんどんさわってくださいとは言いづらくなっていた。もっと自由にさわれる作品を世に出す時期が迫ってきていると思い始めた2011年、京都文化博物館で開催された「ヤン・シュヴァンクマイエル展」[6]を訪れた。展示フロアの最後には、「触覚コラージュ」と名付けられたコーナーがあった。しかし、それらの作品にはさわることができない。見るための触覚、見ることで触覚を意識させる作品だったのだ。これは言葉で説明してもらってもわからない。だがどうしてもさわりたい。それなら自分で作ってしまおうとその場で決心した。そして、自らのスタイルを「触覚コラージュ」と呼ぶことにした。

　2012年、ギャラリイKで発表したのはそのような作品群だった[7]。それまで「さわる絵本づくり」で使っていた素材を吟味し、新たなものを買いそろえた。そして、見える人にもどんどんさわってもらえる作品として発表した。この個展はぼく自身の強い思いと軌を一にするような評価を得られたわけではないが、これらの試みは、VOICE GALLERY、甲南大学ギャルリー・パンセ、GALLERY はねうさぎでの展覧会へと続いていくことになる。

5．みんなで遊べる「手ざわりのカード」

　そんな中で始めたWSが「手ざわりのカード」[8]だった。まずはボックスの中に手を入れ、視覚を遮断した状態で24種類のカードをさわる。次に好きな手ざわり、嫌いな手ざわりを選ぶ。手ざわりの違いで色や気分を表現したり、今日の1日を物語風に作文しながら手ざわりのカードに置き換えていく。今日の天気、友人とのエピソード、夕食のメニューなど、いろんなストーリーがカードを使って語られる。

　「さわる絵本」ではまず物のかたちがあり、それに付随して手ざわりが現れてきた。だが「手ざわりのカード」では物のかたちがなくなり、いきなり手ざわりの世界へと飛び込むことになる。このような抽象的な表現はどの程度可能なのだろうかと手探り状態で今も

6）「ヤン・シュヴァンクマイエル展」
展覧会の正式名称は「ヤン＆エヴァ・シュヴァンクマイエル展」。筆者は前期に開催された「the works for Japan」を鑑賞した。ヤンはチェコの第三世代シュルレアリストとして知られ、映画と美術との垣根を超えたアニメーションを中心に多岐にわたる創作をおこなっている。

7）触覚コラージュ作品
ギャラリイK『光島貴之展 — 触っておもしろいものは見たらおもしろくない、かもしれない』（2012年）より

8）手ざわりのカード
さまざまな手ざわりの素材を4×4cmのカードに置き換え、24種類を1セットとして準備した。手ざわりにはどれぐらいの違いや種類があるだろうかと思いながら、使いみちもよく考えないままに作ってしまった。

続けている。

　ここまで書いてきて思い当たるのは、自分の絵とWSが微妙にリンクしていることだ。絵を描いていて疑問に思ったことをWSで解決しようとしたり、WSで得たヒントを絵に持ちこむ。ぼくの表現のスタイルが変化するにつれて、WSの内容も変化してきているということに気づく。

6．より強固なさわる作品を目指して釘を使う

　カッティングシートの色を増やしすぎて頭がパンク状態になったのと同じく、手ざわりの素材を増やしすぎて考えるのも嫌になった。そんな折、あるスタッフの一言で方向転換をすることになる。「私は釘を打つのが好きです。いくらでも打ちますよ」という一言だった。釘ならラインを表現したり、かたちを作ったり、一つのラインの中でも高さを変えたり打つ角度を変えることができる。そのようにして作りはじめたのが釘作品[9]であった。作ってみると耐久性があり、3Dでもある。そして思いのほか多様な表現もできる。

　誤解のないように説明しておくと、ぼくは構図を考え、釘はスタッフが打つ。ぼくは厚紙を使い、原寸大あるいは縮小した立体模型を作る。それをスタッフに示しながら、細かな指示を出す[10]。実際に釘打ちが進行していく過程でもぼくが一本ずつさわりながら確認し、その都度指示を出す。

　粘土からラインテープに技法が変化した頃は、最初から最後まで自助努力で完結させることが至上命題だった。見えないけれども全部自分でやっています、と言い切ることこそが重要だったのである。しかし今では、企画を考え頭の中にあるかたちを実現することができれば、それは誰かに手伝ってもらっても恥ずかしいことではないと思えるようになった。盲学校中学部の頃には一人歩きが課題であったのが、今では人に尋ねたり手引きしてもらってでも好きな場所に行ける方がいいと思えるようになったのと似ている。

　現在はこの釘作品と、ラインテープとカッティングシートの絵を同時進行で作っており、立体と平面を行きつ戻りつお互いの作品にいい影響を与え続けている。

9）釘作品
『セミに惑わされる堀川通』
（2020年制作）より（部分）

10）釘作品の指示書
『セミに惑わされる堀川通』
（2020年制作）の指示書（部分）

7．今後の対話鑑賞に対する願い

　言葉での作品鑑賞を始めてから20年。対話鑑賞も新たな段階に入ってきた。

　KYOTOGRAPHIE 京都国際写真祭2020 [11] で行われたアトリエみつしま [12] における展覧会では、新しい形式の対話鑑賞が試みられた。見えない人・見えにくい人のリクエストにより実施日を決定し、見える人とのマッチングをコーディネートしていくというまったく新しい試みだ。これは、ぼくがことあるごとにくり返し提案してはさまざまな壁に阻まれて実現できなかった、念願のスタイルである。見えない人でも思い立った時にふらっと美術館に行けるということから、「ふらっと対話鑑賞プログラム」と名付けた。

　この展覧会では、さわる写真の制作にも挑戦した [13]。触図には輪郭線が必須だと思われてきたが、今回のさわる写真はほとんどが面で構成され、面のエッジと手ざわりの変化で写真らしい手ざわりを実現した。さわってわかりやすくするために、写り込んでいるものをあえて削除したり、光と影を手ざわりに置き換えたりすることで構図も認識しやすくなった。また、さわることに集中しやすいよう、さわる写真には色を付けず全体を乳白色で統一している。

　「ふらっと対話鑑賞」では、絵を言葉で鑑賞するのと同じように、見える人と一緒に写真をさわりながら構図を確認したり、手ざわりの違いを話し合ったり、手ざわりとしては表現されていない部分を確認しながら、全体像を頭の中に焼きつけていく。誰と見るかによっても見え方が微妙に変化する。その違いを楽しむのがアートなのだと思う。そのようなやりとりを繰り返すうち、写真の持つ味わいや、映像に込められた作家の意図やその世界観により深く入り込むことができると実感した。

　見えない人の触察技術をスキルアップすれば触図が理解できるという考え方もあるだろうが、それとは別に、コミュニケーション能力を高めることでより深い鑑賞に至る可能性も追求してほしい。見たものを言葉にする。さわったものを言葉にする。この双方向から見える人と見えない人との間で感覚を交換できれば、新たな対話鑑賞が実現できそうだ。

11) KYOTOGRAPHIE 京都国際写真祭2020
京都を舞台に開催される国際的な写真祭。日本および海外の写真コレクションを歴史的建造物や近現代建築の空間に作品を展開し、京都ならではの写真祭を目指している。

12) アトリエみつしま
筆者の制作アトリエ兼アートギャラリー。2020年初春にオープンした。

13) さわる写真
KYOTOGRAPHIE 京都国際写真祭2020「マリー・リエス―二つの世界を繋ぐ橋の物語」では、通常の写真作品とともに、UVプリントにより写真を凹凸で表現したさわる写真が一部展示された。

8．アトリエみつしまの目指すもの

　2020年初春、思わぬことからぼく自身の制作場所とギャラリーを持つことになったのだが、この空間を最大限に活用して、作品制作と視覚障害者の鑑賞という2つを両輪として活動を進めて行きたい。ギャラリースペースの名前は「Sawa-Tadori」。さわってたどるという言葉から名づけた。沢のような細い道をたどりながら新しい世界を発見したい、という意味でもある。

　最後に、今後のアトリエに対する思いを記しておく。アトリエみつしまは、バリアへの新しいアプローチを実践する拠点となることを目指す。1984年、渋谷の松濤に「手で見るギャラリーTOM」が私立のギャラリーとしてオープンした。視覚障害者だった村山錬の「ぼくたち盲人もロダンを見る権利がある」という言葉につき動かされて、彼らは次々とさわれる作品を展示し始めた。ぼくも何度となくこのギャラリーに通い、作品を鑑賞し、何かを作りたいという気持ちをあたためていた。あれから36年。ぼくが自分のギャラリーをオープンするにあたって、何を大切にしたいかを考えた。「見えないと美術は楽しめない」という常識は、もう過去のものになった。たとえさわれなくても、美術は楽しめる。言葉と想像力で見えてくるものがある。使えるものは何でも使う。言葉も、手も、空気感も、見えている人の目も。

　「見えない人にもアートを楽しんでほしい」と考える作り手が、最近増えてきたように感じる。われわれはそういう作り手の思いに寄り添い、見えない人がアートに近づける鑑賞の方法を考え続けていきたい。

　バリアを意識しながら、その壁の向こう側まで行ってみよう。

光島貴之紙上ギャラリー　その ❶

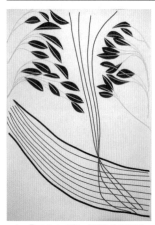

2.「ひろがる」（2019）

5.「どうぞ」（2019）

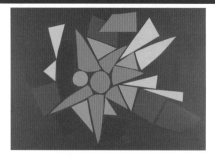

4.「散歩道」（2019）

1.「こもれび」（制作年不明）

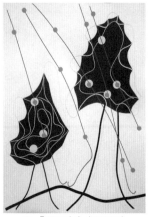

3.「雨の木」（2004）

【光島による作品解説】
1. 森を歩いていると、ひんやりした空気の中から突然暖かい光のようなものを感じる瞬間がありました。
2. ラインテープは使わず、カッティングシートだけで作品を作ってみました（撮影：アートと障害のアーカイブ）。
3. 見たことはないのですが、雨の日の木はこんな感じかなと想像しています。
4. 車通りの少ない道を選んで歩く、いつもの散歩道です。道順は記憶しています（撮影：アートと障害のアーカイブ）。5. 捨てるに捨てがたく、触っていると飽きないものを集めました。触りたい人はドアを開けます。

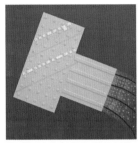

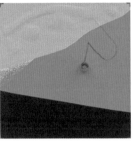

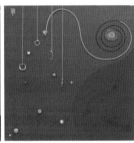

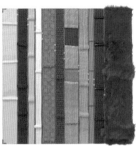

6.「不安な気分」(2012)

7.「重い空気、あるいは違和感」(2012)

8.「今にも飛上がりそうなうきうきした気分」(2012)

9.「幸せなところに戻っていく」(2012)

【光島による作品解説】6・7・8・9
触覚コラージュとして作った最初の作品です。気分を手ざわりで表現しています。
※ 4 枚組の作品です。

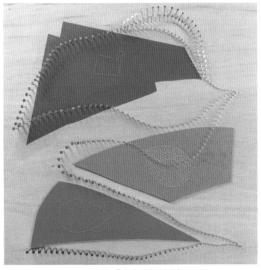

10.「山」(2019)

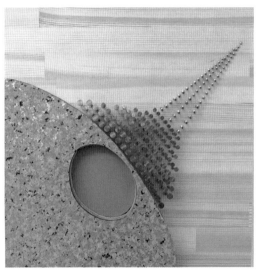

11.「新しい点字ブロック（ここから速く歩く）」(2019)

【光島による作品解説】
10. 風景としての山は実感できないので、実際に歩いて登った 山のイメージです（撮影：アートと障害のアーカイブ）
11. こんな点字ブロックがあったら楽しいだろうなと、遊び心で提案しています。

【コメント】
初期の作品は製図用ラインテープとカッティングシートを用いた「さわる絵画」です（1 ～ 4）。最初にみたときの印象は独特な透明感とスピード感です。素材（工業製品）の持つモダン性でしょうか？
5 は「触覚コラージュ」の作品です。これもさまざまな素材を触ることを前提にした作品です。
6 ～ 9 も「触覚コラージュ」ですが、感情つまり色が強調されています。光島さんは色は見えないと言っていましたが、ここでは強く意識されています。10・11 は最近の釘の作品です。一見触ることを拒否する釘の素材感や造形性にふれることで新たな世界が拓かれます（茂木一司）。

Q41 えほんをつくろうワークショップについて教えてください

さわる絵本づくり【鑑賞・デザイン】

竹丸　草子

1）イタリアの絵本
ザラザラちゃんシリーズ
『ザラザラちゃんとプール
（Ruvidino in piscina）』（ミ
ラノ盲人協会発行，手と目
でみるライブラリー所蔵、
原文イタリア語、佐藤由紀
子日本語訳）

①

②

③

④

絵本の概要
①表紙（画像有）
②ザラザラちゃんはお母さ
んと野原を通ってプール
に。（②画像有）
③プールで、すべすべちゃ
ん、ふわふわちゃん、つる
つるさん、もふもふちゃん
に会う。（③画像有）
④一番先に水に入ったのは
ザラザラちゃん。（④画像
有）
⑤続いて3人が飛び込む。
もふもふちゃんはこわくて
プールに入れない。（⑤画
像なし）
⑥ついに、もふもふちゃん
も飛び込む。「泳ぐってす
てき！」（⑥画像なし）

ワークショップ実施の背景

　触る絵本や点字付き絵本など、視覚障害児用の絵本は数多く出版されています。触図を使ったり、触覚を重視して素材が貼り付けてあるものやプラスティックによる真空成形やUV印刷など、見えない人が絵本を楽しむたくさんの工夫があります。しかし、触覚で見る人たちにとって、絵本の物語の世界は視覚で見る人と同じなのだろうか、もしかしたら違う物語世界を見ているのではないか。そのような疑問からこのワークショップは生まれました。

　触覚絵本について考えている時に、イタリアの触る絵本[1]「ザラザラちゃんシリーズ」に出会ったのもこのワークショップを実施するきっかけとなりました。小さな正方形の形をしたザラザラとした触り心地のザラザラちゃんが主人公のお話です。主人公の他に、テクスチャーや形の違う脇役や環境がシンプルにデザインされ、お話を展開し、内容を的確に伝えています。視覚障害児が理解する絵本のデザインはどういうのがいいのかという疑問も出てきました。ここでは、そのような問いから生まれた視覚障害児との「えほんをつくろうワークショップ」で起こったことをご紹介します。

ワークショップの概要と目的

　ワークショップは視覚特別支援学校の児童6人（小学2年生〜6年生）を対象に、全5回（2020年11月、各2時間）で実施しました。筆者と茂木一司、大内進（手と目で見る教材ライブラリー主催）で内容を相談し、目的を以下のように設定し、素材と触れ合いながら、ことばとお話を発見し自分の感性を活かして絵本を制作することにしました。

・絵本制作をとおして、触覚に着目した造形表現を楽しむ

・触覚と言葉の往還をしながら自分の表現の幅を広げる

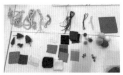

・異年齢との協同の学びの場を持つ

　1回目は硬い・柔らかい、すべすべ・ザラザラ、軽い・重いなど、あらかじめ準備した多様な素材[2]に触れて遊ぶことでみんなの共通のオノマトペを作りました[3]。2回目は絵本の鑑賞と制作の導入、3〜4回目は制作の発展です。絵本の主人公を決めたり、起承転結でお話を考えたり素材を使って読み手に伝わることを考えながら一人ひとり絵本を作りました。最終日には発表会をして、時間をかけて全員の絵本を保護者[4]と触って読みました。

えほんづくりを通してワークショップで起こったこと

　この視覚障害児のための触覚をベースにした「えほんをつくろうワークショップ」は、絵本をつくる・デザインするということ以外にも、参加者それぞれの物語を作るプロセスや他者との協同、伝える気持ちの表わし方、保護者との関わりなど多くの学びに満ちた場[5]になりました。子ども達の様子を中心に、いくつかのエピソードをみてみましょう。まずは参加した子ども達をご紹介します。

A児：小6（光覚弁）、B児：小5（全盲）、C児：小4（手動弁）、D児：小2（不明）、E児：小2（身体障害者手帳1級）、F児：全盲小2

エピソード①　素材から生まれる物語

　子ども達は素材を触ることによってインスピレーションが生まれ、お話を作りはじめました。これは1回目の素材と遊ぶ時間の十分な確保の重要性を証左しました。特にC児は名付けが上手で、みんなが素材と親しむきっかけをたくさん作ってくれました。テグスを「針金虫」、木製の小さなダボ（木棒）を「じゃがりこ」などとつけた名前は全活動を通してみんなの共通語になりました。みんなで素材を触って言葉を紡ぎ出していた[6]ので、「ネコならフワフワの丸いのがいいんじゃない？」など、制作中は子ども達同士で素材を勧め合う場面も創発しました。つまり、見えない子とのコミュニケーションでは触覚を言語化するモノを介した言葉遊びのようなやり取りが大切なのです。その土台は触覚による身体化された共通

2)
【今回用意した素材材料】
ロープ（太さ違い数種類）、革ひも、毛糸、水引、木のジオラマ用模型、コルク、経木、各種布（フェルト・木綿・合皮・どんぐり、アクリル起毛等）、プラスチック版、おはじき、ビーズ、木片、人工芝（プラスチック、ジオラマ用）、緩衝材（紙、発泡素材）、スポンジ、おりがみ、アルミ版、アルミ箔、タイル、ラップ、ダンボール、木のダボ、滑り止めマット、吸水マット、気泡緩衝材、ドライフラワー、ランチョンマット（ビニール）、木製キューブ（ヒノキ、ヒバなど）、針金、テグス、手芸用ポンポンボール

3)
【ワークショップ point ①】
1日目は絵本をファシリテーターが読み聞かせし、2日目はさわる絵本をみんなで読むというプログラムデザインをすることで、絵本のイメージを段階的に共通体験として落とし込んでいく。参加者同士の統覚を揃えるとワークショップ内のコミュニケーションがうまく行くことが多い。
みんなの素材オノマトペマップも役立った。素材のイメージをなんとなく一致させておくことで、参加者同士のアドバイスのやりとりもスムーズであった。

4)
【ワークショップ point ②】
保護者も協働へ導くしかけ
をいれる。1回目の始めは
参加者みんなの自己紹介か
ら始める。子ども達のほか
に保護者にも自己紹介をし
てもらう。子ども達は自分
の保護者の話にツッコミを
入れながら楽しく聞く。単
なる付き添いではなく、そ
の場を一緒に楽しむ雰囲気
を作る。ワークショップの
場づくりとして関わる人た
ちが排他されない状況をつ
くることは大切であると考
える。

5)
【ワークショップ point ③】
ファシリテーターは毎回の
ワークショップのあとに振
り返りを実施し、次回へ向
けてのプログラムのブラッ
シュアップをしている。
4日目の導入で形容詞をつ
けることを促してみること
も、振り返りから生まれた
提案である。
振り返りでは、子ども達1
人ひとりの様子をファシリ
テーター全員で共有し合
い、どのようなフォローが
必要かも考えている。

性で、関係性をつくると共に他者との違い＝個性を表現するのです。

子ども達が触った素材からはネコ、どんぐり、モグラなどの主人公が生まれたり、素材の触感からお話の展開を考えたりしていました。場面展開が素材によって進んだのはA児です。A児は最初の1場面制作後、展開が進みませんでした。そこでファシリテーターが素材をたくさん触るように勧めると場面展開が一気に進んでいきました。またE児は最初から登場させたい主人公を決めていました。その主人公を表現するぴったりの素材を一生懸命探す姿も見られました。

エピソード② ファシリテーターとの共創

F児はどんぐりを主人公にした絵本を作りました。最初、「事件が起こるとお話はおもしろくなるよ」というファシリテーターとの対話から、どんな事件：「転」をさせようか考えている様子でした。F児は「雨が降ってくることにしたい」と決めたようでした。「でも、どうやったらいいかな」とファシリテーターに相談し始めました。「雨はどのくらい降ってる？」という問いから、F児とファシリテーターは一緒に素材選びや、素材の貼り方を工夫して、紐を斜めに貼りました。そんな風に2人はどんどんアイディアを出し合っていきます。基本的にファシリテーターはアイディアの決定はしません。F児が自分で決められるように勧めます。そこで、傘の素材をツルツルにしたり、どんぐりの大きさの違いで登場人物を分ける表現が生まれていました。特にアイスが溶けてしまう場面では発泡スチロールを細かく切って表現しました。公園のネット遊具や雨が晴れた時の表現は、自分なりの工夫が反映され、F児の一番見て欲しい場面になりました。特にファシリテーター

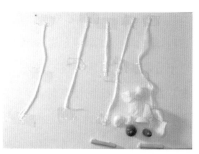

と相談していたのは「どうやったらそう見える？伝わる？」ということです。触覚でわかるだけでなく、見てもわかるように色を塗り分けたり、傘の形を作ったりしていました。みんなに伝わって欲しいというF児の思いがちゃんと形になっていったことにもインクルーシブアート教育では大切です。

エピソード③　点訳やってあげるよ！助け合う異年齢

　参加していた子ども達は墨字で読める子（弱視）もいるので、全員が点字を打てるわけではありません。制作するうちにみんなの間で点字も墨字も書こうということになりました。これは、ファシリテーターが決めたことではなく、参加している子ども達が自然と「みんなが読める本じゃなくちゃね。」と決めたのでした。B児は、素材の使い方がうまく、構成力や文章力があり、みんなにも一目置かれる存在です。ある時もうすぐで制作が終わりそうだったB児は、D児が点字も打ちたいと言った言葉を拾って「点字打ってあげるよ。ちょっと待ってて！」と言って、B児はD児の点訳をすすんでやってあげていました。このやり取りは他の参加者にも拡張し、C児はB児に自分で打って欲しいことを読み上げて、点字にしてもらいました。このような相互支援システムはお互いの障害の程度や性格などを暗黙知として読み取っていく学習になっているようでした。実はB児は初めて人に点訳をしてあげたことが後のアンケートでわかりました。B児はあまりにも自然とやっていたので、アンケートを読むまでスタッフはいつも点字を打ってあげているのかと思っていました。しかしB児にとっては初めての出来事だったのです。

エピソード④　楽しく励まし合う

　点字以外にも、子ども達同士は楽しく励まし合う姿が見られました。E児は人懐っこく、発話もたくさんあってみんなとの会話のやりとりもスムーズです。ある回でE児が開始早々に「もうパワーが出ない〜」と言い出しました。

F児「え〜、もうないの？」

E児「うん。充電がない。30％」

C児「じゃあ充電してあげよう〜、びびびび〜」手で電波を送る真似をする。

E児「あ、60％になった」「あ、でもまた20％になっちゃった」

6）【みんなの言葉】
「これは髪の毛になりそう」
「これはどんぐり」
「何じゃこりゃ」
「これは松ぼっくりみたい」
「松ぼっくりの外にあるチクチクしたやつみたい」
「果物みたい。」
「なんだろこれ？」
「コルクって言います。お酒のやつ。お母さんがよく飲んでる。」
「これこそ草だ！」
「これ何の形ですか？」
「本で芝生にできそう。」
「これなんだろう？」
「これよくわからないんだけど・・・どんな感じする？」
「チクチクしてて、かゆい」
「これは羊っぽい。」
「これは葉っぱが生えてる感じにできるかも。こうやってこうやったら。ジャングルジムみたい。」
「これじゃがりこみたい。おお！食べたい。」
「ぼくはじゃがりこの本つくろうかなあ。」
「ドライもん（オリジナルキャラ）に似合うのない〜。」
「これはつるつるしてる。窓ガラスに使えそうだなあ。」
「これはスポンジみたい。」
「これな。この形だ。」
「猫のお話つくろうかなあ。」
「これはビーズじゃないですか？」
「これは何につかえそうかなあ。」
「滑り止めだ」
「丸めて使える。」
「紙？木？」
「これは木をうすーく削ったやつ。紙にじゃないの？」
「これなんか・・・なーんか。ハリガネムシみたい。」
「気持ち悪い。ハリガネムシの本にしよう。」
「見てこれ焼き海苔みたい。」
「絨毯だ！」
「これ蛇腹のドアみたいのあるよね。」
「じゃばじゃばじゃば」
「ペンギンのプールみたい。」

7)【完成作品】

『猫とモグラ』
C児（小4弱視）作
数回お休みしたので、短期間で制作。触覚から物語の発想が豊かで、話すことも上手である。モグラの表情をつけることを楽しみながら工夫していた。セリフ調でお話が展開する。

『ケイトの冒険』
A児（小6全盲）作
表現されたものは感性の豊かさを感じられる。言葉を発するのが得意ではないが、自分の中でしっかりと考えて落とし込み、制作に反映させえていた。お話の内容は一番長く、複雑な構成である。

『ドンちゃんとグリちゃん』
F児（小4全盲）作
ファシリテーターとの対話からヒント得て、自分のやりたいことをしっかりと制作していった。アイスクリームの表現方法や、公園や窓の描写などにこだわり、本人が納得のいく仕上がりとなっている。

C児「え～！もうないの？ほら充電、びびびび～」（一同笑う）
子ども達はそんなやりとりをしながら楽しく作業を進め、結局は休み時間も取らずに最後まで制作をしていました。（完成作品は註7）

①～④のエピソードのように、ワークショップでは他者との関係性やその場の出来事の中に学びが埋め込まれています。同じ作業をしていなくても、一緒に制作している空気感を子ども達は感じています。ワークショップの学びの特徴は、その場の関係性の中から一つの決まった答えを出すのではない開放系の学び（意味生成の自由な学び）です。もちろん個人で絵本を制作するという目標はありますが、その場の自分や他者との関係性によって学びを後押しされることもまた重要なのです。素材と対話し、ファシリテーターや友達のやりとりから、子ども達はたくさんのことを学んでいきます。

エピソード⑤　プロセスから読み取るそれぞれの学びと変化

　全ての回に参加したA児は、自分の思ったことをすぐに言葉にするのが難しく、参加した子ども達の間でも思っていることが伝わりにくい印象を持たれていました。本人もそれは感じていたようです。しかし、A児は誰よりもしっかりと家で物語の構想を練ってきて参加していました。A児が発表会で冒険の物語を読んだ時には、みんな感動し、他の子ども達も一目置く存在になりました。A児は、「もう少し早く話せたらよかったけど、だんだん話せるようになったのがよかった。自分の作りたいものを作ってそれをみんなに見てもらえてよかった」と振り返っています。

　A児は言葉にはすぐに出せないだけで、物事を深く考える能力があり、それを丁寧に表現した作品はしっかりとA児の世界観を現しています。A児のペースで書いていた文章にもその世界観が表現されていました。ワークショップは5回でしたが、いつもは言葉が多くなくても、友達との関係性を作り、最初よりも自信を持ってその場にいる姿が見られました。アートワークショップと聞くと、良い作品を作ることに目が向いてしまいがちですが、その場から子ども達の豊かな学びを掬い取ることにも目をむけ、その子なりの学びのプロセスを評価することも大切なのです。

エピソード⑥　ワークショップが促すデザイン力とケア力

　子ども達は「絵本をつくる」ことを通して、デザインしたものを

生み出して伝えることを楽しんでいる様子が見られました。制作の回数を重ねていくうちに、自分のイメージが伝わるように素材を選び、やりたいことを実

現するために周囲に相談しながら協同して進めていました。おとな達や参加者同士の関わりや、自分と素材という関係性から、自分の内側から発する表現を更新していく様子は、双原因性感覚[8]を持ちながら学ぶ姿であったと考えています。今まで誰かのために点訳をしたことがなく、人の役に立ててうれしくて心に残っているというB児の言葉が印象的です。このようにアートによるワークショップの学びには、モノだけでなく自分自身やそれを支える社会もデザインする活動が含まれることがわかります。

　保護者からは「子ども達は、時間をかけて多くの素材を自由に使い制作することを楽しんでいた」「子どもの発想に驚いた」「他の絵本を参考にしながらも自分でやろうというところに成長を感じた」という感想をいただいています。帰宅後に自宅や学校でも制作について話す様子が見られたようです。（アンケートや対話より抜粋）

まとめ

　視覚障害児のえほんづくりは、自分たちの触覚を基にして、見える見えない見えづらいに関係なく「伝わる」ことに自然と注力していきました。ワークショップという場において子ども達はお互いに関係性を構築し、その関係性の中で励まし合い、助け合っていました。他者の制作に影響を与えられたり、自分が影響を与えたりしつつ、表現することを楽しんでいました。インクルーシブであることを子ども達に行動として見せてもらったような気がしています。

7)【完成作品】続き

『ネコのおるすばん』
A児（小4全盲）作
お話を表現の構成が制作を重ねるごとに改良されていった。完全な立体を誌面に表現するために、要素を取り出して半立体に置き換えるなどの工夫が見られた。周囲へのアドバイスや点訳もしてくれた。

『ドライもん雨の中たいへんたいへん』E児（小2弱視）作
最初からオリジナルキャラを主人公にした世界観を持っていた。墨字の方が得意だが墨字と点字・触覚の融合に工夫を凝らした。

『恐竜えほん』
D児（小2弱視）作
大好きな恐竜の世界を絵本にした。専門的な知識が溢れている。特徴的なのは恐竜のハイウェイのページ。触り心地が違う木片を組み合わせて触覚ならではの道路を作った。

8) 佐伯胖、『「わかる」ということの意味　子どもと教育』、岩波書店、1995年、pp.102-108.

コラム ⑧ 手でみる美術館「アンテロス」

アンテロス美術館長・学芸員　ロレッタ・セッキ（Loretta Secchi）

　フランチェスコ・カヴァッツァ盲人施設が運営する手でみる美術館「アンテロス」（Museo tattile "Anteros"，以下、アンテロス美術館）は、イタリアのボローニャ市の中心部にあります。

　アンテロス美術館は、視覚障害者（先天性、後天性、弱視）の感覚や、認知、解釈力の強化や発達に機能する美学指導を目的として、1990 年代後半に誕生しました。その美学指導においては、触覚が基礎知識になります。というのは、視覚障害者にとっての触覚は、健常者に比べよりきめ細やかに、より広範囲に意味を持つ、視覚機能の代用になり得るからです。そうした理念に立脚して、当館では絵画を半立体的に翻案する技法を開発し、レオナルド・ダ・ヴィンチの「モナリザ」をはじめ、イタリアルネッサンス期の名画や宗教画などの作品を展示しています。

　入念に、かつ力を入れすぎずに触覚を使ってものの形を認識するためには、晴眼者の典型的技能である視点の動きを丁寧に順序立て手の動きに代え、両手を上手に調和させて触っていきます。このように手を使って理解した知覚によって、視覚障害者は実物や美学価値のある表現に準じた頭脳イメージを作るのに不可欠なデータを取り込み、事物の形や大きさ、その配置、造形画面としてみた場合の全体的配置といった情報を得ることが出来るのです。

　当館では、直接感覚の経験をしたり体の筋力を実際に使ったりしながらこの触覚読解法によって半立体的に翻案した絵画を読みとり、その後に粘土での複製作業を通して理解したことを"再現"してもらっています。視点を知り、遠近法表現のメカニズムを分かち合い、様々な要素を同時に含むビジョンを発達させることによって、多くの視覚障害者に絵画の素晴らしさを経験して欲しいと願っています。

アンテロス美術館にて（2018.9）セッキ氏（中央）

　また、当館はイタリア各地の美術館とも連携しています。ウフィッツィ美術館の「ヴィーナスの誕生」（ボッティチェリ作）、ヴァチカン美術館の「キリスト降架」（カラバッジョ作）、サンタ・マリア・デッレ・グラツィエ教会の「最後の晩餐」（レオナルド・ダ・ヴィンチ作）などの半立体的翻案も手掛けています。これらは、それぞれの所蔵美術館でも触って鑑賞することができます。

（翻訳　藤原紀子、補遺　大内　進）

コラム　認識し観察し想像し

京都芸術大学アートプロデュース学科専任講師　山城　大督

映像メディアを表現手法としているアーティストの山城大督です。ここ数年の僕の関心は「人間の身体」です。人間の身体の「どこ」に「どう」刺激を与えると、感情にはどう変化があるのか。認知と経験のズレによって沸き起こる驚きや感動の関係はどうあるのか、など。目をつかった鑑賞体験をベースに発展してきた美術の歴史を違う角度から見つめ直すための下準備として、足の裏や頭皮、網膜、時間感覚、味覚、嗅覚など、人間のあらゆる感覚をつかい五感だけに限らない「知覚」を再考するリサーチプロジェクト「センサリー・メディア・ラボラトリー」を 2017 年より主宰しています。この最初の実験は横浜市にあるアートスペース「blanClass」で展示し、LED 照明、砂糖、塩、スチールウール、シャボン玉、土器などの 20 個ほどのアイテムやオブジェクトや指示書を陳列し、体験者は番号にしたがって自らの身体を再生装置として、セルフワークショップを行いました。たとえばこういうものです。塩と砂糖を目だけで見分けて味見をする。綿棒を耳の中に入れ、その摩擦音を鑑賞する。網膜に強い光を当てて、その残像を見つめる。その後発展したプロジェクトは、東京都美術館「TURN フェス 3」に参加し、見えない人の「世界の認知の方法」について対話と展示を通して分析しました。「点字つき絵本の出版と普及を考える会」の代表 岩田美津子氏との対話を通して、文字も図版もないユニバーサルな本「まっしろな絵本」について構想を発表しました。この「センサリー・メディア・ラボラトリー」プロジェクトは、京都造形芸術大学（現 京都芸術大学）芸術館での個展へと続き、今も分析や研究実験を継続しています。2021 年には、アーティストの八木良太氏を新メンバーに加えて、京都の劇場「THEATRE E9 KYOTO」での 9 年間にわたる長期的なプロジェクトとしてスタートを切りました。新型コロナウイルスの感染拡大にともない、人と人が触れ合う機会のすくない時節である今、「人間の身体」そのものや感覚器官への関心が、新しい表現を生み出すのではと考えています。

八木良太 山城大督 1/9「センサリー・メディア・ラボラトリー」2021 年 , THEATRE E9 KYOTO

山城大督「センサリー・メディア・ラボラトリー」2017 年 ,blanClass

①　中学部1〜3年・鑑賞　　　　　　　　元福島県立視覚特別支援学校　**藪内 敬子**

題材名「美術館へ出かけよう」

時間・場所：4時間・美術館、教室
対象生徒：3名（全盲1名・弱視2名）

●目標

・美術作品を通して造形的なよさや美しさを感じ取り、作者の心情や表現の意図を広げることができる。
・作風の違いや疑問を見つけ、興味を持って鑑賞することができる。

●内容

　生徒たちは、見えない、見えにくいことで、積極的に美術館に出向くことは少なく、作品に触れて確認できるような美術展に出会うことはまれです。

　平成31年4月、地元出身の日本画家の個展に招待され、鑑賞会を体験することができました。画家の方に直接質問したり、感想を伝えたり積極的に鑑賞することができ、美術に対する興味関心を深めることができました。

　その後、授業で生徒たちに芸術作品のイメージを尋ねると絵画や彫刻と限定的に答えていました。現代芸術作品の多様な形式を生徒に伝え、実際に間近で見たり、触れたりする美術展を鑑賞させたいと考えました。

　本校近くの福島県立美術館の展示を活用した授業を考えてみました。令和元年6月、美術館の広報から、機械という動きのある美術展の開催を知りました。以前におもちゃ展の見学をお願いした私の経験から、直接美術館に相談したところ、やなぎみわ氏の「やなぎみわ　神話機械」展を鑑賞の教材とし、視覚障害に配慮したワークショップをしていただけることになりました。この展覧会は、映像と写真、機械の動きによって展開される作品展であり、福島県名産品の桃と神話を重ね合わせたものでした。

　当日の活動は、見学の場所を限定して行いました。作品「神話機械」の上映を体験し、造形物の音や光、動きを場面ごとに区切って触察し、解説を聞きながら自分が感じたことを自由に話し合いながら鑑賞していきました。生徒たちは、実際に触れた機械の感触や機械による音や光を手掛かりに自分のイメージと作品の姿を重ね合わせ、感触の面白さ、不気味さを伝えてきました。破裂する音や砕ける音とマシンの動きの面白さに気づいたり、様々な反応を示したり、新たな発見の連続で

あったようです。

●まとめと評価

　この授業では、生徒それぞれが自分の感じたことをその場で伝え、友達や学芸員の方と話し合いながら鑑賞を深めることができました。また、作品を通してさらに作家のことを知りたがったり、作家に会って話を聞いてみたいと話す生徒も出て来たりり、生徒の中に様々な興味・関心を持たせることができたようです。

　生徒は作品の作風や創作意図までも十分に捉えきれたかはわかりませんが、美術館と視覚に障害のある生徒との距離も縮まったのではないかと思われます。この経験が将来に美術館で作品展を見てみようかという動機付けにつながってくれることを願っています。そして指導者としても美術館とのつながりが深まったことで、今後のどのような連携ができるのか楽しみでもあり、模索していきたいと思います。

「振動するマシン」の触察

「のたうちマシン」の説明と触察

「投擲マシン」の説明と触察　　　　ドクロの触察

「メインマシン」の説明と触察

題材名「イメージを表現しよう」

時間・場所：6時間・美術室
対象生徒：4名（全盲1名・弱視3名）
材料・用具：絵具・3Dプリンタペン・サインペン・色
　　　　　　鉛筆

●目標
・一人ひとりが自分のイメージを大切にしながら主題を
　設定し、イメージに合わせたデザインの発想や構想が
　できる。
・多様な表現方法を知り、工夫して制作することができる。

●内容
　弱視生徒と全盲生徒が合同の授業を行っているので、
同じねらいで評価できる題材としてデザインの学習を
二通り実践しました。
　一つ目は、これまでに教科書で学習したいくつかの
技法を振り返り、弱視生徒が自由に技法を選んで作品
を制作し、全盲生徒は制作後の鑑賞にのみ参加しまし
た。3人ともデカルコマニーを選び、できた作品にそれ
ぞれ自分のイメージに合わせて線を加えて仕上げまし
た。作品の制作過程から「ちょうちょ」とか「つばきの花」
「宇宙人」など周囲の生徒がコメントをつけ、楽しみな
がら制作できました。鑑賞だけ参加した全盲生徒には
作品の特徴を伝えつつ、触察を交えて鑑賞しあいまし
た。これからは全盲生徒も最初から参加できるよう工
夫したいと思います。
　二つ目は、全盲・弱視生徒が同じような雰囲気の作
品が出来上がるような題材を考えました。画面上に直
線を引き、区切られた部分に文字や円を並べ、着色を
工夫して作品を仕上げることにしました。
　全盲生徒は、絵画作品に直接触れながら制作するこ
とは難しいと考え、ツールとして3Dプリンタペンを
取り入れることにしました。このペンは、授業内で自
分の描画をすぐに触って確認し、次の創作の手がかり
を得られることで、活動への意欲向上が図られると考
えました。まず教師から制作の手順や完成した作品の
イメージを伝えた後、自分で定規や大きさの異なる円
形の型紙を3Dプリンタペンでなぞって作図していき
ます。ペンの線でできた画面上の仕切りをてがかりに、
自分がイメージした色の色鉛筆で画面を埋めていきま
した。

●まとめと評価
　一つ目の学習では、デカルコマニーによる偶然性の
ある作品をさらに自分の思いやイメージを膨らませて
作ることで、色や形から想像する表現の面白さや楽し
さを感じることができたようです。
　二つ目の学習では、3Dペンを使ったことで、弱視・
全盲生徒も同様に、それぞれの作品を確認し合い、作
品の完成度も上がり、自分の作品に自信が持てたよう
です。
　さらに、色合いの調整を教師との話し合いで決める
時など、生徒の色に対するイメージや、思いなどを知
ることができたことは大きな収穫でした。

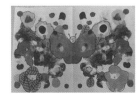 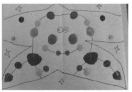

弱視生徒の作品

3Dプリンタペンと作図

色鉛筆で彩色

弱視生徒の作品

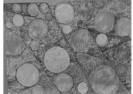

全盲生徒の作品

題材名「言葉からのイメージ〜点と線で表現しよう〜」

時間・場所：1〜2時間・美術室

対象生徒：3名（全盲2名・弱視1名）

材料・用具：黒画用紙・白レイアウトテープ・白シール（大中小の丸、穴あき丸、四角など）

●目標

・言葉を抽象的な形として捉え、デザインする。

・空間を意識してデザインする。

・友達との表現の違いを味わう。

●準備について

・弱視の生徒に見えやすいように台紙は黒、シールは白を使用します。

・全盲の生徒がシールを効率よく取れるように、シールのシートを1列に切って種類ごとにまとめておきます。

・レイアウトテープはあらかじめ曲線の描き方など練習をしておくと作業がスムーズです。

●課題について

「オノマトペ」→「抽象的な言葉」→「対比する二つの言葉」の例を見ると、難易度は次第に上がっていきます。

オノマトペの例：「ポトン、トン、トン…」「ガタン、ゴトン」「グニャリ」「るるるるる…」等

言葉の例：「ささやき」「怒り」「のんびり」「流れる」「音楽」等

対比の例：「大きい対小さい」「ひとつ対たくさん」「悲しみ対喜び」「静対動」等

●内容

① 「ポトン、トン、トン…」という課題では、生徒は「水道から水が落ちているしずくの音」をイメージするかもしれません。"水道"や"しずく"から聞こえる「ポトン…」は生徒の心にどのように響いているのでしょう。楽しい音なのか、悲しい音なのか。耳障りな音なのか、心地よい音なのか。生徒は思いついたことを声に出して考えるかもしれません。少しの独り言は認めてもらえるような教室の雰囲気だといいですね。

② 頭の中にイメージが描けたら、いよいよ制作開始。生徒は手で触って画面の大きさを確認し、画面の中心に描くのか、それとも中心よりずらして描くのか構成を練ります。なにも貼っていない空間も作品の一部として考えると、表現の幅が広がるのではないでしょうか。作品例「空間を行く乗り物」は、黒い画用紙が宇宙空間のようにも、広い海原のようにも感じられます。

作業はゆっくりていねいに進めていきます。「ゆっくりていねいに」は指の感覚を使って制作する生徒たちにとってとても有意義なことだと思います。

最後に作品を全体的に見直して完成です。

③ 作業が完了したらサブタイトルをつけます。生徒は制作中からタイトルを付けたくてたまらない様子です。

タイトルを付けることで、「課題」が「オリジナル作品」になり、生徒が作品に込めた思いがいっそう明らかになりました。

作品は一人ずつ触れながら鑑賞します。触れて鑑賞するため、時間に余裕をもって行います。友達と自分の作品を比べながら、感性の違いや表現の違いなどを楽しみます。

【作品例　課題「るるるる…」】

ひびきわたる歌声　　　　わたあめの太陽

【作品例　課題「ガッタン、ゴットン」】

規則正しい機械　　　　空間を行く乗り物

●生徒の感想1：Aさん「ひびきわたる歌声」：

るるる…と聞いたとき、歌声だ、と思いました。誰もいない広い広い空間に歌声が響き渡り、こだまするイメージで作りました。こだまするというイメージは線をカクカク曲げて表現しました。

●生徒の感想2：Bさん「空間を行く乗り物」：

ガッタンゴットンというのは動いている機械を思い浮かべました。そうしたら、どこかへ向かっている未知の世界の乗り物が頭に浮かんできました。まだ誰も見たことのない不思議な乗り物が動いているイメージです。

題材名「ゲルニカから生まれる言葉」

時間・場所：2時間・美術室

対象生徒：4名（全盲3名・弱視1名）

材料・用具：ゲルニカの絵（教科書に掲載）・ゲルニカの図案を切り取った手作り教材（1人1セット）・筆記用具

●目標
・ピカソの代表作について知る。
・ゲルニカが訴えているものについて考える。
・作品から感じたことを言葉で再構築する。

●教材例の紹介
　平面図を立体コピーして触察しても、全盲の生徒がその図を理解するのは難しいものです。二つ以上のモノが組み合わさっていればさらに困難を極めます。ここでは一つずつに分解することのできる手作りの触察教材を使用します。

●内容（①～③は話し合い）
① ゲルニカ（町の名前）で起こったことを教師の話を聞きながら想像します。弱視の生徒は「ゲルニカ」の絵の色合いにも気づき、全盲の生徒にほとんど色彩がないことを伝えます。

② 「ゲルニカ」に描かれている人物について話し合います。生徒は教材を触りながらいろんなことを想像するでしょう。この人物は「男？女？」「大人？子ども？」「何をしているの？」人物の動きや表情も、教材を触察しながら話し合います。

　実際にポーズを取る生徒もいました。そしてどういう場面なのか考えました。ある生徒は、女性に抱かれた幼い少女の顔が、口が上、目が下になっていることに気が付きました。少女のポーズをやってみて、少女

が死んでいるのかもしれないと、その生徒は推測しました。

③ 「ゲルニカ」に描かれている人物以外についてもみんなで話し合いました。男性の手元で咲く花は、明るい未来を示唆しているという生徒もいれば、単なる願望だという生徒もいました。権力や人権、未来への嘱望などこれまで以上に自由に話し合い、想像力を膨らませることができました。

④ それぞれ「ゲルニカ」の場面を思い描くことができたと思います。この感想を土台に、次は「ゲルニカ」を自分の言葉で再構築してみました。

　思い浮かんだ言葉を書き出す生徒。詩やサイドストーリーを書いた生徒もいます。頭に浮かぶ風景、物語、セリフ、擬音など、自由に言葉で表現します。書き終わったら発表です。

　このような題材は、自分たちの未来がどうあるべきか考える機会にもなります。いつも大切に扱っている題材です。

●生徒の感想（4例を一部分抜粋して紹介します）
生徒A：母親が子どもを抱き「私の坊やを返して」と叫んでいる。「助けてくれ」と叫ぶ男の人。逃げてきたのにやられてしまった。

生徒B：この村。攻撃されることを知らなかった村。被害者。何人も殺されて。ひどくて悲しい絵だ。苦しい残酷な絵だ。

生徒C：どんな小さな命でも、一生懸命生きている。この名もない花のように。そしてこのランプの灯のように。

生徒D：空白になれ。一瞬の光になれ。闇を切り裂くとげになれ。

ピカソ「ゲルニカ」（1937）

題材名 「『最後の晩餐』鑑賞」

時間・場所：1時間・美術室

対象児童生徒：5名（全盲4名・弱視1名）

材料・用具：立体コピー教材（全体図・部屋、人物、テーブル）

●教材の工夫点

① レイヤー毎に用紙を用意する。（全体図や部屋はA3）

② 部屋の明暗は、点描の少ない（明るい）、多い（暗い）で表現する。

③ 部屋の中で1番暗い箇所（左右のタペストリー8枚、正面の窓淵、天井の換気口、人物の髪の毛）は、マジックで塗ってから立体コピーをする。

④ 全体図の、髪の毛は全体塗りではなく、1本ずつ線で表現する。

⑤ テーブル上の、コップやお皿などは省略する。

⑥ 人物の腹部から下は、イメージ図として線にする。

●目標

・作者や作品に興味をもつことができる。

・遠近法の技法を知り、触って確認をすることができる。

・時代背景、場面、空気感など、感じたことを言葉にして、友達同士で批評し合うことができる。

●内容

① レイヤー分けしてある「部屋」を鑑賞します。

　「一点透視図法」が用いられていて、奥の物が小さく手前の物が大きく見えることを説明します。

　どういった部屋に感じたか、家具の有無など部屋全体について考え、友達と意見交換をします。

② レイヤー分けしている「人物」「テーブル」を鑑賞します。それぞれ用紙が別々なので、セロテープを輪にして、2枚の用紙止めてから、生徒に提示すると触ってもズレません。

　人物が3人1組になっている様子、実際の絵ではテーブルにコップやお皿が描かれ

ていることを説明します。この場面を伝える時には、立体コピーの教材とは別に、美術室の机上に本物のワイングラスや平皿などを用意してさわってもらったら、生徒はイメージしやすかったかなと感じました。また、イメージを膨らませられるように、当時の男性の髪型・服装など「被れる」「着られる」と体験できる物もあるといいです。

③ 作品に関する時代背景や、描写されている場面を考察します。

　ルネッサンスの時代、「一点透視図法」などの「遠近法」による描画技法がこの作品のダイナミックさにつながっていることを理解してもらいました。

　また、生徒の興味を引き出すために、弟子の1人を挙げて、何番目に描かれているか説明をします。何をした人で、その後どうなったのかを話すと真剣な表情で説明を聞いてくれたました（ユダの黄色の衣装とキリストへの裏切り、など）。

④ 作品に自分が入ったつもりで考えます。

　「もし最後の食事と分かっていたら、何を食べたいですか？」「食事をしている中に、裏切り者がいると分かっていたら、どうしますか？」など、教員からの問いかけで、生徒は考えます。また、友達と意見交換をします。

⑤ 今回の学習で知ったことや考えたことを、振り返りまとめをします。

鑑賞時の様子

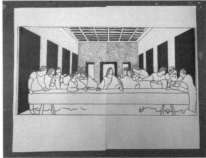

完成図（レイヤー分けしていない紙）※髪は線で表現。

題材名「野菜スタンプ」

時間・場所：6時間・美術室
対象児童生徒：5名（全盲3名・弱視2名）
材料・用具：生野菜・和紙・発泡絵の具・エンボスヒーター

●教材の工夫点
① 発泡絵の具とエンボスヒーターを使うことで、絵の具が膨らんで凹凸ができて、野菜の断面や形を触って知る。
② 前年度は、校庭の葉っぱを集めて「葉っぱスタンプ」を実施していた。シリーズとして、野菜スタンプを実施した。

●目標
・野菜に絵の具を付けて、スタンプすることができる。
・発泡した絵の具を触って、野菜の断面を知ることができる。
・野菜の形や色合いを見て、構成をすることができる。

●内容
① 使用する野菜を確認します。

　教員が伝えた野菜を、お皿の上から探して、匂いの確認をします。（今回の野菜は、ごぼう、ゴーヤ、パプリカ、ブロッコリー、ペコロスを使用）
② 最初に使いたい野菜、色を決めます。
※野菜や色を選ぶ方法は、自発的に手を伸ばして選んだり、教員が2種類に絞った中で2者択一にして選んだりします。また、ある程度教員が選択肢を絞った上で伝えて、そこから生徒が選ぶこともあります。最終的には全部の野菜を使用するように促します。

　対象生徒は、家庭科の調理学習や、生活単元学習で野菜の栽培などを経験してきています。それらを踏まえて、他教科とのつながりを意識した野菜にしたり、種類を決めたりしました。
③ お皿に出してある絵の具に、野菜を持って断面に絵の具を付けます。

※絵の具を混色する場合は、必ず1色は発泡絵の具を混ぜます。（例：桃色を作る場合、普通の赤色＋発泡絵の具の白色とすると、発泡する可能性が高いです。赤色・白色の2色発泡絵の具を使用すると膨らむ可能性が高まります。）水は使用しない、もしくは霧吹きなどを使い少量入れます。
④ 和紙にスタンプをします。

　生徒の力加減によって、「10秒抑えよう」「野菜を置いた手を放そう」等、言葉がけは生徒の実態によって異なります。

⑤ エンボスヒーターを使用して、発泡絵の具を乾かします。
※紙に近づけ過ぎると、紙が茶色く変色して焦げるので注意が必要です（数秒で乾くと白っぽく変色して、その後すぐに発泡します）。
⑥ 触って確認をします。

　すぐにエンボスヒーターの熱は冷めるので、生徒と一緒に膨らみを触って確認することができるのが、発泡絵の具の1番の魅力です。

題材名「動くからだ」

時間・場所：10時間・美術室

対象児童生徒：5名（全盲3名・弱視2名）

材料・用具：アルミ針金、アルミホイル、モール、毛糸、マスキングテープ、レース、フリル、動眼、ボンド、ペンチ、はさみ、両面テープ、マグネット、缶のふた

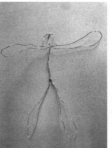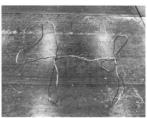

ねじる前の基本の骨組みの状態の人と犬

●目標

・人体のポーズ、服装、髪型などを素材を工夫して表現することができる。

・人体を作ることを通して、ボディイメージを高める。

・素材や道具を扱うことを通して手指の巧緻性を高める。

装飾の材料

●内容

① 針金を使って軸となる人体の骨組みを作ります。（教員が準備した基本の骨組みの手足の部分を生徒がねじって仕上げます）

② 骨組みの足裏にマグネットを貼り付け、缶のふたなどの上に乗せて自立させ、様々なポーズを楽しみます。

　ラジオ体操やダンス、生徒同士で動きを指示してポーズを取らせるゲームなどをすると、楽しみながらボディイメージを高めることができます。

アルミホイルで肉付けした状態

③ アルミホイルをちぎりながら、手足や胴体に巻き付けていきます。頭は丸めたアルミホイルをはめこみ、上からアルミホイルで包み込んで固定します。

④ 好きな素材を選んで、装飾します。マスキングテープやリボン状のレースやフリルを巻き付けて、服を表現したり、毛糸で作ったポンポンで髪の毛を表現したり、モールでアクセサリーなどを表現したりするなど、自由に素材を選んで行います。顔には動眼を貼り付けます。

　先天盲の生徒は、ディズニー映画の王子様が作りたいなどと言っても、実際にどんな服装や髪型をしているかなどのイメージをもっていないことが多いです。一般的に、こういう立場、職業の人はこんな服装や髪型をしているなどの一般的な知識を身に付けるきっかけにもなるので、様々な提案をしながら作っていきます。

⑤ 好みのポーズを付けて自立させ、鑑賞会を行います。

完成作品例

●生徒の感想

　衣装や髪型などを考えて作るのが楽しかった。

　できあがった作品でポーズを付けたり、動かしたりできるのが楽しかった。

題材名「わたしの歩いて来た道」

時間・場所：10時間・美術室

対象児童生徒：5名（全盲2名・弱視3名）

材料・用具：水貼り画用紙、紙粘土、岩絵の具、水干
絵の具、膠

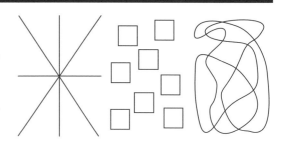

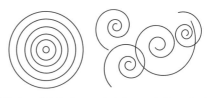

例として提示した図。点字生には立体コピーを使用

●目標

・高等部3年の最後の美術の課題として、これまでの自分を振り返って、歩いてきた道を形として表すことで、自分自身を見つめ、次への一歩を踏み出す足がかりとなる表現を生み出すこと。

●内容

① 色のイメージを知る。

　一般的に特定の色からイメージされるキーワードが書かれたカードを、どの色に当てはまるのかを想像し、当てはめていくゲームを行います。例（赤＝情熱、青＝冷静、緑＝爽やか、白＝清潔、黒＝重厚など、あくまで、一般的なイメージであり、正解というものはないことも伝えておく）

② 幼少期から現在までの自分、そして未来の自分について、キーワードを書き出し、それぞれにあてはまる色を考えます。

③ 画面構成を考え、紙粘土を画用紙に貼り付けて、レリーフを作成します。紙粘土は水を付けながら紙にしっかりと押し付けるとはがれにくいです。

④ ベースになる色を選び、水干絵の具で全面を塗りつぶします。岩絵の具は粒子が粗く、下地がすけてみえるため、下地の色が見えることで色に深みが出ることを伝え、色相環を参考に対比する色を選ぶか、類似色を選ぶかを考えます。

⑤ 画面の中を、自分の人生の時期にあてはめ、それぞれの領域を岩絵の具で塗り分けていきます。岩絵の具は膠を加えて指で溶き、点字生はそのまま指で塗ることも可能です。ざらつきがあるので、塗った場所を触覚で確かめることもできます。

⑥ 完成後、描いた内容に合わせて、コメント文を作成し、卒業式前に作品と一緒に校内に掲示しました。これまでの自分を振り返り、周囲への感謝や未来への思いを込めた文章を添えることで、じっくりと作品を鑑賞し、感想を伝えてくれる教員が多くいました。

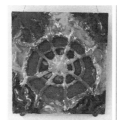

【無題】

【思い出アルバムの星】

【階想（かいそう）】

　3年間の最後の作品として、このように構成したい、表現したいと、自分から様々なアイディアを出していました。辛い時、苦しかった時もあったが、それを乗り越えて未来を明るい色やさわやかな色で表現する生徒の姿に、未来への希望をもって卒業する頼もしさを感じられました。作品を通して、周囲への感謝を伝えられてよかったという生徒の感想もありました。

題材名「レンガの家」

時間・場所：16時間・美術室

対象児童生徒：4名（全盲2名・弱視2名）

材料・用具：粘土・粘土板・タタラ板・延べ棒・切り糸・
弓・レンガの見本・ドベ・雑巾

●目標

・レンガを並べて積むことができる。

・レンガを積み重ねて、自分の考えた家の形を作ることができる。

・互いの作品を鑑賞し、その良さを味わうことができる。

●内容

　自分の住んでいる町や家、いろいろな形の建造物など、全盲生はどのようにイメージしているのでしょうか。

　「レンガの家」では一段二段とレンガを積み重ねることによって、少しずつ家の形が現れてきます。入り口や窓はどんな形にするかなど、イメージを膨らませて作り進めることができます。いざ作り始めると、どんどんレンガを積んでいく生徒もいれば、一個一個丁寧に並べることにこだわる生徒もいます。また、レンガを交互に重ねず、作っている途中で壁が倒れそうになったこともあります。図工・美術の授業では上手に作ることができることよりも、自発的に楽しみながら制作できることに重点を置いて学習しています。さあ、自分だけの素敵なレンガの家ができるようにやってみてください。

授業の流れに沿った作り方

①敷地を作ります。粘土を掌でパチパチたたくと冷たくて気持ちがいいですが、掌が赤くなりました。さらに延べ棒でコロコロ延ばすと掌がかゆくなってきましたが頑張って延ばしました。

②レンガを作ります。タタラ板の厚さに合わせて切りそろえた棒状の粘土を用意します。はじめのうちは弓で切った粘土の長さがそろわなかったり斜めに切れたりしましたが、慣れてくるとスバスバと気持ち良く切ることができました。

③粘土と水を混ぜてどろどろにしてドベを作ります。

④レンガを並べ積み重ね家を作ります。どんな形の家にするかをイメージしながら一段目を並べてみましょう。気に入った形になったらドベを付け、2段目3

段目とレンガを交互に重ねます。入り口や窓はレンガを積まないで開けておくこともできます。積み重ねていくうちにいろんなアイデアが膨らんできます。窓の形や屋根の形などいろいろ工夫してイメージに合った家を作ることができました。

●まとめ

　生徒の感想は「キャラクターの家がハートの形にかわいくできた」、「将来の夢、お菓子屋さんの家がつくれてうれしかった」、「白いシンデレラ城ができて満足」などで好評でした。

　評価としては自分の発想を生かしながら楽しんでつくることができたかが大切だと考えています。レンガの家という題材に限らず、美術の授業では生徒が自ら主体的にやりたいと思えるような題材を準備したいと思います。

題材名「音のかけら（木琴）」

時間・場所：8時間・図工室

対象児童生徒：4名（全盲2名・弱視2名）

材料・用具：板（エゾ松など音の響きがいい板、厚さ約1cm）・ベニヤ板（厚さ約4mm）・木玉（約3cm）・竹ヒゴ（直径約3mm）・発泡スチロール・両面テープ・ボンド・アクリル絵の具・紙ヤスリ・のこぎり・クランプ・ハサミ・定規

●目標

・興味・関心を持ち意欲的に作ることができる。

・のこぎりを安全に使い、板を切ることができる。

・切った板の大きさや形によって音が変わることに気づき、音色を楽しむことができる。

●内容

　この題材は文京盲学校のワークショップ「音のかけら」で講師として来ていただいた作家、金沢健一氏の作品からヒントをもらいました。お盆のような丸い鉄板が数枚のいろんな形に分割してあり、たたくととても澄んだいい音がして、音に敏感な生徒はとても興味を持ちました。何とか教材にできないかと考え、鉄板は無理なので木の板を使ってみることにしました。切った様々な形の板が「音のかけら」となって素敵な音がするような木琴を作ってみましょう。

授業の流れに沿った作り方

①木琴の形をデザインします。板をのこぎりで切ると直線的になることを考えて作りたい形をデザインします。

②のこぎりで切ります。クランプなどで板を固定すると安全に切ることができます。切る線がわかりづらいときにはガイドになる板やラインテープなどで目印をつけます。のこぎりを切る線に合わせてまっすぐに引くとあまり力を入れなくてもよく切れます。慣れてくるとギコギコ引くのこぎりの音を楽しむ生徒や、カランと床に落ちる音で「やったー」と歓声を上げる生徒もいました。

③紙ヤスリで磨きます。切ったところを中心に磨きます。マジックサンダーがあると磨き易いです。

④色を塗ります。イメージに合わせて自由に塗ります。

⑤バチを作ります。丸玉に竹ひごを差し込んで作ります。

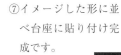

⑥木片の裏に小さく切った発泡スチロールを貼ります。貼る位置によって響きが変わりますので、いい音がする位置を見つけて貼りましょう。

⑦イメージした形に並べ台座に貼り付け完成です。

⑧木琴をたたいてお互いに鑑賞します。どんな音の響きがするのか楽しみです。

●まとめ

　生徒から「一枚の板でもたたく場所によってコンコン、カンカン、キンキンと音の響きが変わり面白かった」、「友達の演奏でコロコロカラカラと転がしたような音が気持ちよかった」などの感想がでました。

　評価としてはのこぎりを安全に使って作業ができること、切った板の形「音のかけら」で音色が変わることなどに興味・関心を持ち楽しんでもらえることが大切です。

題材名「頭がい骨の模型で自画像制作」

時間・場所：4 時間・美術室

対象児童生徒：2 名（全盲 2 名）

材料・用具：頭蓋骨の模型・紙粘土

●目標

・頭部の骨や皮膚、構造等を感じ取る。

・触察で感じたことを自由に表現する。

・主体的に自分と向き合い制作に取り組む。

●内容

　自画像は普通鏡で自分の顔を見て、鉛筆デッサンをします。最初は、指先で自分の顔を触察し感じたままに鉛筆で線描するよう指示しましたが、この方法は盲児には見通しや実感が湧きにくいので、立体に変更しました。

　手のひらサイズの模型の頭がい骨を手渡すと生徒は戸惑いながら探索します。検討もつかないと言うので、「自分の顔を触ってごらん」と言葉かけします。すぐに「顔の骨だ！」と言い、模型の頭がい骨と自分の顔の骨を触りくらべ、不思議そうにしていました。「大きさが違うから全然分からなかった」

　次に紙粘土で、自画像を制作するように指示しました。生徒は困ったように「どのようにつくっていいのか分からない」と言います。生徒の顔の向きと石膏像の顔の向きを同じにし、人物の石膏像を背後から触察

させます。これが触察のポイントです。

　生徒は「石膏像では髪の毛や柔らかい皮膚も硬くなるんだ」と疑問を示します。指先でやさしく自分の顔を撫で皮膚や骨の凹凸を感じ、紙粘土で自由に肉付けさせます。自分の顔を触り、模型の頭がい骨の位置を確かめながら、紙粘土をくっつけていきます。また、顔を触り、夢中で紙粘土で盛り付けしていきます。粘土を付けすぎてしまったところは少しずつ取って、形を確かめます。優しい手で顔を撫でながら、感じたままに紙粘土をくっつけたり、取ったりして制作します。

　「自分の顔を、こんなに触ったのは初めてです。骨にくぼみがあったり、皮膚の上から歯を感じたり、自分の顔なのにとても新鮮に感じて面白い体験でした」と生徒の感想です。

題材名「スプーンをペンキにつけて作品づくり」

時間・場所：8 時間・美術室

対象児童生徒：3 名（全盲 2 名・弱視 1 名）

材料・用具：パネル・プラスティックスプーン・ペンキ

●目標

・スプーンがペンキ（液体）に浸かったことを感じとる。

・画面構成をイメージしてスプーンを置く。

・担当の先生に援助依頼しながら制作する。

●内容

　美術室には、モール、ストロー、コルク、プルタブ、エアキャップ等、私たちの生活の身近に何気なくある「もの」を大量にストックしています。それは、「美術」を学校で完結させるのではなく、家でも「創造活動」が楽しめるようにという私なりの考えからです。既製品のキット教材はよそ行きの感じがしますが、生徒が身近な素材がアートになり、どこでも「創造活動」ができることを理解することは大切です。

　最初に、美術室にあるいろいろな「もの」を触ってイメージを膨らませます。

　プラスティックスプーンをペンキの入った紙コップに入れて、画面に置く練習を繰り返し行います。

　ペンキの色を選ぶ際は、アイスクリーム屋さんごっこで、ST の先生が店員さん、生徒がお客さんの設定で会話しながらペンキの入った紙コップを手渡します。「店員さん、ストロベリーください」というと「赤」が出て、ミントチョコは「緑」、「口の中が甘いものでいっぱいだからお水ください」は「青」とか、アイスクリームは色の選択です。紙コップに入ったペンキにスプーンをつけて、「あ～ぁ、おいしかった！」と言って画面に置く。大好きなアイスクリームをいっぱい食べて、アイスクリームの甘い匂いが漂ってきそうな楽しい時間になりました。

題材名「色を混ぜて作品づくり」

時間・場所：8 時間・美術室

対象児童生徒：3 名（全盲 2 名・弱視 1 名）

材料・用具：紙コップ・ポスターカラー・木工用ボンド・
　　　　　　ペンキ等

●目標

・紙コップの縁ギリギリまでに、色水（液体）を注ぎ、
　水面張力を感じとる。

・色水を混ぜ合わせることを楽しむ。

・バットに用意したペンキに、紙コップの底をつけて、
　画面に隙間なく並べて貼りつけていく。

●内容

　生徒は今までの体験を生かしてイメージを膨らませ、
試行錯誤しながら制作していきます。

　前回の授業で簡易的な「紙すき」をしました。ペット
ボトルにトイレットペーパーとポスターカラーと水を
入れて、シャカシャカ振り、色水をつくります。それ
を網目状のものに流し、カラフルな紙をつくりました。
生徒から「余った色水がもったいないので何かつくり
たい」という提案がありました。

　対象生徒は弱視で、知的代替の教育課程の生徒です。

現在の視力を最大限に生かして作業することを目標に
作品制作を行います。

　紙コップを手渡すと一生懸命コップいっぱいに色水を
注いでいきます。赤、青、黄、ピンク等、いろんな色水
を作り、美術室にあるだけの紙コップに色水をこぼさな
いようにしっかり見て、表面ギリギリまで注ぎます。何
色かの色水を注いでオリジナルカラーをつくり出して楽
しんでいます。色水が蒸発して乾くと、紙コップの底や
内側にカラフルな色が着色されます。紙コップの配置を
考えて、パネルに木工用ボンドで丁寧につけていきます。

　「わたしは果物ジュースや野菜ジュースが好きだから
ゴクゴクおいしく飲んでいるところを思い出しながら、
つくってみました」と発表してくれました。

題材名「空き箱で動物づくり」

時間・場所：8 時間・美術室

対象児童生徒：2 名（全盲 1 名・弱視 1 名）

材料・用具：空き箱・トイレットペーパーの芯、麻ひ
　　　　　　もスポンジ・木工用ボンド等

●目標

・箱からイメージした、好きな動物をつくる。

・身近な素材を触察して、動物の各パーツをつくる。

・素材の特性を生かして、切ったりちぎったり、ボンド
　で貼りつけたり工夫して制作する。

●内容

　両手で抱えられるサイズのダンボールの空き箱を手
渡し、動物を制作してみよう。生徒は、箱を触りながら、
「ライオン」「キリン」「ゴリラ」など、自分の知ってい
る動物を声に出して、「少し違うなぁ」とか友だちと会
話しながら何をつくろうか考えている様子です。会話
が楽しくて授業が脱線しそうになります。

　ダンボールの箱を置き、トイレットペーパーの芯の中
に紙のシュレッダー紙片を詰め込んで、両端をラップ
で蓋をして、さらにビニールテープでしっかり止める
作業を繰り返して、何やらつくり始めます。何をつくっ
ているのか尋ねても教えてくれません。

　シュレッダー紙片を詰め込んだトイレットペーパー
の芯が 10 個くらいできたところで、ひらめいたように、
その芯を空き箱にくっつけて、脚をつくりだしました。
脚がいっぱい生えてきます。

　長方形のスポンジを手に取って、長いこと触察した
後、ガムテープでくっつけたり、麻ひもでぐるぐる巻き
にしたりして長い筒をつくり、空き箱にくっつけます。

　「先生、『ゾウ』をつくります」と言うと、一心不乱
につくりだしました。耳はジャバラの緩衝材を広げた
り、たたんだりしながら形をつくってくっつける。風
船が劣化したものを背中に規則正しく並べて貼り付け
ていきます。出来上がりと思ったら、麻ひもで体中に
ぐるぐる巻きつけていきます。麻ひもの感触から『ゾウ』
ではなく『マンモス』へとイメージが変わっていきま
した。

　「空き箱がマンモスになってきくのが、楽しかった」
と嬉しそうに感想を発表してくれました。

題材名「私の小さな彫刻（1 つの風景）」

時間・場所：12 時間・美術室

対象児童生徒：12 名（点字使用 6 名・墨字使用 6 名）

材料・用具：砕いた大理石、万力、鉄工用棒ヤスリ、鉄ブラシ、紙やすり（360 番～ 2000 番）、液状研磨剤、ホットボンド、板

....

●目標

・素材の形態の面白さを際立たせる加工を考える。

・用具を正しく使用する。

・自己及び他者の作品を鑑賞し、良さを味わう。

●内容

　題材（制作）は、手で握れるサイズの大理石を選び、削って磨き、台座（木板）にバランスを考えて構成する小さな彫刻づくりです。完成後にみんなで鑑賞をします。

　導入は石の素材を用いた表現について作品例を示し、形式や意味を説明します。大自然をミニマム化する見立て表現である枯山水、積み方や向きに意味を持たせたストーンサークルなどを例として出しました。

　次に砕かれた大理石とよく磨かれた大理石を触り、触った時の違いを体感してもらいました。生徒たちからは、「砕いただけのものは、意外と石の粒が分かる」、「磨き方によって触った感じが違う」という感想が出ました。さらにどう違うかを聞くと「少し磨いたものはさらさら、よく磨いたものはしっとり」など、微妙な違いを感じ取っています。次は、手で握り込めるサイズに砕いた大理石を 1 つか 2 つ選びます。好きな形、握った時にしっくりくる、より大きい物、自分で扱いきれるサイズなど、選び方は様々です。石を選んだらどの向きで見せたいか、どの様に固定したいかを考え、このアイディアを基に、加工のアイディアを練ります。どの部分を削り、どこまで磨くかという制作の見通しを立てます。「ここは平らに削って、ピカピカに磨きたい」、「ここは少し磨いて、反対は磨かずに残す」とそれぞれが自身の石と向き合い、魅力を引き立てる加工を考えました。

　次は加工です。削る作業で用いたのは平型、角型、丸型、半円型の鉄工用棒ヤスリです。大理石は柔らかく、削りくずを頻繁に掃除する必要があります。こまめにヤスリを確認し、滑るようになってきたら鉄ブラシで掃除をするよう促します。

　磨きの工程では、紙やすり（2 × 10cm）を指に巻いて使います。磨いている過程で音が聞こえなくなったら紙やすりを変えるタイミングです。生徒たちは紙ヤスリの番手が上がっていく度に石を洗い、磨き具合を確かめていきます。集中して磨いている机の周りと違って、美術室の流しは「おー！」、「すべすべ～」、「しっとり」や「意外とここ磨けてないな」などとても賑やかです。流しは作品鑑賞の場になり、自分たちの石の磨かれ具合を共有したり、私の手の甲に当てに来る生徒もいました。

　次の段階では小さく切った布を指に挟むようにして液状研磨剤を適量つけて磨きます。紙やすりと同様磨いている過程で音が聞こえなくなったら、研磨剤を足します。削りと磨きが終了したら石鹸を使ってよく洗います。

　最後は台座での構成です。生徒は角度や位置をこだわり、石のどんな部分を見せたいか熟考します。加工した形を引き立たせる配置、複数の石を鑑賞者の手にどう誘導できるかを考え、ホットボンドで固定し作品完成です。

　完成後、相互に作品鑑賞し、工夫点や良さを楽しみながら鑑賞します。気が付いた点は鑑賞の記録として書き残します。生徒たちは磨きの工程で互いの作品の進捗状況を細かく観察しているので、鑑賞の感想は「磨きの見せ方や設置は自分が考えるものとは違うもの、同じものがありとても興味深かった」、「全体を触っていて磨きの違いを感じられるのが面白かった」など共感の声が聞こえてきます。生徒たちは鑑賞者としてというより、同じ制作者としての視点のものが多かった印象です。

題材名「ろうけつ染めをしよう」

時間・場所：８時間・美術室
対象児童生徒：３名（全盲２名・弱視１名）
材料・用具：綿の布・触図筆ペン「みつろうくん」・コルクボード・型枠（厚紙で作成）・筆・アクリル絵具・ろう・染料・塩・音声計り・箸・ゴム手袋・にじいろリーダー

●目標
・テキスタイルとして使う目的を考え、形体、色彩、構成を工夫して構想を練ることができる。
・ろうの特性を生かし、目的や計画をもとに制作することができる。

●内容
① 絞り染め作品作り：染色の歴史と仕組みを学びます。
② デザイン：紙や布に模様を描きながら使用する形を３つ程度決め、配置や配色を考えます。
③ ろう置き：みつろうくんで線を描きます。※布をコルクボードに固定し、型枠（生徒が構想した形に切り抜いた厚紙）を使うとよいでしょう（図１）。
④ 色挿し：ろうの線の内側をアクリル絵具で彩色します。※自分で混色できるよう、赤・青・黄の絵具を溶いたボトル、カップ、スポイトを用意します（図４、５）。

⑤ ろう伏せ：防染のため、ろう置きした線の内側に溶かしたろうを塗ります。
⑥ 染色・洗い流し：にじいろリーダーを使い、途中で色を確かめながら、好みの濃さに染めます（図２）。
⑦ デザインや工夫した点を発表し合います。
生徒の感想：「模様を並べて、色を一つずつ変えて虹色にしました。染めた布を家庭科の時間に縫って、世界でひとつだけのポーチを作ることができました。」

図１　ろう置き　　図２　染色　　図３　染色後

図４　制作中の様子　　図５　混色用カップ　　図６　生徒作品

題材名「抽象画〜マチエールと色で表現しよう〜」

時間・場所：７時間・美術室
対象児童生徒：６名（全盲４名・弱視２名）
材料・用具：ベニヤ板・壁塗り用パテ・スプーン・ペインティングナイフ・アクリル絵の具・発泡スチロール板・スチロールカッター・木工用接着剤

●目標
・抽象表現に関心をもち、楽しみながら取り組むことができる。
・触り心地や色による感じ方の違いを考えて構想し、表現することができる。

●内容
① 抽象画について学びます。参考作品を見たり触ったりし、感じ方の違いを発表します。
② マチエールを作ります。パテの粉に水を少しずつ混ぜ、ベニヤ板に乗せて手やペインティングナイフで跡を付けます。模様を繰り返し、リズムを作ります。※比較的安価な壁塗り用パテを使用します（図１）。
③ 筆やナイフを使って着彩します。「深い海の色は何色？」「とげとげのところは目立つ赤にしたい」など会話の中で色のイメージが深まっていきます。
④ 絵を引き立たせるオリジナルの額縁を作ります。棒状に切った発泡スチロールにスチロールカッターで

凹凸を付け、破片を貼り付けたり、パテをたらしたりします。ペンキで全体を塗り、金色の絵の具を軽く付けます（図２）。
⑤ タイトルを付け、互いの作品を鑑賞します。
生徒の感想：「丸くてどんぐりみたいな触り心地のところがあって気に入っています。」「（テーマが同じ海でも）友達の海とは色が違ったのがおもしろい。」

図１　マチエールを作る　　図２　額縁を作る

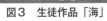 

図３　生徒作品「海」　　図４　生徒作品「spring」

題材名「こなからつくる土ねんど」

時間・場所：2時間・教室前テラス・屋外
対象児童生徒：2名（全盲1名・弱視1名）
材料・用具：彫塑用粘土粉末・水・ブルーシート・ジョウロ・たらい・ぞうきん

●目標
・粉状の粘土に水を少しずつ加え、こねることで徐々に土粘土に変化していく感触を存分に味わう。
・土粘土をこねながら思いついた形を作ったり、発想を広げて楽しんだりすることができる。

●内容
　粘土を使った造形遊びをするので、汚れてもいいように連絡しておきます。授業は天気のよい初夏、教室前の屋外テラスで行いました。ブルーシートを広げ、粘土で遊ぶことを伝えた後に、袋の中から粉末の彫塑用粘土を小さな山状になるように児童の前に出していきます。

　最初は柔らかな「粉」の触り心地を存分に味わいます。児童は「粘土なの？」「ふわふわしてる！」と嬉しそうな表情を浮かべていました。次に頃合いをみて教師が粘土の上にジョウロで水をかけます。さらさらの触感から一気にドロドロした「泥」に変化する場面です。児童からは「うわ～！！」や「ぎゃ～！」といった悲鳴のような声があがりますが、その様子はとても楽しそうです。「もっと水を足してください」「このへんがまだ粉だ」と言いながら、徐々に程よい硬さの土粘土に仕上げていきます。

　ブルーシートの上には粘土になった山が出来上がってきます。教師から「○○を作ろう！」と言うまでもなく、どんどん色んな形が生まれてきます。学齢に関わらず、粘土特有のさらさらやどろどろの感触の変化を楽しんで創作活動ができる題材です。

題材名「版画～コラグラフに挑戦！～」

時間・場所：6時間・美術室・室内
対象児童生徒：2名（全盲1名・弱視1名）
材料・用具：シナベニア・麻ひも・厚紙・クレヨン・彫刻刀・バレン・見当・水溶性インク・和紙

●目標
・触覚を十分に活用しながら自分の顔を版に描き、板を彫ったり、テクスチャーの異なる素材を貼ったりしながら表現を工夫し、凹凸のある版を完成させる。
・自分や友だちの完成した作品を触って鑑賞し、自分で感じたことを自由に言葉にすることができる。

●内容
　弱視児、全盲児、それぞれ1名の合同授業の実践です。ここでは全盲児童Aの制作の様子を振り返ります。

　Aはこれまでもスチレン版画に取り組んだ経験がありましたが、今回は初めて「彫刻刀」を使った版画に挑戦しました。また、作品のモチーフを「自画像」と教師側で提示し、自分の顔を触って目や鼻、口の配置を確かめながらクレヨンを使ってシナベニアに描画していきまし

た。これまでAが絵を描く方法としてはレーズライターを使う場合がほとんどでしたが、油分の多いクレヨンで板に描いた線は自分で後から触っても十分に確認できるようでした。

　下書きをしたシナベニアを彫刻刀で彫り進めていきます。線によって刃を使い分け、細い髪等は角刀、線を太くしたい輪郭等は丸刀を使って彫ります。今彫っている線を指で触って確認するあまり、刃で指先を切って怪我をさせ

てしまったことは、私の反省点です。今回は「コラグラフ」という手法で版に異素材を貼って凹凸を加えました。Aは髪をポニーテールに結んだ部分に麻ひもをボンドで貼って、質感をつける工夫を施しました。

　和紙に摺る場面では「見当」が補助具として大活躍しました。この「見当」があったことにより、自分の力で紙の中心が分かり、Aの達成感をより高めることができました。

　Aは「一人ひとりの顔のちがいがわかって嬉しかった」と満足そうでした。

題材名「カードで味わう、形・色」

時間・場所：2時間・教室・室内
対象児童生徒：2名（全盲1名・弱視1名）
材料・用具：10cm×9cm角の厚紙、色紙、シール、ハサミ、
　　　　　　のり等

●目標
・色や形を工夫しながら、厚紙に色紙やシールを貼ることで自分のイメージした世界を表すことができる。
・自分の作品を見せたり、友だちの作品を見たり触ったりして、お互いの表現の面白さを味わう。

●内容
　同じ大きさ（○×○cm）に切った厚紙を準備します。参考作品として、単純な形「三角」や「丸」などの色紙を貼った参考作品を見  せ、そこから感じる印象を自由に発表させます。「三角」の形の作品からは、「進め」「ケンカ」などのイメージ語が、「丸」の方からは「ボール遊び」「仲良し」などの児童ならでは発想の言葉が上がりました。
　児童には「表したいもの（題名）をお互いに内緒にして作品を作り、最後に発表しましょう」と伝えます。

　制作時間は1時間（2時間中）ほどかかりますが、それぞれ2作品くらいは完成させることができます。残った時間で発表会を行いました。
　発表会の進め方は、参考作品の提示の仕方と同様です。作った人は最初に何も言わないで他の人は作品を見たり触ったりしてもらいます。そして作品から感じたことを言葉にして作った人に伝えます。このときはできるだけ雰囲気を和やかにして伝えやすくします。最後に、作った人が自分の作った作品についてその題名や意図を話します。クイズの答え合わせのような楽しさと、例え異なった感じ方であったとしても、「お互いの表現の仕方の違いを認め合う」という学びができました。

題材名「新聞紙でつくろう、すきなもの」

時間・場所：2時間・多目的ホール・室内
対象児童生徒：6名（弱視6名）
材料・用具：新聞紙（沢山集める）・カラーガムテープ（児童が自由に選べるようにできるだけ多くの色をそろえる）・セロテープ・ハサミ等

●目標
・友だちとの遊びをとおして新聞紙のもつ温かさに気が付いたり、包まれる安心感を味わったりする。
・丸める、つなげる、ちぎる等、新聞紙を変形させることで楽しみながら活動に取り組むことができる。
・作りたいものを決め、色や形を工夫することができる。

●内容
① 新聞紙と仲良くなろう
　はじめに教師が新聞紙の中に埋まって隠れ、みんなから名前を呼ばれると登場します。次に児童が一人ずつ順番に隠れ、他の人から  新聞紙を掛けられます。全員で名前を呼び、隠れていた児童が登場します。これを何度か繰り返すことで活動前のいいアイスブレークになりました。
② 新聞紙を変形させよう

　次に新聞紙を丸めたり、つなげたりすること活動をとおして、児童は新聞紙が自由に加工できる素材であることに気がつきます。筒状に長細くして輪を作ったり、丸めて大きなボールを作ったりして、「こんな風になった！」「○○の形に見える」と、次々に発想を広げます。

③ 新聞を好きなものに変身させよう
　変形遊びが楽しくなってきたら新聞紙と布ガムテープで作った参考作品を紹介します。参考作品は容易にできて、色や形等、共通し  たイメージがもてるものが効果的です。児童は「ワニ」「うさぎ」「メガネ」「キュウリ」「金メダル」等、新聞紙を色ガムテープでぐる  ぐる巻きにして接着していきました。

④ 鑑賞会をしよう
　完成した作品を全員で囲み鑑賞会をしました。一人ずつ工夫したところや難しかったところなどを発表し、最後に全員で記念写真を撮りました。

題材名「対話型鑑賞 〜 太陽の塔 〜」

題材名「対話型鑑賞『太陽の塔』」
時間・場所：1時間・美術室または教室・交流相手校
対象児童生徒：中学部2年生、30名（全盲1名）
材料・用具：パワーポイントの資料、1／350スケールのフィギュア、大型テレビ、iPad、HDMIケーブル、プリント資料

．．．．．．．．．．．．．．．．．．．．．．．．．．．．．．

●目標

・立体作品に触れて観察し、作者の気持ちをじっくりと考えると共に、積極的に自分の気持ちを発表する。
・同世代の様々な意見を聞き、共感し、認め合う気持ちを持ち、相互理解につなげる。
・積極的に自分の気持ちを発表する。

●教材について

　1人〜2人の生徒に、鑑賞活動をどう行うのかというのは難しいです。「知識を伝えるだけのものでは面白くない…」と悩んでいた中、対話型鑑賞にたどり着きました。しかし、対話型鑑賞は人数が限られていて多様な意見や感想が出にくいのです。「では、学期に1回、交流している地元の中学校でしてみよう！」と思い立ったのがこの学習に取り組むきっかけです。お互いに大阪に修学旅行に行き「太陽の塔」を見学する機会があるというので取り上げてみました。

●内容

　盲学校の生徒は、太陽の塔のフィギュアを触察し、交流校の生徒は、3分間の写真映像を視聴しました。対話型鑑賞は、盲学校の生徒は2回目、交流校の生徒は初めて。「何をするんだろう？」と興味津々です。

　30名いるので6名のグループに分け、さらにグループを入れ替え、2回行いました。

　まずは、「何がある？」「どんなものがある？」から始めます。今回の鑑賞は交流校と合同で行ったのでいつもと違った雰囲気ができ、生徒たちはお互いに刺激し合って、どんどん意見が出てきます。「どんな感じがする？」「間

違いはないので、何でも思ったことを発表しよう」という教師からの言葉は大事です。普段の学習では自分の考えを口にすることになると口数が減ってきますが、対話が緊張をほぐし、活発な意見が出てきて楽しくなってきます。

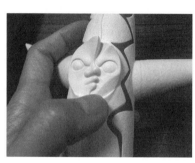

　「顔が鳥？」「えー？何だろ？」「顔、怒ってる？」などなど、たくさんの言葉が出ました。また、グループごとにみんな、にこにこワイワイとよい表情をしています。フィギュアを触ってみる生徒たちがいて、盛り上がっています。

　2回の対話が終わった後、全体で発表をしました。「みんながどんな見方をしているのかが分かって面白かった。」「なるほどと思う意見も多くあり、考えが深まった。」「一人で鑑賞するより対話型鑑賞の方が良い。」（授業後のアンケートより）

　みんな「太陽の塔」という名前は知っていましたが深く鑑賞するのは今回が初めてで、『太陽の塔 内部公開』のニュース動画や『NHK アーカイブ岡本太郎』などの視聴を通じて、さらに興味が深まっていました。後日、この授業を受けた交流校の生徒たちが修学旅行に行き、移動バスの窓から太陽の塔が見えた時には、歓声が起こったそうです。本校の生徒も、太陽の塔見学では得意顔でした。

題材名「カシューを使って ～ 偶然から生まれる形 ～ 」

時間・場所：3～6時間・美術室
対象児童生徒：小・中・高校生（誰でも）
材料・用具：カシュー、ソース用ボトル、水彩絵の具、
　　　　　　のり、色砂、色鉛筆など

●目標
・偶然できた線の重なりから、様々な新たな形を自由に発想して描く。
・できた線の質感と紙の質感、着色するものの質感の違いを楽しむ。
●教材について
　盲学校に赴任し、悩んでいた中、香川盲の栗田先生が考えられた『触図ペン』に刺激されて取り組んだ教材。
●内容
　「カシューって、カシューナッツの殻から作られているんだよ」「えー!?」そんな会話から始まりました。素材の匂いが独特である事や、乾燥に時間が掛かるためすぐには触れない事など、難点はあるものの、完成した後の艶の良さが何とも面白くて、よく使用する画材です。
　描く時には、ボトルから粘度の高い液体が出てくることをイメージしながら動かし線画を描きます。「ここに山があって、川がこっちからこうなって…」頭の中にイメージがある生徒には、事前に線の動きについて確認しておきます。準備ができたら、いざ描画です。
　抽象的な線の場合は、乾いてできた線や塊を触って、部分や全体からどのような形がイメージされるか、できるだ

けたくさんの言葉で表現します。形だけではなく、そこからイメージされる感情なども伝えます。「何になった？」→「楽しい？悲しい？温度は？色は？」など。
　カシューの黒がはっきり残るので、透明水彩で着色します。「え？指で塗るん？」「はみ出しても大丈夫よ！」部分的に色砂を使うと、触れた時の質感が違って面白いです。あらかじめテーマを決めてイメージしたものを描いたり、完成後対話型鑑賞などで鑑賞したりするのも面白そうですね。指で触れて描いた絵は、頭の中にしっかりとイメージが残っているようで「川が流れている。石がボコボコで楽しい。」と鑑賞時に話していました。

中1生徒作品：着色は、ほぼ指先で行った。（川の流れる山の風景をイメージして描いた作品）

題材名「そうだ、美術館へ行こう！～ 対話型鑑賞への参加 ～」（美術館と盲学校の連携を通して）

時間・場所：4時間・美術館
対象児童生徒：中・高校生
材料・用具：iPadなどの拡大ツール、触図等

●目標
・美術館が身近で楽しいものであることに気付き、卒業後も利用しようとする気持ちを育てる。
・美術館で鑑賞することで、本物の作品の良さを味わう。
・美術館で行われている対話型鑑賞プログラムに参加し、考えながら作品を鑑賞したり、たくさんの感じ方を知ったりする中で、自分の考えを伝える鑑賞の方法に触れる。
●教材について
　「生徒に本物の作品を触れさせたい。美術館に連れて行きたい。」と思っていた時に、愛媛県美術館の『文化庁補助事業　視覚障がい者の人も楽しめる「みることを考える」プロジェクト』に、愛媛県立松山盲学校も協力することとなり、コロナウイルス対策のため予定通りに進めることが困難な中、視覚障害者の方との対話型鑑賞法や触図の検討会や、生徒の対話型鑑賞の参加やワークショップの参加など、様々な取組がなされました。
【愛媛県美術館所蔵作品の対話型鑑賞】
　美術館の方が来校し、畦地梅太郎の作品を鑑賞しました。「ほっかむりって何か知ってる？」実際にタオルを被ってみます。全盲の生徒は触図を触り、最初は

何を言っていいのかわからない様子でしたが、「腕を組んで寒さに凍えているみたい」「泥棒じゃないかな」「おしゃれな服装」「お金持ちっぽい」などと活発な意見が交わされる中で、「ひげが伸びているから無頓着なんじゃない？」と、自分の考えを伝えることができました。他者の話を聞く中で、自分の中に絵が浮かんできたようでした。終了後は、みんな「楽しかった」という感想でした。
【中ハシ克シゲ先生による粘土を使った造形ワークショップ】
　ワークショップは遠隔通話で行われ、生徒たちは、「今から何をするんだろう」と緊張顔。硬い粘土と柔らかい粘土が用意され、様々なことを考えながら粘土に触れました。「粘土をちぎった形が、ロケットの先端かチューリップの芽のどちらに似ているかなんて、考えたことがなかったので衝撃でした。」「粘土に時間があるということが不思議でした。」と、新たな世界観で取り組んだ造形活動でした。

　「生徒たちは普段、教師の授業だけを受けていますが、外部の方による授業は新鮮で刺激になりとても良い機会となった」という新任の美術教諭の感想もあり、美術館と盲学校の連携による美術活動の広がりや可能性を感じました。

題材名「マステアート」

時間・場所：16時間・教室
対象児童生徒：高等部生徒5名（重複障がい）
材料・用具：マスキングテープ、模造紙、パネル（B全）、
　　　　　　　マスキングテープケース

●**目標**
・テープを必要な分引き出す、まっすぐに貼るといった、
　マスキングテープの基本的な扱い方を身に付ける。
・作業手順を理解して主体的に取り組みながら、制作活
　動を楽しむ。

●**内容**
　本題材は、マスキングテープを使った半立体の絵画
作品の制作です。平成29年度に開催された全国盲学校
図工・美術研究会にて、マスキングテープを使ったワー
クショップを体験しました。その制作体験を参考に、本
校の児童生徒の実態に合わせて実践しました。
　対象生徒は、高等部普通科1・2年の重複障がい学級
に在籍する5名の生徒です。視覚障がいの程度は、弱
視が2名、全盲が3名で、重複の障がい種は、知的障
がいや肢体不自由、病弱など、一人一人障がいの実態が
異なる多様なメンバーでした。授業は、美術科の教師
1名のほか、補助の教師4名が入り、1対1で生徒の
支援ができる態勢で、友達同士や教師との会話も楽し
みながら制作に取り組みました。本実践では、重複障
がいの生徒でも、なるべく教師の手を借りず、自ら考え、
自由に制作できるよう工夫しました。
　マスキングテープを使う際には、色を選ぶ、必要な
長さに切る、決められた場所に貼る等の工程がありま
す。まず、どの生徒でも自分で色を選べるように、マ
スキングテープケースを用意しました。このケースは
5つに区切られ、1色ずつテープを入れられるように
なっています。色の種類は、黄、黄緑、緑、青、水色、紫、
赤、ピンク、オレンジ、白の10色を用意し、そのうち
5色を授業ごとに選んで使いました。また、ケースには、
墨字と点字で色名が書かれたラベルを貼ったので、色
の判別が難しい生徒でも、ラベルを読んで、使いたい
色を考え、自分で手に取ることができました。
　モチーフは、生徒同士で話し合った結果、ブロッコ
リーに決まりました。前日に作業学習で収穫して、強
く印象に残っていたようです。収穫する際にたくさん

見たり触ったりしたおかげで、ブロッコリーの特徴を
よく覚えていて、しっかりとしたイメージを持って制
作することができました。ブロッコリーは、茎の部分
をテープの重ね貼りで、つぼみの部分を丸めたテープ
で表現しました。つぼみを作る際には、一粒ずつ緑系
の色と好きな色1色を組み合わせて作り、ブロッコリー
らしさを表現しつつ、自由な色選びができるようにし
ました。

●**まとめ**
　重複障害がいのある生徒は、日頃から教師の手厚い支
援を受け学習することが多いのですが、道具の工夫や
作業内容をシンプル化したことで支援を減らし、生徒
が自分のペースで、使いたい色や貼り付けたい位置を
じっくりと考えて制作することができました。授業の最
後には、感想を一人一人発表し、「テープを丸めるのが
楽しかったです」「色を順番に使うように工夫しました」
など、どんなことが楽しかったか、何を頑張ったか等、
具体的な感想を
話しました。作
品は、迫力のあ
る大作に仕上が
り、生徒たちの
思い出に残る制
作になりました。

マスキングテープケース

ブロッコリーをモチーフにした作品

題材名「想像力トレーニング」

時間・場所：5〜10分程度・美術室
対象児童生徒：小〜高（単一）、何名でも可
材料・用具：触察できるもの（立体コピー、布、粘土等）

● 目標
・形や質感等、触って感じた印象から自由に想像することを通して、美術作品の鑑賞能力を高める。
・他の人が想像した内容を聞くことで、多様な考え方や感じ方があることを知る。

● 内容
　感じた印象から想像を広げることは、美術作品を鑑賞する上でとても大切です。見たり触ったりして感じた印象から自由に想像する経験を積むことが、より充実した作品鑑賞に繋がると考え、想像力トレーニング（想トレ）を実践しました。

　想トレでは、様々な提示物に触って想像する課題に取り組みます。提示物は、粘土やプラスチック、立体コピー等で作成した、抽象的な形の立体または平面図形です。児童生徒は、提示物を両手で自由に触り、その形や質感、重さ等から、「魚」や「はさみ」等の具体物、「楽しい」や「痛い」等の感情を想像して回答します。向きや触り方を変えながら、提示物を様々な物に見立てて、できるだけたくさん答えます。どうしてそのように思ったのか、理由も併せて説明します。時間は5分程度で、何も思い浮かばなくなったら終了です。弱視の児童生徒はアイマスクをして、触って想像した後に、目で見たら何に見えるかについても話します。想トレの最後には、他の人がどのような物を想像したかを紹介します。これを授業の始めに、ウォーミングアップとして行いました。

　初めて想トレを行うときには、多くの児童生徒が多少の戸惑いを見せます。目隠しをして触察をする機会の少ない弱視の児童生徒はもちろん、触察に慣れている全盲の児童生徒も、抽象的な形状なので「何か変な形」としか思わないようでした。「何の形に似ていますか？」と問い掛けたり、形の特徴から「とがっている物と言えば？」と促したりすると、次第に答えが出てきます。2、3回実施すれば、多くの児童生徒がスムーズに答えられるようになります。具体物を想像することに慣

れてきたら、次は感情を想像してみます。回答内容が感情に変わると一気に難易度が上がります。難しい場合には、形や質感等の特徴から「丸い気持ちとはどのような気持ちだと思いますか？」、「心がザラザラするのはどのようなときですか？」と問い掛けて想像を促します。児童生徒によっては、丸い形→丸→テストで丸をもらう→嬉しい気持ち、というように、具体物から連想して感情を想像する人もいました。

　他の人が何を想像したかを聞くことも想トレの醍醐味の一つです。自分が思いつかなかった発想に触れると、想像の世界が一つずつ広がるような感覚を覚えます。自分で想像するよりも、これを楽しみにする児童生徒も多くいました。回答した数で競ったり、休み時間に互いの想像した物について話したりする様子も見られました。

　年度末には「スペシャル想トレ」と題して、石こう像や過去の生徒作品の鑑賞も行いました。一つの作品を鑑賞するので、たくさん想像するのではなく、一番しっくりくるイメージに絞ります。児童生徒にどんな作品であ

るか問い掛けながら鑑賞を深めます。石こう像であれば、人物は男性か女性か、何をしているか、どこにいるか、何時頃か、何を考えているかなど、色々聞きます。どの児童生徒も自分なりに想像し作品を解釈できました。「鑑

賞は難しいと思っていたけど、自分の好きなように想像すると意外と思いついた」、「他の人が想像した物を聞くと、自分と違っていて面白かった」という感想が得られ、より充実した鑑賞活動ができたと感じました。

題材名「好きなものを型取りしてみよう」

時間・場所：4時間・美術室
対象生徒：1名（全盲1名、重複障がい）
材料・用具：粘土、石膏、ボール、型取りをするもの

●目標
・石膏の感触を味わう。
・何を型取りするか考えたり、配置を工夫したりする。
・形がそっくりにコピーされる型取りの面白さを味わう。

●内容

はじめに、型取りの手法で制作された参考作品をしっかりと触って鑑賞してもらい完成をイメージします。型取りを理解することは簡単ではありませんが、実際に取り組みながら最終的に理解できればよいと思います。準備する粘土は、厚みが3～5cmの粘土で、指を突っ込んでも問題ない柔らかさのものを準備します。

型取りするものは、身近にあり押し付けても壊れないものです。生徒が興味を持ちそうなものなら何でもよいので沢山準備しておきます。それらを差し出すと、生徒は意外なものに興味を示し選びます。またアドバイスとしてリンゴと乾電池というように異質なものを組み合わせても面白いことを伝えておきます。

次に選んだものを粘土の上に配置して押し付けるように伝えます。しかし生徒は物の配置にあまり興味がわかず、金工用の金槌で粘土をたたいたり、さらにマジックや木の棒を突き刺したりしていました。この生徒にとっては、たたく、突き刺す、転がすなどの行為自体が面白いようです。その行為によって粘土全体がぐにゃりと変形しましたが、圧力を受けできた形は力強い造形的な魅力があるので、そのまま型取りすることにしました。

その粘土の回りを板状の粘土で囲って壁を作り石膏が流れ出ないようにおきます。

次にボールに水を適量入れ、そこへ手で石膏粉をほぐしながら投入します。生徒が不安にならないように手本を示しながら一緒に投入します。水面まで入れ終わったら、泡立たせないように手でゆっくりとかき混ぜていきます。どろっとした液体の感触を楽しみながら石膏を作品に流し込みます。固まるまで30分程度待つこ

とになりますが、固まる様子をときどき触って観察すると出来上がりが楽しみになり会話も弾みます。

石膏が固まったら慎重に土を取り除きます。出来上がった石膏の作品を触って金槌の痕跡を確かめると、思わず笑顔になりました。感想を聞くと、粘土を金槌でたたいたことと、石膏がだんだん固まっていく様子が面白かったそうです。

授業を終え振り返えると、人為的な行為で素材が変形することは原初的な表現だと思いました。形あるものを配置してただ押し付けるだけではなく、転がして跡をつけたり連続的にたたいたり、時には直接指でえぐったりするなどの行為は、人間が本来的に持つ表現力を引きだし、生徒も自己表現を拡張できたのではははないかとも思いました。

この題材は他のクラスでも取り入れています。題材の特徴は生徒の技能的な差が生じにくく、立体のコラージュといえるものが簡単にできます。さらに完成した後、友達の作品を触って鑑賞し、思ったこと感じたことを伝え合うことで深い学びになるのではないでしょうか。

※作品（写真4点）は他クラス、及び過年度作品

題材名「頭像の制作」

時間・場所：8時間・美術室

対象生徒：1名（全盲1名、重複障がい）

材料・用具：心棒の木材と板、新聞紙、紐、マスキングテープ、割り箸、紙粘土（石粉または石膏等、布）

● 目標

・どのような人の頭を作るかイメージしよう。

・頭の構造を理解して自分や人の頭を観察しよう。

・存在感のある生き生きとした表現をしよう。

・立体感や量感で表す面白さを知ろう。

● 内容

①身近にいる人を思い出しながら、どのような頭部を制作するかイメージします。

②今回は制作を頭部の内部から作り上げていく方法で進めるので、自分の顔を触って観察する際に、触って固く感じられる骨の部分、柔らかく感じられる筋肉等の部分、表面を覆う皮膚の部分、内側を意識しながら触っていきます。

③土台となる板に心棒を垂直に立てて金具やビスを使って固定します。さらに必要に応じて心棒と交差する位置関係の短い横棒を同じく固定します。

④最初に骨にあたる部分を制作します。脳を包む骨、頬骨、歯茎全体の骨、下顎の骨の正面と左右それぞれを大小の球体として制作します。新聞紙で球を作り、紐かマスキングテープ等でぐるぐる巻きにします。ふわふわしたものにならないようにしっかりと固めます。さらに薄く伸ばした紙粘土で覆っておくと強度がでます（紙粘土の代わりに石膏で固めてもよい）。それぞれの骨に相当する大きさの球を作ります。

⑤紙粘土が乾燥して固まったら、次に心棒に先ほど作った球体にバランスを考えながら紐、マスキングテープ、割り箸等を使って固定していきます（石膏液に浸した包帯を巻き付け固定してもよい）。この段階では鼻や目や耳や唇はありませんが、それぞれの部品の大きさや位置関係は大事になるので考えながら進めます。頭部の骨にあたる部分が完成しました。

⑥球と球との間はテープ等で繋いで関係を作ります。それぞれの関係を確かめながら、隙間が空いてしまうところは新聞紙や紙粘土で塞いでいきます。この段階で首も新聞紙を巻いて制作しておきます。

⑦次に薄く板状にした紙粘土にボンドを塗布して全体をしっかりと覆います。（紙粘土は麺棒を使って3〜5ミリ厚ぐらいで均一にしておくとやり易い）作品自体を横に寝せるなどして作業がやり易いように工夫します。

⑧全体が固まったら目や耳や鼻や唇をつけていきます。この際も目であれば眼球を意識し球体として表現します。それぞれの部品が存在感をもって表現できるようにします。最後に必要に応じて頭髪や眼鏡等をつけてもよいです。

※今回の手法では内部から構造的に作り上げているので、手順を踏めば誰が作っても量感を感じられ存在感のある作品となります。作品を完全に乾燥させ触って鑑賞すると内部に存在する球体を感じられ量感の面白さに気づくことができます。

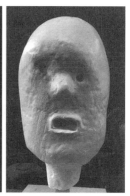

題材名「うきだしアート～触って感じるエコ紙すき～」

時間・場所：美術室・2時間×4回（季節ごと）
対象生徒：4名（全盲1名、弱視3名）
材料・用具：牛乳パック、鍋、ミキサー、紙すき枠セット（はがき大）、電子計量器、アルミワイヤー 1.5mm、ラジオペンチ、両面テープ、ハガキ大の台紙、ラインテープ（幅 1.5mm程度　全盲生徒用）

●目標

・紙すきによる表現方法を理解し、テーマに沿ったデザインを考えることができる。

・ペンチやミキサーなどの用具の構造や扱い方が分かる。

・身近な素材がアートに変化するエコクラフトの面白さに気付くことができる。

●内容

《デザインの工程》

　ワイヤーがうき出しの型となるので、切ったワイヤーがバラバラにならないように、下描きの上に両面テープを貼り、できたパーツから固定していきます。本制作前に、ペンチで切ったり、曲げたりする練習場面を設定します。【写真①】ワイヤーを曲げるのが難しい場合は、直線の長さでパーツごとに切って貼る方法で始めます。【写真②の「卒」文字を表したいときは、全盲の生徒には、形が単純なアルファベットがおすすめです。ラインテープで形を確認しながら、同じ形をワイヤーで成形するようにしました。厚みが2mm以下ならビーズやボタンなども活用できます。【写真③④】

《紙すきの工程》

　牛乳パックは、カビ防止のため煮沸し、薄いラミネートをはがしてパルプ部分を取り出します。親指の爪大に細かくちぎることで、手指の巧緻性の向上につながりますが、それ自体が美術の目的ではないので、ちぎるのは体験程度でよいと思います。乾いた紙3.3gでハガキ1枚分の作品ができます。線がうき出るようにするためには、紙の分量が重要です。計量場面を設定すると、量る学習もできます。3.3gの紙に水500mℓで約1分間ミキサーにかけます。細かい表現のときは1.2mmのワイヤーでも凹凸は出ますが、その場合は紙の分量を少し減ら

します。紙すきセット【写真⑤】の手順で、薄い網の上に紙を溶かした液体を入れ、水から引き上げてから、ワイヤーが付いた部分を下に向けて紙の上に載せ、軽く押さえて水を切ります。紙すき枠から網ごと取り出したら、今度はワイヤー部分が上向きになるように机上に置き、薄い網の上からタオルで押さえ、網の目の模様が付く程度に水気を取ります。文字や模様がうき出すように、ワイヤーが隣接している箇所はしっかり指で押さえてから、薄い網をはがします。自然乾燥後、紙が反っている場合は、ワイヤーが付いたままの状態で、少し重しをしておきます。乾くと全盲の生徒も触って鑑賞できるのが、この作品のよい所です。

① 刃の部分が見えづらいので、キラキラテープで印を。

② 「業」はワイヤーを切らずに曲げて成形しているので、完成時「うぉー」と歓声があがりました。

③ 全盲の生徒が頭や体の部位を一つずつ確認しながら制作！

④ 最初はペンチの扱いに苦戦していた生徒も自信が付き、自ら二作目に挑戦する姿も。

⑤ 市販の紙すきセットを使用しました。

⑥ 卒業飾りを共同制作。生徒同士相談して文字を分担。

題材名「オリジナルの"笛吹ボトルの音色"をつくろう」

時間・場所：10時間（事前鑑賞2時間　制作6時間
事後鑑賞2時間）・美術室

対象生徒：中学部1〜3学年13名（全盲9名 弱視4名）

材料・用具：映像資料「笛吹きボトルの音色」（https://
www.youtube.com/watch?v=nzqJx4AW5rE&t=8s）
スピーカー、テレビ、陶芸用粘土、石膏で型どりしたボト
ルベース（一人につき2つ）

ゲストティーチャー：亀井岳（映像作家）、広瀬浩二郎（国
立民族学博物館）、真世土マウ（岡山県立大学）

⋯⋯⋯⋯⋯⋯⋯⋯⋯⋯⋯⋯⋯⋯⋯⋯⋯⋯⋯⋯⋯⋯⋯⋯⋯

●目標

・音を聴いて感じたことを言葉で表現できる。

・知らない土地、時代、文化への興味関心を広げる。

・「誰も見たことない世界」を、手と耳でイメージし表
現できる。

・音や粘土に親しみ、楽しんで造形活動できる。

●内容

「誰も見たことない世界を、手と耳でイメージしよう」
をテーマに古代アンデス文明の「笛吹ボトル」をモチー
フとして、オリジナルの笛吹ボトルを制作します。

① 事前鑑賞（2時間）

　古代アンデス文明の土
器「笛吹ボトル」の音を
聴き、感じたこと、イメー
ジしたことを話し合いま
した。様々な「笛吹ボト
ル」の音を聴く中で、生
徒たちは音を「笛」「赤

図1　笛吹ボトル

ちゃんの泣き声」「鳥の鳴き声」などと例えたり、ささ
やかな音も聴き取ったりしていました。

② 制作（6時間）

　真世土マウ氏から古
代アンデス文明と「笛
吹ボトル」についての
話を聴き、本物の土器
にも触れました。制作

図2　パーツを作る

のイメージを膨らませ、音からイメージした生き物の
形や、音の形などを粘土で作りました。生徒たちは、
ゲストティーチャーたちとの会話を楽しみながら「人

の顔」「鳥」「うるさい音の形」
「キレイな音の形」など思い思
いのパーツを作り、それらの
パーツをボトルベースへ付け、
全体の形も変化させながら制
作しました。また、粘土をつ
まんだり握ったり感触を楽し
み、粘土の紐や玉を作る生徒
もいました。お互いの作った

図3　組み立てる

ボトルを触って鑑賞しながら制作を進め、一人2本の
ボトルを作成しました。その後、2本のボトルの結合
と音の出る部分を取り付け、乾燥・焼成を行いました。
自由に制作することに戸惑いがあった生徒も、会話や
他の友だちの作品に触ることで段々とイメージを広げ
ることができ、楽しそうに制作できました。

③ 事後鑑賞（2時間）

　完成した作品で音を鳴らし、お互いの作品を触って話
し合いながら鑑賞しました。音が鳴った瞬間は、みん
なとても嬉しそうで何度も鳴らして音の音色や響きを
楽しんでいました。また、
触察での鑑賞は3〜4人の
グループで行うことで、作
者が思いつかなかった発
見があったり、どんどんと
盛り上がって話し合った
りする姿が見られました。

図4　完成した作品

●まとめ

　生徒たちは大人でさえ知らない古代アンデスという
時代の音を聴き、本物の土器に触れ、その時代や人々
に思いを馳せながら制作できました。生徒も教員も共
に学び合える題材でした。

　本授業で制作された作品は、亀井氏によって撮影され
た授業風景の映像と共に、令和3年に国立民族学博物
館で開催される特別展「ユニバーサル・ミュージアム
〜さわる！"
触"の大博覧
会〜」で展示
されました。

図5　広瀬氏とともに鑑賞

題材名「コマ撮り映像を作ろう」

時間・場所：8時間・美術室・校内や屋外
対象児童生徒：高等部生徒
材料・用具：iPad、KOMAKOMA（アプリ・図1）、
　　　　　　映像作品に使用する素材

●目標
・コマ撮り映像表現の特徴を知り、映像の作り方に興味・関心をもつことができる。
・日常の素材や材料で、アニメーションや映像のシーンに合わせた効果音づくりを工夫することができる。
・アニメの主人公やストーリーを考えて作ることができ、その制作意図を伝えることができる。
・他の生徒の作品を鑑賞し、良いところを発表することができる。

●内容
　盲学校の生徒たちは、日頃からテレビやYouTube等に親しんでおり、アニメ好きの生徒もいます。映像は、生徒たちにとってとても身近なものです。制止画がどうして動くように見えるのか、コマドリ映像という形で映像の仕組みの理解をしながら、映像作りをします。授業は、映像作り、音作り、鑑賞の順に行いました。

【映像作り編】
　アニメーションの制作方法を伝え、使用するアプリ「KOMAKOMA」（布山タルト作、図1）の使い方を確認します。その後生徒は、計画を立てて制作を進めます。ストーリーは、絵本などを参考にしたり、材料からのインスピレーションでアイディアを練ったりします。必要な制作物（登場人物や、背景等）を考え、撮影の前に制作をします。アームスタンド等で撮影環境を整え、撮影をします（図2）。

【音作り編】
　撮影後、映像にどんな音を入れるかを生徒が考えます。生徒の身体や日常にあるものを使い、たたく、こする、転がす、振る等でいろいろな音作りを試します（図3）。「iMovie」を使用して個別に音を収録し、生徒自らが納得する音を収録します。編集等が困難な場合は教師が操作を手伝います。

【鑑賞編】
　友達の作品の鑑賞をし、感想を発表します。

【制作の様子】
　シナリオが決まり準備が整うと、見通しをもって活動できるため、ほとんどの生徒は自分たちで制作を行います。弱視生も全盲生も、背景に余分なものが映らないようにする等の必要最低限の支援で制作を進めることができます。視覚障害生徒にとって困難なことは、映像の事後の確認です。特に全盲生は映像を見て確認できないので実感のある作品にするため、音声の挿入は重要です。そうすることで、全盲の生徒が笑顔で作品を振り返ることにつながります。アニメ製作にお

ける台本作り、制作、撮影、音入れと映像作りを一通り経験することができました。

【作品に使用する素材】
　作品に使用する背景や登場人物を自分たちで制作することがあります。また、身の回りにあるものが、生徒の制作により動き出します。例えば、ハートの切り抜き、自分の手、動物や人の人形たち、食品サンプル、綿、身の回りの筆記用具などです。また、生徒が作った陶芸作品も映像に活用できます（図4）。

●まとめ
　映像制作は絵画や彫刻とは異なった形で、自分の思いや考えを表現できます。試行錯誤が容易な映像づくりは取捨選択する力を伸ばし、生徒が主体的に考えて作る力を育成できます。「テレビで見るアニメを作れた」という達成感を得ることは大切です。

【作品紹介】
①「決闘」は、生徒の好きな「戦い、剣」がテーマで、左右から現れた登場人物が、剣を振り戦う映像で、二人が近づくにつれ、緊張感が伝わる作品です。描いては消しを繰り返して作りました。生徒に最後の結末について「ひどい結末ですね」と伝えると「にやり」と笑っていました。

②「ハート君の大冒険」は、生徒が作った着ぐるみの「ハート君」が図工室で生まれ、そして、飛ぶ練習をして、飛び立っていくという物語です。本人が着ぐるみの中に入り、友達に撮影してもらいながら制作を進めました。「ハート君も僕（3年生）も巣立っていくなあ」と感想を言っていました。

③生徒作品「キャベツ太郎」は、桃太郎の物語を参考にキャベツ太郎が鬼退治に行くお話です。登場人物を紙で作り、水の流し方を工夫し川の流れる音作りをしました。鳥の羽ばたく音は、タオルや上着などいくつかの素材で音を試しました（図3）。さらに翌年には、登場人物に色を塗りたい、音をもっと工夫したいと「続・キャベツ太郎」の創作意欲につながりました。

図1 アプリ
KOMAKOMA の画面

図2 撮影の場面

図3 音作りの工夫

図4 撮影用オブジェの工夫

生徒作品①
「決闘」

生徒作品②
「ハート君の大冒険」

生徒作品③
「キャベツ太郎」

資料編

Document compilation

■視覚障害関連基本文献及び引用・参考文献

【障害学・福祉】

・石川准・長瀬修『障害学への招待』明石書店，1999年.

・石川准・倉本智明『障害学の主張』明石書店，2002年.

・浦河べてるの家『べてるの家の「非」援助論』医学書院，2002年.

・中西正司・上野千鶴子『当事者主権』岩波書店，2003年.

・石川准『見えないものと見えるもの』医学書院，2004年.

・浦河べてるの家『べてるの家の「当時者研究」』医学書院，2005年.

・マイケル・オリバー『障害の政治』明石書店，2006年.

・星加良司『障害とは何か—ディスアビリティの社会理論に向けて』生活書院，2007年.

・杉野昭博『障害学—理論形成と射程』東京大学出版会，2007年.

・ジェフ・マーサー，コリン・バーンズ，トム・シェイクスピア『ディスアビリティ・スタディーズ』明石書店，2008年.

・向谷地生良『技法以前—べてるの家のつくりかた』医学書院，2009年.

・ジョン・スウェイン他『イギリス障害学の理論と経験—障害者の自立に向けた社会モデル』明石書店，2010年.

・中村かれん他『クレイジー・イン・ジャパン—べてるの家のエスノグラフィ』医学書院，2014年.

・熊谷晋一郎編『みんなの当時者研究—臨床心理学増刊第9号』金剛出版，2017年.

［雑誌］

・Kallio-Tavin, M. Disability studies as a site of knowledge in art education, International Journal of Education through Art, 16（1）, 2020, pp. 3-11.

【インクルージョン・社会（的）包摂・インクルーシブ教育】

・障害児問題研究会編『障害児問題研究　インクルーシブ教育と共同の原理』35（2），全国障害者問題研究会出版部，2007年

・荒川智『インクルーシブ教育入門—すべての子どもの学習参加を保障する学校・地域づくり』クリエイツかもがわ，2008年.

・嶺井正也，シャロン・ラストマイヤー『インクルー

シヴ教育に向かって—「サラマンカ宣言」から「障害者権利条約」へ』八月書館，2008年.

・山口薫『特別支援教育の展開—インクルージョン（共生）を目指す長い旅路』，文教資料協会,2008年.

・清水貞夫『インクルーシブな社会をめざして—ノーマリゼーション・インクルージョン・障害者権利条約』クリエイツかもがわ，2010年.

・障害児問題研究会編『障害児問題研究　障害者権利条約とインクルーシブ教育』第39巻1号，全国障害者問題研究会出版部，2011年.

・清水貞夫『インクルーシブ教育への提言』クリエイツかもがわ，2012年.

・渡部昭男『インクルーシブ教育システムへの道—中教審報告のインパクト』三学出版，2012年.

・荒川智・越野和之『インクルーシブ教育の本質を探る』全国障害者問題研究会，2013年.

・全国特別支援学校長会『全特長ビジョン　共生社会の礎を築く—10の提言』，ジアース教育新社,2013年.

・木舩憲幸『そこが知りたい! 大解説　インクルーシブ教育って?』明治図書，2014年.

・国立特別支援教育総合研究所編『共に学び合うインクルーシブ教育システム構築に向けた児童生徒への配慮・指導事例』ジアース教育新社，2014年.

・国立特別支援教育総合研究所編『すべての教員のためのインクルーシブ教育システム構築研修ガイド』ジアース教育新社，2014年.

・堀智晴・橋本好市・直島正樹『ソーシャルインクルージョンのための障害児保育』ミネルヴァ書房，2014年.

・障害児問題研究会編『障害児問題研究　通常教育の改革とインクルーシブ教育』43（1），全国障害者問題研究会出版部，2015年.

・インクルーシブ授業研究会『インクルーシブ授業をつくる—すべての子どもが豊かに学ぶ授業の方法』ミネルヴァ書房，2015年.

・Hatton,K., Towards an Inclusive Arts Education, Trentham Books Ltd, 2015.

・Fox,A.& Macpherson,H., Inclusive Arts Practice and Research: A Critical Manifesto Routledge, 2015.

・青山新吾・赤坂真二・上條晴夫・川合紀宗『インクルーシブ教育ってどんな教育?』学事出版，2016年.

・ネットワーク編集委員会編『インクルーシブ教育授業づくりネットワーク21』学事出版，2016年.

・トビー・J・カルテン，川合紀宗『インクルーシブな学級づくり・授業づくり—子どもの多様な学びを促

す合理的配慮と教科指導』学苑社，2016年.

・国立特別支援教育総合研究所編『インクルーシブ教育システム構築のための学校における体制づくりのガイドブック』東洋館出版社，2017年.

・国立特別支援教育総合研究所編『インクルーシブ教育システム構築に向けた地域における体制づくりのグランドデザイン』東洋館出版社，2017年.

・多賀一郎・南惠介『きれいごと抜きのインクルーシブ教育』黎明書房，2017年.

・藤川大佑『インクルーシブ教育を実践する―授業づくりネットワークNo.25』学事出版，2017年.

・阿部利彦『授業のユニバーサルデザインと合理的配慮』金子書房，2017年.

・浜谷直人・芦澤清音・五十嵐元子『多様性がいきるインクルーシブ保育―対話と活動が生み出す豊かな実践に学ぶ』ミネルヴァ書房，2018年.

・落合俊郎・川合紀宗『地域共生社会の実現とインクルーシブ教育システムの構築―これからの特別支援教育の役割』あいり出版，2017年

・湯浅恭正・新井英靖『インクルーシブ授業の国際比較研究』福村出版，2018年.

・トレイシー・E・ホール，アン・マイヤー，デイビット・H・ローズ『UDL 学びのユニバーサルデザイン』東洋館出版社，2018年.

・池田吏志『重度・重複障害児の造形活動―QOLを高める指導理論―』ジアース教育新社，2018年.

・荒巻恵子『インクルージョンとは，何か―多様性社会での教育を考える』日本標準，2019年.

・髙原浩『現場発！ソーシャル・インクルージョンとインクルーシブ教育』学事出版，2019年.

・湯浅恭正・新井英靖・吉田茂孝編著『よくわかるインクルーシブ教育』ミネルヴァ書房，2019年.

・赤木和重『アメリカの教室に入ってみた―貧困地区の公立学校から超インクルーシブ教育まで』ひとなる書房，2019年.

・青山新吾・岩瀬直樹『インクルーシブ教育を通常学級で実践するってどういうこと？』学事出版，2019年.

・水野和代『イギリスにおけるインクルーシブ教育政策の歴史的展開』風間書房，2019年.

・野口友康『フル・インクルーシブ教育の実現に向けて―大阪市立大空小学校の実践と今後の制度構築』明石書店，2020年.

・広瀬由紀・太田俊己『気になる子，障がいのある子，すべての子が輝くインクルーシブ保育』学研プラス，2020年.

・尾崎康・阿部美穂子・水内豊和『よくわかるインクルーシブ保育』ミネルヴァ書房，2020年.

・国立特別支援教育総合研究所編『インクルーシブ教育システムを進める10の実践』ジアース教育新社，2021年.

・香川邦生・大内進編著『インクルーシブ教育を支えるセンター的機能の充実―特別支援学校と小・中学校等との連携』慶應義塾大学出版会，2021年.

・多賀一郎・南惠介『間違いだらけのインクルーシブ教育』黎明書房，2021年.

・丹野清彦・関口武『インクルーシブ授業で学級づくりという発想』クリエイツかもがわ，2021年.

［論文］

・津田英二，障害の問題についても当事者性は多様な社会問題への認識とどう関わるか，『日本福祉教育・ボランティア学習学会研究紀要』15，2010，pp.15-24.

【視覚障害及び同（盲）教育など】

［視覚障害一般／身体／ミュージアム論など］

・広瀬浩二郎『さわって楽しむ博物館―ユニバーサルミュージアム構の可能性』青弓社，2012年.

・伊藤亜紗『目の見えない人は世界をどう見ているのか』講談社，2015年.

・大内進，2.5次元触察立体教材作製ガイドブック」『平成24～26年度科学研究費補助金研究課題「2次元画像から三次元空間理解を促すための障害児教育用教材の開発と活用に関する研究」報告書』2015年.

・『REAR 特集 障害と創造』リア制作室，2016年.

・大内進監修・新井隆広・広瀬浩二郎『ルイ・ブライユ（小学館版学習まんが人物館）』小学館，2016年.

・広瀬浩二郎『ひとが優しい博物館―ユニバーサルミュージアムの新展開』青弓社，2016年.

・広瀬浩二郎『目に見えない世界を歩く』平凡社，2017年.

・広瀬浩二郎『それでも僕たちは『濃厚接触』を続ける―世界の感触を取り戻すために』小さ子社，2020年.

・ヨシタケシンスケ・伊藤亜紗『みえるとかみえないとか』アリス館，2018年.

・柳楽未来『手で見るいのち―ある不思議な授業の力』岩波書店，2019年.

・伊藤亜紗『記憶する体』春秋社，2019年.

・伊藤亜紗『手の倫理』講談社，2020年.

・伊藤亜紗・渡邊淳司・林阿希子『見えないスポーツ図鑑』晶文社，2020年.

・広瀬浩二郎『触常者として生きる―琵琶を持たない琵琶法師の旅』伏流社，2020年.

［学習指導要領］

・文部省『特殊教育諸学校学習指導要領解説―盲学校

編—』海文堂出版，1992年.

・文部科学省『特別支援学校幼稚部教育要領/特別支援学校小学部・中学部学習指導 要領』海文堂出版，2018年.

・文部科学省『特別支援学校高等部学習指導要領』海文堂出版，2019

・文部科学省『特別支援学校学習指導要領解説 総則等編（幼稚部・小学部・中学部）』開隆堂出版，2018年.

・文部科学省『特別支援学校学習指導要領解説 各教科等編（小学部・中学部）』開隆堂出版，2018年.

・文部科学省『特別支援学校学習指導要領解説 自立活動編（幼稚部・小学部・中学部）』開隆堂出版，2018年.

[辞典・事典類]

・世界盲人百科事典編集委員会『世界盲人百科事典』日本ライトハウス，1972年.

・内山喜久雄監修・佐藤泰正他編『視覚聴覚障害事典』岩崎学術出版社，1978年.

・ジル・サルディーニャ，スーザン・シェリー，アラン・R・ルッツェン，スコット・M・ステイドル『盲・視覚障害百科事典』明石書店，2009年.

[視覚障害教育概論]

・文部省編『盲児の感覚と学習』大蔵省印刷局，1968年.

・佐藤泰正『視覚障害児の心理学』学芸図書，1974年.

・東京都心身障害者福祉センター『盲乳幼児の養育指導』日本盲人福祉研究会，1978年.

・小柳恭治『触覚の世界』光生館，1978年.

・大川原潔『視覚障害教育の理論と実践』第一法規，1980年.

・文部省『視覚障害児の発達と学習』ぎょうせい，1984年.

・佐藤泰正編著『視覚障害心理学』学芸図書，1988年.

・佐藤泰正編『視覚障害学入門』学芸図書，1991年.

・佐藤泰正編『視覚障害学入門』学芸図書，1991年.

・鳥居修晃『視覚障害と認知』放送大学教育振興会，1993年.

・小林一弘『視覚障害教育の実際』あずさ書店，1995年.

・全国盲学校長会編『視覚障害教育入門Q&A』ジアース教育新社，2002年.

・香川邦生編著『我が国における弱視教育の展開』あずさ書店，2013年.

・青柳まゆみ・鳥山由子『視覚障害教育入門—改訂版—』ジアース教育新社，2015年.

・全国盲学校長会編『新訂版視覚障害教育入門Q&A』ジアース教育新社，2018年.

・香川邦生編著・猪平眞理・大内進 ・牟田口辰己『五訂版 視覚障害教育に携わる方のために』慶應義塾大学出版会，2020年.

[視覚障害 幼児教育]

・東京都心身障害者福祉センター『盲乳幼児のための育児ノート』日本盲人福祉研究会，1981年.

・五十嵐信敬編著『目の不自由な子の育児百科』コレール社，1987年.

・五十嵐信敬編著『目の不自由な子の運動あそび100選』コレール社，1988年.

・五十嵐信敬『視覚障害幼児の発達と指導』コレール社，1993年.

・五十嵐信敬編著『目の不自由な子の感覚教育百科』コレール社，1994年.

・セルマ・フレイバーグ著 宇佐美芳弘訳『視覚障害と人間発達の探究』文理閣，2014年.

・猪平眞理『視覚に障害のある乳幼児の育ちを支える』慶應義塾大学出版会，2018年.

[視覚障害教育の歴史と制度]

・加藤康昭『盲教育史研究序説』東峰書房，1972年.

・加藤康昭『日本盲人社会史研究』未来社，1974年.

・『世界教育史体系—33障害児教育史』講談社，1974年.

・東京教育大学雑司ヶ谷分校『視覚障害教育百年のあゆみ』視覚障害教育百年のあゆみ編集委員会，第一法規，1976年.

・文部省『特殊教育百年史』東洋館出版社，1978年.

・『盲教育』第46・47合併号，全日本盲学校教育研究会，1979年.

・鈴木力二編著『図説盲教育史事典』日本図書センター，1985年.

・下田知江『盲界事始め』あずさ書店，1991年.

・筑波大学附属盲学校『今日の視覚障害教育—筑波大学附属盲学校創立120周年記念誌』今日の視覚障害教育編集委員会，第一法規，1996年.

・中村満紀男・荒川智『障害児教育の歴史—オンデマンド版』明石書店，2010年.

・玉村公二彦・清水貞夫・黒田学・向井啓二『キーワードブック特別支援教育』クリエイツかもがわ，2015年.

・中村満紀男『日本障害児教育史—戦前編』明石書店，2018年.

・中村満紀男『日本障害児教育史—戦後編』明石書店，2019年.

・岸博実『視覚障害教育の源流をたどる—京都盲唖院モノがたり』明石書店，2019年.

[論文]

・日野あすか，日本の盲学校の美術・造形教育の実態

調査，『美術教育学』26，2005，pp.319-330.

・庄司愛望・向野康江，日本の盲学校における戦後の図工科教育の指針―青鳥会による『盲学校教育課程（小学部篇）』の分析―，『茨城大学教育実践研究』35，2016，pp.71-85.

[視覚障害　教科指導]

・鈴木力二『盲学校というところ』あをい会，1965年.

・文部省『重複障害教育の手引き』東洋館出版，1970年.

・文部省『観察と実験の指導』慶應義塾大学出版会，1986年.

・文部省『視覚障害児のための言語の理解と表現の指導』慶應義塾大学出版会，1987.

・大川原潔他編『視力の弱い子どもの理解と支援』教育出版，1999年.

・鳥山由子『視覚障害指導法の理論と実際』ジアース教育新社，2007年.

・香川邦生・千田耕基編著『小・中学校における視力の弱い子どもの学習支援』教育出版，2009年.

・香川邦生『障害のある子どもの認知と動作の基礎支援―手による観察と操作的活動を中心に』教育出版，2013年.

[その他]

・鈴木栄助『ある盲学校教師の30年』岩波書店，1978.

・鈴木栄助『眼を指に代えて―母と教師のための教育方法論―』岩崎学術出版社，1988年.

・竹内恒之『目に障害のある子といっしょに』（『バリアフリーの本1』）偕成社，2000年.

・西村陽平・成子良子編『掌の中の宇宙』偕成社，1991年.

・日本児童教育振興財団『目の不自由な人の生活を知る絵本―朝子さんの一日』小学館，1993年.

【視覚障害美術／アート教育】

・福来四郎，「無明の工人たち」を育てて，『婦人公論』42（6）（通号482），1957，頁不明.

・福来四郎，盲児の陶芸『芸術新潮』12（1）（通号133），1961-01，pp.104-106

・福来四郎，無明の工人展（<特集>盲人教育）『文化と教育』9（2），1958，pp.31-34

・福来四郎『みえるて・どんなん』神戸市立盲学校，1962年（公共図書館蔵書）

・福来四郎『眼がほしい―光なき子等の生活記録』土竜社，1957年.

・福来四郎『見たことないもん作られへん』講談社，1969年.

・福来四郎，見たことないもの作られへん（How can I make what I cannot see?）『リーダーズダイジェス

ト』25（12），1970，pp.82-97，日本リーダーズダイジェスト社.

・『教育美術　特集障害児教育の可能性―美術教育の視点から―』42（8），1981年.

・福来四郎編著『魚の足はまだ見ていません』神戸すずらんライオンズクラブ，1981年.

・福来四郎撮影・編著『お日さんはだれがなっとるの』盲児の彫塑に学ぶ会，1981年.

・福来四郎編著『盲児のつくった母子像』神戸すずらんライオンズクラブ，1981年.

・福来四郎編著『無眼球児の彫塑』神戸すずらんライオンズクラブ，1981年.

・山城見信『盲学校―土の造形20年』土の造形20周年展・推進員会編，1981年.

・福来四郎編著『粘土の色はベチャベチャしとる』神戸すずらんライオンズクラブ，1982年.

・『美育文化　特集障害児と美術教育』33（12），1983年.

・『彫刻に触れるとき』用美社，1985年.

・文部省初等中等局特殊教育課『心身障害児の教育と製作活動』，1987年.

・『美術の教室―特集触れる・見る・つくる』36，新しい絵の会，駒草出版，1987年.

・福来四郎『盲人に造形はできる―盲人造形教育30年の記録 = The blind can mould : A record of my 30 years blind education on moulding』アワタ印刷，2003年.

・『手で見る彫刻えひめ展　報告集』手で見る彫刻えひめ展を開く会実行委員会，1991年.

・西村陽平『手で見るかたち』白水社，1995年.

・西村陽平編『見たことないものを作ろう！―視覚障害児の作品から学ぶ』偕成社，1984年.

・西村陽平・成子良子編『掌の中の宇宙―視覚障害児の学校生活から学ぶ』偕成社，1991年.

・多胡宏『こころのかたち』群馬県の視覚障害をもつ子供たちの作品集を出す会，1994年.

・ジュリア・カセム『光の中へ―視覚障害者の美術館・博物館アクセス』小学館，1998年.

・『アートでトーク―見えない人見えにくい人と絵の前でかたりあうのも多笑の縁』アートな美，2011年.

・名古屋県立美術館『さわるアートブック①・同②』2003年.

・エイブル・アート・ジャパン編『百聞は一見をしのぐ!? ―視覚に障害のある人との言葉による美術鑑賞ハンドブック』2005年.

・遠き道展実行委員会『遠き道展―はて無き精進の道程』生活の友社，2008年.

・京都国立近代美術館『新たな美術鑑賞プログラム創

造事業—感覚を拓く実施報告書』，2017-2020年．
・神林恒道・ふじえみつる『美術教育ハンドブック』
三元社，2018年．
・『教育美術　特集インクルーシブ教育とアート』
911，教育美術振興会，2018.5.
・地域の色・自分の色実行委員会＋秋田喜代美編著
『色の探究学習』明石書店，2019年．
・『色彩教育　特集　視覚障害と色彩教育』38（1）・2合
併号，日本色彩教育研究会（茂木一司），2020.

[論文]

・茂木一司・多胡宏，盲児の造形教育に関する一考
察，『美術教育学』12，1991，pp.145-156.
・足立すみ子，ボランティア最前線 共に生きるって?そ
の答えを模索して—名古屋YWCA美術ガイドボラン
ティアグループ，『視覚障害』167，2000，pp.34-41.
・小西萬知子，さわる絵本—大阪での試み—，『図書
館界』53（4），2001，pp.442-454.
・大内進，触知覚の観点から『国立特殊教育総合研究
所特別研究報告書』2001.
・日野あすか，視覚障害者の芸術文化参加のための実
践活動—美術・音楽・建築・ダンス・茶道・他，
『美術教育学』25，2004，pp.359-371.
・増岡直子・佐藤知洋・大内進，立体物圧縮による全
盲児の二次元的理解を促すための教材開発と指導実
践，『日本特殊教育学会第43回大会発表論文集』，
2005，p.388.
・増岡直子・佐藤知洋・大内進『全盲児への立体物圧
縮による二次元的理解を促すための指導法の開発』
日本特殊教育学会第42回大会発表論文集，2004，
p.346.
・谷本正浩，「眼のための美術」を超えて—視覚障害
者のための美術教育のいくつかの試み，『美術科研
究』23，2005，pp.53-58.
・上田久利，ドガの彫刻，『岡山大学教育学部研究集
録』128，2005，pp.121-131.
・日野あすか，盲学校における美術鑑賞教育とコン
ピューターグラフィクス教育の実態調査，『第6回日
本ロービジョン学会学術総会プログラム・抄録集』
6，2005，p.20.
・小原二三夫，「触るミュージアム」の構想，『視覚
障害リハビリテーション』62，2005，pp.17-35.
・増岡直子・佐藤知洋・土井幸輝・大内進，真空成型
による触覚教材の活用3，『日本特殊教育学会第44
回大会発表論文集』，2006.
・筑波大学附属盲学校小学部，本校小学部における触
覚教材事例『関東地区視覚障害教育研究会小学部
会』2006.
・小原二三夫，ルポ国立民族学博物館の「さわる文

字 さわる世界」展報告— 見えてきたユニーサルな
ミュージアムの姿，『視覚障害』218，2006，pp.22-
28.
・鈴木隆彦，教科・領域の指導（中学部・高等部）美
術科におけるものづくり，『視覚障害教育ブック
レット』3，2006，pp.62-64.
・多摩美術大学造形表現学部デザイン学科，視覚障害
者のための「音」情報による空間認識支援システム
（教育実践:カリキュラム開発プロジェクトの活動報
告），『デザイン学研究特集号』13（3），2006，
pp.60-61.
・大内進，土肥秀行，ロレッタ・セッキ，イタリアに
おける視覚障害児者のための絵画鑑賞の取組，『世
界の特殊教育』20，2006，pp.83-100.
・出原立子，3Dプロッターを用いた視覚障害者のため
の造形表現支援の実践，『日本デザイン学会研究発
表大会概要集』53，2006，p.95.
・深山孝彰，視覚障害者の美術鑑賞ガイド実践例から
—絵画鑑賞における立体コピーの使用方法につい
て，『愛知県美術館年報（2004年度版）・研究紀
要』12，2006，pp.65-74.
・渡辺哲也・大内進・高橋玲子，ルポ スペインの視覚
障害者のための美術館，『視覚障害』223，2006，
pp.14-22.
・大内進，真空成形法による立体教材作製ガイド
（0910版），独立行政法人国立特別支援教育総合研
究所，2008.
・大内進，イタリア・フランス視察記（2）イタリアに
おける視覚障害者のための触る美術館の取り組み，
『視覚障害』252，2009，pp.22-30.
・池上祐司・渡辺泰成，イタリア・フランス視察記
（4）ルーブル美術館と科学産業館視察報告，『視覚
障害』254，2009，pp.38-45.
・田中隆・栗田晃宜・土井幸輝，視覚障害児を対象と
した触図筆ペンの開発，『電子情報通信学会技術研
究報告.ET,教育工学』110（209），2010，pp.47-50.
・森山純子他『視覚に障害がある人との鑑賞ツアー
「セッション！」（平成21年度文化庁美術館・博物
館活動基盤整備支援事業）水戸芸術館現代美術セン
ター，2010年.
・海老塚耕一・岩崎清・渡辺達正，視覚障害者に対す
る芸術鑑賞の方法，『多摩美術大学研究紀要』26，
2011，pp.197-205.
・大内進（代表），全盲児童の図形表象の評価に関す
る実際的研究（平成21-22年度），独立行政法人国立
特別支援教育総合研究所，2011.
・大内進，「立版古」を活用した全盲児の触覚活用に
よる3次元空間理解のための教材に関する開発的

研究,『国立特別支援教育総合研究所研究紀要』 38, 2011, pp.65-82.

・小久保温・角田均・和島茂, 視覚障害者が楽しむことができる「触れる絵画」の制作（ポスター展示（立体映像・絵画・画像解析と可視化), 映像表現フォーラム),『映像情報メディア学会技術報告』36 (16), 2012, pp.125-128.

・米山未来, 美術館における視覚障害者のためのアクセシビリティ向上について—イギリスの美術館の事例から,『Museum』645, 2013, pp.5-32.

・栗田晃宜, 視覚障害教育, 三澤一美監修『美術教育の題材開発』武蔵野美術大学出版局, 2014, pp.405-416.

・大内進・藤原紀子, イタリアにおける視覚障害者のための「手でみる絵」の取組とその普及,『国立特別支援教育総合研究所ジャーナル』3, 2014, pp.39-45.

・武末裕子, 触覚による彫刻鑑賞法と「触れてみる彫刻材」の可能性に関する考察と実践『教育実践学研究：山梨大学教育人間科学部附属教育実践総合センター研究紀要』19, 2014, pp.163-171.

・大内進, 2.5次元触察教材作製ガイドブック（平成27年3月新版), 独立行政法人 国立特別支援教育総合研究所, 2015.

・小宮山美貴・永江智尚・青松利明, 博物館との連携 美術館における視覚障害児による彫刻鑑賞—日本彫刻会との連携による取り組み,『視覚障害ブックレット』29, 2015, pp.18-23.

・岡本裕子, 岡山県立岡山盲学校 美術館鑑賞学習—5年間の取り組み,『岡山県立美術館紀要』6, 2015, pp.1-8.

・池田吏志, 特別支援学校における造形活動の題材,『学校教育』1179, 2015, pp.14-21.

・栗田晃宜, 全日盲研授業実践報告—自立活動における全盲生徒の色彩理解の工夫,『月刊視覚障害』330, 2015, pp.43-52.

・日野陽子, 開かれ行く美術—視覚に障害のある人々と共に行う美術鑑賞に学ぶ,『美術教育』289, 2016, pp.52-58.

・半田こづえ, 博物館との連携—イタリア・国立オメロ触覚美術館:視覚障害児童が在籍する通常学校と連携した美術の授業,『視覚障害ブックレット』32, 2016, pp.8-16.

・池田吏志, 重度・重複障害児を対象とした造形活動のアクション・リサーチII—造形活動におけるQOL向上のための授業改善の方策,『美術教育学』37, 2016, pp.61-73.

・石川未紀, ジャーナル 人は多様な背景を持っている—視覚障害者とつくる美術鑑賞ワークショップって?

『望星』47 (10), 2016, pp.77-84.

・大分県立美術館教育普及グループ編『びじゅつってすげぇ! 2016‒2017」, 2017, p.57.

・大分県立美術館教育普及グループ編「びじゅつってすげぇ! 2017〜2018」, 2018, p.57.

・末長寛・岡本裕子, 博物館との連携 岡山県立岡山盲学校×岡山県立美術館—6年間の歩み/生まれたこと,『視覚障害ブックレット』34, 2017, 図巻頭2p, pp.8-17.

・半田こづえ・宮坂慎司・呉純慧, 博物館との連携 視覚障害者のための鑑賞プログラムのこれから—台北国立故宮博物院・国立台湾美術館における取り組み,『視覚障害ブックレット』36, 2017, pp.8-15.

・池田吏志, 重度・重複障害児の造形活動における意欲と能力発揮を基軸としたQOL評価法の開発,『広島大学大学院教育学研究科附属特別支援教育実践センター研究紀要』15, 2017, pp.1-9.

・池田吏志・児玉真樹子・髙橋智子, 特別支援学校における美術の実施実態に関する全国調査,『美術教育学』38, 2017, pp.27-43.

・池田吏志, 重度・重複障害児のQOLを高める造形活動の指導理論構築に向けた実証的研究,『美術教育学研究』49 (1), 2017, pp.33-40.

・田中賢・八藤後猛, 5329 視覚障害者の美術鑑賞に関する一考察,『建築計画』2017, pp.657-658.

・『手で見るプロジェクト2017／2018報告書 平成29・30年度文化庁大学を活用した文化芸術推進事業』山梨大学・山梨県立大学・山梨県立美術館, 2017/2018.

・半田こづえ・宮本温子, 触覚による彫刻鑑賞における鑑賞過程—視覚障害のある鑑賞者の発話プロトコルに基づく分析,『美術教育学』39, 2018, pp.263-274.

・半田こづえ, 視覚障害のある高校生の彫刻鑑賞における対話的支援の役割,『日本美術教育研究論集』51, 2018, pp.149-156.

・武末裕子, 触覚鑑賞ツール制作における彫塑技法の活用と展開—ワークショップ「手でみる新しい絵画を作ろう」萩原英雄《石和早春》作品における立体翻訳の試み,『山梨大学教育学部紀要』27, 2018, pp.145-159.

・安斎勇樹・平野智紀・山田小百合・塩瀬隆之, 視覚障害者との対話を通した美術作品鑑賞の実践,『美術教育学』39, 2018, pp.27-38.

・安田輝男・市川あゆみ・安田孝子・飯塚潤一, 視覚に障害のある人にも「触図」を活用して, 手で触って理解・鑑賞できる「触って観る」アートの研究開発,『感覚代行シンポジウム』44, 2018, pp.31-34.

・攪上久子，日本のさわる絵本開発プロセス―視覚を超える絵本―，『子ども学研究紀要』7，2019，pp.47-56.

・岩附充伯，視覚特別支援教育の場景―全日盲研京都大会研究発表（1）素材と心通わせ表現する生徒たち―美術館アウトリーチ事業を通して，『視覚障害―その研究と情報』，377，2019，pp.45-54.

・武末裕子，触覚と彫刻の関係性について，『美術教育学研究』52，2020，pp.225-232.

・古屋祥子・種市純美・武末裕子，リユース素材を使った図画工作科授業の実践:弱視児童のための連携授業から，『山梨県立大学人間福祉学部紀要』15，2020，pp.68-78.

・茂木一司・多胡宏・大内進，インクルーシブ教育時代の視覚障害アート教育をどうしたらいいのか―見える／見えない／見えにくいを越境する教材開発をめざして―，『群馬大学教育学部紀要. 芸術・技術・体育・生活科学編』55，2020，pp.11-24.

・宮坂慎司・半田こづえ，触れるアートの"いま"と"これから"（6）メトロポリタン美術館「Picture This!」，『視覚障害―その研究と情報』，386，2020，pp.39-46.

・宮坂慎司・半田こづえ，触れるアートの"いま"と"これから"（7）メトロポリタン美術館「Seeing Through Drawing」，『視覚障害―その研究と情報』，387，2020，pp.41-47.

・多胡宏，盲重複障害児のための美術科教材開発，『日本美術教育研究論集』53，2020，pp.232-240.

・多胡宏・茂木一司，視覚障害児のための色彩教材・題材開発の開発過程，『美術教育学』41，2020，pp.213-224.

・喜多春月，視覚障害者と美術作品鑑賞―埼玉県立近代美術館における実践より，『埼玉県立近代美術館紀要』15，2021，pp.13-20.

・村田麻里子・岡本裕子，アート／ミュージアムのアクセシビリティを考える―視覚障害者のための音声ガイダンス作成を通して，『関西大学社会学部紀要』52，2021，pp.133-154.

・茂木一司，インクルーシブアート教育の理念と当事者性―視覚障害を中心に，『群馬大学教育実践研究』38，2021，pp.105-111.

・茂木一司・多胡宏・竹丸草子，インクルーシブアート題材開発の理念と実践―現代アートによる見えない／見える人が協働する題材開発過程，『群馬大学共同教育学部紀要. 芸術・技術・体育・生活科学編』56，2021，pp.1-15.

[英文・中文]

・J.A.Charlton Deas, *How We may Show Our Museums and Art Galleries to the Blind: An Illustrated Report on Some Experiments*, Libraries, Museum, and Art Gallery Committee in Sunderland, 1913.

・Eaton, A. H., *Beauty for the Sighted and the Blind*, ST Martin's Press, 1959.

・Stanford, C. W., *Art for Humanity's Sake: The Story of the Mary Duke Biddle Gallery for the Blind*, North Carolina Museum of Art, 1976.

・Person, A., *Arts for Everyone: Guidance on Provision for Disabled People*, Carnegie UK Trust and CEH, 1985.

・Arnheim, R., Perceptual Aspects of Art for the Blind, *The Journal of Aesthetic Education*, 24(3), 1990, 57-65.

・Fondation de France, International Committee of Museums (ICOM), *Museums Without Barriers*, Routledge, 1992.

・American Association of Museums, *The Accessible Museum:Model Programs of Accessibility for Disabled and Older People*, American Association of Museums, 1992.

・Kennedy, J. M, *Drawing and the Blind. Pictures to Touch*, 1992.

・The North Carolina Museum of Art, The North Carolina Museum of Art. The MaryDuke Biddle Foundation, 1966.

・Kennedy, J. M, How the Blind Draw,*Scientific American*, 1997.

・Erikson, Y., How to Make Tactile Pictures Understandable to the Blind Reader. IFLA/SLB Preconference Seminar, in Penang Foundation for the Blind, 1999.

・Axel, S.E. & Levent, S.N., *Art Beyond Sight: A Resource Guide to Art, Creativity, and Visual Impairment*. Art Education for the Blind, 2003.

・De Coster, K., & Loots, G., Somewhere in Between Touch and Vision: In Search of a Meaningful Art Education for Blind Individuals, *International Journal of Art & Design Education*, 23(3), 2004, 325-334.

・Classen, C., "Touch in the Museum" *The Book of Touch*, Berg Publishers, 2005.

・Simon, H., *Arts, Culture, and Blindness: A Study of Blind Students in the Visual Arts*. Tenneco Press, 2008.

・Candlin, F., Art, Museums and Touch, Manchester Univ Pr. 2010.

・RNIB,Shifting Perspectives: Opening Up Museums and Galleries to Blind and Partially Sighted People, 2011.

・Reichinger, A., Maierhofer, S. & Purgathofer, W., High-Quality Tactile Paintings. *ACM Journal on Computing and Cultural Heritage*, 4 (2), 2011.
・*Museum Experience and Blindness* 33(3), 2013 （https://dsq-sds.org/issue/view/104）.
・Cachia, A., 'Disabling' the Museum: Curator as Infrastructural Activist. *Journal of Visual Art Practice*, 12 (3), 2013. 257–289.
・Krivec, T., T. Muck, R. F. Germadnik, I. Majnaric, & G. Golob. Adapting Artworks for People: Who Are Blind or Visually Impaired Using Raised Printing. *Journal of Visual Impairment and Blindness*, 108(1), 2014, 68–76.
・Simon, H. J., *Blind Visitor Experiences at Art Museums*, Rowman & Littlefield Publishers, 2017.
・Sinner, A., White, B. & Hu, J., 'Ma' and the Space in-between: A China-Canada Pedagogical Exchange. 5th Conference on Arts Based Research & Artistic Research （Liverpool, UK）, 2018.
・Kasahara, K. & Hu, J., Current Status and Possibility of A/r/tography in Asia: The Japanese and Chinese Context - A Session of "Re-thinking Writing and Graphy in Art Education". （5th Conference on Arts Based Research & Artistic Research （Liverpool, UK）, 2018.
・趙欣怡著書，博物館之視障觀眾展示規劃與參觀服務研究，博物館與文化，12，2016，pp.105-140.
・趙欣怡著書，自主與權：美術館無障礙導覽科技應用研究，博物館與文化，15, 2018, pp.75-108.
・趙欣怡著書，視障成人芸術参與実践研究-以盲人重建院美学創作課程為例。特殊教育発展期刊，65,2018, pp.53-64.
・趙欣怡著書，芸術。可見／不可見：視障美術創作與展演教学実践。雲林：台湾非視覺美学教育協会，2018.
・趙欣怡著書，杞昭安主編。第十三章：芸術美学。視覚障礙。台北：華騰文化，2018.
・趙欣怡著書，陳怡倩主編。21世紀芸術文化教育。台北：紅葉文化，2019.
・胡俊（在印）《基于"诗画本一律"的美术学习自我评价》（《美国美术教育学会评价方法白皮书》）. Poetry as Embodied Self-assessment for Visual Art in NAEA Assessment White Papers, 2018.
・John L. Barth; illustrations, John L. Barth and Kerry L. Cundiff. *Tactile Graphics Guidebook*. American Printing House for the Blind, Inc., 1982 （電子ブック：https://archive.org/details/tactilegraphicsg00john/mode/2up

・Polly K. Edman.*Tactile Graphics*.American Printing House for the Blind, Inc., 1992 （電子ブック：https://archive.org/details/tactilegraphics15poll/mode/2up）
・Secchi,L. L'educazione estetica per l'integrazione. Carocci, 2004.
・Museo Tattile Statale Omero. L'arte a portata di mano Verso una pedagogia di accesso ai Beni Culturali senza barriere. Armando Editore, 2006.
・Associazione Amici dell'Accademia Carrara onlus. L'arte vista sotto un'altra ottica. Armando Editore, 2011.
・Grassini, A., Sòcrati, A., Trasatti A. L'arte contemporanea e la scoperta dei valori della tattilità. Armando Editore, 2018.

【アウトサイダーアート・障害者の芸術表現・ソーシャルアート，現代美術など】

・エドワード・F・フライ『キュビズム』美術出版社，1973年.
・モーリス・タックマン，キャロル・S・エリエル編『パラレル・ヴィジョン—20世紀美術とアウトサイダー・アート』淡交社，1993年.
・財団法人日本障害者リハビリテーション協会『平成6年度障害者文化芸術振興に関する実証的研究事業報告書』，1995年.
・全国美術館会議事務局編集『平成6年度第10回学芸員研修会報告書「障害者と美術館」』，1996年.
・はたよしこ『風の生まれるところ』小学館，1998年.
・『アウトサイダー・アート』求龍堂，2000年.
・服部正『アウトサイダー・アート』光文社，2003年.
・アール・ブリュット・ジャポネ展カタログ編『アール・ブリュット・ジャポネ』現代企画社，2011年.
・末永照和『評伝ジャン・デュビュッフェ—アール・ブリュットの探求者』青土社，2012年.
・保坂健二朗・アサダワタル『アール・ブリュットアート 日本』平凡社，2013年.
・3331 Arts Chiyoda・中村政人『アール・ブリュット？アウトサイダー・アート？ポコラート！福祉×表現×美術×魂』3331 Arts Chiyoda出版，2013年.
・椹木野衣『アウトサイダー・アート入門』幻冬舎，2015年.
・ハンス・プリンツホルン『精神病者はなにを創造したのか—アウトサイダー・アート/アール・ブリュットの原点』ミネルヴァ書房，2014年.
・川井田祥子『障害者の芸術表現—共生的なまちづくりにむけて』水曜社，2016年.
・服部正『障がいのある人の創作活動—実践の現場か

・ら」あいり出版，2016年.

・森下静香・光島貴之・吉岡洋他『ソーシャルアート
　—障害のある人とアートで社会を変える』学芸出版
　社，2016年.

・問いかけるアート編集委員会『問いかけるアート—
　工房集の挑戦』さわらび社，2017年.

・櫛野展正『アウトで生きている』タバブックス，
　2017年.

・ミシェル・テヴォー『アール・ブリュット』人文書
　院，2017年.

・『美術手帖　特集アウトサイダー・アート』2017.

・長津結一郎『舞台の上の障害者—境界から生まれる
　表現』九州大学出版会，2018年.

・小崎哲哉『現代アートとは何か』河出書房新社，
　2018年.

・平芳幸浩『マルセル・デュシャンとは何か』河出書
　房新社，2018年.

・平芳幸浩+京都国立近代美術館編『百年の泉　便器が
　芸術になるとき』LIXIL出版社，2018年.

・櫛野展正『アウトサイド・ジャパン—日本のアウト
　サイダー・アート』イースト・プレス，2018年.

・エミリー・シェブノア『アール・ブリュット（文庫
　クセジュ）』白水社，2019年.

・ミシェル・テヴォー『誤解としての芸術—アール・
　ブリュット』ミネルヴァ書房，2019年.

・アトリエ インカーブ『共感を超える市場—つながり
　すぎない社会福祉とアート』メディア・パル，2019
　年.

・福森伸『ありのままがあるがまま』晶文社，2019年.

・ジャン・デュビュッフェ『文化は人を窒息させる—
　デュビュッフェ式〈反文化宣言〉』人文書院，2020
　年.

・小林瑞恵『アウトサイダー・アート—湧き上がる衝
　動の芸術』大和書房，2020年.

・今中博之『アトリエインカーブ物語—アートと福祉
　で社会を動かす』河出書房新社，2020年.

［論文］

・中谷和人，アールブリュット／アウトサイダーアー
　ト」を越えて，『文化人類学』74／2，2009，pp.215-
　236.

【ユニバーサルデザイン・インクルーシブデザイン】

・日本人間工学会『ユニバーサルデザイン実践ガイド
　ライン』共立出版，2003年.

・カラーユニバーサルデザイン機構（CUDO）『カラー
　ユニバーサルデザイン』ハート出版，2009年.

・後藤芳一・星川安之『共用品という思想—デザイン
　の標準化をめざして』岩波書店，2011年.

・教育出版CUD事務局著・カラーユニバーサルデザイ
　ン機構監修『カラーユニバーサルデザインの手引
　き』共立出版，2012年.

・日本色彩研究所・全国服飾教育者連合会監修『色の
　ユニバーサルデザイン』グラフィック社，2012年.

・彼方始・カラーユニバーサルデザイン機構（CUDO）
　『考えよう学校のカラーユニバーサルデザイン』教
　育出版，2013年.

・ジュリア・カセム，平井康之他『インクルーシブデ
　ザイン—社会の課題を解決する参加型デザイン』学
　芸出版社，2014年.

・ジュリア・カセム『「インクルーシブデザイン」と
　いう発想—排除しないプロセスのデザイン』フィル
　ムアート社，2014年.

・平井康之・藤智亮・野林厚志『知覚を刺激する
　ミュージアム—見て，触って，感じる博物館のつく
　りかた』学芸出版社，2014年.

・中川聡・日経デザイン『ユニバーサルデザインの教
　科書　3版』日経BP，2015年.

・鈴木京子『インクルーシブシアターを目指して』ビ
　レッジプレス，2015年.

・日本色彩研究所・色彩検定協会監修『色彩検定公式
　テキスト UC級』グラフィック社，2018年.

・柏原四郎『よくわかるユニバーサルデザイン』PHP
　研究所，2019年.

・日本福祉のまちづくり学会『身体と空間特別研究委
　員会ユニバーサルデザインの基礎と実践—ひとの感
　覚から空間デザインを考える』鹿島出版会，2020年.

【その他：美学・美術科教育・視覚心理・ワーク
　ショップ論など】

・オルポート・G・W『偏見の心理』培風館，1961年.

・建畠覚造・佐藤忠良・船越保武他『新・技法シリー
　ズ彫刻をつくる』美術出版社，1965年.

・R・G・コリングウッド『芸術の原理』勁草書房，
　1973年.

・エリオット・W・アイスナー『美術教育と子供の知
　的発達』黎明書房，1986年.

・東洋『子どもの能力と教育評価』東京大学出版会，
　2001年.

・マクドナルド・S『美術教育の歴史と哲学』玉川大学
　出版会，1990年.

・佐伯胖『「わかる」ということの意味—子どもと教
　育』岩波書店，1995年.

・アメリア・アレナス『みる・かんがえる・はなす鑑
　賞教育へのヒント』淡交社，2001年.

・苅宿俊文・佐伯胖・高木光太郎『ワークショップと
　学び１—まなびを学ぶ』東京大学出版会，2002年.

・ピーター・H・ロッシ他『プログラム評価の理論と方法』日本評論社，2005年．

・港千尋，特集写真よ，語れ!『芸術新潮』56（9），2005, pp.68-75.

・早川智彦，松井茂，渡邊淳司，オノマトペを利用した触り心地の分類手法，『日本バーチャルリアリティ学会論文誌』15（3），2010, pp.487-490.

・茂木一司他『美術科教育の基礎知識　第4版』建帛社，2010年．

・アーサー・D・エフランド『美術と知能と感性―認知論からの美術教育への提言―』日本文教出版社，2011年．

・ギブソン・J・J『生態学的知覚システム　感性をとらえなおす』東京大学出版会，2011年．

・平田オリザ『わかりあえないことから―コミュニケーション能力とは何か』講談社，2012．

・森田亜紀『芸術の中動態―受容／制作の基層―』萌書房，2013年．

・中尾優衣，鈴木治の求めた「象」-「詠む陶」の視点から，『泥象　鈴木治の世界』展図録，日本経済新聞社，2013, p.15.

・茂木一司代表編集『協同と表現のワークショップ　第2版』東信堂，2014年．

・渡邊淳司『情報を生み出す触覚の知性:情報社会をいきるための感覚のリテラシー』化学同人，2014年．

・井上尚子，くんくんウォーク〜匂いがつなぐ軌跡〜『アロマリサーチ』64（16）4, 2015, pp.50-54.

・岩崎陽子，アートとしての香り『嗜好品文化研究1』2016, pp.28-35.

・源由里子『参加型評価―改善と変革のための評価の実践』晃洋書房，2016年．

・山口真美・金沢創『赤ちゃんの視覚と心の発達補訂版』東京大学出版会，2019年．

・カルラ・リナルディ『レッジョ・エミリアと対話しながら―知の紡ぎ手たちの町と学校―』ミネルヴァ書房，2019年．

・仲山ひふみ・千葉雅也・小泉義之，（対談）思弁的実在論「以後」とトランプ時代の諸問題，『現代思想』47（1），2019, pp. 8-33

・ロージ・ブライドッティ『ポストヒューマン―新しい人文学に向けて』フィルムアート社，2019年．

・茂木一司代表編集『とがびアートプロジェクト―中学生が学校を美術館に変えた』東信堂，2019年．

・松山沙樹，感覚をひらく―新たな美術鑑賞プログラム創造推進事業について，『CROSS SECTIONS Vol.9』京都国立近代美術館，2019, pp.80-93.

・渡邊淳司，伊藤亜紗，ドミニク・チェン，緒方壽人，塚田有那他『情報環世界』NTT出版，2019年．

・渡邊淳司編著『わたしたちのウェルビーイングをつくりあうために―その思想，実践，技術』BNN新社，2020年．

・渡邊淳司・藍耕平・吉田知史・栞野晃希・駒﨑掲・林阿希子，空気伝送触感コミュニケーションを利用したスポーツ観戦の盛り上がり共有―WOW BALLとしての検討『日本バーチャルリアリティ学会論文誌』25（4），2020, pp.311-314.

・林阿希子・伊藤亜紗・渡邊淳司，スポーツ・ソーシャル・ビュー―競技を身体的に翻訳し視覚障がい者と共有する生成的スポーツ観戦手法『日本バーチャルリアリティ学会論文誌』，25（3），2020, pp.216-227.

・Shildrick, M. & Price,J., Openings on the body: A critical introduction. In J. Price and M.Shildrick (eds) *Feminist Theory and the Body*. Edinburgh: Edinburgh University Press,1999.

・Barad, K. M. （2007）. Meeting The Universe Halfway: Quantum Physics and The Entanglement of Matter and Meaning, NC: Durham, Duke University Press.

・Hickey-Moody,A., *Unimaginable Bodies: Intellectual disability, performance and becomings*. Rotterdam: Sense,2009.

・Fleer M, Hoban G., Using 'Slowmation' for intentional teaching in early childhood centres: Possibilities and imaginigs. *Australasian Journal Of Early Childhood*. 2012.

・Victor, L., Combining High-Speed Cameras and Stop-Motion Animation Software to Support Students' Modeling of Human Body Movement. *Journal of Science Education and Technology*. Springer Verlag. 2015.

・Rothenstein, J., Candia M., *The Blind Photographer*, London:Redstone Press,2016.

・World Health Organization., International Classification of Functioning, Disability and Health: Final Draft Full Version. Reviewed Jun 5, 2020（http://unstats.un.org/unsd/disability/pdfs/ac.81-b4.pdf）.

■さわる美術館・博物館

＊感染症対策のために展示内容を変更したり、触察を休止している場合があります。詳しくは各館のwebサイト等でご確認ください。

❶ 視覚障害専門美術館・博物館

1-1　ギャラリーTOM：視覚障害者が彫刻に触って鑑賞できる場所として村山亜土（故）・治江によって1984年に創設された私立美術館。村山亜土と治江の一人息子、（故）錬（れん）は生来の視覚障害者として生まれ育った。あるとき、錬が「ぼくたち盲人もロダンをみる権利がある」と言った言葉に突き動かされた二人が、視覚障害者のための美術館を設立した。（東京都渋谷区松涛2-11-1）

1-2　桜井記念　視覚障がい者のための手でみる博物館：全盲の元盲学校教員、故桜井政太郎が1981年に設立。剥製や化石、骨、模型、新幹線の車輪など多種多様な収集・製作された展示物は、全て触れ、丁寧な説明も受けることができる。（対象者は視覚障害者とその関係者のみ、完全予約制）（岩手県盛岡市東中野字五輪7-1）

1-3　手と目でみる教材ライブラリー：2014年に国立特別支援教育総合研究所名誉研究員の大内進が設立した私設美術館。イタリアの「アンテロス手でみる触る美術館」の姉妹館として、同館で制作された「手でみる絵画」（石膏によるレリーフ）を展示。盲・弱視教育に関連する教材・教具・資料、視覚障害に関連する図書情報を提供。（東京都新宿区西早稲田3-14-2早稲田通りビル3階301）

1-4　日本点字図書館附属池田輝子記念ふれる博物館：視覚障害者が、触察に適したアレンジを施した絵画や建築、また近現代の視覚障害者の生活用具などを触って楽しめる「ふれる博物館」。（東京都新宿区高田馬場2-3-14 アイ・ブライト2階）

1-5　アトリエみつしま：全盲の美術家・鍼灸師である光島貴之が主催するギャラリー兼アトリエ。視覚障害者と健常者がいっしょに鑑賞する「ぎゅぎゅっと対話鑑賞」を定期開催（Q40参照。京都府京都市北区紫野下門前町44）

❷ 視覚障害者の鑑賞学習などに取り組む美術館・博物館

2-1　群馬県立自然史博物館：常設展示に触れる標本、鳴き声を聞く装置、臭いが出る展示がある。事前予約で視覚障害者の団体にはスタッフが案内する。（群馬県富岡市上黒岩1674-1）

2-2　世田谷美術館：視覚障害者の美術鑑賞の可能性を問う講座を実施。アンリ・ルソー≪フリュマンス・ビッシュの肖像≫の触図を作成。事前予約で、ボランティア等による作品解説が受けられる。（東京都世田谷区砧公園1-2）

2-3　横須賀美術館：所蔵作品の触図と音声ガイドを用いた鑑賞会を実施。（神奈川県横須賀市鴨居4-1）

2-4　長野県立美術館：美術館がだれでも安心してアートと出会える場所になることを目指すインクルーシブ・プロジェクトを実施。視覚以外の感覚でも楽しめる無料ギャラリー「アートラボ」がある。（コラム⑤参照。長野県長野市箱清水1-4-4）

2-5　愛知県美術館：「視覚に障害のある方とのプログラム」を年1、2回実施。愛知県内9つの美術館のコレクションを点字と触図で解説した『さわるアートブック』はwebサイトからダウンロード可。（愛知県名古屋市東区東桜1-13-2）

2-6　名古屋市美術館：1989年に「手で見る彫刻展」を開催。2001年に常設展で視覚障害者とボランティアによる言葉による鑑賞を全国に先駆けて開始。（愛知県名古屋市中区栄2-17-25）

2-7　愛知県陶磁美術館：視覚障害者団体を対象に焼き物に触れる鑑賞会を実施。（愛知県瀬戸市南山口町234）

2-8　山梨県立美術館：1978年の開館間もない時期より障害者への対応に取り組んでおり、『手でみるミレー』の触図と点字の解説が用意されている。2021年秋にアンテロス美術館翻案による「種をまく人」の手でみる絵が披露された。（山梨県甲府市貢川1-4-27）

2-9　兵庫県立美術館：1989年より毎年、彫刻を中心に視覚障害者を含む来場者が触って鑑賞できる小企画展「美術の中のかたち－手で見る造形」を開催。そ

れ以外の視覚障害者による鑑賞については事前連絡により対応可能な場合がある。（兵庫県神戸市中央区脇浜海岸通1-1-1（HAT神戸内））

2-10　京都国立近代美術館：美術館建築の「さわる模型」や所蔵作品を触図と点字で示した「さわるコレクション」などがある。「感覚をひらく一新たな美術鑑賞プログラム創造推進事業」を実施中。（Q38参照。京都府京都市左京区岡崎円勝寺町26-1）

2-11　三重県立美術館：視覚障害者のための美術教育支援教材「触ってセット」がある。柳原義達記念館等では、彫刻作品を視覚障害者に限り触って鑑賞できる。多感覚鑑賞の企画展も実施。（三重県津市大谷町11）

2-12　滋賀県立陶芸の森：陶芸専門の美術館、信楽のいまを紹介する産業展示館等から成る。「特別鑑賞塾」では、作品を手に取って、制作技法や作家について学芸員から解説を受けられる。（滋賀県甲賀市信楽町勅旨2188-7）

2-13　国立民族学博物館：探究ひろばには展示資料を見てさわって理解するコーナーがある。事前申し込みで本館展示内のさわれる資料を中心にボランティアによる展示解説が受けられる。（大阪府吹田市千里万博公園10-1）

2-14　岡山県立美術館：「鑑賞ツールとしての触る絵画（＜収蔵作品6点の触図編＞と＜アートゲーム編＞）」や、それらを活用した「暗闇ワークショップ/触ってみて、みて！」などのプログラムがある。（岡山県岡山市北区天神町8-48）

その他に、**釧路湿原美術館**（北海道釧路市阿寒町上阿寒23-38）、「アートにタッチ！」コーナー、点字や拡大印刷の解説文がある**北海道立函館美術館**（北海道函館市五稜郭町37-6）、毎年「ふれるかたち」展を実施する**北海道立近代美術館**（北海道札幌市中央区北１条西17）、視覚特別支援（盲）学校への対応がある**北海道立三岸好太郎美術館**（北海道札幌市中央区北２条西15）、以前日本画のワークショップ・鑑賞会を実施した**明石市立文化博物館**（兵庫県明石市上ノ丸2-13-1）がある。

❸ 野外・彫刻美術館

3-1　**札幌芸術の森野外美術館**：広大な敷地に展示され
た彫刻作品74点のうち、ステンレス製以外の作品に触ることができる。ボランティアによる作品解説が受けられる。（北海道札幌市南区芸術の森2-75）

3-2　徳島県立近代美術館：事前連絡で、学芸員の説明が受けられる。一部の作品は音声ガイドや触察図がある。視覚障害者のためのさわる鑑賞については事前に相談。（徳島県徳島市八万町向寺山　文化の森総合公園内）

3-3　鹿児島県霧島アートの森：野外展示空間にある、国内外の造形作家によるオリジナル彫刻・立体作品はさわることができる。（鹿児島県姶良郡湧水町木場6340-220）

その他に、事前連絡調整で触れる鑑賞ができる**旭川市彫刻美術館**（北海道旭川市春光5条7）、すべての彫刻に触れることができる**安田侃彫刻美術館アルテピアッツァ美唄**（北海道美唄市落合町栄町）、事前連絡でブロンズ作品に触れることができる**本郷新記念札幌彫刻美術館**（北海道札幌市中央区宮の森4条12丁目）、事前連絡で彫塑作品を準備する**長沼孝三彫塑館**（山形県長井市十日町1-11-7）、多くの石彫作品・モニュメントに触れられる**岩瀬石彫展覧館**（茨城県桜川市亀岡741）、常時彫刻数点は触れることができる**渋川市美術館・桑原巨守彫刻美術館**（群馬県渋川市渋川1901-24）、常設展示がタッチミュージアムとなっている**市原市水と彫刻の丘**（千葉県市原市不入75-1）、**現代彫刻美術館**（東京都目黒区中目黒4-12-18）、視覚障害者にかぎり事前連絡で全ての彫刻に触れられる**台東区立朝倉彫塑館**（東京都台東区谷中7-18-10）、野外彫刻に自由に触れられる**ジョイナスの森彫刻公園**（神奈川県横浜市西区南幸1-5-1）、屋外の手の届く範囲の彫刻に触れられる**美ヶ原高原美術館**（長野県上田市武石上本入美ヶ原高原）、一部の彫刻等に触れることができる**ヴァンジ彫刻庭園美術館**（静岡県長泉町東野クレマチスの丘347-1）、視覚障害者に限り事前連絡でボランティアガイドによる解説とさわって鑑賞ができる**静岡県立美術館ロダン館**（静岡市駿河区谷田53-2）、事前予約で視覚障害者のみ限定で作品に触れることができる**ルーブル彫刻美術館**（三重県津市白山町佐田東谷1957）、木彫作品を自由に触れながら鑑賞できる**五次勝木彫刻**（滋賀県高島市朽木古川141-3）、ブロンズ彫刻作品約40点さわって鑑賞できる**佐川美術館**（滋賀県守山市水保町北川2891）、野外展示の一部に触れられる**ときわミュージアム**（山口県宇部市野中3-4-29）、事前連絡調整でほぼすべての作品を触れながら鑑賞できる**イサム・ノグ**

チ庭園美術館（香川県高松市牟礼町牟礼3519）、視覚障害者のみさわって鑑賞できる**朝倉文夫記念館**（大分県豊後大野市朝地町池田1587-11）、一部の彫刻に触れられる**佐賀県立博物館・美術館**（佐賀県佐賀市城内1-15-23）などがある。

❹ 海外の美術館・博物館

4-1　アンテロス触る美術館：1999年開館の視覚障害者専用美術館。イタリアの伝統的浮彫技術を活用して、絵画を半立体的に翻訳した「手で見る絵」30点を所蔵。視覚障害者の鑑賞学習支援の研修講座なども実施している（Q11、コラム⑧参照。Via Castiglione, 71, 40124 Bologna BO, イタリア）

4-2　オメロ触る美術館：誰もがアートに触れることができ、特に視覚障害者のためにイタリアで最初に作られた美術館。1993年にアンコーナ市の施設として開館後、1999年国立美術館に指定。常設展は歴史的建造物の縮尺モデル、オリジナル彫刻、古典・近代彫刻のレプリカ等。（Q11参照。Lazzaretto of Ancona, Banchina Giovanni da Chio, 28, 60100 Ancona AN, イタリア）

4-3　ウフィッツィ美術館：館長直属のアクセシビリティ部門が設けられ、「ウフィッツィを触る（Uffizi da toccare）」が始まる（2015）。タッチツアーでは、視覚障害者は予約なしで手袋をして、メディチ家のコレクションのオリジナル彫刻に触れることができる。（Q11参照。Piazzale degli Uffizi, 6, 50122 Firenze FI, イタリア）

4-4　ヴァチカン美術館：歴代ローマ教皇の収集品を収蔵展示する世界最大級の美術館。視覚障害者を対象にコレクションの一部のレリーフやキャンバスの部分に触れる体験、詩や音楽を通して多感覚で作品イメージを理解する体験ができる。（Q11参照。00120 Città del Vaticanoヴァチカン市国）

4-5　メトロポリタン美術館：1870年に創設された全米最大規模の美術館。視覚障害者を対象とした言語解説、触れる常設展示、制作ワークショップやセルフガイド「エジプト美術ツアー」がある。（Q10参照。1000 5th Ave, New York, NY 10028 アメリカ合衆国）

4-6　フィラデルフィア美術館：世界で初めて1971年に視覚障害者向けのアートコース「Form in Art」を設置。ガイドと一緒に常設展の触る展示を見るツアーや、アーティストが講師を務める美術史・スタジオ制作講座などを行う。（2600 Benjamin Franklin Pkwy, Philadelphia, PA 19130 アメリカ合衆国）

4-7　ルーヴル美術館：グラフィックアート、ルーヴル美術館の歴史、イスラム美術など、様々なコレクションで触覚テーブルを提供。「Petite Galerie」には、点字の冊子が用意されており、すべてアクセシブル。四半期毎に、美術館の展示の1つを説明的・触覚的に展示。（Rue de Rivoli, 75001 Paris, フランス）

4-8　ポンピドゥーセンター：視覚障害の介助者を対象に言語による作品描写を練習する「Ecouter Voir」、収蔵作品に触れる「Toucher pour Voir」、月1回展示作品のいくつかに焦点を当て紹介する「Images tactiles」などがある。（Place Georges-Pompidou, 75004 Paris, フランス）

4-9　ロダン美術館：1990年より閉館日（月曜）に視覚障害者を受け入れ、同館の障害者教育専門インストラクター／彫刻家アレクサンドル・フランソワ氏による手作りのプログラム「手による鑑賞」を開催。（77 Rue de Varenne, 75007 Paris, フランス）

4-10　大英博物館：常設展示室のうち8か所はハンズオンデスクが設置され、来館者は展示物に触れることができる。パルテノン神殿、エジプト彫刻ギャラリーではセルフガイドとボランティアによるタッチ・ツアーが行われる。展示による説明本や浮彫のオブジェ、音声解説ガイド、大判の本など豊富なアクセス手段がある。（Great Russell St, London WC1B 3DG イギリス）

4-11　国立台湾美術館：アジア最大の近・現代美術館。2012年に中華民国文化部から視覚障害者のためのサービスと空間を提供する公共施設に指定。視覚障害者が鑑賞や創作ワークショップに参加できるよう、常設の視聴覚ガイドサービスや展示作品の触覚補助具を提供。（台中市西区五権西路一段２号）

その他に、視覚障害者を対象とした現代彫刻のタッチ・ツアー「Art in Sight」がある**ニューヨーク近代美術館（MoMA）**（11 W 53rd St, New York, NY 10019 アメリカ合衆国）、視覚障害者を対象に常設展示の無料タッチ・ツアーを実施する**イサム・ノグチ美**

術館（9-01 33rd Rd, Queens, NY 11106 アメリカ合衆国）、触図や言葉のガイドがある**ナショナル・ギャラリー**（Constitution Ave. NW, Washington, DC 20565 アメリカ合衆国）、点字と凹凸の解説パネルがある**ケ・ブランリー美術館**（37 Quai Branly, 75007 Paris, フランス）、常設展示に触れるタッチ・ツアーがある**リヨン美術館**（20 Pl. des Terreaux, 69001 Lyon, フランス）、定期的に視覚障害者を対象とした鑑賞プログラムを実施し、視覚障害のある子どもたちが多感覚活動を通じて博物館を探索できる「多感覚リュック」を提供する**ヴィクトリア＆アルバート博物館**（Cromwell Rd, London SW7 2RL イギリス）、触図とスタッフによる解説、絵画に関する音楽生演奏を組み合わせた鑑賞プログラム「Art through Words」を定期的に開催する**ナショナル・ギャラリー**（Trafalgar Square, London WC2N 5DN イギリス）などがある。

■ 盲造形教育史年表

年代	日本の盲教育・盲造形教育史	外国の盲造形教育史	アート・教育・社会
前4世紀		・[古代ギリシア] アリストテレスが盲人教育の可能性を説く	BC320頃・プラクシテレス「ヘルメス像」
1世紀		・[ローマ] クィンティアヌス (Marcus Fabius Quintilianus) が盲人教育と文字書記の方法を記述	81頃・コロッセオ建設
600頃	・聖徳太子が窮民や障害者救済のため，四天王寺に敬田院，悲田院，施薬院を設けたと伝えられる		609頃・法隆寺建立
730	・光明皇后が障害者，孤独者らの救済のため，施薬院，悲田院を設ける		752頃・東大寺盧舎那大仏
9世紀半ば	・人康親王が20代後半に失明し，出家して山科に山荘を営み，盲人を集め救済事業を行ったといわれる		
1178		・[独] ヴェルフ (Duke Welf Ⅶ) がバイエルン地方のメミンゲンに盲人ホームを設立	12世紀後半・「源氏物語絵巻」
1254		・[仏] ルイ9世 (Louis Ⅸ) がパリに300人を収容できる盲人施設「カンズ・ヴァン (Quinz-vingts)」を設立	1220-50頃・ノートルダム大聖堂
1292頃		・[仏] ルノー・バルボウ (Renaut Barbou) がシャルトルに120人収容できる盲人施設「The Six-Vingts」を設立	13世紀・平治物語絵巻
1305		・[白] ブルージュに盲人の収容施設を設立	
1329		・[英] ウィリアム・エルシング (William Elsinng) がロンドンに主に盲人収容施設で100人を収容できる養育院を設立	13－14世紀・那智滝図
1350		・[仏] ジョン王 (King John the Good) がシャルトルに盲人ホームを設立	
1370		・[白] ゲントに盲人収容施設を設立	1397頃・金閣寺建立
1517		・[西] フランシスコ・リューカス (Fransiscus Lucas) が浮出し文字を考案．1580年，マドリードにおいて生徒に教授	1503－5頃・レオナルド・ダ・ヴィンチ「モナリザ」 1512頃・ミケランジェロ「システィーナ礼拝堂」
1528		・[蘭] エラスムス (Desuderius Erasmus) が盲人文字に関する実験を報告	
1550		・[伊] カルダーノ (Girolamo Cardano)『鋭敏性』公刊．盲人の読み書きの工夫を述べる	1565・ブリューゲル「雪中の狩人」
1575		・[伊] ランパゼット (Rampazetto) がリューカスの浮出し文字を改良し，凸凹文字を用いローマで盲人に教授	16世紀後半・長谷川等伯「松林図屏風」 ・千利休「茶の湯」
1640		・[仏] パリの筆耕者ピエール・モロー (Pierre Moreau) が鉛製活字の製作を試みる（実際には使用されなかった）	1620－30頃・俵屋宗達「風神雷神図」
1640頃		・[独] ウイルドリッヒ・シェーンベルガーが錫文字を考案	
1651		・[独] ゲオルク・ハルスデルファ (Georg Philip Harsdorffer) が蝋を引いた板の上に鉄筆で文字を書き触読する方法を記述	1657・ベルニーニ「サンピエトロ大聖堂列柱廊」
1670		・[伊] ラナ (Francesco Lana Terzi) が点と線の組み合わせによるアルファベット（ラナの凸刻）を考案	1665頃・ヨハン・フェルメール「真珠の首飾りの女」
1676		・[スイス] 数学者ベルヌーイ (Jakob Bernoulli) が盲目の少女ワルドキルヒ (Elizabeth Waldkirch) に薄い木板に深く刻んだ文字を触読させ，鉛筆でたどらせ，覚えた文字を紙の上に鉛筆やペンで書かせて教育	1701頃・尾形光琳「燕子花図屏風」
1784		・[仏] バランタン・アユイ (Haüy, V) 博愛協会の援助を得て，パリ盲学校設立（学校教育としての組織的教育の始まり）	1793 ダヴィッド「マラーの死」
1807		・[墺] ヨハン・ヴィルヘルム・クラインが，針で字体を表す活字を使って凸字を印刷する装置を発表	
1825		・[仏] ルイ・ブライユ (Louis Braille)，6点点字考案	1831－34頃・葛飾北斎「富嶽三十六景」 1839頃・ダゲールによりダゲレオタイプ（写真）発明

年			
1827		・[英] John Alston が，晴眼者にも読め触覚的にも認知しやすい凸文字を開発した	
		・[英] James Gall が，触認知しやすい角をベースにした字形の文字を開発し，本を出版した	
1838 頃		・[英] James Hatley Frere がの速記文字をもとに，6 要素で構成する発音を表した凸文字を発明	
1840		・[英] ウィリアム・ムーン（William Moon）が考案した単純で中途失明者にもわかりやすい凸文字を開発．イギリス盲人協会（R N I B）に採用された	
1852		・[仏] ルイ・ブライユ（Louis Braille），1月6日に死去．クープレ村に埋葬される	
1854		ブライユ点字が，盲人の為の文字としてフランスで公式に認められる	
1866（慶応2）	・福沢諭吉「西洋事情」でヨーロッパの唖院，盲院，痴院紹介	・[独] プロイセンで盲・聾学校設置義務を規定	1863・マネ「オランピア」
1872（明治5）			・学制発布 ・東京師範学校設立 ・モネ「印象日の出」
1876（明治9）	・平野知雄，熊谷実弥，東京に盲人学校設立		1876・ルノワール「ムーランド・ラ・ギャレット」
1878（明治11）	・京都に盲唖院設立，翌年府立となる（同13年，盲唖院通則，工場規則及び工学科規則を定め，盲児には音曲，按鍼術，紙撚細工の3科を，聾児には彫鋟，刺繍，指物細工の3科を兼修させた．盲聾児に対する近代的職業教育の創始）	・パリの国際会議で，ブライユ点字が盲人の文字として認められ，全世界で用いられることになった	1877・ロダン「青銅時代」 1877・高橋由一「鮭」
1879		・[米] 盲教育振興会法，点字教材に連邦補助	・学制を廃し，教育令を発布
1883		・[英] 第1回英国盲教育会議	1883 − ガウディ「サグラダ・ファミリア」建設開始
1885（明治18）	・楽善会訓盲院を文部省直轄学校に移管し，東京盲唖学校とする		1884・スーラ「グラッドジャッド島の日曜日」
1886（明治19）	・小学校令により，高等小学校に加設科目として「手工科」が設置される	・[独] ベルリン盲学校に教員養成課程設置	1887・セザンヌ「サントビクトワール山」
1890（明治23）	・石川倉次，日本訓盲点字を完成（小西信八，東京教育博物館長手島精一からブライユ点字を教わる）	・[英] 王立盲聾唖委員会報告書，盲・聾・唖・精薄教育について勧告	1888-1890・ヴァン・ゴッホ「ひまわり」
1893（明治26）			・高村光雲「老猿」 ・リュミエール兄弟により，シネマトグラフ（映画）発明
1899（明治32）	・小学校令改正，就学免除・猶予の理由を明示	・[英] 盲聾教育法（就学義務）制定	・John Dewey,『The School and Society』
1900（明治33）	・東京盲学校に，教員練習科設置（盲唖の正規の教員養成教育の開始）	・[スイス] 盲聾児の就学義務制定	
1903（明治36）	・京都市立盲唖院編『盲唖教育論』，手工教育の意義を「盲人をして手指練習の必要即俗に日う起用ならしめんことを期し且技芸の素養を造るにも益するならんと用意し今回此科を設けたるなり」と言及		1904・青木繁「海の幸」
1905		・[米] マサチューセッツ州，盲・聾児の就学義務制定	・アインシュタイン「相対性理論」
1906（明治39）	・東京盲唖学校長小西信八，京都市立盲唖学校長鳥居嘉三郎，私立大阪盲唖学校長古川太四郎三名連記の上，文部大臣牧野伸顕宛「盲学校並びに聾唖学校設置準則」の件に付き建議．その中の盲人学校学科程度には，「尋常小学校・高等小学校課程，科目，修業年限ハ一二小学校二拠ル．但図画裁縫ヲ省ク」とあり，尋常中学校では「尋常中学校二拠ル．但図画裁縫ヲ省ク」とある	・[独] ノワエスに盲聾唖施設設置	
1907（明治40）	・第1回全国盲唖学校教員会開催		・パブロ・ピカソ「アヴィニョンの娘たち」 ・グスタフ・クリムト「接吻」
1908		・[英] ロンドンに弱視児学級設置	・マティス「ダンス」
1910（明治43）	・東京盲唖学校を東京盲学校と東京聾学校に分離，師範科を置く	・ブルデ（Burude），盲児の粘土塑像についての論文（『応用心理学雑誌』）を書く	
1911		・[独] プロイセン盲・聾児義務就学制規定	
1912（明治45）	・文部省，第1回盲学校教員講習会開催		1913・ボッチョーニ「空間の中のユニークな連続体」

1915		・マッツ (Mats, W) が小学校で盲児を使って塑像製作の実験をする	・シャガール「誕生日」
1917			・マルセル・デュシャン「泉」
1918		・[英] 教育訓練中の盲人に生活扶助を規定	・山本鼎らによる自由画教育運動
1919		・[ロ] 特殊学級設立義務規定	・バウハウス開校
1920 (大正9)	・文部省「盲唖学校ニ関スル調査」で，全国10校の内4校に手工科が設置され，「簡易ナル細工」（粘土細工が中心）を教授		・中村彝 (1887-1924)「エロシェンコ氏の像」*1
1921 (大正10)	・帝国盲教育会設立		・岸田劉生「麗子像」
1923 (大正12)	・「盲学校令及聾唖学校令」公布.「公立私立盲学校及聾唖学校規則」制定に伴い，手工科が正課として位置づけられる．東京盲学校規則には「手工及技芸」の名称で1年から3年までが「簡易ナル細工」，4，5年女子「簡易ナル編物等」，6年同「簡易ナル裁縫」を2-3時間課程が設けられた		・カンディンスキー「コンポジションⅧ」
1925		・[ロ] オスカー・ウルフ (Osker Wulff) は『児童の芸術』の中で，盲児の塑像製作の実験を論じた.	
1927 (昭和2)	・東京盲学校で幼稚園（初等科予科）を開始		
1928 (昭和3)	・帝国盲教育会と日本盲教育会が合併し，帝国盲教育会となり，『盲教育』を刊行		・横山大観「秩父霊峰春暁」
1931		・[ロ] 障害児の就学義務規定 ウィルヘルム・フォッス (Willhelm Voss, Kiel)『盲人の図画における主観的及び客観的構成要素』，同『盲目児童の絵画的符号』	・ダリ「記憶の固執」 ・コルヴィジェ「サヴォア邸」
1932 (昭和7)			・東京市立光明学校設立
1934		・ルードウィヒ・ミュンツ (L. Münz) とビクター・ローエンフェルド (V. Lowenheld)『盲人の造形的制作』	1936・アルフレット・バーJr「美術史チャート」
1937 (昭和12)	・ヘレン・ケラー女史来日		・ピカソ「ゲルニカ」
1938 (昭和13)	・教育審議会が盲聾教育の義務制について答申	・ローエンフェルド，ウィーンで15年間盲人学校で芸術教育に従事した後，『児童美術と創造性』（英訳：The Nature of Creative Activity，翌年ロンドンで出版. 邦訳1960年，美術出版社）	
1940 (昭和14)			・大阪市立思斉学校設立 ・棟方志功「釈迦十大弟子」
1941 (昭和16)	・「小学校令」を改正し，「国民学校令」を公布（手工科を工作科と改称）		・太平洋戦争開戦
1945 (昭和20)			・太平洋戦争終結 ・ポツダム宣言受諾 ・ジャン・デュビュッフェ「アール・ブリュット」を提唱
1946 (昭和21)	・「官立盲学校及聾学校管制」等公布.「日本盲教育会」結成（？）		・「日本国憲法」公布 ・UNESCO（国連教育科学文化機構）設立 ・UNICEF（国連児童基金）設立
1947 (昭和22)	・「職業安定法」公布(身体障害者公共職業補導所設置等) ・「あん摩，はり，きゅう，柔道整復等営業法」公布 ・「肢体障害者職業安定要綱」策定（労働省）		・「教育基本法」「学校教育法」「同施行規則」公布 ・ジャクソン・ポロックによるアクションペインティング
1948 (昭和23)	・盲聾教育義務化を規定 ・「日本盲人会連合」結成	・ヴィクター・ローエンフェルド，『創造性と精神的成長』（邦訳：『美術による人間形成』1961年，黎明書房）	・世界保健機関 (WHO) 憲章効力発生 ・第3回国連総会「世界人権宣言」採択
1949 (昭和24)	・文部省，盲学校教育課程研究協議会を組織して，盲学校の指導要領に着手したが成果を作成できず，その資料を財団法人青鳥会において，「青鳥案」として印刷，各学校に配付		
1950 (昭和25)	・神戸市立盲学校で福来四郎教諭が粘土による実践を開始	・ゲーザ・レヴェツ (Révész. G)，『盲人の心理と芸術』	
1951 (昭和26)			・第4回WHO総会（日本参加，加盟承認） ・第3回ILO総会（日本参加，加盟承認） ・UNESCOに日本加盟

年			
1952 (昭和 27)			・ジョン・ケージ「4分33秒」
1953 (昭和 28)	・文部省，『盲学校図画工作指導書』		
1954 (昭和 29)	・「盲学校，聾学校および養護学校への就学奨励に関する法律」公布		・第 7 回 WHO 総会（日本，常任理事国になる） ・第 37 回 ILO 総会（日本，常任理事国になる） ・具体美術協会結成
1955 (昭和 30)			・第 1 回アジア盲人福祉会議【東京都】
1956 (昭和 31)			・第 11 回国連総会（日本加盟承認）
1957 (昭和 32)	・福来，『眼がほしい－光なき子等の生活記録－』土龍社．福来，盲児の作品展「無明の工人展」を東京，京都，名古屋，九州などで開催		・盲学校小学部・中学部学習指導要領告示
1958 (昭和 33)	・国立聴力言語障害センター開所（東京都新宿区戸山）		
1959 (昭和 34)	・福来，映画「眼が欲しい」，教育映画祭で文部大臣賞を受ける		
1960 (昭和 35)			・盲学校高等部学習指導要領告示
1961 (昭和 36)	・沖縄県立沖縄盲学校に山城見信が赴任，指導を始める．網目の作図板と印画紙を使って，全盲児に素描を試みる．身近な動物をモデルに粘土細工を始め，新垣栄氏の窯場で焼成 ・福来，盲児の描いた画集『いちにんまえ』を 70 ヶ国に送る		
1962 (昭和 37)	・「学校教育法施行令」一部改正により，盲学校の対象となる盲者，強度の弱視者の基準制定 ・福来，盲児のための『手で見る絵本』を工夫し，NHKテレビで紹介される	・ノースカロライナ美術館にあるメアリーデュークビドル盲人ギャラリーで「視覚障害者のための展示会」が開催される	・アンディ・ウォーホール「キャンベルスープ」
1963 (昭和 38)	・沖縄県立沖縄盲学校「第 1 回校外ねん土作品展」開催，於沖縄新報ロビー（翌年同第 2 展を山城結婚で転出のため，クラブ員 6 名が自力で開催）		・1963 ハイレッドセンター結成
1964 (昭和 39)	・盲学校小学部学習指導要領改訂告示		・東京オリンピック
1965 (昭和 40)	・盲学校中学部学習指導要領改訂告示		・ジョセフ・コスース「1つと 3 つの椅子」
1966 (昭和 41)	・盲学校高等部学習指導要領改訂告示 ・「視覚に頼らない造形展」開催（岐阜県立盲学校） ・文部省「盲学校及び聾学校の高等部の学科を定める省令」を公布		1967・ジェルマーノ・チェラント「アルテ・ポーヴェラ」 1968・関根信夫「位相－大地」
1969 (昭和 44)	・福来，『みたことないもんつくられへん』講談社刊		・アポロ 11 号月面着陸
1970 (昭和 45)		・カリフォルニア芸術評議会による視覚障害者のための巡回展，「Dimension」が開催される	・大阪万博 ・「人間と物質」展
1971 (昭和 46)	・盲学校小学部・中学部学習指導要領改訂告示	・フィラデルフィア美術館が「Form in Art」という視覚障害者向けの鑑賞プログラムを開始 　1971・メトロポリタン美術館も 1970 年代に視覚障害者へのサービスと鑑賞プログラムを開始している ・カリフォルニア芸術評議会による視覚障害者のための巡回展，「Perception」が開催される	・精神遅滞者の人権宣言（国連）
1972 (昭和 47)		1972・ニューヨークモダンアート美術館（MoMA）が視覚障害者向け「彫刻タッチツアー」を開始	・第 1 回盲人タイピング大会開催（ソウル）
1973 (昭和 48)			・リハビリテーション法制定（アメリカ） ・ヘンリー・ダーガ「非現実の王国で」が発見される ・司法試験の点字受験が認められる
1974 (昭和 49)	・沖縄県立沖縄盲学校「やきもの展」を開催，於沖縄県立博物館 ・千葉県立千葉盲学校に西村陽平が赴任，指導を始める	・フランス，ボルドー「知るために触れる協会」	1974 － 79・ジュディ・シカゴ「ディナーパーティー」

年			
1975 (昭和50)		・視覚障害者のためのタッチツアー「触って聞く」がメトロポリタン美術館で開催される	・障害者の権利宣言（国連） ・EAHCA：全障害児教育法制定（アメリカ）
1976 (昭和51)		・[英]「視覚障害者のための彫刻展」（通称タッチ展）がテートギャラリーで開催	
1977 (昭和52)		・[伊] 特殊学級・学校を廃止し，フルインクルージョン教育を実質的に開始 ・視覚障害者のためのタッチツアー「Shape and Form」がメトロポリタン美術館で開催される	・レンゾ・ピアノ「ポンピドゥーセンター」（パリ）
1978 (昭和53)	・全国盲学校教育研究大会第100回大会開催，於長崎，会誌『盲教育－盲教育会誌100年記念特集』第46・47合併号発行（図工・美術部会研究テーマ：1. 彫塑表現に意欲を持たせて，その技能を伸ばすための指導について，2. 鑑賞能力を高めるための指導について，参加者44名） ・山城見信，沖縄県立沖縄盲学校に再赴任．沖縄県立沖縄盲学校，首里石嶺より南風原町に移転し，登り窯を作る．同「土の造形・20年展」を開催，於沖縄タイムス第2ホール．同展作品集『盲学校・土の造形二十年』自費出版 ・福来，読売教育賞，吉川英治賞，井植文化賞を受ける．同「盲児のつくった母子像展」「無眼球児の彫塑展」を開催．（同名著書出版）	・[米] ボストン美術館が視覚障害者向けのタッチ・ツアーを開始．視覚障害者のスタッフを含むアクセスアドバイザリーボードの協力により館内すべてのプログラム，サービス，ツアーが対象	・[英] 1978年教育法：ノーウィック報告書，障害別カテゴリーを廃し，「特別な教育ニーズ（SEN）」の概念を提示 ・成田空港開港
1979 (昭和54)	・ポンピドー国立芸術文化センター「子どものアトリエ」による「手で見る展覧会」開催，於西武美術館 ・国立身体障害者リハビリテーションセンターを設置（所沢市）（国立身体障害センター，国立東京視力障害センター，国立聴力言語障害センターを統合し，発足）		・盲学校小学部・中学部・高等部学習指導要領改訂告示 ・養護学校義務制 ・国際児童年（国連） ・第34回国連総会「国際障害者年行動計画」決議［各国に「国内長期行動計画」策定等を勧告］
1980 (昭和55)	・福来，『魚の足はまだ見ていません』刊		・WHO「国際障害分類試案」（ICIDH）発表（障害を「機能障害」，「能力低下」，「社会的不利」の3つのレベルに区分）
1981 (昭和56)		・テートギャラリーで「盲人のための彫刻」展が開催（1976年と別）	・国際障害者年（IYDP） ・リチャード・セラ「傾いた弧」
1982 (昭和57)			・ヨーゼフ・ボイス「7000本の樫の木プロジェクト」
1983 (昭和58)	・群馬県立盲学校に多胡宏が赴任．指導を始める		・東京ディズニーランド開園
1984 (昭和59)	・手で見る美術館（ギャラリー・オブ・タッチ・ミー・アート）「ギャラリーTOM」村山亜土，村山治江夫妻によって開館．佐藤忠良，堀内正和，流政之，清水九兵衛ら多くの賛同者を得る．翌年『彫刻に触れるとき』用美社より刊行 ・西村，『見たことないもの作ろう！－障害児の作品から学ぶ』偕成社刊 ・群馬県立盲学校，多胡ら「第1回盲学校作品展」開催，於東京電力お客様相談室ギャラリー（以後画廊ポピーなど，毎年前橋市内で開催）		・世界盲人連合（WBU）設立（サウジアラビア） ・臨時教育審議会設置（中曽根康弘内閣） ・Apple マッキントッシュを発売 ・森村泰昌「肖像＜ゴッホ＞」
1986 (昭和61)	・第1回TOM賞（ギャラリーTOM主催，入選作品は「ぼくたちのつくったもの展」に展示）		・E. W. アイスナー著『美術教育と子どもの知的達』，黎明書房
1987 (昭和62)	・「手で見る彫刻山形展―やさしさに触れて―」於山形美術教育館 ・セミナー「触覚」4月24日－26日 カトリーヌ・ルイドゥー（フランス国立ポンピドゥー芸術文化センター「子供のアトリエ」触覚教育指導員）によるセミナー『触覚』と「ロダン"カレーの市民"を触る」を考える集い」をギャラリーTOMで開催．この内容は，新しい絵の会編『美術の教室』（36号－特集：触れる・見る・つくる，1987年12月号に紹介）		

年			
1988 (昭和63)	1988年9月，第16回リハビリテーション世界会議が東京で開催される．これを機に，「盲人と造形芸術」をテーマに，五つのイベントが同時に開催される． ①世界会議の会場である京王プラザホテルで，国立ポンピドー芸術文化センター「子どものアトリエ」・手で見るギャラリーTOM共同企画の「瞑想のための球体」 ②有楽町朝日ホールで，国際シンポジウム「美と触覚」， ③有楽町アート・フォーラムで「手で見る美術展」， ④目黒区美術館区民ギャラリーで「アメリカ盲人芸術家の造形展」， ⑤手で見るギャラリーTOMでは「'88 ぼくたちの作ったもの展」 ・また関西でも，日本ライトハウスで海外の専門家も迎えて「美と触覚」をテーマに '88 盲人福祉展 ・尼崎市つかしんホールで「手で見る美術展」が開催される ・(熊本) 県内の彫刻家・造形作家・熊本大学美術科及び県立盲学校の児童生徒による「手で見る造形展」開催，主催熊本県文化協会など，於熊本県立美術館 (以後継続し，「30周年記念誌」2019年刊行	・6月，ワシントンで，「ベリー・スペシャル・アーツ」(障害者芸術祭，とっておきの芸術祭) 世界大会開催 (「ベリー・スペシャル・アーツ」は，1974年に故ケネディ大統領の末娘ジーン・ケネディ・スミスによって設立された，障害を持つ人々の芸術活動を支援する世界的団体)	・アブラモビッチ／ウーライ「万里長城歩行」
1989 (平成元)	・「手で見る美術展」開催：名古屋市美術館 ・兵庫県立美術館「美術の中のかたち-手で見る造形展」を以後毎年開催 ・「手で見る彫刻 えひめ展」愛媛県美術館 ・1989年4月，名古屋市美術館が，「触れる喜び-手で見る彫刻展」を開催．以後隔年で，主に視覚障害者の便宜を考慮した展覧会を実施	・[独] ダイアログインザダーク誕生 ・[英] 海外移動展 ART AT HEART-「ぼくたちの作ったもの」Glasgo School of Art, Royal College of Art ・[英] アリソン・オールドランドが The Living Paintings Trust を開設．絵本や絵画や図を，触図と音声のセットにして，視覚障害児・者やその関係者に貸出	・盲学校，聾学校及び養護学校幼稚部，小学部・中学部，高等部学習指導要領改訂告示 ・子どもの権利に関する条約 (国連) ・ベルリンの壁崩壊 1990・ADA:障害のあるアメリカ人法制定 (アメリカ) 1990・リクリット・ティラバニ「無題 (パッタイ)」
1991 (平3)	全盲のイラストレーター・エムナマエ詩画集『夢の翼をはばたいて』(あかね書房) 出版		
1992 (平4)	・愛知県美術館がジュリア・カセム氏 (ジャパンタイムズ) 主宰の障害者とボランティアの美術鑑賞団体「アクセス・ヴィジョン」グループの活動を受け入れる ・名古屋YWCA美術ガイドボランティアグループ (現アートな美)」発足．視覚障がいの方と共に美術館を訪れ，言葉によって絵画を説明し鑑賞する活動を始める ・「視覚を超える造形ワークショップ」講師：西村陽平，ミューズカンパニー主催に光島貴之が参加し粘土造形を開始	・[伊] インクルーシブ教育開始 (法律第104号枠組み法「障害者の援助，社会的統合及び諸権利に関する基本法」) ・[西] マドリッドにスペイン盲人協会 (ONCE) が視覚障害者のための触るミュージアム「Museo Tiflológico」を開設	1991・ダミアン・ハースト「生者の心における死の物理的不可能性」 1991・フェリックス・ゴンザレス・トレス「無題 (Plasebo)」 1991・はたよしこが，すずかけ作業所で絵画クラブ開設
1993 (平5)		・[伊] アンコーナにオメロ触覚美術館開館．全盲の元美術教師アルド・グラッシーニ氏等が設立し，1999年には国立になる ・[英] 1993年教育法，特別な教育的ニーズに関する施行規則 (Cood of Practice) を制定	・障害者基本法公布 ・障害者の機会均等化に関する標準規則 (国連)
1994 (平6)	・「心で見る美術展 私を感じて」開催，於名古屋市美術館 ・1994年・光島貴之，フラービオ・ティトロ (全盲の石彫作家) のドローイングにヒントを得て「触る絵画」の制作を開始．1998年「'98長野アートパラリンピック」で受賞，以後多くの企画展を開催し現在に至る		・第49回国連総会『障害者の社会への完全統合に向けて，「障害者の機会均等化に関する標準規則」と「2000年及びそれ以降への障害者に関する世界行動計画を実施するための長期戦略」の実施』を採択 ・[英] サマランカ宣言 ・ダムタイプ「S/N」
1995 (平7)		・[仏] ルーヴル美術館が，視覚障害者のための触覚ギャラリーをオープン	・阪神淡路大震災 ・第48回国連総会「障害者の機会均等化に関する標準規則」採択 ・Windows95発売 (インターネットの普及・拡大) ・クリスト「包まれたライヒスターク」

年			
1996 (平8)	・『今日の視覚障害教育（筑波大学附属盲学校120年記念誌）』に中高等部の美術教育カリキュラムが掲載 鈴木敏之『指が目になった―復活した奇跡の画家』，コクカコーポレーション	・「古代エジプトとの接触」がメトロポリタン美術館で開催される	・文部省「盲学校，聾学校及び養護学校施設整備指針」を策定
1997 (平9)			・IDEA: 障害のある個人教育法制定（アメリカ）
1998 (平10)	・愛知県美術館が視覚障害者を対象とした観賞会を始める ・ジュリア・カセム『ひかりの中へ　視覚障害者の美術館・博物館アクセス』，小学館		・ニコラ・ブリオー『関係性の美学』
1999 (平11)	・日本でダイアログインザダークを開催開始	・［伊］ボローニャにアンテロス美術館開設	
2000 (平12)	・『視覚障害者のための所蔵品ガイドブック1』発行，岐阜県美術館		・ジョムティエン宣言（万人のための教育世界会議） ・村上隆「スーパー・フラット」展
2001 (平13)	・『視覚障害者のための所蔵品ガイドブック2』発行，岐阜県美術館 ・広瀬浩二郎他が視覚障害者文化を育てる会「4しょく会」（食・色・触・職）を発足．「文化」を標榜する当事者団体の誕生		・WHO「国際生活機能分類（ICF）採択 ・NAEA（全米美術教育学会）にSNAE（特別支援教育分科会）設立
2002 (平14)			・NCLB: 落ちこぼれ防止法制定（アメリカ）
2003 (平15)	・「ミュージアムアクセスグループ全国会議」開催，於世田谷美術館		・今後の特別支援教育の在り方について（最終報告） ・盲・聾・養護学校学習指導要領一部改正
2004 (平16)			・障害者基本法の一部を改正する法律の公布，施行 ・発達障害者支援法制定 ・IDEA: 障害のある個人教育法改訂（アメリカ） ・金沢21世紀美術館開館
2005 (平17)	・「ユニバーサルデザイン政策大綱」公表（国土交通省）	・［仏］2005年法によって，インクルーシブ教育を開始するが，特別学級は存在したままであった	・特別支援教育を推進するための制度の在り方について（答申）
2006 (平18)	・静岡県立美術館がロダン館開館と同時に「彫刻を触って鑑賞するプログラム」を開始 ・「片山博詞彫刻展　一祈りの形象　新しい意味を紡ぐ一」の中で「触って観る彫刻展」を開催，於福岡市美術館，以後継続 ・光島貴之による「タッチアート」を群馬大学フレンドシップ「盲学校deアート」で開催，於群馬県立盲学校（以後，勝部ちこ・鹿島聖子2007，視覚障害者とつくる鑑賞ワークショップ2016，広瀬浩二郎・砂連尾理2017） ・「科学へジャンプ」事業始まる．「触図筆ペンで描こう」（栗田晃宣・香川県立盲学校），「ギリシアの壺ってなぁに？」（半田こづえ・明治学院大学）などの内容 ・国立民族学博物館で企画展「さわる文字，さわる世界 一触文化が創りだすユニバーサル・ミュージアム」が開催		・国連総会において障害者権利条約採択 ・障害者差別解消法制定（日本） ・改正学校教育法（特別支援教育の開始） ・バンクシー「バルーン・ディベート」（ベツレヘム隔離壁）
2007 (平19)			・日本「障害者権利条約」署名 ・特別支援教育実施（特別支援学校へ改称） ・エイブルアートカンパニー設立
2008 (平20)	・バリアフリーに関する関係閣僚会議「バリアフリー・ユニバーサルデザイン推進要綱」の決定 ・茂木一司，光島貴之，古川聖，苅宿俊文による第32回InSEA国際美術教育学会大阪大会招待企画シンポジウム「身体・メディアからみた特別支援教育」開催，於大阪国際交流センター ・インクルーシブデザインによる美術館のアクセシビリティをワークショップで検証する「みんなの美術館」プロジェクトを開始（2011年まで），於横浜市民ギャラリーあざみ野．『みんなの美術館デザインノート』，2012年刊行		・国連「障害者の権利条約」発効 ・2008－2017 バラク・オバマ大統領就任
2009 (平21)	・広瀬浩二郎によるユニバーサル・ミュージアム研究会が科学研究費プロジェクト「誰もが楽しめる博物館創造する実践的研究」が始まる ・国立民族学博物館で，点字の考案者ルイ・ブライユ生誕200年記念企画展「…点天展…」が開催される		・特別支援学校（幼稚部，小・中学部，高等部）教育要領・学習指導要領改訂告示 ・ルイ・ブライユ生誕200年．パリで追悼ミサ，追悼オルガンリサイタル，記念国際会議が開催される

年			
2010 (平22)		・[伊]ミラノ　サンタマリアデッレグラツィエ教会の「最後の晩餐」が描かれている食堂に，「手でみる絵」が展示される	・障害者自立支援法 ・特別支援教育の在り方に関する特別委員会 ・アールブリュットジャポネ展（パリ）
2011 (平23)	・白鳥健二（全盲）がナビゲーターを務める「視覚に障害がある人との鑑賞ツアー『セッション』始まる（水戸芸術館） ・岡山県立美術館と同盲学校が連携事業を始める．触る作品鑑賞や煎茶文化体験など（2019年まで） ・茂木一司，光島貴之，手塚千尋，日本教育工学会で「障害を乗り越える（造形）ワークショップと身体・メディアの可能性：光島貴之のタッチアート・ワークショップ‐見えない学びを見えるようにする」開催，於東京大学	・[フィンランド] ナショナルコアカリキュラム改訂により，インクルーシブ教育が一般学校に導入	・東日本大震災 ・障害者基本法の一部を改正する法律の公布，施行
2012 (平24)	・「地域社会における共生の実現に向けて新たな障害保健福祉施策を講ずるための関係法律の整備に関する法律案」が閣議決定．国会に提出された（厚生労働省） ・視覚障害者とつくる美術鑑賞ワークショップ団体立上げ（代表　林健太） ・牛乳パックの印，ビールの点字などのもののバリアフリーを推進する共用品推進機構が公益法人化する ・国立民族学博物館の本館展示場に，常設コーナーとして「世界をさわる」が設置される	・[伊]「国際点字デー」を機会にウフィッツィ美術館に「ウフィッツィを触る Uffizi da toccare」が設けられ，「ヴィーナスの誕生」の手でみる絵がオリジナル作品の横に展示された	・共生社会に向けたインクルーシブ教育システムのための特別支援教育の推進（報告）
2013 (平25)	・障害者の法定雇用率が引き上げになる．（厚生労働省） ・障害者基本計画（第3次）閣議決定 ・フランス在住の全盲画家「末冨綾子展」（大阪・梅田画廊）		・障害者差別解消法・禁止法
2014 (平26)	・視覚障害児者のための大内進による私設ギャラリー「手と目でみる教材ライブラリー」（アンテロス美術館[伊]分館）開館．北斎『浪裏の富士』喜多川歌麿『姿見七人化粧』等を独自に製作展示 ・「2020年，渋谷．超福祉の日常を体験しよう展」第1回開催（2020年まで年1回全7回開催） ・美術科教育学会に「インクルーシブ教育部会」設立（初代部会長：茂木一司）	・[英]「子ども・家族法」制定．教育・保健・福祉を一本化した計画（EHC プラン :Education, Health, Care Plan）が始動 ・[ギリシャ] カリテア Kallithea に「触るミュージアム」ができる．地震で崩壊し，2004年に再開	・障害者の権利に関する条約（日本が批准）
2015 (平27)	・伊藤亜紗著『目の見えない人は世界をどう見ているのか』（光文社新書） ・ウフィッツィ美術館[伊]で視覚障害者が予約なしで触る鑑賞をできるバリアフリー改革を実施	・[伊] ウフィッツィ美術館にドイツ人 Eike Schmidt が館長に就任し，アクセシビリティ部門（Uffizi da toccare）が館長直属の部門として開設され，視覚障害を含むすべての障害者への鑑賞支援が強化された．予約なしでの視覚障害者の「タッチツア」（所属作品彫刻30点）が可能になる ・[米]「全ての生徒が成功するための教育法（Every Students Succeeds Act:ESSA）」が「1965年初等中等教育法」の改正法として認可	・インチョン宣言（世界教育フォーラム2015） ・持続可能な開発のための2030アジェンダ（国連）により，SDGs 採択．
2016 (平28)	・障害を理由とする差別の解消の推進に関する法律施行 ・伊藤亜紗ほか，ワークショップ「視覚のない国をデザインしよう」開催，於森美術館 ・康本雅子／スズキユウリ「視覚障害×ダンス×テクノロジー "dialogue without vision"」開催，於神奈川芸術劇場 ・神奈川県内の4つの美術館（神奈川県立近代・茅ヶ崎・平塚・横須賀）等が「みんなで "まなびほぐす" 美術館―社会を包む教育普及事業―」（MULPA）を開始	・リオパラリンピック陸上100mの視覚障害が最も重いクラス（視覚障害T11）で，デイビッド・ブラウン選手（26）伴走者ジェローム・エイバリーが，パラリンピック史上初の10秒台（10秒99）で優勝	・第9回障害者権利条約締約国会議（外務省）
2017 (平29)	・京都国立近代美術館で視覚障害者を中心にした新しい美術鑑賞プログラム創造を目的に「感覚をひらく」を開始，平成29〜31年度同報告書作成 ・パナソニック，骨伝導ヘッドホンによる「視覚障害者向けの美術鑑賞ガイドサービス開発」実験 ・「音で観るダンスのワークインプログレス」（神奈川芸術劇場）開催（以後2回） ・「こころのかたち展」開催，主催 NPO 法人まえばしプロジェクト，於橋・広瀬川美術館．同時に，フォーラム「手で見る絵画の可能性」（大内進他）を開催 ・山梨大学（武末祐子）による「手でみるプロジェクト 2017」（手で見る展覧会，ロレッタ・セッキ：アンテロス美術館学芸員による講演会，山梨県立大学・山梨県立美術館と共同）．同2018では「手でみる展覧会2019」とオメロ美術館長グラッシーニ氏による講演会を開催		・特別支援学校（幼稚部，小・中学部，高等部）教育要領・学習指導要領改訂告示 ・NAEA（全米美術教育学会）に，DSAE（美術教育における障害学分科会）設立 ・第1回障害学・アート・教育学世界会議開催（フィンランド） ・2017－2021ドナルド・トランプ大統領就任

2018 (平30)	・「インクルーシブ教育とアート」(茂木一司招待編集,多胡宏,半田こづえ他)を『教育美術』誌で特集 ・伊藤亜紗と・渡邊淳司他(NTT)とが「スポーツ・ソーシャル・ビュー」の研究をはじめる.『見えないスポーツ図鑑』(晶文社)出版,「トランスレーションズ展」(2021)で展示 ・第41回美術科教育学会北海道大会・インクルーシブ美術教育部「全盲児と使える図工美術題材開発の研究」ワークショップを実施	・[チリ]サンティアゴで6つの視覚障害者用触覚ストリートアートを発表(タッチパネル,点字,音声ガイド)	・「障害者の文化芸術活動の推進に関する法律」施行 ・オラファー・エリアソン「アイス・ウオッチ」
2019 (令元)	・第69回日本色彩教育研究会本部研修会「視覚障害と色彩」開催,於日本大学芸術学部.機関誌『色彩教育』で特集 ・全盲のミュージシャン・加藤秀幸が映画制作に挑む姿を追った「ナイトクルージング」(佐々木誠監督)制作.「INNERVISION インナーヴィジョン」(2013)に次ぐ第2作 ・視覚障害者等がフィールドワークで参加した「美術館まで(から)つづく道展」開催,於茅ヶ崎市美術館 ・全国盲学校図工・美術研究会をオンラインで開催,各盲学校の実践紹介の他,茂木一司・講演会「視覚障がいのためのインクルーシブアート学習」など		・「障害者による文化芸術活動の推進に関する基本的な計画」策定 ・アイ・ウェイウェイ「ヒューマンフロー」
2020 (令2)	・視覚障害者のためのおしゃべりとてざわりのツアー開催,於福岡市美術館 ・特別展示「視る」を超えて(触って「視る」ボローニャ展,イタリアの「さわる絵本」)が開催,於板橋区立美術館 ・「如鳩と沼田居 展 いのちの眼で見えるもの」開催,於足利市立美術館		・COVID-19の世界的感染拡大
2021 (令3)	・特別展「ユニバーサル・ミュージアム-さわる!"触"の大博覧会」が開催,於国立民族学博物館 ・儀間真一郎個展が開催,於沖縄県糸満市の琉球ガラス村内		・東京オリンピック・パラリンピック

(注記)

＊1 ワシリー・エロシェンコは,エスペランティストで放浪の盲詩人。1914年から10年ほど日本に滞在した。日本語に堪能で,盲人文化に少なからず影響を与えた。1920(大正9)年に中村彝と鶴田吾郎が肖像を描いた。

文献

・多胡宏,茂木一司「盲児の造形教育に関する一考察」美術教育学、第12号、1991、pp.145-156.
・Lowenfeld,Victor, The Nature of Creative Activity(訳)水沢孝策『児童美術と創造性』、美術出版社、1960.
・梅根悟監修『世界教育史体系33 障害児教育史』講談社、1974.
・東京教育大学教育学部雑司ヶ谷分校編『視覚障害教育のあゆみ』第一法規、1976.
・文部省『特殊教育百年史』東洋館出版、1978.
・文部省『盲聾教育八十年史』日本図書センター、1981.
・津曲裕次ほか 編著 『障害者教育史』川島書店、1985.
・中村 満紀男・荒川 智編『障害児教育の歴史【オンデマンド版】』明石書店、2010.
・玉村公二彦他編『キーワードブック特別支援教育 インクルーシブ教育時代の障害児教育』クリエイツかもがわ、2015.
・文部科学省『平成22年度障害のある児童生徒の就学形態に関する国際比較調査報告書』2010. (https://www8.cao.go.jp/
shougai/suishin/tyosa/h22kokusai/index.html
・10 Accessible Art and Museum Experiences for People who are Blind or have Low Vision(https://www.bemyeyes.com/blog/10-accessible-art-and-museum-experiences)
・高階秀爾監修『西洋美術史』美術出版社、2002.
・美術手帖編『現代アート事典 モダンからコンテンポラリーまで…世界と日本の現代美術用語集』美術出版社、2009.
・辻惟悦雄監修『日本美術史』美術出版社、2003.

■ 著者紹介　◎―代表編集　●―編集

◎ ― 茂木 一司 Kazuji MOGI
跡見学園女子大学文学部人文学科教授
専門：美術科教育・インクルーシブアート教育論
1956年　群馬県生／前橋市在住
筑波大学大学院修士課程芸術研究科デザイン専攻修了。九州芸術工科大学大学院博士後期課程芸術工学研究科情報伝達専攻修了。博士（芸術工学）。鹿児島大学教育学部助教授、群馬大学教育学部教授を経て、現職。構成教育（Basic Design）、R.シュタイナーの芸術教育から、身体・メディア＋学習環境デザイン＋アートワークショップ＋障害児の表現教育を経て、現在インクルーシブアート教育を研究中。"International Dialogues about Visual Culture, Education and Art"（共著,Intellect,2008）、『協同と表現のワークショップ　第2版』（代表編集、東信堂、2014）、『ワークショップと学び2　場づくりとしての学び』（共著、東京大学出版会、2012）、『色のまなび事典』（全3巻、星の環会、2015）、『美術教育ハンドブック』（共著、三元社、2018）、Richard Hickmanほか（編集）, "The International Encyclopedia of Art and Design Education, 3 Volume Set"（Wiley-Blackwell,2019）、『色彩ワークショップ』（日本色研事業、2020）『新版とびがびアートプロジェクト』（代表編集、東信堂、2021）ほか。日本色彩教育研究会会長、一般社団法人ワークショップデザイナー開発機構代表理事、非特定営利法人まえばしプロジェクト理事。

● ― 大内 進 Susumu OUCHI
国立特別支援教育総合研究所名誉所員、星美学園短期大学日伊総合研究所客員研究員
専門：視覚障害教育・イタリアの障害児教育
1949年　神奈川県生／東京都在住
筑波大学大学院教育学研究科リハビリテーションコース修了。東京都立公立学校教員、筑波大学附属盲学校（現筑波大学附属視覚特別支援学校）を経て、国立特殊教育総合研究所（現国立特別支援教育総合研究所）研究室長、総括研究員、上席総括研究員として勤務。在勤中にイタリアのアンテロス美術館と共同研究を開始。退職後、新宿区西早稲田に「手と目でみる教材ライブラリー」を開設。アンテロス美術館で開発された「手でみる絵」を展示し、その鑑賞法の開発に取り組んでいる。視覚障害教育用3次元触覚教材の展示とその活用法の開発、国内外の視覚障害教育資料の収集と分析も行っている。2019年本間一夫記念文化賞を受賞。『特別支援教育コーディネーターの役割と連携の実際』（教育出版、2012）、『五訂版視覚障害教育に携わる方のために』（慶應義塾大学出版会、2016）、『インクルーシブ教育を支えるセンター的機能の充実』（慶應義塾大学出版会、2019）など。

● ― 多胡 宏 Hiroshi TAGO
元群馬県立盲学校長・版画家
1957年　群馬県生／前橋市在住
筑波大学芸術専門学群卒業。群馬県内の小学校、特別支援学校にて教諭、部主事、教頭、校長として勤務。盲学校在勤時にTOM賞入賞。第14回ぐんま教育賞「杉の子賞（教職員の部）」優秀賞。定年退職後、群馬大学大学院教育学研究科に入学し盲学校美術科教育を研究。『こころのかたち』（群馬県の視覚障害をもつ子供たちの作品集を出す会世話人、自費出版、1994）

● ― 広瀬 浩二郎 Kojiro HIROSE
国立民族学博物館・グローバル現象研究部・准教授
専門：日本宗教史、触文化論
1967年、東京都生／大阪府在住。13歳の時に失明。筑波大学附属盲学校から京都大学に進学。2000年、同大学院にて文学博士号取得。01年より、現職。自称「座頭市流フィールドワーカー」、または「琵琶を持たない琵琶法師」。「ユニバーサル・ミュージアム」（誰もが楽しめる博物館）の実践的研究に取り組み、"触"をテーマとする各種イベントを全国で企画・実施している。『目に見えない世界を歩く』（平凡社新書）、『触常者として生きる』（伏流社）、『それでも僕たちは「濃厚接触」を続ける！』（小さ子社）など、著書多数。

池田 吏志 Satoshi IKEDA
広島大学人間社会科学研究科教職開発専攻准教授
専門：障害児美術教育学
1974年兵庫県生／広島市在住。筑波大学大学院修士課程芸術研究科美術専攻修了。広島大学にて博士（教育学）取得。大学院修了後は彫刻家として活動。個展（あさご芸術の森美術館、2005）、個展（西脇市岡之山美術館、2006）など。その後、西宮市立西宮養護学校講師、大阪府立東大阪支援学校教諭を経て現職。アートの実践を通した障害のある人達のエンパワーメント

と共生社会の実現を目指す。『重度・重複障害児の造形活動－QOLを高める指導理論』（ジアース教育新社、2018）、「特別支援学校における美術の実施実態に関する全国調査」（『美術教育学』38号、2017）など。

伊藤 亜紗 Asa ITO
東京工業大学科学技術創成研究院・未来の人類研究センター長・リベラルアーツ研究教育院教授

専門：美学・身体論
生物学者を目指していたが、大学3年次に文系に転向。2010年に東京大学大学院人文社会系研究科基礎文化研究美学芸術学専門分野単位取得退学。博士（文学）。2013年東京工業大学 リベラルアーツセンター准教授に着任。2016年4月より現職。2019年マサチューセッツ工科大学客員研究員。2020年より現職。『目の見えない人は世界をどう見ているのか』（光文社新書、2015）、『目の見えないアスリートの身体論――なぜ視覚なしでプレイできるのか』（潮新書、2016）、『どもる体』（医学書院、2018）、『記憶する体』（春秋社、2019：2020年度サントリー学芸賞受賞）、『手の倫理』（講談社選書メチエ、2020）ほか。

笠原 広一 Koichi KASAHARA
東京学芸大学教育学部准教授

専門：美術科教育
1973年福島県生／東京都在住。九州大学大学院統合新領域学府博士後期課程ユーザー感性学専攻終了。博士（感性学）。チルドレンズ・ミュージアムでのワークショップや展覧会企画、芸術系大学附属幼児教育施設での美術教育、教員養成大学を経て現職。アート・ワークショップ、幼児の美術教育、A/r/tography（アートグラフィー）、Arts-Based Research（アートベース・リサーチ：ABR）による自己と社会をつなぐ実践研究、地域の文化事業の企画と研究に取り組んでいる。主著に『アートグラフィー：芸術家／研究者／教育者として生きる探求の技法』（共編著、学術研究出版、2019）、『アートがひらく保育と子ども理解：多様な子どもの姿と表現の共有を目指して』（編著、東京学芸大学出版会、2019）、『子どものワークショップと体験理解：感性的視点からの実践研究のアプローチ』（単著、九州大学出版会、2017）ほか。

鹿島 萌子 Moeko KASHIMA
立命館大学大学院先端総合学術研究科院生
美術を「鑑賞する」ということ、そのなかでも視覚に障害のあるひとの「美術鑑賞体験」に興味を持ち、研究を続ける。主に美術館プログラムに注目し調査する傍ら、ミュージアム・アクセス・ビューの鑑賞ツアーやミューズ・カンパニー主催ワークショップにボランティアとして参加。近年では東南アジアにおける取組にも興味をもちリサーチを続ける。主な論文に、「美術作品を享受する触覚の誕生――英米におけるふたつの実践からの一考察」（『Core Ethics』Vol.10、2014）、「横浜市立盲特別支援学校における美術鑑賞ワークショップ実践報告」（研究ノート、『美術教育』No.300、2016）など。

梶原 千恵 Chie KAJIWARA
九州大学大学院芸術工学研究院博士後期課程在学中。

専門：芸術社会学、美術教育学
宮城県牡鹿郡女川町生まれ。
年齢や性別、国籍や障害の有無に関わらず、誰もが豊かに暮らせる地域社会の実現を目指し、宮城県牡鹿郡女川町を拠点にアートプロジェクトを企画・運営している。東日本大震災をきっかけに、石巻市内の仮設住宅や商店街でワークショップを開始。アーツ前橋「アーティスト・イン・スクール事業」のコーディネーター、九州大学大学院芸術工学院附属ソーシャルアートラボのリサーチ・アシスタントを歴任。

加藤 秀幸 Hideyuki KATO
1975年東京都生。筑波技術短期大学情報処理学科経営情報コースを経て、横浜市立盲学校選考科理療科を卒業。システムエンジニア・ミュージシャンとして活動しながら、映画製作にも挑戦している。関連作品として、映画「INNER VISION」では脚本を執筆し、自ら主演。「NIGHT Cruising」の中で、全盲でありながら監督を勤め、「GHOST VISION」を撮影。脚本・演出も担当した。

岸 博実 Hiromi KISHI
京都府立盲学校・京都女子大学非常勤講師

専門：視覚障害教育
1949年島根県生／宇治市在住。広島大学教育学部卒業。京都府立盲学校教諭を経て、滋賀大学・関西学院大学・びわこ学院大学の非常勤講師を歴任。現在に至る。2012年より日本盲教育史研究会事務局長を務める。2020年、第17回本間一夫文化賞（社会福祉法

人日本点字図書館）を受賞。『視覚障害教育の源流を
たどる』（明石書店）、『盲教育史の手ざわり』（小さ子
社）ほか。

栗田 晃宜 Akiyoshi KURITA
1958 年香川県生まれ。東京造形大学造形学部美術学
科彫刻専攻卒業。1997 ～ 2018 年まで香川県立盲学
校教諭。1999年香川県芸術祭「手で見るアート」企画。
2008 ～ 2012 年全国巡回現代日本画展「遠き道展」
に触図提供等協力。視覚障がい者用筆記具「触図筆ペ
ン」を有限会社安久工機の田中隆氏と共同開発。「全
日盲研授業実践報告 自立活動における全盲生徒の色
彩理解の工夫」『月刊視覚障害 - その研究と情報 - 11
月号』（視覚障害者支援総合センター 2015 年）。「第
3 節視覚障害教育」『美術の授業のつくりかた』（武蔵
野美術大学出版局 2020 年）。2020 年～ NPO 法人
視覚障害者芸術活動推進委員会理事。

桑田 知明 Chiaki KUWATA
グラフィックデザイナー、京都市立芸術大学非常勤講師
1988 年兵庫県出身。京都市立芸術大学大学院修士課
程美術研究科ビジュアルデザイン専攻修了。視覚デザ
インの分野から、視覚を用いず情報を共有する可能性
とその手法開発を行なっている。触る絵本の制作や
ワークショップ企画なども行い活動中。主な活動に、
2018 年 視覚障害者文化を育てる会「飛び出すトー
テムポールづくりのワークショップ」@国立民族学博
物館、2018 年 京都府立盲学校と京都国立近代美術
館による連携授業「海をつくるワークショップ」@京
都国立近代美術館、2019 年 企画展「ないをたのし
む展」@京都大学総合博物館がある。『視覚障害のた
めのインクルーシブアート学習－基礎理論と教材開
発』（本書表紙ロゴタイプデザインで日本タイポグラ
フィ年鑑 2023 審査委員賞受賞）。

齋藤 名穂 Nao SAITO
建築家 / デザイナー。UNI DESIGN 主宰
東京生まれ。早稲田大学理工学部建築学科卒業後、フィ
ンランドへ留学。ヘルシンキ芸術デザイン大学（現ア
アルト大学）空間デザイン修士課程修了。「建築空間
を五感や個人の空間の記憶をたよりにデザインする」
をテーマに活動。主な仕事に「見えない人と見える人
が一緒に読む地図」シリーズや「群馬県立近代美術
館の赤のさわるコレクション」。また「アーノルド・

ローベル展」（2020）「ルート・ブリュック　蝶の軌
跡」展（2018）「世界を変える美しい本　インド・
タラブックスの挑戦」展（2017）の会場構成。著書
に「Travels Through South Indian Kitchens（邦題
南インドキッチンの旅）」（英語版 Tara Books、日本
語版 BlueSheep 刊）がある。

佐藤 直子 Naoko SATO
筑波大学附属視覚特別支援学校小学部図工専科
1970 年 東京都生／埼玉県在住
東京芸術大学大学院美術研究科博士後期課程在学中、
筑波大学附属盲学校（現 筑波大学附属視覚特別支援
学校）に非常勤講師として勤務。視覚障害児童の美術
教育の重要性を感じ、大学を中途退学。図画工作科専
任教諭として今日まで教育実践に携わる。保有する感
覚にもとづく造形活動のあり方－視覚障害に配慮した
カリキュラムの検討、教材の開発ならびに教材作成に
取り組むとともに、現職教員を対象とした研修・公開
講座等で視覚障害児童における図工指導についての講
義・演習を行っている。

佐藤 麻衣子 Maiko SATO
エデュケーター／プログラムコーディネーター
専門：美術館教育、多様な人との鑑賞の場づくり
水戸芸術館現代美術センター教育普及学芸員を経てフ
リーランス。高校生の時に現代美術に出会い、作品や
アーティストの考え方に救われた経験から、美術館
に行ったことがない人や美術に苦手意識のある人も楽
しめるワークショップや鑑賞プログラムの企画運営を
している。これまでに、赤ちゃんから高齢者まで、聴
覚・視覚障害者、発達障害児や朝鮮学校を対象にプロ
グラムを実施。近年は白鳥建二さんとの鑑賞プログラ
ムのコーディネートや原稿執筆、レクチャーを行う。
2021 年秋より文化庁新進芸術家海外研修制度研修員
としてオランダに滞在。

白鳥 建二 Kenji SHIRATORI
全盲の美術鑑賞者
生まれつき強度の弱視で、9 歳の頃からほぼ全盲。
26 才のころに絵画や美術の鑑賞に関心を持ちはじめ、
単独で美術館へ行くようになり、様々な人と会話をし
ながら作品鑑賞をする独自の活動を始める。その後、
視覚に障害のある人とない人が一緒に鑑賞するプログ
ラムなどに関わるようになり、現在で 20 年ほど。「見

えること」「感じること」「伝え合うこと」など、鑑賞や日常に直結するような、基本的な問いを発信している。水戸芸術館現代美術センター（茨城県水戸市）をはじめとし、様々な美術館で鑑賞プログラムを行っている。

髙橋 泰佳 Yasuka TAKAHASHI
国東市立国東中学校教諭

1989 年大分県生まれ。2012 年京都橘大学文学部歴史学科卒業。同年、学芸員資格取得。2014 年兵庫教育大学大学院学校教育研究科特別支援教育専攻修士課程修了。大学院在籍時から、視覚障がい者の芸術鑑賞に興味関心を持つようになる。2014 年大分県立別府支援学校を経て、2015 年 4 月大分県の教員採用となり、2020 年 3 月まで大分県立盲学校に勤務する。2019 年 12 月おおいた障がい者芸術文化支援センターのセミナープログラムに協力者として参加、2020 年 2 月遊歩公園の屋外彫刻作品をさわって／みるシンポジウムにパネリストとして参加する。2020 年 4 月より現職（弱視学級の担任として視覚障害教育に携わっている）。

竹丸 草子 Soko TAKEMARU
東京工科大学教養学環非常勤講師
長岡造形大学大学院造形研究科博士（後期）課程

専門：アートプロジェクト、学習環境デザイン、コーディネート、ファシリテート、ワークショップデザイン、美術教育
実践者（コーディネーター／ファシリテーター）として、アートプロジェクトやワークショップに関わりながら、コミュニティにアートが介在することについて探究を続けている。主に共創する場において場づくりをする実践共同体と参加者の学びを中心に研究中。近年は障害者文化芸術支援にも関わっている。「コーディネーターの視点から見る『場』の研究ノート」（長岡造形大学紀要 18）、「インクルーシブアート題材開発の理念と実践」（群馬大学共同教育学部紀要 56）

田中 みゆき Miyuki TANAKA
キュレーター／プロデューサー

東京工業大学リベラルアーツ研究教育院非常勤講師
1980 年生まれ。21_21 DESIGN SIGHT、山口情報芸術センター［YCAM］、日本科学未来館で展覧会やパフォーマンスなどの企画に携わった後、「障害は世界を新しく捉え直す視点」をテーマに、展覧会やパフォーマンスなどカテゴリーにとらわれないプロジェクトを通して、表現の見方や捉え方を障害当事者や鑑賞者とともに再考する。近年の企画に、『大いなる日常』展（2017 年、NO-MA）『音で観るダンスのワークインプログレス』（2017 年〜 19 年、KAAT 神奈川芸術劇場）、映画『ナイトクルージング』（2019 年公開）、『オーディオゲームセンター』（2017 年〜）、『視覚言語がつくる演劇のことば』（2021 年〜）など。UCLA、東京大学、秋田公立美術大学、Google など多様性や協働に関するカンファレンスに登壇。

趙 欣怡 Hsin-Yi CHAO
台湾国立中興大学文化創意産業研修学位の准教授

1981 年台湾生。国立台北教育大学芸術教育（修士）、国立台湾科技大学（建築理論博士）を取得。カナダトロント大学心理研究所博士研究員、国立台湾美術館副研究員として勤務。2014 年社団法人台湾非視覚美学教育協会を創立し、長期にわたって視覚障害の美術教育、アートキュレーション、音声ガイド、アクセシブルな技術と多感覚なディスプレイデザインの研究と実践。視覚及び聴覚障害者用美術館案内システムアプリを開発するともに、『アートで光をみよう』、『時。光。機』、『非＿存在』、『國立台灣美術館 4.0 アーキテクチャファイル』等、ユニバーサルデザインのアイデアの美術展を企画した。文部科學省の「芸術教育貢献賞」傑出教育賞、国立台湾科技大学傑出校友賞、台新芸術基金会視覚芸術大賞等学界の栄誉ある賞を受賞。「みんなための芸術；みんなから芸術を」という信念を持ち、実行し続ける。国内と海外の芸術教育や建築雑誌に視覚芸術、建築空間と触学認知等の論文を発表し、『芸術、見えるもの／見えないもの』、『視覚障害』、『21 世紀芸術文化教育』がある。

丁 佳楠 Kanan TEI

東京学芸大学大学院生。1996 年中国生まれ。中国浙江省杭州市の杭州師範大学美術教育専攻修了、東京学芸大学大学院修士課程次世代日本型教育システム研究開発専攻在学中。InSEA 国際美術教育学会会員。

西口 宏泰 Hiroyasu NISHIGUCHI
大分大学全学研究推進機構 機器分析部門長　准教授

専門：光化学、触媒化学、物理化学、材料科学、機器分析化学

大阪府立大学大学院工学研究科修了、博士（工学）
学位取得後博士研究員（クイーンズ大学）としてカナダに移住。その後大分大学工学部応用化学科に着任後現在に至る。『色から始まる探求学習 ―アートによる自分づくり・学校づくり・地域づくり』（2-4 色プロジェクトを評価する 担当（分担執筆）、明石書店、2019）ほか。
2017 年より OBS ラジオ「松井督二 NEWS W AVE」レギュラーコメンテーター（科学担当）を務める。

西村 陽平 Yohei NISHIMURA
日本女子大学名誉教授・美術家
1947 年京都市生まれ。1973 年東京教育大学教育学部芸術学科卒業。1975 年から 1998 年まで千葉県立千葉盲学校で図工を担当。視覚障害の子どもたちに造形指導を行うとともに、自らも造形作家として活動。1977 年には、日本陶芸展において外務大臣賞受賞。2018 年 3 月まで日本女子大学児童学科教授を経て現職。『手で見るかたち』（白水社）、『見たことないもの作ろう！―視覚障害児の作品から学ぶ』（偕成社）、『掌の中の宇宙―視覚障害児の学校生活から学ぶ』（偕成社）ほか。

のえみ（三重野 睦美）Mutsumi MIENO
福岡市立小学校指導教諭
1972 年福岡市生／福岡市在住。福岡教育大学教育学部小学校教員養成課程美術科卒業。中学校美術講師、情報誌アシスタント、特別支援学校講師などを経て現職。小学校の特別支援学級の担任をする傍ら、詩を発表したり、絵画・イラストの展覧会をしたり、イラストエッセイを毎日ブログ等にアップしたりしている。令和元年夏、特別支援学級の子どもたちとの生活を描いた漫画本『ちがうものをみている』（石風社）を上梓。主な展覧会：「のえみのマンガフルライフ」「円創会」「突展」「天神アートビエンナーレ」。所属：福岡文化連盟、福岡県詩人会、同人誌「GAGA」、福岡市図画工作教育研究会など。

胡 俊 Jun HU
杭州師範大学美術学院美術学学科長・准教授、博士（美術史）
同大学 A/r/tography 研究院院長、広州美術学院客員教授、InSEA アジア地区理事長・元世界理事会メンバーを務める他、障害者支援のための公共福祉事業「アート・バリアフリー」を主催。カナダ人文社会科学評議会による世界 5 カ国 8 大学による共同プロジェクト「Mapping A/r/tography」に参画。A/r/tography の教育哲学と教育方法論を研究テーマとし、教育哲学論文の「間・教育における唯物論的基盤（MA Materiality in Teaching and Learning）」がピーター・ラング出版社の『超機械的コンポーネントとしての間（MA as a machinic component）』に収録され（第 3 章）、2020 年教育学教授学会優秀著作賞（米国）受賞、教育方法論では「身体における詩の鑑賞を伴う視覚芸術学習の自己評価」（2020）が（米国）全米美術教育協会発行の「NAEA 美術教育における評価白書（NAEA Assessment white papers for art education）」（第 5 章）に掲載されるなど、国際的に活躍している。

藤井 康子 Yasuko FUJII
大分大学教育学部 小学校教育コース（美術）准教授
専門：美術科教育学
東京学芸大学大学院連合学校教育学研究科修了、博士（教育学）。
大学院でのスペインの美術教育に関する研究を基に、CLIL（Content and Language Integrated Learning：内容言語統合型学習）を取り入れた図画工作科と外国語の融合型学習や、地元大分県において学校現場の先生方とともに芸術教育を核とした学際融合を中心とする研究に取り組んでいる。『色から始まる探求学習―アートによる自分づくり・学校づくり・地域づくり』（2-4「色プロジェクトを評価する」（分担執筆）、5-4「海外の人はこの実践をどう見たか」を担当、明石書店、2019）、『小学校図画工作科教育法』（第 14 章「国内外の美術教育研究の動き」を執筆、建帛社、2018 年）ほか。第 55 回教育美術・佐武賞（2020）を受賞（執筆代表者：永松芳恵、共同研究者：藤井康子・花坂歩）。

布山 タルト Taruto FUYAMA
東京藝術大学大学院映像研究科アニメーション専攻教授
1990 年代からアニメーション作品を制作し『FRANK』で SIGGRAPH Electronic Theater 入選、文化庁メディア芸術祭優秀賞受賞。2000 年代からアニメーション制作デバイスの開発を始め、国内外の美術館や科学館等で体験型展示やワークショップを

行う。開発したコマ撮りアプリ『KOMA KOMA for iPad』は、世界で300万本以上ダウンロードされている。2021年に図工・美術教育用webアプリ『KOMA KOMA×日文』を公開。昨今は精神医療のためのアニメーション教材開発やインクルーシブアート教育のためのアニメーション教材開発に関わる。日本アニメーション学会事務局長。日本アニメーション協会理事。一般社団法人日本アニメーション教育ネットワーク（JENA）理事。

牧 奈歩美 Nahomi MAKI
東京藝術大学大学院映像研究科アニメーション専攻講師

2000年代からアニメーション作品を制作。2017年に博士（映像）取得。米国映像制作スタジオや教育研究を経て現職。平面や3DCGアニメーションを制作し、近年は立体視研究、フルドーム映像やVR制作研究にも活動を広げている。これまでの上映・展示に、第12回文化庁メディア芸術祭、アヌシー国際アニメーション映画祭（2009）、第11回フルドーム映画祭（ドイツ）、SIGGRAPH Asia 2018 VR Showcaseなど。

松本 祐一 Yuichi MATSUMOTO
東京藝術大学大学院映像研究科ゲームコース特任助教

茨城大学工学部電気電子工学科卒業。会社員を経て、岐阜県立国際情報科学芸術アカデミー（IAMAS）を卒業。作曲を早川和子、三輪眞弘に師事。アンケートを行い、その回答の文章を品詞分解し、音楽を生成する「アンケート・アート」が代表作。その他、アーティストの技術サポートや様々な映像作品に楽曲を提供。2008年度武満徹作曲賞第1位（審査員スティーブ・ライヒ）、eco japan cup 2008アート部門準グランプリ、第19回芥川作曲賞ノミネート。

松山 沙樹 Saki MATSUYAMA
京都国立近代美術館特定研究員

2013-14年、レスター大学大学院博物館学研究科にて美術館教育や来館者調査を学び、2015年より現職。教育普及担当研究員として、学校連携や展覧会関連ワークショップを通して子どもから大人までさまざまな利用者と美術をつなぐ取り組みを行っている。2017年度からは「感覚をひらく─新たな美術鑑賞プログラム創造推進事業」を主導し、あらゆる人に向けて美術館をひらく実践を通して、美術館の社会的役割について考えている。

光島 貴之 Takayuki MITSUSHIMA
美術家・鍼灸師

1954年京都府生まれ、在住。10歳頃に失明。大谷大学文学部哲学科を卒業後、鍼灸院開業。鍼灸を生業としながら、1992年より粘土造形を、1995年より製図用ラインテープとカッティングシートを用いた「さわる絵画」の制作を始める。1998年、「'98アートパラリンピック長野」大賞・銀賞を受賞。他作家とコラボレーションした「触覚連画」の制作や、2012年より「触覚コラージュ」といった新たな表現手法を探求している。

2020年1月、ギャラリーと自身の制作場所を併設した「アトリエみつしま Sawa-Tadori」を開業。バリアへの新しいアプローチを実践する拠点となることを目指して、活動の幅を広げている。

山城 大督 Daisuke YAMASHIRO
京都芸術大学アートプロデュース学科専任講師

東京藝術大学大学院映像研究科映像メディア学博士後期課程退学。美術家・映像作家。映像の時間概念を空間やプロジェクトへ応用し、その場でしか体験できない《時間》を作品として展開する。主な作品に、広島の住宅街を舞台に50人の少年少女が同時間帯に自宅のピアノを演奏するコンサート《Time flows to everyone at the same time.》（2010）や、名古屋の港まちで住民や環境と27個の約束をする《Fly Me To The TIME.》（2017）がある。2006年よりアーティスト・コレクティブ「NadegataInstant Party」を結成し、「あいちトリエンナーレ2013」「瀬戸内国際芸術祭2016」など全国各地で作品を発表。主な展覧会に森美術館「六本木クロッシング2016展：僕の身体、あなたの声」。山口情報芸術センター[YCAM]にてエデュケーターとして、オリジナルワークショップの開発・実施や、教育普及プログラムを多数プロデュース。第23回文化庁メディア芸術祭審査委員会推薦作品受賞。

Secchi, LORETTA （ロレッタ・セッキ）

イタリア生まれ、ウディネ大学文学哲学部美術史専攻課程卒業。1999年よりボローニャにあるカヴァッツァ盲人協会に敷設されている「アンテロス手でみ

る美術館」の学芸員及び責任者として「手でみる絵」の開発普及に努めている。ボローニャ大学で「アート教育とインクルージョン」及びプリモレヴィ大学で「イコロジーとイコノグラフィー」の講義を担当している。視覚障害者の絵画作品の認知に関する研究は高く評価され、「手でみる絵」はイタリア国内及び海外でも普及している。2002年に国立特殊教育総合研究所（現国立特別支援教育総合研究所）にてセミナーを開催、わが国にも「手でみる絵」を紹介した。主著に『Toccare l'arte. L'educazione estetica di ipovedenti e non vedenti（タッチアート：全盲及び弱視者のための美学教育）』（Armando Editore, 2000）、『L'educazione estetica per l'integrazione（インクルージョンのための美学教育）』, Carocci Editore, 2004）等多数。

渡邊 淳司 Junji WATANABE
NTT コミュニケーション科学基礎研究所 人間情報研究部 上席特別研究員
東京大学大学院情報理工学系研究科修了、博士（情報理工学）。専門は触覚情報学、ウェルビーイング論。人間の知覚特性を利用したインタフェース技術を開発、展示公開するなかで、人間の感覚と環境との関係性を理論と応用の両面から研究している。また、Ars Electronica での審査員や文化庁メディア芸術祭での受賞等、表現・体験領域での活動にも関わる。主著に『情報を生み出す触覚の知性』（2014、単著、毎日出版文化賞（自然科学部門）受賞）、『表現する認知科学』（2020、単著）、『ウェルビーイングの設計論』（2017、監訳）、『情報環世界』（2019、共著）『わたしたちのウェルビーイングをつくりあうために』（2020、監修・編著）。

おわりに

茂木　一司

「見えないものと闘った一年は、見えないものに支えられた一年だと思います。」オンラインで自宅で受験勉強する生徒と学校でその準備をする教師がじっと我慢をしながら、お互いを思いやるＣＭ（大塚製薬（カロリーメイト）「見えないもの」篇）が共感を呼んでいます。未曾有のコロナ渦の中で今「見えない」がわたしたち（視覚障害教育研究）の意に反して注目されています。広瀬浩二郎さんは『それでも僕たちは「濃厚接触」を続ける！―世界の感触を取り戻すために―』（小さ子社・Web連載／出版）と題する緊急提言を出しました。「さわる文化と新型肺炎」（第1回）の中で、視覚障害者が濃厚接触を続けなればならい危機感を述べながら、「触文化」の豊かなコミュニケーション性をあらためて確認し、「"濃厚接触"のプロである視覚障害者が、"触"の大切さを発信すべきではないか。今、そんな使命感に突き動かされている」とピンチをチャンスに変える前向きな言葉を発しています。また、「さわる」と「ふれる」の違いから触文化のコミュニケーションの双方性や創造性を問う、伊藤亜紗さんの『手の倫理』（講談社メチエ）も注目されています。これらの事柄はふれられない時代における「ふれあう」ことの大切さを強く印象づける出来事です。

　私自身についても、2020年2月以降大学はほとんどロックアウト状態で、講義や実技に関わらず非接触のオンライン授業を余儀なくされ、特に美術の実技科目は教育方法ばかりでなく内容の再検討にも迫られました。今まで力を入れてきた、学生が自ら学ぶ、いわゆるアクティブラーニングによって、コミュニケーション＝関係性を学び直すワークショップ型学習の学習も同様です。したがって、コロナ1年目は参加よりも知識・技能を優先せざるを得ませんでした。図工の専門性を学ぶ科目（初等科図工）では、『色彩ワークショップ』（日本色研事業）をテキストに、色彩の基礎理論や配色を自宅で自習できるカリキュラムにしました。オンライン美術教育もデメリットばかりではありません。プログラムの分析は、授業のインストラクション・デザインを明確にし、伝わりやすい／伝わりにくい内容・方法を切り分けることができました。授業は予想以上に受講者の満足度の高いものに変わりました。しかしながら、この結果については危険性もはらんでいると感じています。色彩を初めて学ぶ彼らはスキルを段階的に学ぶカリキュラムの中で確実に知識理解を進め意欲も向上させますが、図工美術教育を教育・研究するわたしたちが「モノ／コト」を通した学びからその本質的な何か、その何かを言語化することがとても難しい何かを自分なりにつかみ取っていく力を育てたいと考えていることからはほど遠い、いやむしろ反対の学習になってしまっているような気がしてなりません。彼らは自分なりの表現で

色の同系・類似・対比の配色をつくり、他者がつくる作品の鑑賞からも学び、いわば多様な表現に満足しています。しかし、「どうしてもそうなってしまう」とか「それしかできないことをした」…というようなもっと原初的なその個人が奥底にもっているはずの塊（かたち）を表出してほしいという願いからはほど遠く…。これは、本書座談会の終わりに伊藤さんや大内さんが言っていた「自分との対話」とか「個別性＝ノイズ」とかいう「かけがえのない個別の人間という存在」を「人類という共通性」の中で捉え直す高次の作業です。

　本書は、もともと芸術とは「見えないものを見えるようにする」もので、その教育とは「見えているその背後にある広大な無意識の（内面）世界を耕す」ためにあることを出発点としています。科学は人間／社会を豊かに便利にしましたが、スピード・効率・生産性から外れる障害などを排除し、多くの分断・差別を生み、ものの見方・考え方そのものを断片化・固定化してしまいました。本書は、アートが凍えた科学を暖め、分断の壁を壊し、ふたたびコミュニケーションの回路を恢復する、すなわち見える／見えないを超えたアートの学びにしか、（見えない）本質へ至る道はないと考えているのです。「現代はアートの時代」（Ｒ．シュタイナー）であり、頭でっかちになってしまった人間にふたたび手や足で学ぶ意味を実感させ、その全体を心（芸術）でコントロールする学びの時代のなのです。

　伊藤亜紗さんは、（日本での）多様性という言葉の氾濫に警鐘が必要といいます。「みんなちがってみんないいと言いながら、結局、お互い干渉しないようなバラバラな現状を肯定する言葉になっているのではないか。…重要なのはむしろ、一人の人間の中にある多様性です」＊。わたしたちは生きていく上で多様な側面を持っています。視覚障害もその１つに過ぎないのでは…と。肝心なのは全体＝カオスが意識され、その中で個人が覚醒していることです。このことは、『とがびアートプロジェクト』（東信堂）の美術教育で実践・主張してきたことと同じです。一人の人の中にある生きた多様な側面＝多様性が当たり前に受け入れられる社会の在り方の探求に、本書（インクルーシブアート学習）を傍らに携えていただければありがたく存じます。

　誠に手前みそではありますが、本書はたぶん世界ではじめての視覚障害美術教育の著書になると思います。この基礎の上に後人が積み重ねたり、新しい道をつくってくれることを期待しています。

　最後に、出版事情が難しくなる中で、本書を世の光の中に放っていただきましたジアース教育新社の加藤勝博社長の高潔な魂とわたしたちのわがままを含め、さまざまな困難に果敢に挑み編集をやりきった西村聡子さんに感謝します。

＊「伊藤亜紗准教授が考える "本当の多様性" とは」（東京工業大学 Next Genaration より）

https://www.titech.ac.jp/research/stories/next02_ito.html

●テキストデータのご提供について

　視覚障害、肢体不自由、その他の理由により本書をお読みになれない方へ、本書のテキストデータをCD-ROMで提供いたします。お名前・ご住所・電話番号を記載した連絡票と200円分の切手、本ページ左下のテキストデータ引換チップ（複写不可）を同封し、下記の住所までご郵送ください。

〈宛　先〉

〒101-0054
東京都千代田区神田錦町1-23　宗保第2ビル
（株）ジアース教育新社　編集部
『視覚障害のためのインクルーシブアート学習』テキストデータ係

視覚障害のための
インクルーシブアート学習
基礎理論と教材開発

令和3年12月27日　初版第1刷発行
令和5年 1 月10日　初版第2刷発行

編　　著　　茂木一司（代表）、大内進、
　　　　　　多胡宏、広瀬浩二郎
発 行 人　　加藤　勝博
発 行 所　　株式会社ジアース教育新社
　　　　　　〒101-0054　東京都千代田区神田錦町1-23　宗保第2ビル
　　　　　　TEL：03-5282-7183　FAX：03-5282-7892
　　　　　　（https://www.kyoikushinsha.co.jp/）

■本文デザイン・DTP　株式会社彩流工房
■表紙・扉デザイン　桑田知明
■印刷・製本　シナノ印刷株式会社

Printed in Japan

ISBN978-4-86371-594-3

テキストデータ
視覚障害のための
インクルーシブアート学習
引　換　券　　1刷